Religionsunterricht an der öffentlichen Schule

Helga Kohler–Spiegel und Adrian Loretan (Herausgeber)

Religionsunterricht an der öffentlichen Schule

Orientierungen und Entscheidungshilfen
zum Religionsunterricht

NZN Buchverlag

Die Deutsche Bibliothek – CIP-Einheitsaufnahme

Religionsunterricht an der öffentlichen Schule : Orientierungen und
Entscheidungshilfen zum Religionsunterricht / Helga Kohler-Spiegel/
Adrian Loretan (Hrsg.). – Zürich : NZN-Buchverl., 2000
ISBN 3-85827-134-9

© 2000 by NZN Buchverlag AG, Zürich
Gestaltung und Satz: ASL Atelier für Satz und Layout, Bern
Druck: Niedermann Druck AG, St. Gallen
ISBN 3-85827-134-9

Inhaltsverzeichnis

Erwartungen an den Religionsunterricht

Einleitung

Wir wollen Freiheit, um uns selbst zu finden,
Freiheit, die Leben zu gestalten weiss.
Nicht leeren Raum, doch Raum für unsre Träume,
Erde, wo Baum und Blume Wurzel schlägt.
(Katholisches Gesangbuch, Zug 1998, Nr. 596, 2. Strophe)

Die Freiheit hat nicht nur Eingang in dieses neue Kirchenlied gefunden.
Freiheit im Sinne der Aufklärung bedeutet keineswegs Bindungslosigkeit.
Es geht vielmehr darum, die Fremdbestimmung abzuschütteln und diese
durch Bindung zu ersetzen, die aus Einsicht erfolgt.
«Die Würde des Menschen [auch die Würde einer Erstklässlerin] verlangt
daher, dass er [bzw. sie] in bewusster und freier Wahl handle, d. h. personal, von innen bewegt und geführt und nicht unter blindem innerem
Drang oder bloss äusserem Zwang» (Vat II, GS 17). Diese Gewährung des
erforderlichen Freiraumes für die persönliche Entscheidung in Glaubensfragen muss durchgehende Perspektive auch des kirchlichen Verständnisses
von Religionsunterricht in der öffentlichen Schule sein.

Neben darstellenden Berichten und Erörterungen aus den Kantonen werden
in diesem Buch auch grundlegende Fragen aus pädagogischer, religionspädagogischer und rechtlicher Sicht angeschnitten. Einen ersten Überblick
über das Thema Religionsunterricht an der öffentlichen Schule gibt die
Rede eines Regierungsrates (Caluori).
Es folgen Erwartungen an den Religionsunterricht aus der Perspektive
von Einzelpersonen (Kindern, Jugendlichen und Lehrpersonen), um dann

aus gesellschaftlicher, kirchlicher und staatlicher Sicht an das Phänomen
heranzuführen.

«Wenn der [Religions-]Lehrer zwei Stunden etwas redet und nie nach unserer Meinung fragt, da spüre ich, dass sich dieser Mensch nicht für uns
interessiert», wird aus Sicht von Jugendlichen formuliert (Estermann).
Individualisierung, Pluralisierung und Säkularisierungsprozess sind Merkmale, mit denen die westliche Gesellschaft von der Sozialwissenschaft
beschrieben wird. Ist Religionskunde an der öffentlichen Schule überhaupt
möglich, fragt Becci. Die Idee, einen Unterricht zum Thema Religionen in
der Schule wiedereinzuführen, hat in den letzten Jahren sogar in laizistischen Staaten Europas (Frankreich) und entsprechenden Kantonen (GE)
einen gewissen Erfolg gezeitigt, angeregt durch die Besorgnis um den
«religiösen Analphabetismus».

Es stellt sich aber die Hutmachersche Frage, «ob ein solches informatives
Wissen an und für sich genügt, um die erhoffte und für einen sozialen,
politischen und religiösen Frieden nötige Toleranz und Solidarität zu erreichen» (Becci).

Wer soll inhaltlich Verantwortungsträger des Religionsunterrichts sein?
Bischof Kurt Koch erinnert den religiös neutralen Staat an das Grundrecht
der Religionsfreiheit und das damit verbundene Selbstbestimmungsrecht
der Religionsgemeinschaften. Dies gibt dem Staat keineswegs die
Legitimation, den Religionsunterricht in die eigene Hand zu nehmen.
«Würde der Staat dies tun, dann käme er in die äusserst schwierige
Situation, selbst definieren zu müssen, was Religion und Ethik ist.»
Der schulische Religionsunterricht zielt «auf eine selbständige Kenntnis des
christlichen Glaubens ab. In diesem Sinn ist er zunächst ein diakonischer
Dienst der Kirchen an der Gesellschaft und am Staat» (Koch).

... aus staatlicher Sicht: Was heisst religiöse Bildung in der Schule?

Joachim Caluori

Meine sehr verehrten Damen und Herren, überlegen Sie sich bitte kurz, was Ihnen persönlich der Religionsunterricht während Ihrer Volksschulzeit gebracht hat. Woran erinnern Sie sich? Was war besonders eindrücklich? Bedeutete der Religionsunterricht für Sie eine Lebens- und Entscheidungshilfe?

Antworten könnten sich vermutlich innerhalb folgender Spannungsfelder bewegen:
- Es waren eindrückliche, fesselnde und lebendige Erzählsituationen, denen motivierende gestalterische Darstellungen folgten: Zuhören, Singen, Aufsagen, Zeichnen und Gestalten.
- Der Turmbau zu Babel, die Befreiung aus Ägypten, die Josef-Geschichte, das Jonas-Erlebnis, die Zehn Gebote, die Gestalten Saul, David und Goliath, die Noah-Geschichte mit der Sintflut, die Wunder im Neuen Testament, das Kirchenjahr mit den christlichen Festen, die Gleichnisse, Geburt, Leben und Kreuztod Jesu, die Apostel, die Heiligen, der Marienglaube

und die Kirchengeschichte usw. mögen Mosaiksteine sein, die alle mitbekommen haben. Fügen sich diese zu einem festen und sicheren Bild, das Halt, Bewährungshilfe und Zuversicht vermittelt?
- Es waren aber auch Angst und Bedrängnis, die in der kindlichen Phantasie unverarbeitet blieben; Hölle, Verdammnis und Teufel standen oftmals viel mehr im Vordergrund als Liebe, Vergebung und Freiheit durch christliches Bekenntnis.
- Der Religionsunterricht war schon immer ein Randfach, das mit einer guten Note oder wenigstens mit der Bemerkung «besucht» abgebucht wurde.
- Es sind disziplinarische Erlebnisse, die haftengeblieben sind. Die Mädchen waren meist leichter zu führen als die Buben.
- Religionsunterricht stiess früher bei der Elternschaft auf breite Unterstützung, wobei aber die meisten Eltern wenig oder nichts mitbekamen von diesem Unterricht. «Der Pfarrer macht es schon recht, der weiss, was Religionsunterricht ist.» Disziplinarklagen waren den Eltern besonders unangenehm, vermutlich weil dabei eigene Erlebnisse wachgerufen wurden.

Religionsunterricht war also schon immer ein schwieriges Schulfach, selbst in Zeiten, in denen die Eltern den Gottesdienst noch fleissig besuchten und aus Angst, Traditionsbewusstsein, sicher aber auch aus Überzeugung hinter der kirchlichen Institution standen. Was wundert es, wenn es heute nicht mehr recht zu gehen scheint, heute, wo sich sehr viele Eltern dem Religionsunterricht und der kirchlichen Institution gegenüber gleichgültig verhalten, wo religiöse Gespräche daheim kein Thema mehr sind, wo die Schulklassen bezüglich religiöser Vorbildung oder Nichtbildung heterogen gemischt sind, heute, wo schulische Leistung in weit «wichtigeren» Bereichen gefragt ist.

Was veranlasst denn die Verantwortlichen trotzdem, beharrlich hinter den zwei wöchentlichen Religionslektionen während der ganzen obligatorischen Volksschulzeit zu stehen? – Wie stellt sich der Staat zum Religionsunterricht?

Man könnte Absatz 2 von Artikel 49 der Bundesverfassung als eher abweisend empfinden; er lautet:
«Niemand darf zur Teilnahme an einer Religionsgenossenschaft oder an einem religiösen Unterricht oder zur Vornahme einer religiösen Handlung gezwungen werden oder wegen Glaubensansichten mit Strafen irgendwelcher Art belegt werden.»

Die Kantonsverfassung nimmt die Zusicherung der Glaubens- und Gewissensfreiheit in Artikel 11 auf. Auch das Zivilgesetzbuch garantiert in Artikel 303 vor allem den Schutz vor religiöser Einmischung von aussen; es heisst dort: *«Über die religiöse Erziehung verfügen die Eltern. Ein Vertrag, der diese Befugnis beschränkt, ist ungültig. Hat ein Kind das 16. Altersjahr zurückgelegt, so entscheidet es selbständig über sein religiöses Bekenntnis.»*

Schliesslich lässt auch Artikel 4[quater] des kantonalen Schulgesetzes nicht auf grosses Engagement des Staates dem Religionsunterricht gegenüber schliessen. Dieser Artikel drückt klar aus, dass der Religionsunterricht Sache der Landeskirchen sei, dass er auf deren Kosten erteilt werde, wobei wenigstens die Räumlichkeiten unentgeltlich zur Verfügung gestellt werden. Damit hat der Staat seine Pflicht erfüllt! Es wird dann schliesslich festgehalten, dass der Religionsunterricht zu den obligatorischen Unterrichtsfächern der Schule zähle, wobei aber sofort eingeschränkt wird, dass die Eltern ihre Kinder unter Berufung auf Artikel 49 Absatz 2 und 3 der Bundesverfassung von diesem Obligatorium befreien können.
Zusammenfassend muss man feststellen, dass die Gesetzgebung bezüglich Religionsunterricht kein grosses Engagement seitens des Staates verspricht.

Wie soll sich die Volksschule gegenüber der Religionserziehung verhalten?

Ohne Zweifel ist es Ziel der Volksschule, innerhalb ihres Bildungsauftrages *ethisch-erzieherisch* zu wirken. Diese übergeordnete Aufgabe der Volksschule lässt sich aus dem Zweckartikel des kantonalen Schulgesetzes klar ableiten. Gemäss Artikel 1 Schulgesetz muss die Volksschule bestrebt sein, die Kinder zu *geistig-seelisch* und körperlich gesunden Menschen heranwachsen zu lassen.

Die Volksschule als Ganzes muss bereit sein, den zentralen Auftrag *ethischer Erziehung* anzustreben. In Zusammenarbeit mit den Eltern sind hauptsächlich Lehrerschaft und Landeskirchen beauftragt, nach ethischen Grundsätzen zu erziehen. Trotz bestem Willen und guter Absicht zur Zusammenarbeit verfolgen *Erziehungs- und Bildungsauftrag* von *Kirche* und *Schule* dennoch unterschiedliche Zielausrichtungen.

Die Volksschule hat gemäss Artikel 2 Schulgesetz eine in jeder Beziehung *politisch und konfessionell neutrale Bildung und Erziehung* zu vermitteln, denn die öffentlichen Schulen sollen von Angehörigen *aller Bekenntnisse* ohne Beeinträchtigung ihrer *Glaubens- und Gewissensfreiheit* besucht werden können. Dieser Grundsatz ist jedem Unterrichtsfach, allen Bildungszielen und -bestrebungen und der persönlichen Haltung der Erziehenden übergeordnet. Selbst der Grundsatz in Artikel 1 Schulgesetz, wonach die Kinder nach *christlichen Grundsätzen* zu selbständigen und verantwortungsbewussten Gliedern der Gemeinschaft heranzubilden seien, vermag diesen Neutralitätsgrundsatz in keiner Weise einzuschränken. Die in Artikel 1 angesprochenen christlichen Grundsätze zielen auf eine neutrale allgemeingültige *Werteerziehung* im Sinne von *Solidarität, Toleranz, Achtung, Wertschätzung, Mitmenschlichkeit, Rücksichtnahme gegenüber Mensch und Umwelt, Verantwortungsbewusstsein* usw. hin.

Der landeskirchliche Auftrag im Schulgesetz grenzt sich ganz klar vom Neutrali-

tätsartikel (Artikel 2 Schulgesetz) ab. Artikel 4[quater] Schulgesetz schränkt den Religionsauftrag auf die den gemäss Artikel 11 Absatz 2 der Kantonsverfassung öffentlich-rechtlich anerkannten Landeskirchen *angehörenden* Schülerinnen und Schüler ein. Der Religionsunterricht zählt nur für diese Schülerinnen und Schüler zu den obligatorischen Unterrichtsfächern. Die Landeskirchen haben ihre Zielsetzung in den *Lehrplänen* ausformuliert.

Bezüglich der unterschiedlichen ethischen Zielsetzung kann zusammenfassend ausgedrückt werden:

Die Volksschule bildet und erzieht in *ethisch ganzheitlichem* Sinne; die Landeskirchen hingegen richten ihre Ziele auf eine *ethisch-religiöse* Erziehung aus.

Aus dem bisher Dargelegten lassen sich konkrete Folgerungen ableiten:

1. Es ist nach wie vor richtig, dass die Landeskirchen und durch sie die einzelnen Kirchgemeinden Trägerinnen des Religionsunterrichts sind und bleiben. Dieser darf aber weder örtlich noch viel weniger inhaltlich an den Rand verdrängt werden.

2. Religionsunterricht muss mitten im gesamten Erziehungsfeld der Schule stehen. Es ist darum wichtig, dass das Fach Religion auf der Volksschuloberstufe im Gesamtbereich *Mensch und Umwelt* angesiedelt ist.

Was bedeutet dieser Platz?

Mensch und Umwelt umfasst Geschichte, Wirtschafts- und Staatskunde, Geographie, Naturlehre und Hauswirtschaft. Namentlich Richtung Geschichts- und

Naturlehrunterricht soll sich Religionsunterricht fächerübergreifend ausweiten. Er strahlt aber auch in den Sprachunterricht und in weitere Fachbereiche aus. Ganz in diesem Sinn ist *der neue ökumenische Oberstufenlehrplan für Religion* angelegt.

3. Diese fächerübergreifende Ausstrahlung geschieht nicht von allein. Wir brauchen vielseitig ausgebildete Religionslehrerinnen und -lehrer, die fähig sind, weit über ihr Fach hinauszublicken, die die Ziele und die Wege der schulischen Fachbereiche gut kennen. Das ist nur durch eine gründliche Grundausbildung möglich. Vieles kann aber auch durch eine gezielte Fortbildung nachgeholt werden. Wir sind auf unsere Laienhelferinnen und -helfer angewiesen; sie leisten sehr wertvolle Dienste, müssen aber auch entsprechend geschult und fortgebildet werden, damit sie nicht resignieren.

Meine Damen und Herren, wir haben im Volksschulbereich eine intensive und vielseitige Fortbildung aufgebaut. Warum wird das Know-how, das dort als Erfahrungswert vorhanden ist, von den Kirchen so wenig genutzt? Im Rahmen unserer Möglichkeiten wären wir gerne bereit, die Religionsverantwortlichen zu beraten und Kurse in unser Konzept zu integrieren. Es wäre meiner Ansicht nach in mehrfacher Weise sinnvoll, Religionskurse in die traditionellen Sommerkurswochen einzubetten. Sogar mehrfach sinnvoll darum, weil dadurch Religions- und Volksschullehrkräfte in engem Kontakt stünden, in die unterschiedlichen Kursangebote Einblick nehmen und gemeinsame Aktivitäten durchführen

könnten. Daneben müssen die Landeskirchen obligatorische und freiwillige Kurse für Religionslehrerinnen und -lehrer in den Regionen anbieten. Für mehrere Fachschwerpunkte hat die Lehrerfortbildung sogenannte Lefo-Gruppen aufgebaut. Praktikerinnen und Praktiker aus verschiedenen Regionen schaffen innerhalb dieser Gruppen die operativen Grundlagen für die Kursschwerpunkte. Wäre es nicht auch wichtig, dass eine Lefo-Gruppe für Religionserziehung geschaffen würde? Auch hier könnten wir den Landeskirchen unsere Erfahrungen zur Verfügung stellen.

4. Kurse allein genügen bei weitem nicht, sie geben aber Impulse und regen zur Weiterarbeit an. Viel wichtiger ist dann die tagtägliche Zusammenarbeit in den Schulhäusern. Religionslehrerinnen und -lehrer müssen die *Integration in die Lehrerkollegien* suchen und erstreben. Die Lehrkräfte unserer Volksschulen müssen ihrerseits Bereitschaft zeigen zur Zusammenarbeit und zum fächerübergreifenden und sogar zum projektorientierten Schaffen. Ich meine damit nicht, dass die künftige Arbeit nur noch auf diese Weise geschehen soll; dabei wären die Volksschullehrkräfte ebenso überfordert wie die Religionslehrerinnen und -lehrer. Bescheidene Ansätze genügen bereits; die müssen aber erfolgen, sonst bleibt Religionsunterricht ein Randfach, ja wird mit der Zeit sogar über den Rand hinausgedrängt werden.

Ich habe in den bisherigen Ausführungen immer beide Landeskirchen angesprochen. Das geschah ganz bewusst, denn der Lehrplan Oberstufe ist ökumenisch aufgebaut. In der Überarbeitung des Lehrplanes Primarschule muss dasselbe Ziel verfolgt werden. Ich wage die ketzerische Frage: *Können sich die beiden Landeskirchen auf die Dauer überhaupt noch einen nach Konfessionen getrennten Religionsunterricht erlauben?*

Mit meinem Kernanliegen möchte ich meine persönliche Antwort auf diese Frage geben; dabei muss ich nicht einmal auf die personellen und finanziellen Bedenken ausweichen, ich kann bei den inhaltlichen Anliegen bleiben:

5. Welches sind die Grundanliegen der Religionserziehung in der Volksschule? Ich greife zurück auf den eingangs erwähnten Artikel 303 des Zivilgesetzbuches. Es heisst dort unter anderem: *«... Hat ein Kind das 16. Altersjahr zurückgelegt, so* entscheidet *es* selbständig *über sein religiöses Bekenntnis.»* Im Idealfall in Zusammenarbeit mit dem Elternhaus muss es ein Hauptanliegen der Religionserziehung sein, das Kind zu befähigen, selbständig zu entscheiden. Der Religionsunterricht macht Angebote, er zwingt zu nichts; er stellt vor Entscheidungen, aber er lässt die Entscheidung selbständig reifen; er zeigt Möglichkeiten auf, aber er lässt freie Wahl; er bietet Hilfen an, aber er droht nie und schüchtert nicht ein.

6. Es versteht sich von selbst, dass diese Grundforderung nicht auf allen Schulstufen in gleicher Art und Weise erfolgen kann. Die Darbietung des Angebots muss *didaktisch* und *methodisch differenziert* angegangen werden. Ohne mich ins De-

tail zu verlieren, sehe ich auf der Unterstufe mehr die erzählende, gestalterische Darbietung, auf der Mittel- und Oberstufe hingegen die gezielte kritische Arbeit an Texten, Grafiken, Bild- und Tondokumenten. Auf allen Stufen soll und muss aber etwas gefordert werden. Gerade auf der Oberstufe hat sich der Religionsunterricht zum Teil zum «Wunschkonzert» entwickelt. Es wird dadurch der Anschein erweckt, die Schülerinnen und Schüler können ihre Interessensgebiete selber bestimmen. Das ist leider ein arger Trugschluss, da diese Wahlfreiheit eine Überforderung wäre. Die Religionslehrkräfte müssen planen, aufbauen, darbieten und informieren. Sie müssen dabei aber stets spüren, wo die *Interessen der Schülerinnen und Schüler* liegen. Sie müssen *für alle Fragen offenbleiben* und mit den Schülerinnen und Schülern *nach Antworten suchen*; sie müssen mit den Schülerinnen und Schülern zusammen *zweifeln, hinterfragen* und zum Teil *Fragen offenlassen*, aber sie müssen *führen* und frei entscheiden lassen. Letztlich entscheiden die Jugendlichen, wenn keine Führung erfolgt, leider oftmals so, dass sie für lange Zeit und sogar fortdauernd nichts mehr von Kirche und Religion wissen wollen.

Bereits 1969 rangen die beiden Landeskirchen gemeinsam um die Zielsetzung der religiösen Erziehung; in einer damaligen Schulblatt-Nummer hat sich der katholische Vertreter unter anderem folgendermassen geäussert:

In seiner Erklärung über die christliche Erziehung hat das Zweite Vatikanum das Ziel der Erziehung wie folgt umschrieben: Die wahre Erziehung erstrebt die Bildung der menschlichen Person in Hinordnung auf ihr letztes Ziel. Dieses jeder Person ureigene Ziel darf ihr von niemandem aufgezwungen werden, weder von einer anderen Person noch von irgendeiner Institution. Der Text der Konzilsväter dürfte also dahin interpretiert werden, dass der junge Mensch durch die Erziehung zur freien Zielwahl bzw. zur Selbstbestimmung geführt werde. Voraussetzungen für die Selbstbestimmung seien das «allmähliche Erwerben eines tieferen Verantwortungsbewusstseins und das Wachsen in der wahren Freiheit» (Pastoralkonst. Nr. 17). Die Würde des Menschen verlangt, «dass er in bewährter und freier Wahl handle, das heisst pastoral, von innen her bewegt und geführt, nicht aber unter blindem innerem Drang oder unter äusserem Zwang».

7. Das eben formulierte Grundanliegen gilt also für den katholischen wie auch für den protestantischen Religionsunterricht auf der Volksschulstufe genau gleich. Es gibt aber zweifellos Unterschiede. Wie begegnet man diesen im ökumenischen Unterricht? Ich wage die zweite ketzerische Frage: Macht nicht gerade die Diskussion über konfessionelle Unterschiede den Unterricht interessant? Ist diese Diskussion nicht Anlass, auch heikle Fragen kritisch anzugehen und voneinander zu lernen?

Ich möchte Sie nicht verunsichern, dazu ist mir die Religionserziehung zu wichtig, ich möchte lediglich versuchen, Ihnen Mut zu machen, Religion wie jedes andere Fach zu unterrichten. Es braucht gar keine besonderen Motivationsspritzen, viel eher aber Sachkompetenz, Wahrhaftigkeit, Echtheit, Offenheit, Toleranz, Verständnis und vielleicht auch ab und zu eine Prise Humor.

Wir alle müssen uns bemühen, dem Religionsunterricht und vor allem der Religionserziehung den richtigen Platz zu geben; dazu sind, zusammenfassend gesagt, folgende Rahmenbedingungen wichtig:

– *Grund- und Fortbildung* der Religionslehrerinnen und -lehrer müssen intensiviert und verbessert und im Hinblick auf die Pädagogische Fachhochschule neu überdacht werden.

– Die *Zusammenarbeit mit der Schule als Ganzes* muss intensiviert werden.

– Der Religionsunterricht muss *in den gesamten Unterricht eingebettet* und nicht mehr und mehr randständig werden.

– Der Religionsunterricht muss durch die Trägerschaften *gestützt und beaufsichtigt* werden.

– Schulrat und Kirchenverantwortliche müssen aufgrund von Artikel 49 Bundesverfassung *klare Richtlinien* erarbeiten für die *Dispensation* vom obligatorischen Fach Religion.

– Die Organisation des Religionsunterrichts, die *regelmässige Durchführung*, der Einbezug oder die Beaufsichtigung Andersgläubiger müssen den schulischen und den kirchlichen Instanzen ein Anliegen sein.

Mit dem neuen Lehrplan Oberstufe ist ein wichtiger Schritt getan, die Umsetzung in oben geschilderter Art und Weise geschieht hingegen nicht von selbst. Seien Sie, sehr

verehrte Verantwortliche für Religionsunterricht, liebe Religionslehrerinnen und
-lehrer, dabei Wegweiser. Der Wegweiser
weist bekanntlich verschiedene Wege, er
zeigt den richtigen Weg an, bleibt aber
selber stehen und überlässt dem Wandern-
den den Entscheid; der muss schliesslich
seinen Weg gehen und letztlich auch verantworten!

*Die Rede wurde am 5. September 1998 am
Katechetischen Institut in Chur gehalten.*

... aus der Sicht von Kindern und Jugendlichen

Guido Estermann

Bemerkungen von Jugendlichen über den Religionsunterricht

«Wenn wir im Religionsunterricht unsere Gedanken einbringen dürfen, ist es super! Es ist gut, mit der Klasse Diskussionen über Themen zu führen, die uns interessieren.»
«Ehrlich gesagt, habe ich keine schlechten Erfahrungen gemacht in der Religion. Es ist eher ein Fach, wo man etwas lockerer daran gehen kann. Ich kann mich gut in so Situationen mit Gott hineinversetzen. Ich finde den Religionsunterricht auch sehr spannend.»
«Der Unterricht auf der Oberstufe hat viele gute Themen.»
«Es gibt Schüler, die im Unterricht sehr stören und versuchen, die Lehrerin oder den Lehrer fertigzumachen.»
«Nach dem Unterricht weiss man genau soviel wie vorher.»

«Der Unterricht sollte locker sein.»
«Im Unterricht sollte man nicht nur über Gott und die Welt sprechen, vielleicht auch über Krieg, Krankheiten, Behinderungen.»
«Wenn der Lehrer zwei Stunden etwas redet und nie nach unserer Meinung fragt, da spüre ich, dass sich dieser Mensch nicht für uns interessiert.»

«Ich glaube, für das Sozialdenken hat mir der Religionsunterricht sehr viel gebracht.»
«Religionsunterricht soll etwas sein, das mich auf meinen Wegen begleitet.»
«Die eigene und andere Religionen sollen kennengelernt werden, damit man sich entscheiden kann.»

«Dieser Unterricht will einem einen Glauben geben, den dann jeder etwas abändert. Ach, eigentlich weiss ich auch nicht! Aber im Religionsunterricht ist sicher für jeden etwas enthalten.»

«Ich finde es gut, dass es im Religionsunterricht viel Abwechslung gibt.»
«Der Religionsunterricht sollte spannend, interessant sein. Man sollte aber auch über Gott sprechen.»

Erfahrungen brauchen Raum und Sprache

Sobald man mit Kindern und Jugendlichen über das Thema Religionsunterricht spricht, gehen die Antworten in bezug auf die Frage nach den Erwartungen auseinander. Ist bei jüngeren Schülern meistens eine zum Teil grosse Begeisterung für das Fach spürbar, nimmt die Akzeptanz mit dem Alter plötzlich rasant ab. Dies hat auch mit entwicklungspsychologischen Hintergründen zu tun. Das Gottes- und Weltbild bricht in der Vorpubertät auseinander. Die Spannung zwischen Glauben und naturwissenschaftlichem Wissen zeigt sich deutlich. Jugendliche sehen den Religionsunterricht als Ort, wo man über sich selbst, über den Umgang mit der Welt, kaum aber über biblische Themen sprechen bzw. diese reflektieren sollte.

Es ist interessant, dass Äusserungen über den Religionsunterricht oft nicht ganz mit der Wirkung des Unterrichts übereinstimmen. Nicht selten hört man vordergründig kritische Stimmen, sobald aber nachgefragt wird, stellt sich plötzlich eine differenziertere Haltung ein. Klar ist sowohl für Kinder als auch Jugendliche, dass der Religionsunterricht sich vom anderen Fächerkatalog abzuheben hat. Natürlich können aus dieser Einstellung auch Probleme erwachsen. Nicht selten klagen Religionslehrpersonen über Disziplinprobleme und mangelndes Interesse, um nur zwei Punkte zu nennen. Es ist aber auch festzustellen, dass die Schüler und Schülerinnen durchaus religiöse Fragen in sich tragen. Gerade die Erfahrung spannender und tiefgründiger Gespräche in Klein- bis Kleinstgruppen zeigen, dass sich junge Menschen ausserhalb normierter Gegebenheiten öffnen und dass in jungen Menschen Fragen über sich selbst, nach der Welt und nach Gott stecken. Und die Erfahrungen, dass dieselben jungen Menschen im Klassenverband plötzlich nichts sagen, zeigt vielleicht, wie schwierig es für sie ist, sich ausserhalb der selbst gewählten und geschützten Gruppe über diese Dimensionen öffentlich zu äussern. Bei vielen jungen Menschen kommt hinzu, dass sie auf der einen Seite klare Antworten im Bereich religiöser Fragestellungen erwarten, aber die Religion eben gerade einfache Antworten nicht geben kann. Oder anders gesagt: Eins und eins sind in der Religion und im Religionsunterricht nicht immer zwei. Auf der anderen Seite sind Jugendliche besonders darauf angewiesen, als vollwertiges Gegenüber angenommen zu werden, sie können aber zum Teil noch nicht in dem Masse differenzieren, wie der Unterricht es vielleicht voraussetzt. Kinder und Jugendliche, welche sich vom kindlichen Gottesbild verabschiedet haben, werden kritisch und hinterfragen das Gehörte, sind jedoch mit allzu differenzierten Antworten häufig überfordert. Übrigens sind nicht wenige Erwachsene an diesem Punkt in ihrer eigenen Religiosität stehengeblieben. Dies ist ein entwicklungspsychologisches und religionspädagogisches Problemfeld. Wer sich nicht persönlich mit Glauben und Antworten zu Glaubensfragen auseinandergesetzt hat, bleibt in dieser Spannung stehen. Diese Spannung kann dazu führen, dass die Schüler und Schülerinnen gar nicht mehr viel erwarten, da sie in ihren bisherigen Vorstellungen enttäuscht wurden. Junge

Menschen machen die Erfahrung, dass sie auf Fragen, welche sie beschäftigen, Antworten erhalten, die sie nicht verstehen. Es braucht viel Spürsinn von seiten der Religionslehrperson, die Quelle des Fragens bei den Kindern und Jugendlichen nicht zum Versiegen zu bringen. Gerade Jugendliche haben Fragen und eben auch religiöse Fragen. Aber haben die Erwachsenen für Jugendliche auch Antworten, welche für sie Zugänge zu ihren Fragestellungen schaffen? Die Unterrichtseinheit Religion ist der Ort, wo die Fragen über sich selbst, über die Welt und über Gott gestellt werden sollen. Die Fähigkeit, eigene Glaubens- und Lebensfragen zu formulieren und zu reflektieren und sie in einen grösseren Kontext zu stellen, ist wohl die höchste Aufgabe. Damit werden aber junge Menschen auch häufig überfordert. Die Sprachlosigkeit für Erfahrungen, welche mit einer Begrifflichkeit nie ausgeleuchtet werden können und wo immer mehr nicht ausgedrückt wird, als gesagt werden kann, stellt für Schüler und Schülerinnen eine enorme Spannung dar. Wenn es gelingt, eine Sprache des Glaubens mit den jungen Menschen zu finden, in deren Begrifflichkeit und Bilder sie sich hineinleben und hineinfühlen können, werden die Erwartungen von Schülern und Schülerinnen erfüllt werden. In einer pluralistisch und damit auch individualistisch geprägten Zeit ist dies eine enorme Herausforderung. Es scheint gleichsam die Quadratur des Kreises zu werden, diese Sprache für junge Menschen in ihrem oft so unterschiedlichen Umfeld neu zu finden. So wird der Unterricht auch für sie zu einem Ort, wo in prozesshafter Art und Weise mit den in ihnen schlummernden Fragen umgegangen wird und diese immer wieder neu entdeckt werden müssen. Gerade Pubertierende sind in einer Phase der Abgrenzung gegenüber herkömmlichen Autoritätsmustern und der Neuorientierung für ihr Leben. Sie stehen das erste Mal in der Situation, sich in radikalster Weise mit sich selbst, mit der Welt und mit den Sinnfragen des Lebens zu beschäftigen. Junge Menschen möchten in der Masse aufgehoben und doch individuell und einzigartig sein. Hier werden natürlich auch tradierte Verhaltensmuster in Frage gestellt. Vorgelebtes, aber auch Vorenthaltenes von seiten der Erwachsenenwelt wird aufgedeckt und teilweise in radikaler Form kritisiert.

Reaktion der Erwachsenen

Es ist häufig festzustellen, dass sich Erwachsene und damit auch die öffentliche Schule im religiösen Bereich auf neutralen Boden begeben. Grundsätzlich ist dies nicht zu verurteilen. Wenn aber die Erwachsenenwelt Neutralität mit Gleichgültigkeit, Beliebigkeit oder Meinungslosigkeit verwechselt, wird es für junge Menschen schwierig, sich zu orientieren und Reibungsflächen zu finden, an denen sie wachsen können. Religion wird so zur reinen Privatsache, und es besteht die Gefahr, dass Ideologien entstehen, an denen sich das persönliche Leben orientiert. Junge Menschen dürfen aber von der Erwachsenenwelt erwarten, dass sie sich auch zu religiösen Fragen äussert. Für junge Menschen ist es wichtig, Einstellungen und Haltungen zu erfahren und zu reflektieren, damit ein gesundes Verhältnis zu sich selbst entstehen kann. Man stellt immer wieder fest, dass der Religionsunterricht der Ort sein kann, wo junge Menschen glaubende Menschen erfahren können, die in Offenheit ihren Fragen entgegenkommen und ihnen Haltungen und Reflexionen darlegen, ohne jedoch Druck auf diese jungen Menschen auszuüben, dasselbe zu denken und zu glauben. Immer wieder wird die Erfahrung gemacht, dass junge Menschen vom Gegenüber erwarten, dass es Stellung bezieht. So ist die Frage zu stellen, ob Religionsunterricht überhaupt neutral sein kann. Ein konfessionell neutraler Unterricht ist vielleicht möglich, aber kein glaubensneutraler. Forderungen nach neutralem Unterricht würden den Religionsunterricht zu einer Religionswissenschaft verkürzen, in der nur der Wissensaspekt der Religion behandelt werden kann, gleichzeitig gerät dabei die Tatsache, dass bei Religion im umfassenden Verständnis immer die persönlichen Haltungen und Erfahrungen mitspielen, in Vergessenheit. Lehrpersonen können sich nie der Verantwortung einer Stellungnahme entziehen, wenn sie einen Unterricht entstehen lassen wollen, in dem Erfahrung und deren Reflexion möglich sein soll. Religionsunterricht kann konfessionsungebunden und freiwillig bezüglich der Teilnahme, aber nie wertneutral sein. So wird der Religionsunterricht auch für junge Menschen nie neutral sein, was aber nicht automatisch mit Zwang, Druck und Missionierung gleichzusetzen ist. Eine ökumenische und tolerante Haltung ist, wie oben geschildert, möglich, und es wird ein Unterricht entstehen, in dem sich verschiedene Konfessionen und Glaubensrichtungen im gegenseitigen Respekt aufeinander einlassen können.

... aus der Sicht einer Lehrperson für Religionsunterricht

Guido Estermann

Die Diskussion über Stellenwert und Funktion des Religionsunterichtes an öffentlichen Schulen wird seit einiger Zeit wieder intensiv geführt. Dabei sollte berücksichtigt werden, welche Erwartungen die einzelnen Diskussionsteilnehmer haben. Im Folgenden versuche ich, einige Überlegungen zu den Erwartungen der Religionslehrpersonen und staatlichen Lehrpersonen zum Thema des Religionsunterrichts in der öffentlichen Schule darzulegen. Es scheint mir wichtig, gleich zu Beginn zu unterscheiden zwischen den Religionslehrpersonen, welche eine kirchliche Rückgebundenheit aufgrund ihres Berufes haben, und den staatlichen Lehrpersonen, welche ihre berufliche Identifikation über den Lebensraum Schule finden. In einem ersten Abschnitt versuche ich auszuleuchten, welche persönlichen Erfahrungen die heutigen Religionslehrpersonen und staatlichen Lehrpersonen als Schüler und Schülerin mit dem Religionsunterricht gemacht haben. Diese Erfahrungen prägen in einem hohen Mass den Stil, die innere Überzeugung und die daraus resultierenden

Zielsetzungen im Bereich des eigenen Unterrichtens. In einem zweiten Schritt versuche ich einige Erwartungen an den Religionsunterricht zu formulieren, um dann in einem letzten Schritt aufzuzeigen, welche Konsequenzen diese Erwartungen für einen zukünftigen Religionsunterricht mit sich bringen können.

Eigene Erfahrungen der Lehrpersonen

Im Gespräch mit Lehrpersonen fällt immer wieder auf, dass sie selber ihren Religionsunterricht oft als einseitig erfahren haben. Personen, welche vor einigen Jahrzehnten den Unterricht besuchten, erfuhren diesen meist als zu kopflastig, zu wenig emotional und zu einseitig auf Wissensvermittlung zentriert und kritisieren häufig das Fehlen des erlebnisorientierten Unterrichtes. Sinnentleertes Auswendiglernen von katechetischen Worthülsen stand im Vordergrund. Es ging nicht darum, Möglichkeiten von religiösen Erfahrungen zu eröffnen, sondern lediglich um das Lernen und (vielleicht) Verstehen von Glaubenssätzen. Damit wurde kaum ein persönlicher Bezug geschaffen, und die Inhalte des Unterrichtes wurden in der späteren Reflexion als zu eng und in einem negativen Sinn dogmatisch verstanden. Die biblischen Geschichten wurden quasi als historische Tatsachenberichte aufgefasst, welche (später) kaum reflektiert und nicht in den jeweiligen Lebenskontext der Hörerschaft versetzt wurden. Festzuhalten ist also, dass der damalige Zeitgeist und die entsprechenden pädagogischen Ansichten auf die Art des Unterrichtes einwirkten, wie es übrigens auch heute geschieht.

Interessanterweise war der Religionsunterricht auch früher schon nicht selten mit erheblichen Disziplinproblemen verbunden, welche auf zum Teil rabiate Art und Weise zu lösen versucht wurden. Die pädagogischen Massnahmen waren oft nicht zimperlich, und für viele Menschen stellte und stellt sich auch heute noch die Frage, wie der biblische Inhalt der Nächsten- und Gottesliebe mit den erfahrenen pädagogischen Durchsetzungsmitteln zur Lösung von Disziplinproblemen in Einklang zu bringen sind. Vermittlerpersonen hatten manchmal wenig Geschick im Umgang mit jungen Menschen. Für viele ist auch diese Erfahrung Grund zu einer vorsichtigen bis ablehnenden Haltung gegenüber dem Religionsunterricht.

Es gab aber auch andere, für die der Unterricht nicht so negativ war. Der Unterricht mit den biblischen Geschichten wurde als spannend und eindrücklich empfunden. Die Wichtigkeit der Kenntnis von biblischen Geschichten, liturgischen Abläufen, das Besuchen des sonntäglichen Gottesdienstes und das Mitleben des Kirchenjahres waren für sie sinnvoll. Sowohl in der Milieu- wie auch Diasporasituation war das liturgische Leben nebst einer Pflicht auch immer eine kommunikative gesellschaftliche Erfahrung. Der Religionsunterricht bot nebst der Wissensvermittlung auch eine Plattform, diese kirchliche Sozialisation zu unterstützen. Davon profitierten Jugendverbände und kirchlich gebundene Vereine immer wieder. Religionsunterricht war nicht isoliert in der Schule, sondern immer auch Türöffner für (zukünftige) kirchliche Einbindung.

Bei allen Erfahrungen mit dem Unterricht bleibt eines grundlegend: Die Erfahrung, welche man mit der Lehrperson, dem Pfarrer, dem Kaplan, der Katechetin oder dem Katecheten gemacht hat, beeinflusst in einem hohen Mass die Bedeutung des Religionsunterrichtes des einzelnen. Diese Tatsache spielte auch früher eine grosse Rolle, auch wenn die familiären und gesellschaftlichen Grundlagen anders aussahen.

Mit der pädagogischen Wende veränderte sich auch der Religionsunterricht. Neue Formen und Inhalte wurden entwickelt. Es wurde weniger auf Wissensvermittlung als vielmehr auf erfahrungsorientiertes Unterrichten Wert gelegt. Es entwickelte sich eine religionspädagogische Bewegung, welche diese Umwälzungen und dieses Umdenken aufnahm und auch in Lehrmitteln für viele zugänglich machte. Lehrpersonen, die diese Art des Religionsunterrichtes genossen haben, empfinden den damaligen Unterricht als sehr emotional, aber kaum als Wissensgrundlage. Wir stellen tatsächlich fest, dass junge Erwachsene den Unterricht zwar als schöne und emotional gefüllte Stunden erfuhren, aber aufgrund des Unterrichtsstils kaum mehr ein Glaubenswissen präsent ist. Dies soll auf keinen Fall eine Disqualifizierung des Unterrichtes sein. Dahinter zeigt sich ein religionspädagogisches Dilemma. Die einzelne Religionsstunde war und ist oftmals die einzige Möglichkeit für Schüler und Schülerinnen, sich mit religiösen Fragen auseinanderzusetzen. Eine religiöse Bildung kann aber nicht alleine auf den Religionsunterricht beschränkt bleiben, und ein Delegieren an ihn ist nicht möglich. Es scheint allen klar zu sein, dass auch andere Felder wie Familie, Jugendverbände, die Pfarrei usw. mit eingeschlossen werden müssen.

Mögliche Erwartungen an den Religionsunterricht

Persönliche Erfahrungen beeinflussen in einem grossen Mass die Erwartungshaltung an den Unterricht von heute. Nicht nur Religionslehrpersonen, auch Eltern, die Schule und allen vorab die Kirchen haben entsprechende Erwartungen an den Religionsunterricht. In der Praxis scheinen sich daraus verschiedene Haltungen zu entwickeln, welche nicht immer kongruent zu sein brauchen. Die Diskussionen über den Stellenwert des Religionsunterrichtes während der letzten Jahre, die Bedeutung und die lehrplanmässige Eingliederung des Religionsunterrichtes in der öffentlichen Schule sind Zeichen dafür, dass offensichtlich neue Wege und Zielbestimmungen für den Unterricht gesucht werden und werden müssen. Das gesellschaftliche Umfeld hat sich gewandelt, Einstellungen und Argumentationsweisen sind kaum mehr von ehemaligen Ideen des Kulturkampfes

geprägt, und es existieren in einer pluralistischen Welt auch dementsprechend verschiedene Erwartungen an den Religionsunterricht. Es ist deshalb ein schwieriges Unterfangen, eindeutige Erwartungen zu formulieren, welche für die meisten konsensfähig scheinen. Dennoch versuche ich einige diskussionswerte Gedanken zu beschreiben.

Die untere Ebene: konkrete, persönliche Zusammenarbeit zwischen staatlichen Lehrpersonen und Religionslehrpersonen   Im Rahmen des Versuchs, die Entwicklung der Schule in den einzelnen Kantonen in verschiedener Form voranzutreiben, wird eine intensivere Zusammenarbeit zwischen staatlichen Lehrkräften und Religionslehrpersonen gefordert werden müssen. In der alltäglichen Diskussion mit Religionslehrpersonen fällt immer wieder auf, dass diese Zusammenarbeit als wichtig erachtet wird. Diese Zusammenarbeit kann zwar strukturell gefordert werden, jedoch braucht es trotz allem den grundsätzlichen Willen aller Beteiligten, sonst bleibt sie nur Theorie und Konzept. Was kann aber diese Zusammenarbeit bedeuten? Zuallererst braucht es die gegenseitige Achtung, was leider nicht selbstverständlich ist. Ist diese gegenseitige Offenheit zwischen Religionslehrern (-innen) und staatlichen Lehrpersonen gegeben, wird eine konkrete Zusammenarbeit möglich. Fächerübergreifende und inhaltliche Zusammenarbeit, wobei der Religionsunterricht als Bestandteil aufgenommen wird, ist möglich. Zusammenarbeit im Bereich der Elternarbeit und Austausch von Verhaltensauffälligkeiten von Schülern und

Schülerinnen werden möglich. Ein grundsätzlich loyaler Austausch auf verschiedenen Ebenen ist wünschenswert und stärkt die einzelnen Lehrpersonen in ihren Beobachtungen.

Wenn sich Religionslehrpersonen in die Schule integrieren und mit den staatlichen Lehrpersonen zusammenarbeiten wollen, führt dies zwangsläufig zu einem grösseren Engagement im Bereich der Schule, so dass die Religionslehrperson innerhalb des Lehrerkollegiums mitarbeitet, an Lehrerkonferenzen teilnimmt, bei Schulentwicklungsfragen aktiv mitredet, für gemeinsame Projekte offen ist und sich weniger als Person versteht, für die eine kirchliche Sozialisation der Schüler im Vordergrund steht, als vielmehr als Vermittler(in) und Bezeuger(in) von Glaubensinhalten im Lebensraum Schule. Diese Aufgabe soll zukünftig auch die Kirche weiter erfüllen, weil sie ein Garant darstellt, in vernünftiger Art und Weise mit dem Thema Religion umzugehen, und eine Vielfalt von persönlichen Glaubenszugängen ermöglicht. Dabei wird nebst dem oben bereits erwähnten fächerübergreifenden Arbeiten eine grössere Sensibilisierung für die religiöse Entwicklung des Kindes nötig werden. Gerade die oben beschriebenen eigenen Erfahrungen mit Religionsunterricht und die damit zusammenhängenden Unsicherheiten gilt es aufzunehmen und im Gespräch mit den Betroffenen zu formulieren, damit eine Offenheit bei den betroffenen Lehrpersonen für das Anliegen der religiösen Bildung geweckt und verstärkt werden kann. Ein gegenseitiges Entgegenkommen in toleranter Offenheit und gegenseitigem Interesse wird in der Zukunft zu einem Fundament

für die Qualität und Wirkung einer religiösen Bildung für die jungen Menschen.

In diesem Zusammenhang ist festzustellen, wie unterschiedlich diese Offenheit und die daraus folgende Zusammenarbeit bereits heute funktioniert. Es gibt Schulen, in denen die Religionslehrperson voll und ganz intergriert ist und das Fach Religion auch für staatliche Lehrpersonen wichtig ist, bis hin zu jenen Schulen, an denen der Religionsunterricht ein randständiges Dasein fristet.

Diese Einbindung des Religionsunterrichtes und der Religionslehrperson in die Schule wirft im weiteren Fragen der Ökumene, der kirchlichen Rückgebundenheit des Unterrichtes und der Selbstdefinition der Lehrperson auf. Es scheint klarzuwerden, dass eine neue Orientierung für Kirche und Schule Konsequenzen zeigen wird.

Obere Ebene: Zusammenarbeit zwischen Schule und Kirche   Sofern die Schule dem Anspruch einer gesamtheitlichen Bildung Genüge leisten will, muss die Frage der religiösen Bildung thematisiert werden. In einer gesamtheitlichen Bildung ist auch die religiöse Bildung ein elementarer Bestandteil. Die Schule muss ein pädagogisches Interesse daran haben, die religiöse Bildung zu integrieren. Für die Entwicklung eines jungen Menschen ist auch die Bildung der eigenen Religiosität ein elementarer Bestandteil, damit ein geglücktes Leben möglich wird. Junge Menschen haben ein Anrecht auf eine gesamtheitliche Bildung, die immer die verschiedensten Dimensionen des Menschseins mit einschliessen soll. In genau diesem Zusammenhang gehört auch die religiöse

Bildung. Dabei ist zu erkennen, dass religiöse Bildung für die Schule nicht dasselbe ist wie kirchliche Rückgebundenheit. Hier kann ein Interessenkonflikt zwischen der Institution Schule und der Institution Kirche entstehen. Es wäre jedoch falsch, wenn sich Kirche und Schule gegenseitig ausspielen – es ist ein Miteinander notwendig, damit eine gesamtheitliche religiöse Bildung wachsen kann.

Ein Vorschlag für eine mögliche Lastenverteilung   Die Kirchen müssen Interesse daran haben, dass religiöses Wissen und fächerübergreifende religiöse Themen in der Schule auch von den staatlichen Lehrpersonen behandelt werden. Darüber hinaus hat Kirche ein vitales Interesse daran, Glaubenserfahrungen und dementsprechende Glaubensinhalte zu verkünden und jungen Menschen zugänglich zu machen. Religiöse Bildung ist also unumstritten mehr als nur einfache Wissensvermittlung. Daraus folgt auch eine zunehmende Lastenverteilung innerhalb der Schule.
a) Auf der einen Seite wird die öffentliche Schule vermehrt für die religiöse Bildung im Bereich der Wissensvermittlung und ihrer fächerübergreifenden Methodik aktiv werden müssen. Entwicklungen in verschiedenen Kantonen zeigen diese Tendenz. Das ehemalige Fach «Bibel», auch ein Bestandteil der religiösen Bildung, wird zunehmend und richtigerweise vor allem in der Primarschule in den Fächerkatalog «Mensch und Umwelt», «Natur – Mensch – Mitwelt», wie dieser in den verschiedenen Kantonen auch jeweils bezeichnet wird, eingebunden. Die staatliche Lehrperson hat dabei die Pflicht, religiöses Wissen und religiöse

Fundamente gesamtheitlich zu thematisieren. Grundsätzlich ist dies aber nur eine Schiene, welche die religiöse Bildung zu fahren hat.
b) Eine zweite Schiene müssen die Kirchen fahren, indem sie die Schule als Lebensraum verstehen, in den sie hineinzuwirken haben, ohne dabei eine direkte kirchliche Sozialisation zu verfolgen. Es geht vielmehr darum, die Schule als Ort zu definieren, in dem Glaubensfragen ermöglicht, reflektiert und dargestellt werden. Nur mit ökumenischer Offenheit kann einem allfälligen Ressentiment gegenüber der Art der Glaubensvermittlung begegnet werden. Die Kirche muss also in der Schule bleiben, diese als Raum verstehen lernen, in den sie ihre Botschaft der Nächsten- und Gottesliebe hineingeben kann. Die Schule wird da Ort werden müssen, wo von seiten der Kirche das Angebot zu machen ist, das christliche Glaubensfundament in Verbindung und Offenheit mit anderen Religionen zu praktizieren. Es wäre also falsch, wenn sich die Kirche aus dem Lebensraum Schule zurückziehen würde und in ihm nicht mehr präsent wäre. Die Kirche würde so eine Aufgabe innerhalb der Diakonie verlieren. Entwicklungen wie diejenige der Schulpastoral weisen in die Richtung, wie Diakonie innerhalb der Schule konkretisiert werden kann.
c) Eine dritte Schiene betrifft die direkte kirchliche Sozialisation. Es ist anzunehmen, dass eine solche Sozialisation zunehmend in den Pfarreien stattzufinden hat. Damit ist beispielsweise eine ausserschulische Sakramentenvorbereitung wie Erstkommunion oder Firmung gemeint. Dabei kann für die Kirche durchaus die personelle

Verbindung von Religionslehrperson und Pfarreimitarbeiter(in), Pfarreiverantwortlichem (-er) als Vorteil angesehen werden. Die oben kurz beschriebene Lastenteilung bringt auch eine ökumenische Offenheit mit sich. Typisch konfessionelle Dimensionen des Glaubenslebens können in den einzelnen Pfarreien gefördert werden, ohne dass dabei der Kontakt zur Schule abzubrechen ist. Die Schule auf der anderen Seite kann vom Know-how der Glaubensvermittlung durch die Kirche profitieren.

Erwartungen an den konkreten Unterricht   Diese oben beschriebenen Zusammenhänge haben einen Einfluss auf die Gestaltung des Religionsunterrichtes. Die Erwartungen sind oft in keinem anderen Fach so hoch wie in diesem. Wie bereits beschrieben, kann der Religionsunterricht die Defizite der Glaubenserfahrung nicht kompensieren, auch wenn eine optimale Eingliederung in die Schule vorhanden ist. Ein Unterricht, in dem religiöse Themen mit dem Leben der Kinder und jungen Menschen verbunden werden, kann sich von andern Fächern unterscheiden. Im Religionsunterricht geht es um die Bildung und um das Leben von Glauben, den Umgang mit sich selbst, mit der Welt und mit Gott. Es geht um eine Bildung, bei der die spirituelle Dimension des Menschen dargestellt und in Verbindung mit Glaubenserfahrungen von anderen Menschen zu anderen Zeiten gebracht werden kann. Die Tatsache, dass der Mensch auch ein zutiefst religiöses Wesen ist, muss in einer Menschenbildung aufgenommen und kultiviert werden. Der Mensch und damit auch der junge Mensch darf mit seinen religiösen

Fragen nicht alleine bleiben. Der Umgang mit religiösen Fragen ist immer vom jeweiligen Menschen abhängig, und so werden grundsätzlich auch die entwicklungspsychologischen Erkenntnisse entscheidend. Die Persönlichkeitsentwicklung vom Kleinkind bis zum Erwachsenen bestimmt das Verhältnis zum religiösen Fragen. Diese Tatsache gilt es auch im Unterricht aufzunehmen, um eine Über- oder Unterforderung zu vermeiden. Die einzelne Unterrichtseinheit soll immer wieder für die jungen Menschen zu Momenten führen, in denen die religiöse Dimension des Lebens konkret erfahren, reflektiert und mit dem Fundament des Glaubens verbunden werden kann. Damit ist auch vorgegeben, dass die Methode des Unterrichtes mit dessen Inhalt möglichst kongruent zu sein hat. Was heisst das? Vor allem soll sich die einzelne Religionslehrperson für die Sache begeistern lassen. Die persönliche innere Haltung strahlt immer in die konkrete Umsetzung mit aus, und die Schüler und Schülerinnen spüren, ob die Religionslehrperson von ihrer Sache begeistert ist oder nicht. Ohne diese Begeisterung jedoch fehlt etwas Substantielles, und jede Methodik wird darunter leiden. Neben der Didaktik und Methodik des Unterrichtes ist die zwischenmenschliche Beziehung von Religionslehrpersonen mit ihren Schülern entscheidend. Eine gute Beziehung ist nicht mit Anbiederung an die Schüler zu verwechseln. Es geht vielmehr darum, in einer gelösten, jedoch fundierten Art und Weise vor die Schüler zu treten. Die Schüler spüren, welche innere Überzeugung die Lehrperson hat. Die Schüler möchten eine Auseinandersetzung erleben und erwarten ein echtes Gegenüber.

Damit die Erwartungen an einen guten Unterricht erfüllt werden, braucht die Religionslehrperson Zeit für Kreativität und Musse, sich mit einer Sache zu beschäftigen. Gerade der konkrete Alltag, der oft hektisch und mit viel Arbeit gefüllt ist, lässt diese Zeit zur Kreativität nicht zu. Trotzdem lohnt es sich, sich Zeit für die persönliche Auseinandersetzung mit dem Stoff zu nehmen. Diese Auseinandersetzung wird zur Grundlage, damit die konkrete Umsetzung im Unterricht gelingt. In der Auseinandersetzung werden auch die methodischen Schritte klarer, welche eingesetzt werden können. Die einzelnen methodischen Schritte hängen mit den ausgewählten Inhalten zusammen. Die Methode wird so nicht zum Selbstzweck, sondern die einzelne Unterrichtsstunde kann zu einem Ganzen werden. Das Fach Religion soll aber nicht auf die stundenplanmässige Fachstunde beschränkt bleiben, sondern die Beziehung der Menschen untereinander nachhaltig beeinflussen.

Wie und wo die gemachten Erfahrungen und Wissensgrundlagen für den einzelnen jungen Menschen zukünftig Wirkung zeigen, ist für den Religionslehrer oder die Religionslehrerin oft schwer zugänglich. Die Gewissheit aber, an der Bildung des Menschen in einem ganz wesentlichen Teil mitgearbeitet zu haben, kann für jede Religionslehrperson immer wieder eine neue Motivation sein, sich dieser Aufgabe zu stellen.

Erwartungen der Religionslehrpersonen an die Pfarrei   Bis jetzt wurde von der einzelnen Unterrichtsstunde und von der Verbindung zwischen Religionsunterricht und Schule gesprochen. Religion wird nicht nur in der einzelnen Unterrichtseinheit gelebt und reflektiert, sondern muss in die Pfarrei mit eingebunden sein. Damit der schulische Religionsunterricht, bei dem, wie bereits erwähnt, zukünftig nicht die kirchliche Sozialisation im Vordergrund zu stehen hat, sinnvoll ergänzt und weitergeführt werden kann, braucht es dementsprechende zusätzliche Angebote der Pfarrei ausserhalb des Lebensraums Schule. Was kann das heissen? Für Pfarreien bedeutet dies, sich um ausserschulische Angebote zu kümmern. Die ausserschulische Sakramentenvorbereitung, Familienkatechese und Elternarbeit sowie das Feld der Jugendarbeit werden in Zukunft noch mehr vernetzt werden müssen und an Bedeutung gewinnen. Es wird vielleicht mehr als jetzt nötig werden, Erwachsenen selbst in ganz anderer Art und Weise einen Zugang zu religiösem Wissen und religiöser Erfahrung zu ermöglichen. Damit ist die Elternarbeit angesprochen, welche in Zukunft vermehrt in den Blick genommen werden soll.

Die bereits heute mancherorts praktizierte Trennung von Religionsunterricht und kirchlicher Rückbindung wird auch für die Religionslehrperson Konsequenzen haben. Sie wird sich nebst ihrer Arbeit in der Schule auch mit der Pfarrei noch oder wieder mehr verbinden müssen. Die Eingliederung der Religionslehrperson in die Pfarreistruktur wird nötiger werden. Das bedeutet, dass sie auch von der Institution Kirche formal eingebunden werden muss. Es braucht diese institutionelle Eingliederung, sonst besteht die Gefahr der Identifikationslosigkeit und Vereinzelung der Religionslehrperson. Katechese darf nicht losgelöst von der Pfarrei ein eigenes Dasein fristen. In einem Umfeld, in dem die religiöse Bildung des jungen Menschen oft nur noch an die Vermittlerperson des Religionslehrers oder der Religionslehrerin in der Schule zurückgebunden ist, braucht es verständlicherweise diese Rückbindung an die Pfarrei. So müssen auch das Bistum und die Pfarrei ein vitales Interesse daran haben, die personelle Eingliederung zu vollziehen. Der Religionslehrperson wird so zukünftig eine Brückenfunktion zwischen den Feldern Pfarrei – Schule – Eltern zuteil werden.

... aus soziologischer Sicht*

Irene Becci

Die Ausgangslage

Seit einigen Jahren wird in politischen und sozialwissenschaftlichen Kreisen[1] sowie in den Medien[2] immer öfter über religionskundlichen Unterricht an der öffentlichen Schule gesprochen. Wir möchten mit diesem Beitrag zwei Zielsetzungen verfolgen. Einerseits geht es uns darum, diese aufkommende Debatte zusammenfassend in ihren Kontext zu stellen, um zu verstehen, wie sie begonnen und sich entwickelt hat und inwiefern sie eine gesellschaftliche Lage widerspiegelt. Andererseits möchte dieser Beitrag ein kritischer Denkanstoss sein, der die öffentliche Schule als eine tief in der Gesellschaft verwurzelte Institution betrachtet, die von ihr abhängt, sie aber auch mitgestaltet. In diesem Sinne sind die zahlreichen Erwartungen an die öffent-

liche Schule, die in den letzten Jahren von gesellschaftlich-politischen Gruppen formuliert worden sind, auch Erwartungen an die Gesellschaft. Wir werden hier versuchen, diese beiden Aspekte der Erwartungen der Befürworter(innen) eines spezifisch religionskundlichen Unterrichts an der öffentlichen Schule zu verstehen.

Um unseren Absichten nachzukommen, charakterisieren wir unsere heutige westliche Gesellschaft. Wir beschränken uns hier auf drei Aspekte, die uns in bezug auf die Entwicklung der herrschenden Weltanschauungen interessieren: Individualisierung, Pluralisierung und Säkularisierung. Diese Merkmale werden heute von den Sozialwissenschaftlern (-innen) nicht mehr bestritten, doch scheinen sich nicht alle über die jeweiligen Bedeutungen einig zu sein.

Einige setzen, wenn sie von Individualisierung sprechen, den Schwerpunkt auf den Autonomiegewinn für den Menschen, auf den Wertewandel, andere beziehen sich auf «den Verlust gemeinschaftlicher Bindungen als Bedrohung gesellschaftlicher Solidarität»[3], auf die geschwächte Bindungskraft dieser «neuen» Werte. Krüggeler definiert das Konzept der Individualisierung treffend

* Dieser Beitrag ist im Rahmen der vom Schweizerischen Nationalfonds zur Förderung der wissenschaftlichen Forschung finanzierten Untersuchung «Religion et lien social» erarbeitet worden. Prof. Roland J. Campiche ist deren Hauptantragsteller.

als «das spezifisch moderne Wechselver-
hältnis von Individuum und Gesellschaft
[...] Individuelles Leben ist weniger als zuvor in einen gemeinschaftlichen Komplex
von Tradition, Institution, Autorität und
Sitte eingebunden, deswegen aber nicht
aus der Gesellschaft entlassen, sondern
jetzt durch abstrakte und anonyme, an
den einzelnen und die einzelne adressierte
Sozialbeziehungen bestimmt, die sich ihrerseits der individuellen Einflussnahme
entziehen.»[4]

Auf der Kehrseite des Individualisierungs-
prozesses finden wir die Pluralisierung, wobei wir uns hier auf die Vervielfachung der
Wertsysteme beziehen, die unseren Handlungen und Weltanschauungen zugrunde
liegen. Zu dieser Vervielfachung hat eine
Differenzierung verschiedener Lebenssphären und deren Autonomisierung geführt. In
vielen dieser Lebenssphären (zum Beispiel
der Wissenschaft, des Sozial- und Gesund-
heitswesens) hat die Logik der Spezialisie-
rung und der Professionalisierung überhand-
genommen.[5] Die «Sonderfall»-Studie[6] hat
gezeigt, dass diese Prozesse ebenfalls die
Entwicklungen der Glaubenssysteme und
des religiösen Verhaltens der in der Schweiz
lebenden Bevölkerung beschreiben.

Diese beiden Entwicklungen sind mit dem
dritten Aspekt der (Post-)Moderne, dem Säkularisierungsprozess, verknüpft, durch den
die traditionellen religiösen Institutionen
das Monopol des Angebots von Glaubenssystemen verloren haben. Die Säkularisie-
rungshypothese hat eine lange Geschichte:
Schon 1706 fand man das Wort Säkularisierung im *New English Dictionary on
Historical Principels*[7]. Seither wird das Konzept von Sozialwissenschaftlern (-innen)

zur Beschreibung oder Erklärung unter-
schiedlichster Entwicklungen gebraucht.
Uns interessieren hier drei Bedeutungsrich-
tungen. Die erste identifiziert Säkularisierung einfach als Trennung von Kirche und
Staat. In anderen Zusammenhängen steht
hinter dem Konzept Säkularisierung die
«Vorstellung von der Deaktualisierung religiöser Bestände».[8] Die dritte Bedeutung ist
«im streng metaphorischen Sinn Aneignung
der Religion durch philosophische Weltanschauung, ‹Verdiesseitigung› des Jensei-
tigen, Verschiebung der Heilsgeschichte zu
einem rein weltimmanenten Geschehen».[9]
Die erste Bedeutung dieser These, die
Trennung von Kirche und Staat, beinhaltet nicht zuletzt Übergang des Monopols
der Leitung aller gesellschaftlichen Angelegenheiten von religiösen zu politischen
Institutionen. Der Säkularisierungsprozess
sei gleichzeitig Ausdruck und Folge einer
veränderten religiösen Zusammensetzung
unserer Gesellschaft. Bovays Analyse zur
Wandlung der Glaubenszugehörigkeit in
der Schweiz[10] stellt eine seit 1970 zahlen-
mässige Zunahme von Zugehörigkeiten zu
neu in der Schweiz vertretenen Kirchen, religiösen Gemeinschaften, Traditionen oder
Strömungen sowie von Personen ohne religiöse Zugehörigkeit fest.

Dieselbe Studie zeigt ebenso auf, dass Religion nicht nur einen individuellen, sondern
auch einen sozialen Charakter hat. Zahlreiche Sozialwissenschaftler(innen) haben
in den letzten Jahren durch ihre Forschun-
gen den gesellschaftlichen Charakter der
Religion aus einem anderen Blickwinkel
beleuchtet. Stark und Iannacone[11] belegen
mit ihrer Untersuchung die Hypothese, dass
gewisse Religionsgemeinschaften gerade

durch das Mitwirken des Staates ihr Monopol auf dem «Religionsmarkt» beibehalten können. Der Befund dieser beiden Autoren zeigt, dass der religiöse Pluralismus viel grösser scheint, als er in Wirklichkeit ist. Der Staat kann gleichzeitig von juristischer Religionsfreiheit sprechen und weiterhin ganz bestimmte Religionsgemeinschaften materiell und symbolisch privilegieren, was ihn dazu führt, das religiöse Angebot zu «filtern».

Die Formulierung des Grundrechts der Religionsfreiheit im schweizerischen Staatskirchenrecht verdeutlicht diese Aussage. Dieses Grundrecht *verbietet* dem Staat [...] ‹religionsfeindliches›, prinzipiell *indifferentes Verhalten»*[12]. Manche Sozialwissenschaftler(innen) sehen darin die Möglichkeit für den Staat, durch politische Entscheide oder finanzielle Massnahmen einen Einfluss auf religiöse Gemeinschaften und auf die Legitimität, die sie in den Augen der Öffentlichkeit haben, auszuüben: Die «legitimen» Religionsgemeinschaften werden unterstützt und die «illegitimen» benachteiligt. Wenn die Säkularisierungsthese stimmt, dann sind die Kriterien dieser «Legitimitätsskala» nicht direkt religiöser Natur. Nun stimmt aber auch, dass die in unseren öffentlichen Behörden arbeitenden Menschen kulturell eindeutig eine christliche Weltanschauung miteinander teilen. In diesem Sinne wird also der Diskurs über den Pluralismus etwas beschränkt. Es stellt sich eher die Frage, welcher Pluralismus in diesem Zusammenhang gestaltet wird.

Angesichts dieser Befunde muss die Aussage, der heutige Mensch könne frei aus unendlich vielen Glaubenssystemen die Elemente aussuchen, die er in sein persön-liches Glaubenssystem einführen möchte, relativiert werden. Im Folgenden versuchen wir, die Grenzen dieser Anschauung zu erläutern, um ihre Auswirkungen auf den religionskundlichen Unterricht an der öffentlichen Schule ausfindig zu machen.

Öffentliche Schule und religionskundlicher Unterricht: ein unmögliches Paar?

Der Übergang des Erziehungsmonopols von den bei uns vorherrschenden christlichen Religionsgemeinschaften an den Staat hat drei Jahrhunderte gedauert. Vom 16. bis zum Beginn des 19. Jahrhunderts wurden die Kinder von den Kirchen oder/und von den Familien erzogen. Die Erziehung war das christliche Mittel, das die Vorstellung einer grundsätzlich religiösen Welt zu verbreiten hatte. Der Unterricht war nicht obligatorisch und fand oft in Klöstern statt. Religion selber war das Subjekt des Unterrichts. Die weltliche oder politische Macht wurde von der religiösen gerechtfertigt und in ihr integriert.

Wie Loretan schildert, entstand in Europa «mit der Glaubensspaltung und den anschliessenden Religionskriegen [...] anstelle der alten Einheit von Kirche und Staat eine Zweiheit von Kirchen und Staat. In den ausweglosen Situationen der Religionskriege ab dem 16. Jahrhundert begann der Staat sich auf sich selbst zu stellen.»[13] Man begann von einem laizistischen Bereich zu sprechen, womit man zunächst alles meinte, was weder mit Religion noch mit Kirche zu tun hatte. Schliesslich übernahm der Staat nach dem republikanischen Modell Frankreichs fast überall in Europa die

Aufgabe der schulischen Erziehung. Damit war die letzte Etappe der Trennung von Staat und Kirchen erreicht. In Frankreich verbietet das 1905 in Kraft getretene Schulgesetz dem öffentlichen Unterricht, jeglichen religiösen Charakter anzunehmen. Es sollte jedem Menschen absolut freistehen, welche religiöse Erziehung sie oder er wollte – Hauptsache, sie wurde ausserhalb der öffentlichen Schule erlangt. Alle Lehrpersonen mussten streng laizistisch sein und wurden vom Staat besoldet.[14]

Die 26 Schweizer Kantone haben diese Entwicklung unterschiedlich mitgemacht, unter anderem je nach ideologischer Einstellung der katholischen oder der reformierten Kirche zum Staat. Heute haben wir 26 verschiedene Verhältnisformen von Kirchen und Staat. Eine Trennung, die im 19. Jahrhundert sogar als feindlich betrachtet werden konnte, gibt es in den Kantonen Genf und Neuenburg. Mit dem Säkularisierungsprozess hat sich das Verhältnis ein wenig entspannt, und heute bevorzugt der Staat auch in diesen Kantonen politisch und finanziell die anerkannten religiösen Traditionen.

Nun wissen wir, dass die Schule einen grossen Einfluss auf gesellschaftliche Entwicklungen hat. In der Schweiz definiert der Kanton den Inhalt des Lehrstoffes und die Art und Weise, wie dieser beigebracht wird. Wir können uns nun fragen, inwiefern die Vorstellung, die sich die Kinder vom Pluralismus machen – im besonderen vom religiösen Pluralismus –, derjenigen der politischen Institutionen entspricht. Die Rolle des Staates und der Öffentlichkeit ist unserer Meinung nach hier nicht zu unterschätzen. Wie Côté[15] es ausdrückt, beeinflussen staatliche Institutionen wie die Steuer-, Schul-, Gesundheits- oder Kulturgesetzgebungen nicht nur den religiösen Glaubensinhalt des heutigen Menschen, sondern auch die persönliche Art und Weise, wie Religiosität (aus)gesucht wird.

Der «Mikrokosmos» Schule wurde von den drei oben erwähnten Prozessen der (Post-) Moderne nicht verschont. Das Schulwesen steht seit dem 19. Jahrhundert im Mittelpunkt vieler politischer Debatten, bei denen es nicht zuletzt um Machtspiele geht. Es wäre trügerisch, das Schulwesen nicht als ein tief in der Gesellschaft verankertes System zu betrachten, durch das einerseits Neues entsteht, andererseits Altes weiterbesteht. Durch die während dieses Jahrzehnts aufgekommenen «Krisen» (wirtschaftliche, politische, soziale und ökologische) werden von allen Seiten ständig neue Erwartungen an die Schule gestellt: Die Schule soll sich der Gesellschaft anpassen, ihre Leistungen sollen ständig überprüft werden usw.[16]

In diesem Zusammenhang ist es wichtig zu verstehen, wie und warum jetzt die Debatte zur Einführung eines religionskundlichen Fachs in den öffentlichen Schulunterricht aufgekommen ist. Die Antwort auf diese Fragestellung kann eine Hilfe zum Verständnis des gesellschaftlichen Wandels sein.

Aufkommen der Debatte

Die Idee, einen Unterricht zum Thema Religionen in die Schule einzuführen, hat in den letzten Jahren in verschiedenen Ländern Europas[17] einen gewissen Erfolg gezeitigt. Vehemente Gegner und Gegnerinnen fürchten, die Einführung eines solchen Unterrichts würde den Fehlgang der Diagnose der Aufklärung kennzeichnen. Befürworter(innen) sehen darin die Möglichkeit, Religionen wie andere Schulfächer als *Objekt* zu behandeln.

Seit Beginn der 90er Jahre haben verschiedene Kantonsräte vor allem in der Westschweiz ihre Besorgnis in bezug auf einen gewissen «religiösen Analphabetismus» mitgeteilt. Diese Besorgnis ist die Folge mehrerer kleiner Ereignisse, die in den verschiedenen Kantonen zwar etwas unterschiedlich erlebt wurden, aber gesamthaft zu denselben Reaktionen führten, wenn auch in zeitlich unterschiedlichen Abständen. In diesem Beitrag betrachten wir kurz den Fall Genfs, der uns besonders aufschlussreich scheint, weil er sicherlich nicht der religionsfreundlichste Schweizer Kanton ist.

Schon 1988 entstand in Genf eine erste informelle ökumenische Arbeitsgruppe, bestehend aus Lehrpersonen und Vertretern (-innen) der drei anerkannten Kirchen (die christkatholische, die römisch-katholische und die evangelisch-reformierte Kirche). Die Gruppe stand in enger Beziehung zum Erziehungsdepartement und äusserte Besorgnis über den Zuwachs «religiöser Unkultur» der Schüler und Schülerinnen. 1990 begann sie, für die Lehrpersonen Seminarien und Weiterbildungskurse zu jüdisch-christlicher Kultur und ethischen Fragestellungen zu organisieren. An ihrem ersten öffentlichen Forum, «Analphabétisme religieux, danger pour la société?», nahmen mehr als 400 Personen teil, und ein wichtiges Echo wurde in den Medien ausgelöst. 1994 erstellte die Arbeitsgruppe für die drei anerkannten Kirchen eine Bilanz ihrer Untersuchungen und wollte damit eine weite Debatte auslösen. Ein Jahr später setzte das Erziehungsdepartement unter seiner Aufsicht eine Arbeitsgruppe ein, die den Namen «Groupe de travail exploratoire sur la culture judéo-chrétienne à l'école» trug.[18] Walo Hutmacher, Soziologe und Mitglied der Arbeitsgruppe, fasst die Hauptgründe der Anfrage zusammen.

Den ersten Grund haben wir schon erwähnt. Verschiedene Kreise hätten einen beträchtlichen Analphabetismus der jungen Generation in Sachen Religionskultur festgestellt. Die heutige Jugend (er)kenne die kulturellen Bezugssysteme der jüdisch-christlichen Zivilisation nicht mehr. Den zweiten Grund sieht Hutmacher in einer konkreten Angst vor neuen religiösen Strömungen und vor allem vor einigen Sekten. Es wird die Naivität erwähnt, mit der junge Leute solchen Phänomenen begegnen. Schliesslich wird auf unseren durch die Migration pluralistisch und multikulturell gewordenen Kulturraum und auf die Öffnung der Grenzen durch die Globalisierungsprozesse der Information und der Kommunikation hingewiesen.

Dass es sich nicht nur um ein westschweizerisches Phänomen handelt, zeigt der Kanton Zug. Als Folge der Maturarevision wurde im Schuljahr 1997/98 in mehreren Kantonsschulen das Fach Religion (bzw.

Weltreligion) zum Promotionsfach. Zu dieser Veränderung steht im Jahresbericht
der Kantonsschule Zug ein Kommentar, der
uns aufschlussreich scheint, um die aktuelle Einstellung der öffentlichen Schule zum
religionskundlichen Unterricht zu verstehen:

«Im Zentrum des Faches steht *nicht das
Bekenntnis zum Glauben und dessen Ausübung*, sondern [...] das Ziel, dass sich
unsere Schülerinnen und Schüler mit der
*für unseren Kulturraum zentralen christli-
chen Religion, [...] mit anderen Religionen
und mit Religion im allgemeinen* als wich-
tigem *historischem und gesellschaftlichem
Phänomen* beschäftigen [...] Die erworbe-
nen *Grundkenntnisse* und Einsichten sollen
es den jungen Leuten ermöglichen, innerhalb und ausserhalb der Schule sowohl kul-
turell-historische Entwicklungen als auch
spezielle gesellschaftliche Ereignisse besser
verstehen und analysieren zu können.»[19]

In diesem Zitat erkennen wir zwei der
Aspekte, die Hutmacher erwähnt hat. Erstens scheint es ein Anliegen der Schule zu
sein, klarzustellen, dass es nicht um konfessionellen Unterricht geht, sondern dass
das Thema Religionen als Objekt behandelt
wird. Zweitens erklärt sie eingehend, dass
ein solches Fach gewisse Wissenslücken
füllen könnte. Wir werden später versuchen, diese Erwartungen in bezug auf die
heutige gesellschaftliche Lage zu interpretieren.

Einige gesellschaftliche Erwartungen

Die Genfer Gruppe befragte 1997 verschiedene Vereine (Elternvereine, Lehrervereine
usw.) und Glaubensgemeinschaften, um zu
erfahren, welche Erwartungen und Bedürfnisse diese in bezug auf einen religionskundlichen Unterricht hätten. Wir werden
sie nun aufgrund ihrer Untersuchung[20] zu-
sammenfassen. Wie wir schon festgestellt
haben, sieht man von seiten des Kantons
eine klare Absicht, durch die Grundkennt-
nis der verschiedenen Religionen eine der
wichtigsten Bedingungen für Toleranz und
Solidarität zu erfüllen. Gleichzeitig verlangt
er von den Lehrpersonen absolute religiöse
Neutralität und Objektivität beim Unterrichten.
Den Antworten der Organisationen, welche
die Lehrpersonen vertreten, entnehmen wir
einerseits die Anerkennung der Wichtigkeit
des Themas Religionen für das Verständnis
kultureller und geschichtlicher Aspekte, andererseits eine gewisse Skepsis gegenüber
der Einführung eines spezifisch religionskundlichen Fachs. Ein solches Fach sei nicht
nötig, da das Thema Religionen auch im
Rahmen anderer Fächer angegangen werden kann, wie es der Lehrplan jetzt schon
verlangt. Es darf nicht vergessen werden,
dass sich in den letzten Jahren die Arbeits-
bedingungen dieser Beamten um einiges
verschlechtert haben. Die Lehrpersonen haben immer grössere Klassen zu unterrichten
und sehen in dieser Zeit neuen Reformen
nur ungern entgegen.[21] Nicht zuletzt unterstreichen diese Vereine die Notwendigkeit,
eine neutrale und objektive Einstellung zu
diesem Thema zu haben.

Die befragten Elternvereine sind ebenfalls der Meinung, ein spezifisch religionskundliches Fach sei nicht nötig. Die religiöse Erziehung der Kinder sei Aufgabe der Kirchen und der Familien. Der Wunsch, den Kindern eine bessere Kenntnis der grossen religiösen Traditionen weiterzugeben, erscheint jedoch auch hier.

Von den Religionsgemeinschaften sind die christkatholische, die evangelisch-reformierte, die römisch-katholische, die jüdische, die orthodoxe und die islamische Gemeinschaft angefragt worden. Mit Ausnahme der letzteren wünschen die befragten Gruppen, dass die Schule mehr Wissen zum Thema Religionen vermittelt. Die Religionsgemeinschaften haben scheinbar am meisten Erwartungen an ein solches Projekt. Sie unterstreichen in ihren Antworten die zentrale Rolle der Religionen in unserer Gesellschaft. Die Kenntnis der Religionen sei somit einer der besten Schlüssel zum Verständnis unserer eigenen demokratischen Kultur. Gleichzeitig verlangen sie auch ein gewisses Mitspracherecht bei der Ausarbeitung des konkreten Lehrplans.

Erste Vorschläge

1995 schlug Campiche drei Zielsetzungen vor, die heute ein religionskundlicher Unterricht auf jeden Fall verfolgen sollte.[22] Das erste unumgängliche Ziel ist seines Erachtens die Kenntnis der bei uns herrschenden religiösen Traditionen, die den Schülern und Schülerinnen erlauben sollte, unsere Kultur zu verstehen. Der zweite wichtige Aspekt betrifft das Kennenlernen der grossen Weltreligionen, was die Bedingung für

öffentlichen Frieden sei. Schliesslich sollten in einem solchen Unterricht auch ethische Fragestellungen einen Platz finden. Hutmacher sieht in diesem Vorschlag einen zu kleinen allgemeinen Nenner für kirchliche, schulische und laizistische Kreise: Die Rolle der Schule sei es, Wissen zu verbreiten. Nach Hutmacher ist aber der Schluss, den diese Kreise daraus ziehen, durch Kenntnis allein werde man toleranter und solidarischer und erarbeite sich die nötige Entscheidungskompetenz, um nicht in die Klauen sektiererischer und manipulierender pseudoreligiöser Gruppen zu fallen, falsch. Nun stellt Hutmacher die Frage, ob ein solches informatives Wissen an und für sich genüge, um die erhoffte und für einen sozialen, politischen und religiösen Frieden nötige Toleranz und Solidarität zu erreichen. Er bevorzugt eine weite Diskussion über ein so grundlegendes Thema zu führen, an der die verschiedensten Gesellschaftsgruppen teilnähmen, um vor allem die Umsetzung vieler Vorstellungen praktisch durchdenken zu können. Zum Beispiel ist die Neutralität und Objektivität der Lehrpersonen bei Religionsfragen eine von der Theorie zur Praxis schwer umsetzbare Bedingung. Eine solche objektive Haltung bedenkt nicht die Beseitigung seiner eigenen Glaubenssysteme, was schlicht unmöglich ist, sondern die Fähigkeit, sie der konstruktiven Kritik auszusetzen. Unser Verhalten gegenüber anderen Menschen und unsere Handlungen werden von unseren Glaubenssystemen gesteuert, ohne dass wir uns darüber bewusst sind. Mit anderen Worten heisst das, dass die Schüler(innen) täglich im Unterricht mit verschiedenen Glaubenssystemen konfrontiert sind, auf-

grund deren sie ihre Persönlichkeit entwickeln. Die Antworten der Organisationen,
welche die Lehrpersonen vertreten, haben
deutlich gezeigt, dass Wissen über Religionen auch übertragen wird, wenn es kein
spezifisches Fach dafür gibt, was es noch
schwieriger macht, Religionskunde einer
Kritik zu unterziehen. Wie Pahud de Mortanges sagt, ist zwar heute das «Thema
Religion [...] aus dem öffentlichen Bewusstsein verschwunden. Unter der Ober-
fläche lebt es aber weiter. Das Desinteresse
verwandelt sich indessen rasch in Intoleranz, wenn Religion in fremder Gestalt da-
herkommt.»[23] Ein minimaler Konsens sollte
uns also nicht davor abschrecken, die Debatte weiterzuführen und nach positiveren
Lösungen zu suchen. Die Tendenz scheint
zu sein, die Idee eines konfessionellen Religionsunterrichts (Religion als Subjekt) zugunsten eines kulturellen Unterrichts über
die Religionen und zum Verständnis des
Religiösen aufzugeben (Religion als Objekt).
Hutmacher hebt die Kommunikationsfähigkeit und die Demokratie als Werte unserer
Zeit hervor, einer Zeit, die wirtschaftliche
Mächte über politische herrschen sieht.

Schlusswort:
religionskundlicher Unterricht als
soziales und politisches Objekt

Wie wir gesehen haben, sind die Haupt-
argumente der Befürworter(innen) eines
spezifisch religionskundlichen Unterrichts
die Förderung von Toleranz und kultureller Offenheit. Jedoch sind diese Befürwor-
ter(innen) fast ausschliesslich die Kantone
und die anerkannten Kirchen. Andere Ge-

sellschaftsgruppen scheinen sich nicht im
klaren darüber zu sein, wie ein solches
Wissen auf objektive, wissenschaftliche
und neutrale Weise beigebracht werden
kann. Die Analyse der Debatte zur Einführung des Themas Religionen in den Stundenplan der öffentlichen Schule zeigt, dass
es sich vor allem um politische Entscheide
handelt und dass die politischen Institutionen aktiv einen gewissen Pluralismus
mitgestalten wollen. Der religionskundliche
Unterricht soll nicht nur als ein kulturelles,
sondern auch als ein soziales und politi-
sches Objekt betrachtet und diskutiert werden, vor allem weil er für die Wertsysteme
wichtige Folgen hat. Wenn die erhofften
Ziele auf den ersten Blick durchaus legitim
und wünschenswert sind, ist eine öffentliche Diskussion über eine solche Möglichkeit notwendig, gerade weil kein Pluralismus einseitig bestimmt werden kann. Nur
eine solche Diskussion, wenn sie partizipa-
tiv, demokratisch und kritisch geführt wird,
kann den Religionen einen den Bedürfnissen der Gesellschaft angepassten Platz verleihen.

Zusammenfassend können wir nun sagen,
dass es nicht möglich ist, von religions-
kundlichem Unterricht zu sprechen, ohne
gleichzeitig eine Gesamtanschauung der
Religionen, der Gesellschaft, der Schule und
des Staates zu haben. Mehrere Schritte
führen zu einer reifen Diskussion. Zum ersten muss damit aufgehört werden, einerseits Religion als eine nur zur Privatsphäre
gehörende Angelegenheit zu betrachten,
andererseits sie an einen Platz zu setzen,
der uns nicht erlaubt, ihr gegenüber kon-
struktiv kritisch zu sein. Zweitens darf nicht
vergessen werden, in welcher Zeit wir hier

leben. Die öffentliche Schule steht sicherlich vor einer nicht einfachen Aufgabe, denn «innerhalb der heutigen auch kulturell hochgradig differenzierten, pluralistischen und oft zunehmend multikulturellen sozialen Ordnung [ist] ein Versuch, mittels eines Wertediskurses Differenz zu mindern, nicht nur zum Scheitern verurteilt, sondern auch gefährlich»[24]. Differenzen zwischen den Menschen gibt es heute und hat es schon immer gegeben. Unseres Erachtens liegt der Kern der Debatte in der Tatsache, dass sich heute ein politischer Wille zeigt, diese Unterschiede unter Kontrolle zu bringen. Diese Hypothese verdient sicherlich weitergedacht zu werden.

Anmerkungen

[1] Sowohl viele Veröffentlichungen der letzten Jahre als auch die letzte Tagung der «International Society for the Sociology of Religion» vom 26. bis zum 30. Juli 1999 lassen auf das Interesse an diesem Thema schliessen. Eine Arbeitsgruppe «Religion und Schule» bestand aus zahlreichen Soziologen (-innen) verschiedener Länder Europas und Nordamerikas, welche alle mit dem Thema der (Wieder-)Einführung eines solchen Unterrichts in die öffentliche Schule befasst waren.

[2] Für die Medien siehe zum Beispiel *Neue Zürcher Zeitung*, 25. 2. 1995: Neues Konzept für den Religionsunterricht, und 23. 10. 1998: Werte fallen nicht vom Himmel. Philosophie als schulische Alternative zur Religion, *Le Courrier*, 17. 3. 1999: Les mœurs changent en Valais en matière d'instruction religieuse. Zu den Sozialwissenschaften siehe Fussnoten 16 und 21.

[3] Michael Krüggeler: Religiöse Individualisierung in der Schweiz. Konzepte und Ergebnisse der «Sonderfall»-Studie, in Michael Krüggeler und Fritz Stolz (Hrsg.): Ein jedes Herz in seiner Sprache. Religiöse Individualisierung als Herausforderung

für die Kirchen. Kommentare zur Studie «Jede(r) ein Sonderfall? Religion in der Schweiz», Band I, Zürich/Basel 1996, S. 13.

[4] Krüggeler/Stolz, 1996, S. 15.

[5] Siehe Jürgen Habermas: Technik und Wissenschaft als Ideologie, Frankfurt am Main 1968, Pierre Bourdieu: Les règles de l'art, Paris 1992.

[6] Roland J. Campiche und Alfred Dubach (Hrsg.): Jede(r) ein Sonderfall? Religion in der Schweiz, Zürich/Basel 1993 (vergriffen).

[7] Olivier Tschannen: Les théories de la sécularisation, Genf/Paris 1992, S. 148.

[8] Wolfgang Müller-Funk: Ende der Religion? Plädoyer für eine Kritik der Religionskritik, *Neue Zürcher Zeitung*, 22. 2. 1995, S. 45.

[9] Ebenda.

[10] Claude Bovay: L'évolution de l'appartenance religieuse et confessionnelle en Suisse, Bundesamt für Statistik, Bern 1997. Wie der Autor beweist, sagt die Glaubenszugehörigkeit nur wenig über die religiöse Identität aus.

[11] Rodney Stark/Laurence R. Iannacone: A Supply-Side Reinterpretation of the «Secularization» of Europe, in: *Journal for the Scientific Study of Religion*, 1994, 33 (3): S. 230–252.

[12] Ueli Friedrich: Einführung in das schweizerische Staatskirchenrecht, in: Adrian Loretan (Hrsg.): Kirche - Staat im Umbruch. Neuere Entwicklungen im Verhältnis von Kirchen und anderen Religionsgemeinschaften zum Staat, Zürich 1995, S. 25, von uns hervorgehoben.

[13] Adrian Loretan: Brauchen die Kirchen den Staat noch?, in: Markus Ries und Walter Kirchschläger: Glauben und Denken nach Vatikanum II, Zürich 1996, S. 165.

[14] Das Goblet-Gesetz vom 30. 10. 1886 verlangte die Laizität der Primarschullehrer(innen) und das Gesetz vom 19. 7. 1889, dass sie Staatsangestellte werden. Gérard Bouchet: Laïcité et enseignement, Paris 1996.

[15] Pauline Côté: Culture séculière, culture religieuse, ethos civique et administration publique du symbole, in: *Social Compass* 46 (1), 1999, S. 60.

[16] Ein Beispiel dazu ist Whites Artikel, in dem die Schule herausgefordert wird, nicht mehr Werte der Arbeitskultur zu verbreiten, da sich Arbeitsstellen rar machen. John White: Gibt es ein Leben neben

der Arbeit? Schule im Wandel der Arbeitskultur, *Neue Zürcher Zeitung*, 17. 9. 1998, S. 77. Siehe auch Allan Guggenbühl: Die Einsamkeit des Schulleiters. Kampf gegen die anarchische Qualität der Schule, *Neue Zürcher Zeitung*, 22. 1. 1998, S. 69.

[17] Eine von der französischen Zeitschrift *Le Monde de l'éducation* 1991 in Frankreich durchgeführte Umfrage zeigt, dass zwei Drittel der Franzosen und Französinnen der Einführung eines Religionsgeschichtsunterrichts wohlgesinnt sind, in Walo Hutmacher (Hrsg.): Culture religieuse et école laïque. Rapport du groupe de travail exploratoire sur la culture judéo-chrétienne à l'école, Service de la recherche en éducation, Cahier 4, Genf, März 1999, S. 26.

[18] 1997 beauftragte der Kanton Neuenburg eine Kommission, ein Projekt für einen religionskundlichen Unterricht auf allen Schulstufen zu erarbeiten.

[19] Kantonsschule Zug, Jahresbericht 1997/98, S. 13, von uns hervorgehoben.

[20] Hutmacher, 1999.

[21] Siehe Martin Mosimann: Mit netten Platitüden die Schule reformieren. «Unprofessionalität» als gymnasiale Schulqualität, *Neue Zürcher Zeitung*, 19. 11. 1998, S. 77, und *Le Temps*, 12. 4. 1999: Ecole romande: l'overdose de réformes?, S. 2/3.

[22] Roland J. Campiche: Quand les sectes affolent, Genf 1995, S. 124.

[23] René Pahud de Mortanges (Hrsg.): Religiöse Minderheiten und Recht/Minorités religieuses et droit, Freiburg 1998, S. 20.

[24] Hans Jonas: Die Entstehung der Werte, Frankfurt am Main 1999, S. 18.

... aus kirchlicher Sicht

Kurt Koch

Der vollständige Titel dieses kleinen Beitrages ist lang und kompliziert: «Erwartungen an den Religionsunterricht an der öffentlichen Schule aus kirchlicher Sicht». Er hat dafür den Vorteil, das ebenso komplizierte Problem, das es zu behandeln gilt, mit seinen verschiedenen Facetten im Kern zu enthalten. Im Titel kommt die ganze Spannung zum Ausdruck, die mit diesem Thema unvermeidlich gegeben ist: Die Schule, der es um die Bildung und Erziehung der kommenden Generationen geht, ist ein elementarer Ort der gesellschaftlichen Öffentlichkeit. Die Religion ist demgegenüber in der neuzeitlichen Gesellschaft einem derart wirksamen Privatisierungsprozess ausgesetzt, dass sie weithin dem persönlichen Geschmack des einzelnen Menschen überlassen ist. Diese Spannung zwischen öffentlicher Schule und privater Religiosität wird noch potenziert, wenn es sich um Religion in einer bestimmten kirchlich-konfessionellen Gestalt handelt, die an einer öffentlichen Schule vertreten werden soll. Unweigerlich stellt sich damit die

Frage, wie kirchlicher Religionsunterricht an öffentlichen Schulen mit dem Prinzip der Religionsfreiheit und mit dem mit ihm unlösbar verbundenen Prinzip der Religionsneutralität des Staates vereinbart werden kann.

Menschliche Erziehung und religiöse Bildung

Eine Antwort auf diese komplexe Frage kann nur in der Richtung gefunden werden, dass mit der unlösbaren Beziehung zwischen diesen beiden Prinzipien ernst gemacht wird.[1] Dann wird zuerst deutlich, dass der Staat sich selbst allein dadurch zu religiöser Zurückhaltung verpflichten kann, indem er in der gesellschaftlichen Öffentlichkeit die Religionsfreiheit gewährleistet. Dabei kann die Religionsfreiheit nicht nur im negativen Sinn verstanden werden, dass niemand zu einer Religion gezwungen werden darf, sondern der Staat Toleranz in religiösen Angelegenheiten garantiert. Die Religionsfreiheit ist vielmehr auch und vor allem im positiven Sinn zu verstehen, dass den Menschen die freie Ausübung ihrer Religion garantiert wird.

Auf die Garantierung der positiven Religionsfreiheit ist der neuzeitliche weltanschaulich-neutrale Staat bereits um seiner selbst willen angewiesen. Wenn er sich nämlich einem ganzheitlichen Bildungsauftrag verpflichtet weiss, vermag er diesem nur dadurch gerecht zu werden, dass er die religiöse Dimension als integrales Element der Bildung in der öffentlichen Schule anerkennt und fördert. Umgekehrt würden Erziehung und Bildung, wenn sie die religiöse Dimension des menschlichen Lebens ausklammern wollten, diese Ehrenbezeichnung gar nicht verdienen. Damit wird freilich die prekär gewordene Situation in der gegenwärtigen Bildungslandschaft offenkundig, in der man mehr oder weniger problemlos zwischen menschlicher und religiöser Erziehung zu (unter-)scheiden und die erste den Lehrern und die zweite den Religionslehrern und Katechetinnen zuzuweisen pflegt. Tiefer gesehen aber liegt darin eine grosse Selbsttäuschung. Gehört nämlich die religiöse Dimension so sehr zum Menschsein des Menschen, dass man dieses ohne jene Dimension gar nicht verstehen kann, ist also Religion nicht einfach ein unter Umständen auch zu vernachlässigendes Epiphänomen, sondern ein wesentliches Konstitutivum des Menschseins, dann ist menschliche Erziehung entweder religiöse Erziehung oder nicht Erziehung zu einem wirklich menschlichen Leben.

Religion ist ferner deshalb in den Bildungsauftrag der öffentlichen Schule einzubeziehen, weil die europäische Kultur ohne die christliche Religion nicht zu verstehen ist. Bereits aus historisch-kulturellen Gründen ist Religion aus dem Fächerkanon in den öffentlichen Schulen nicht wegzudenken, soll die kommende Generation nicht zu einem geistigen Banausentum «erzogen» werden. Welches kulturgeschichtliche Niveau kommt beispielsweise zum Ausdruck, wenn Schüler nicht einmal wissen, dass Golgotha und Colgate nicht dasselbe ist? Eine Auffrischung des religiösen Wissens ist vielmehr schon in kultureller Hinsicht notwendig.

Der Staat ist schliesslich um seiner eigenen Existenz und Zukunft willen auf die Vermittlung religiösen Wissens in den öffentlichen Schulen angewiesen. Denn der weltanschauungsneutrale Staat ist gar nicht mehr in der Lage, religiöse Werte, ethische und rechtliche Normen selbst zu begründen und zu legitimieren, wiewohl er doch gerade um seiner selbst willen auf deren Verlebendigung und Legitimation dringend angewiesen ist. Der Staat muss folglich von weltanschaulichen, religiösen und ethischen Voraussetzungen leben können, die er aber selbst nicht mehr zu garantieren vermag. Diese äusserst prekär gewordene Situation des weltanschauungsneutralen Staates ist vom Rechtsphilosophen *E.-W. Böckenförde* eindringlich herausgestellt und dahingehend fokussiert worden, dass der moderne weltanschauungsneutrale Staat nicht mehr über seine eigenen Grundlagen verfügt, dass er aber gerade deshalb auf die Erneuerung von religiösen Orientierungen angewiesen bleibt, die er freilich nicht selbst hervorzubringen vermag, und dass er letztlich «aus jenen inneren Antrieben und Bindungskräften» lebt, «die der religiöse Glaube seiner Bürger vermittelt».[2] Der Staat hat somit um seiner

Existenz und Zukunft willen Menschen und gesellschaftliche Gruppierungen nötig, die die fundamentalen Werte, Normen und Rechte, die sich in der gesellschaftlichen Öffentlichkeit in einem verhängnisvollen Erosionsprozess befinden, aus ihrer letzten Verankerung im transzendenten Bereich verkünden und schützen und die das religiös-kulturelle Erbe wachhalten, aus dem auch und gerade der heutige Staat leben können muss.

Glaubensgemeinschaften als Verantwortungsträger des Religionsunterrichtes

Da der Staat zudem seine weltanschauliche Neutralität nicht mit Wertneutralität verwechseln kann und darf, kann sich die vom Staat zu garantierende Religionsfreiheit nicht in ihrem negativen Aspekt erschöpfen. Der Staat ist vielmehr verpflichtet, der Religion und damit auch den Kirchen als ihren Trägern einen selbständigen Platz in der gesellschaftlichen Öffentlichkeit und damit auch in der Schule zu garantieren, von dem aus sie ihre Aufgabe wahrnehmen können. Daraus ergeben sich einige Konsequenzen für den kirchlichen Religionsunterricht an öffentlichen Schulen:

Der Religionsunterricht muss *erstens* mehr sein als Religionskunde. Denn auch vom Religionslehrer muss erwartet werden, dass er zum Gegenstand seines Unterrichtes ein inneres und positives Verhältnis hat. Mit der Religion kann es sich nicht anders verhalten als mit jedem anderen kulturellen Bildungsgut, worauf der Pädagoge

Heinrich Roth mit Recht hingewiesen hat: «Der pädagogische Gehalt eines Kulturgutes schliesst sich nur dem auf, der selbst einmal von ihm zuinnerst getroffen wurde und dieses Getroffensein immer wieder in sich zu verlebendigen vermag. Nur wer selbst vom Gegenstand verwandelt wurde, besitzt das Feingefühl für die erweckende und verwandelnde Kraft eines Kulturgutes.»[3] Nicht nur aus spezifisch religiösen und kirchlichen, sondern bereits aus allgemeinen pädagogischen Gründen kann der Religionsunterricht auch in den öffentlichen Schulen nicht glaubensfrei oder bekenntnisneutral vermittelt werden. Denn auch und gerade im religiösen Bereich können junge Menschen nur dann Orientierung in ihrem eigenen Leben finden, wenn sie sich an gelebten Überzeugungen und klaren Massstäben ausrichten können.

Nimmt man die Religion bei ihrem Nominalwert als Lebensbeziehung des Menschen zu Gott, dann liegt die zentrale Thematik der religiösen Erziehung *zweitens* in der mystagogischen Erschliessung einer persönlichen Gottesbeziehung als eines konkret religiösen Weges, und dann ist religiöse Erziehung im Kern Gebetserziehung: «Das Profil des Religionsunterrichts ist die Erschliessung der Gottesbeziehung in transparent strukturellen Lehr-Lernprozessen und greift damit über die ethische Dimension weit hinaus.»[4]

Gott ist jedenfalls «mehr als Ethik». Der Religionsunterricht kann deshalb nicht durch Ethikunterricht ersetzt werden. Der Ethikunterricht leistet zwar einen grossen Dienst für die *Verständigung* zwischen verschiedenen religiösen Identitäten, auch und gerade in einer multireligiösen Gesellschaft wie der heutigen. Er vermag aber den *Aufbau* von religiösen Identitäten nicht zu leisten. Darin liegt vielmehr die undelegierbare Aufgabe des Religionsunterrichtes, worauf der evangelisch-lutherische Bischof von Berlin-Brandenburg, *Wolfgang Huber*, mit Recht hinweist: «Während der Religionsunterricht die Einführung in die Geschichte, die Inhalte und die Lebensformen einer besonderen Gestalt religiöser Identität mit einer Einführung in die Aufgaben ethischer Urteilsbildung verknüpft, ist das für einen Ethikunterricht allein nicht möglich. Er führt ebenfalls in die Probleme ethischer Urteilsfindung ein, kann aber auf die Fragen der religiösen Identität nur eine Aussenperspektive entwickeln.»[5]

Für ein ganzheitliches Bildungskonzept, das diesen Namen verdient, kann dies nur bedeuten, dass das Fach Religion letztlich durch nichts ersetzt werden kann. Dies gibt *drittens* dem Staat aber keineswegs die Legitimation, den Religionsunterricht in die eigene Hand zu nehmen. Würde der Staat dies tun, dann käme er in die äusserst schwierige Situation, selbst definieren zu müssen, was Religion und Ethik ist. Dazu aber ist der weltanschauungsneutrale Staat schlechthin nicht in der Lage. Deshalb ist er gut beraten, wenn er den Religionsunterricht weiterhin jenen Glaubensgemeinschaften überlässt, die diese Religion leben, und wenn er ihnen dafür den dazu notwendigen Freiraum garantiert. Hier liegt es zutiefst begründet, dass schulischer Religionsunterricht immer kirchlicher Religionsunterricht ist. Denn jeder Religions-

unterricht ist Religionsunterricht einer konkreten Glaubensgemeinschaft.

Mit dieser Definition kommt der weltanschauungsneutrale Staat natürlich nochmals in eine schwierige Situation in multikulturellen und damit auch multireligiösen Gesellschaften, auf die die europäischen Gesellschaften immer mehr zugehen oder die sie schon längst geworden sind. Da zudem Multikulturalität nicht mit Kulturlosigkeit und Multireligiosität nicht mit Religionslosigkeit verwechselt werden dürfen, kann der Staat dieser wachsenden Pluralität von religiösen Einstellungen gerade nicht dadurch gerecht werden, dass er die religiöse Bildung in der Schule in die eigene Regie nimmt. Dieses Problem kann vielmehr nur dadurch gelöst werden, dass der Staat allen relevanten Religionsgemeinschaften die Möglichkeit eröffnet und garantiert, ihren Religionsunterricht in den öffentlichen Schulen zu erteilen. Auch und gerade in kirchlicher Sicht ist es jedenfalls zu befürworten, dass beispielsweise muslimische Kinder an öffentlichen Schulen in der islamischen Religion unterrichtet werden.

Allein auf diesem Weg lässt es sich verhindern, dass in der freiheitlichen Gesellschaft von heute die Freiheit *von* der Religion wichtiger genommen wird als die Freiheit *zur* Religion und dass der Staat mit der Garantierung der Religionsfreiheit nicht seine eigene Religionsneutralität aussetzt oder gar verleugnet. Weil es deshalb dem Staat verwehrt ist, die *inhaltliche* Verantwortung für die religiöse Bildung in den öffentlichen Schulen zu übernehmen, muss er die Bestimmung der Inhalte des Religionsunterrichtes jener Religionsgemeinschaften überlassen, die ihn erteilen.

Inhaltliche Verantwortung des Religionsunterrichtes

Worin liegen nun die Inhalte des kirchlichkonfessionellen Unterrichts in christlicher Sicht? Eine Antwort darauf lässt sich finden, wenn wir konkreter danach fragen, was der christliche Glaube in seinem Kern ist und was Christen mit diesem Glauben tun: Christlicher Glaube ist zuerst und zuletzt Glaube an den dreieinigen Gott; alles andere ist seine Entfaltung und Konkretisierung. Und mit diesem Glauben vollziehen Christen und Christinnen genauerhin viererlei: Sie bekennen, feiern, verwirklichen und beten den Glauben. Damit sind die wesentlichen Inhalte des kirchlichen Religionsunterrichtes umschrieben:

Das *Bekennen* des Glaubens vollzieht sich im kirchlichen Glaubensbekenntnis. Da dieses ursprünglich ein Taufbekenntnis ist, meint sein Bekennen nicht einfach eine lehrhafte Theorie, sondern die Begegnung mit dem lebendigen Gott selbst. Demgemäss findet der Religionsunterricht seine Aufgabe darin, bei den Menschen einen Lebensprozess in Gang zu bringen, nämlich das Sich-Einleben-Können in die Grundwirklichkeit der Taufe, die in der Gemeinschaft mit Gott besteht. Schon *Irenäus* hat betont, die Aufgabe der Katechese bestehe darin, Menschen an Gott zu gewöhnen, weil er das «unum necessarium» für den Menschen ist, und zwar an jenen Gott, der

sich selbst in der Menschwerdung seines Sohnes an uns Menschen gewöhnt hat.

Das *Feiern* des Glaubens realisiert sich im Gottesdienst der Kirche, zuhöchst in den heiligen Zeichen der Sakramente. Sie wollen dem Menschen helfen, im Sinnlichen das Ewige selbst zu berühren, und zwar im Lebensraum der Glaubensgemeinschaft der Kirche.

Das *Verwirklichen* des Glaubens orientiert sich gemäss einer alten Tradition am Dekalog, in dem die entscheidenden Leitplanken für die existentielle Beantwortung der Grundfragen der christlichen Lebenspraxis enthalten sind: Wie kann ich das Christsein richtig machen? Wie kann mein Leben gelingen? Wie soll ich leben, damit ich als Ebenbild Gottes in Erscheinung treten kann? Oder schliesslich mit *Augustinus* gefragt: Wie kann ich glücklich werden?

Das *Beten* des Glaubens findet seinen schönsten Ausdruck im Herrengebet. Denn das Vaterunser ist, wie bereits *Tertullian* im dritten Jahrhundert betont hat, die Summe des ganzen Evangeliums: «Breviarium totius evangelii.» Weil im Gebet des Herrn als Urform allen christlichen Betens das richtige Verhältnis zwischen Gott und Mensch gefunden werden kann, ist das Gebet sowohl angewandter Glaube als auch Ausdruck der menschlichen Hoffnung.

Glaubensbekenntnis, Sakramente, Dekalog und Vaterunser: Diese vier Elemente sind die entscheidenden Inhalte, gleichsam die eiserne Ration des kirchlichen Religionsunterrichtes. Wer sich in der Geschichte

der Kirche etwas auskennt, wird sofort entdecken, dass es sich dabei um jene vier
klassischen Hauptstücke handelt, die als
Gliederungsprinzipien und Sammelpunkte
der katechetischen Unterweisung dienten:
von den Katechismen *Martin Luthers* bis
zum heutigen «Katechismus der katholischen Kirche».

Diese Inhalte des Glaubens haben es freilich in der heutigen Situation nicht son-
derlich leicht. Allzu gerne und schnell
pflegt man die «Kopflastigkeit» des Glaubens zu beklagen und demgegenüber auf
der Erfahrbarkeit des Glaubens zu insistie-
ren. Wie berechtigt dieses Anliegen auch
ist, so notwendig ist gerade heute die Erkenntnis, dass der christliche Glaube nicht
ohne Inhalte sein kann, wie Bischof *Walter
Kasper* mit Recht hervorhebt: «Der Glaube
war und ist niemals ‹satzlos›, und er kann
es auch gar nicht sein; deshalb ist eine bil-
lige Polemik gegen Satzwahrheiten unsin-
nig. Ein satzloser, reiner Vertrauensglaube
würde jede Bestimmtheit und Konsistenz
verlieren und wäre in seiner Inhaltsleere in
höchstem Masse ideologisch anfällig und
missbrauchbar.»[6] Zumal in der heutigen
Situation einer weithin verwissenschaft-
lichten Welt, in der das allgemeine Bil-
dungsniveau erheblich gestiegen ist, kann
sich der Glaube nicht allein auf den Bereich
des Emotionalen und Erfahrbaren zurückziehen, sondern ist eine öffentliche und
intellektuelle Auseinandersetzung auch mit
den dogmatischen Inhalten des Glaubens
doppelt wichtig.

Religionsunterricht als kulturelle Diakonie

Hier liegt es begründet, dass sich der Religionsunterricht in den öffentlichen Schulen auch um die Vermittlung des notwendigen Glaubenswissens bemühen muss, und
zwar nicht nur im Dienst an der Glaubensgemeinschaft der Kirche, sondern auch
im Dienst an der gesellschaftlichen Öffentlichkeit. Denn auch wenn der Religionsunterricht im Kern konfessionell-kirchli-
cher Unterricht ist und sein muss, sollten
sich die christlichen Kirchen doch stets
dessen eingedenk sein, dass auch der Staat
ein vitales Interesse daran hat und, sofern
er sich selbst recht versteht, haben muss,
was der schulische Religionsunterricht für
die Gesellschaft erbringt. Deshalb darf der
Religionsunterricht der Kirchen nicht einfach nur von ihren eigenen Interessen ge-
leitet sein, sondern muss auch als Dienst
an Gesellschaft und Staat gesehen und verwirklicht werden. Insofern dient der Religionsunterricht in der Schule, wie Bischof
Karl Lehmann, Vorsitzender der Deutschen
Bischofskonferenz, betont, «gewiss nicht
zuerst der christlichen Gemeinde, gleichsam als Zulieferer des religiösen Nach-
wuchses. Er soll zuerst der Bildung und
Erziehung des jungen Menschen dienen,
damit er sein Leben mit allen Aufgaben,
Veränderungen und Krisen selbst gestalten
und bewältigen kann. Dies muss ganzheitlich geschehen, Leib und Seele, individuelle
Reifung und Gemeinschaftsfähigkeit be-
treffen.»[7]

Der schulische Religionsunterricht zielt im
Kern auf eine selbständige Kenntnis des

christlichen Glaubens ab. In diesem Sinn ist er zunächst ein diakonischer Dienst der Kirchen an der Gesellschaft und am Staat. Er ist ein «unverzichtbarer Beitrag der Kirche zur kulturellen Diakonie»[8]. Um dieser grundlegenden Diakonie willen sollte weder der Staat den kirchlichen Religionsunterricht aus der öffentlichen Schule verbannen, noch sollten die Kirchen aus eigener Initiative darauf verzichten. Zusammen mit dem Abschied vom schulischen Religionsunterricht würden sich die Kirchen zugleich aus einem massgeblichen Bereich des öffentlichen Lebens zurückziehen. Dann freilich wäre die Privatisierung der Religion an ihrem verhängnisvollen Ende angelangt: verhängnisvoll nicht nur für die Kirchen, sondern auch für Gesellschaft und Staat und vor allem für die jungen Menschen selbst. Kirche und Staat sind vielmehr gleichermassen berufen und verpflichtet, sich um die religiöse Bildung der kommenden Generationen zu sorgen und sich deshalb für den kirchlichen Religionsunterricht in den öffentlichen Schulen zu engagieren, und zwar mit der konsequenten Leitperspektive einer positiv verstandenen und garantierten Religionsfreiheit.

Anmerkungen

[1] Vgl. dazu Kurt Koch, Das Verhältnis von Staat und Kirche im Entwurf der neuen Bundesverfassung, in: Ders., Zeit-Zeichen. Kleine Beiträge zur heutigen Glaubenssituation, Freiburg i. Ue. 1998, 198–215.

[2] Ernst-Wolfgang Böckenförde, Die Entstehung des Staates als Vorgang der Säkularisierung, in: Ders., Recht, Staat, Freiheit. Studien zur Rechtsphilosophie, Staatstheorie und Verfassungsgeschichte, Frankfurt a. M. 1991, 92–114, zit. 113.

[3] Heinrich Roth, Pädagogische Psychologie des Lehrens und Lernens, Hannover 1983, 121.

[4] Albert Biesinger und Joachim Hänle (Hrsg.), Gott – mehr als Ethik. Der Streit um LER und Religionsunterricht, Freiburg i. Br. 1997, 8.

[5] Wolfgang Huber, Christliche Freiheit heute. Herausforderungen für Gesellschaft und Kirche, in: Herder-Korrespondenz 49 (1995), 190–196, zit. 194.

[6] Walter Kasper, Tradierung und Vermittlung als systematisch-theologisches Problem, in: Eugen Feifel und Walter Kasper (Hrsg.), Tradierungskrise des Glaubens, München 1987), 30–52, zit. 42–43.

[7] Karl Lehmann (Hrsg.), Religionsunterricht in der offenen Gesellschaft. Ein Symposion im Bonner Wasserwerk, Stuttgart 1998, 31.

[8] Wolfgang Huber, Kirche in der Zeitenwende. Gesellschaftlicher Wandel und Erneuerung der Kirche, Gütersloh 1998, 295.

Gegenwärtige Gestalt des Religionsunterrichts

Einleitung

Der Religionsunterricht ist wachsendem Legitimationsdruck ausgesetzt. Historisch betrachtet, ist die Schule eine Tochter der Kirche. Heute sind für die Schulhoheit in der Schweiz die Kantone zuständig. Dies führt zu unterschiedlichen Schulsystemen und zu noch verschiedenartigeren Regelungen des Religionsunterrichts.

Gemeinsam sind allen Kantonen die wenigen Vorgaben durch die Bundesverfassung. Mit der Religionsfreiheit besteht unter anderem ein Verbot des Zwangs zu religiösem Unterricht. Aber kann es in der religiös neutralen Schule einen für alle verpflichtenden religiös neutralen Religionsunterricht geben, der nicht durch eine Religionsgemeinschaft, sondern vom religiös neutralen Staat verantwortet wird?
«Aus systematischer [evangelisch-theologischer] Sicht kommt das Installieren einer überkonfessionellen oder präkonfessionellen Position der Eröffnung einer neuen Konfession gleich, insofern ... mit einer solchen ‹überkonfessionellen› Position ebenfalls ein Anspruch auf Wahrheit einhergeht» (Schori). Geht damit die Bildungsverantwortung auch im religiösen Bereich von der Kirche an den Staat über? Trägt diese aufklärerisch-liberale Position Glaubenselemente ein, die nicht mehr als «christliche Konfession» bezeichnet werden sollten? Denn eine religionsgeschichtlich und religionspsychologisch begründete Definition von Religion bedeutet, dass die Religion zu einer Kulturerscheinung wird und die für den Religionsunterricht auszuwählenden Inhalte anhand kultureller Erscheinungen wie Rituale oder sprachlicher Benennungen bestimmt werden müssen.

In dieser Linie schreibt das Berner Volksschulgesetz (1992) nicht mehr
explizit die christliche Grundlage des Religionsunterrichts fest. Die Kirchen
sind aufgefordert, das spezifisch Christliche ausserhalb der Schule zu
thematisieren (Grädel/Schori). Aus pädagogischer Sicht wird diese Entwicklung als Chance gewertet, jedenfalls von einem Autor, der seine pädagogischen Wurzeln im Kanton Bern hat (Fuchs). Für die christkatholische
Kirche ist auch aus praktischen Gründen der Religionsunterricht stark im
Gemeindeleben integriert (Dellagiacoma).

Als echte Alternative zum konfessionellen Religionsunterricht in der Schule
wird im Kanton St. Gallen ein ökumenisch erarbeiteter Lehrplan mit konfessionellen Fenstern als Teilbereich im Fach «Mensch und Umwelt» neu
konzipiert. Wenn die Kirchen in der kantonalen schulischen Entwicklung
den Religionsunterricht in den verschiedenen Schultypen positionieren
wollen, benötigen sie in jedem Kanton als Verantwortliche für den Religionsunterricht an den öffentlichen Schulen pädagogisch und theologisch
gebildete Personen. Der Artikel über das Projekt im Kanton St. Gallen ist
hier als Beispiel einer ökumenischen Zusammenarbeit zu lesen, das ermu-
tigt, die Schulentwicklung von kirchlicher Seite für den Religionsunterricht
aktiv mitzugestalten (Hautle). Die ökumenische Zusammenarbeit kann auch
aus ökonomischer Notwendigkeit mit motiviert sein wie in Basel, wo nur
noch 43% der Bevölkerung einer Landeskirche angehören. Im Unterschied
zu St. Gallen liegt in Basel (wegen der hinkenden Trennung von Kirche
und Staat) die personelle, inhaltliche und finanzielle Verantwortung für
den Religionsunterricht bei den Kirchen (Wälty).

Der konfessionelle Religionsunterricht nimmt im Kanton Aargau neben
dem vom Staat verantworteten schulischen Religionsunterricht eine deutlicher gemeindekatechetische Prägung an. Aus kleinen Bausteinen
(Elementarisierung der Inhalte) bildet sich ein katechetischer Bauplatz, wo
Kinder, Jugendliche und Erwachsene Kirche in unterschiedlicher Form erleben können. Dieses Modell der Integration in eine Religionsgemeinschaft
bietet Identifikationsmöglichkeiten für alle Beteiligten an, wie am Beispiel
der Beichte exemplifiziert wird (Beeli/Schmid).

Der momentan noch gültige «Deutschschweizerische Katechetische
Rahmenplan» (in drei Teilen: 1.–3., 4.–6., 7.–9. Schuljahr) erschien erstmals
1976/77. Er wurde bald danach überarbeitet und erschien neu 1982–1984.
Er zeichnet sich aus durch eine überreiche Stofffülle, die gleichsam zur
Auswahl angeboten wird. Damit trug man seinerzeit auch der Tatsache

Rechnung, dass in verschiedenen Kantonen pro Woche zwei, in anderen nur eine Unterrichtsstunde vorgesehen war. Die Auswahlmöglichkeit barg die Gefahr in sich, dass katechetisch Tätige nach eigenem Belieben persönlich bevorzugte Inhalte auswählten, so dass einzelne Themen unter Umständen nie unterrichtet wurden. Für manche katechetisch tätige Personen bedeutete es auch eine Überforderung, aus der Stoffmenge sinnvoll auszuwählen. Als Ideenbörse ist dieser Rahmenplan wohl nach wie vor brauchbar, die Aktualität der Ziele und Themen aber ist nicht mehr gegeben.

Inzwischen wurde im Bereich der Rahmenpläne gesamtschweizerisch kaum etwas unternommen, unter anderem weil die Interdiözesane Katechetische Kommission (IKK) eine längere Krisenzeit durchzustehen hatte. Die bisherigen Rahmenpläne wurden und werden bei der IKK-Arbeitsstelle immer wieder von einzelnen Katechetinnen und Katecheten sowie Katecheseverantwortlichen bestellt. Ob sie noch eine effektive Rolle im katechetischen Alltag spielen, ist aber fraglich. Die Nachfrage nach neuen Plänen ist unüberhörbar; einzelne Kantone haben in der Zwischenzeit neue Lehrpläne erarbeitet und veröffentlicht (vgl. 2.4).

Die im Winter 1999 neu konstituierte IKK unter dem Vorsitz von Walter Achermann, Leiter der Katechetischen Arbeitsstelle Zürich, nahm das Thema «Lehrpläne» als vorrangige Aufgabe an; die Vorüberlegungen beschäftigen sich mit Grundsätzlichem. Momentan gibt es mehr Fragen als Antworten:
- Soll überhaupt noch eine Stoffauswahl angeboten werden?
- Müssen Lehrpläne stärker lernzielorientiert sein? Sollte man sich nicht auf Richtziele pro Schuljahr bzw. Schulstufe beschränken? Oder sollten die Pläne stärker prozessorientiert sein?
- Gehören theologische, pädagogische, psychologische, didaktisch-methodische Überlegungen in den Lehrplan? Wenn ja, in welcher Ausführlichkeit?
- Gibt es unverzichtbare (katholische) Inhalte, die vermittelt werden sollten? Welche Grundwahrheiten müssen unbedingt zur Sprache kommen? Gibt es christliches Grundwissen für Kinder und Jugendliche?
- Wie kann dem multikulturellen Umfeld Rechnung getragen werden?
- Sollen «Lehrmittel» empfohlen werden? Wie viele? Welche? Sollen Arbeitshilfen für verschiedene Projekte enthalten sein (Weekends, Halbtage, Blockunterricht ...)?
- Wie kann fächerübergreifendes Lernen gefördert werden?
- Können die unterschiedlichen Lernorte berücksichtigt und/oder einbezogen werden?

– Wie umfangreich darf und soll ein Lehrplan sein, damit er überhaupt
  Beachtung und Verwendung findet?
– Welche Form soll er haben? Wie soll er gestaltet sein? Was ist sprachlich
  zu beachten?

Bevor auf solche und ähnliche Fragen geantwortet werden kann, muss
geklärt werden, was unter den heutigen Bedingungen Katechese und Religionsunterricht «leisten» kann, was am Lernort Schule möglich ist.
Die bearbeitende Kommission und die gesamte IKK sind dabei, einige
Grundthesen für die zukünftige Lehrplanarbeit zu erarbeiten.

Der Religionsunterricht ist – wie bisher angedeutet – nicht nur von Kanton
zu Kanton verschieden geregelt. Im zweisprachigen Kanton Freiburg haben
sich mindestens zwei unterschiedliche, sprachlich geprägte Religions-
unterrichtsmodelle herausgebildet. In Zukunft stellt sich für beide Modelle
die Frage: Werden nicht sowohl die «mamans catéchistes» als auch
die nebenamtlichen Katechetinnen von der Schulentwicklung (Stichwort:
Pädagogische Hochschule) abgehängt (Schroeter)?
Können die von den Kantonen öffentlichrechtlich anerkannten Religionsgemeinschaften diese Kantone und ihre Schulen überzeugen, dass sie eine
gesellschaftliche Wirklichkeit sind, die die Schulen nur mit grossem
Schaden aussperren? Gelingt es den Kirchen, für ihre Botschaft in der
Schule «Musikgehör» zu finden? Eines ist schon bei dieser Aufzählung der
föderalistischen Lösungsmodelle deutlich geworden: Eine zentralistische
Vereinheitlichung ist kaum möglich.
Für die Kantone und ihre Schulen heisst das, den Dialog mit den öffentlichrechtlich anerkannten Religionsgemeinschaften (den drei Landeskirchen und der jüdischen Kultusgemeinde) zu suchen, wobei gewisse
Tendenzen sichtbar werden. Für die öffentlichrechtlich anerkannten
Religionsgemeinschaften bedeutet dies, dass sie für diesen Dialog theologisch und pädagogisch ausgebildete Personen stellen müssen, welche die
Schulentwicklung (Pädagogische Hochschule, Schule mit Profil usw.)
von innen kennen und aktiv an massgeschneiderten Lösungen mitreden
können. Sonst besteht die Gefahr, dass die Schulen den Religionsunterricht
noch stärker an den Rand stellen. Vieles wird von der schulisch-pädagogi-
schen Kompetenz dieser Religionslehrpersonen abhängen. So ist die Frage
nach dem Religionsunterricht verbunden mit einem Plädoyer für die professionelle Ausbildung der Lehrkräfte des Religionsunterrichts.

Gesamtschweizerische Rahmen-bedingungen des Religionsunterrichts

Felix Hafner, Adrian Loretan, Alexandra Schwank

I. VORBEMERKUNGEN

«Der freiheitliche, säkularisierte Staat lebt von Voraussetzungen, die er selbst nicht garantieren kann.»[1] Der demokratische Rechtsstaat ist auf Bürgerinnen und Bürger angewiesen, die bereit sind, für das Gemeinwesen Verantwortung zu tragen und sich für dessen politische Gestaltung einzusetzen. Der Staat muss deshalb daran interessiert sein, dass sich Eltern und Schule bei der Kindererziehung von dieser Verantwortung für das Gemeinwesen leiten lassen. Es gehört denn auch zu seinen Aufgaben, dafür zu sorgen, dass die Erziehung zur Übernahme von Verantwortung für Staat und Gesellschaft im Schulunterricht genügend Beachtung findet. Der Religionsunterricht leistet dazu einen nicht zu unterschätzenden Beitrag.

Beim Religionsunterricht an den staatlichen Schulen handelt es sich um einen Bereich, wofür sowohl die Religionsgemeinschaften als auch der Staat Rege-lungszuständigkeit beanspruchen. Der Religionsunterricht an den staatlichen Schulen ist somit keine rein interne Angelegenheit der Religionsgemeinschaften, sondern eine «res mixta», eine gemischte Angelegenheit zwischen Religionsgemeinschaften und Staat.[2] Durch die Gewährleistung des Religionsunterrichts an den staatlichen Schulen gibt der Staat nicht nur einem Bedürfnis der Kirchen Raum, sondern er respektiert auch das Bildungsgut der Kirchen, das zu den Elementen allgemeiner abendländischer Bildung zählt. Er gibt dadurch zu erkennen, dass er die Aufgabe der Religionsgemeinschaften und namentlich der Kirchen, «für die Bewahrung und Festigung der religiösen und sittlichen Grundlagen des menschlichen Lebens» zu wirken, als ein für die ganze Gesellschaft wichtiges Anliegen betrachtet.[3]

In den Ausführungen dieses Beitrags stehen die staatsrechtlichen, insbesondere die religions- und schulrechtlichen Aspekte des Religionsunterrichts im Vordergrund. Nach einer Erörterung der allgemeinen Grundlagen des Religionsrechts in der Schweiz *(II. Religiöse Grundrechte in der Schweiz)* folgt eine Darstellung des schweizerischen

Schulrechts *(III. Einige Aspekte des schwei-zerischen Schulrechts)*. Da das Schulwesen grundsätzlich in den kantonalen Kompetenzbereich fällt, finden sich in der Schweiz eine Vielzahl unterschiedlicher Regelungen. Auf diese wird nicht einzeln eingegangen.[4] Soweit dabei auf eine bestimmte kantonale Ordnung Bezug genommen wird, erfolgt dies beispielhaft und ohne Anspruch auf Repräsentativität. Der letzte Teil dieses Beitrages befasst sich schliesslich mit staatsrechtlichen Fragen im Zusammenhang mit dem Religionsunterricht an den öffentlichen Schulen *(IV. Religionsunterricht aus staatsrechtlicher Sicht)*.

II. RELIGIÖSE GRUNDRECHTE IN DER SCHWEIZ

1. Rechtsgrundlagen

1.1 Schutz in Bestimmungen des schweizerischen Verfassungsrechts

Die religiösen Grundrechte waren in der Bundesverfassung von 1874 (im folgenden: aBV) primär in den Art. 49 und 50 aBV garantiert, wobei zwischen der Glaubens- und Gewissensfreiheit einerseits und der Kultusfreiheit anderseits unterschieden wurde. Die neue Bundesverfassung von 1999 (im folgenden: BV), die seit dem 1. Januar 2000 in Kraft ist, gewährleistet in Art. 15 neben der Glaubens- und Gewissensfreiheit insbesondere auch das Recht jeder Person, ihre Religion frei zu wählen und allein oder in Gemeinschaft mit anderen bekennen zu dürfen. Neben der Bundesverfassung enthalten auch sämtliche

Kantonsverfassungen die Gewährleistung religiöser Grundrechte, wobei sie dafür unterschiedliche Formulierungen wählen.[5]

1.2 Völkerrechtlicher Schutz

Was den für die Schweiz relevanten völkerrechtlichen Schutz der Religionsfreiheit anbelangt, so steht die Europäische Menschenrechtskonvention (EMRK) im Vordergrund. Die Religionsfreiheit wird in deren Art. 9 explizit garantiert.[6] Diese Bestimmung ist auch für die Schweiz geltendes Recht, weil die EMRK im schweizerischen Recht direkt anwendbar ist.

Die Religionsfreiheit geniesst neben der Garantie in der EMRK auch weiteren völkerrechtlichen Schutz.[7] Vorab ist dabei die am 10. Dezember 1948 von der Generalversammlung der Vereinten Nationen verkündete Allgemeine Erklärung der Menschenrechte, die in Art. 18 die Religionsfreiheit proklamiert, zu erwähnen. Dieser Erklärung kommt jedoch in rechtlicher Hinsicht keine Verbindlichkeit zu, zumal die Generalversammlung der Vereinten Nationen für ihre Mitgliedstaaten nur Empfehlungen abzugeben vermag.[8] Desgleichen garantiert der Internationale Pakt über bürgerliche und politische Rechte (UNO-Pakt II)[9], dem die Schweiz am 18. Juni 1992 beigetreten ist, in Art. 18 die Religionsfreiheit. Dieses Völkerrechtsabkommen, das für die Schweiz unmittelbar anwendbare Bestimmungen enthält,[10] hat aber im religionsrechtlichen Bereich keine weiterreichenden Folgen, gehen doch seine Garantien nicht weiter als die praktisch gleichlautende Gewährleistung der Religionsfreiheit in Art. 9 EMRK.

2. Schutzbereich der religiösen Grundrechte

2.1 Allgemeine Bemerkungen zum Schutzbereich

Wie erwähnt, sind die religiösen Grundrechte in der Bundesverfassung unter der Bezeichnung «Glaubens- und Gewissensfreiheit» geregelt.[11] Sie dienen dem Schutz von religiösen Überzeugungen und garantieren, dass die Grundrechtsträger in Selbstverantwortung und ohne staatlichen Zwang über religiöse Fragen entscheiden können.[12] Das Bundesgericht umschreibt den Schutzbereich der Religionsfreiheit wie folgt:

«Art. 49 Abs. 1 (a)BV und Art. 9 Ziff. 1 EMRK garantieren die religiöse Bezeugung des einzelnen Menschen als selbstverantwortlichen Bereich, der vom Staat nicht angetastet werden darf. Davon erfasst werden grundsätzlich alle Arten von Vorstellungen über die Beziehung des Menschen zum Göttlichen beziehungsweise zum Transzendenten. Das Glaubensbekenntnis muss allerdings eine gewisse grundsätzliche, weltanschauliche Bedeutung erlangen, somit einer Gesamtsicht der Welt entsprechen; das heisst, dass mit dem Glaubensbekenntnis eine religiös fundierte, zusammenhängende Sicht grundlegender Probleme zum Ausdruck zu gelangen hat, ansonsten die Religionsfreiheit sich zu einer schwer fassbaren Allgemein- und Handlungsfreiheit erweitern würde [...]. Die Religionsfreiheit umfasst sowohl die innere Freiheit, zu glauben oder nicht zu glauben, wie auch die äussere Freiheit, religiöse oder weltanschauliche Überzeugungen, innerhalb gewisser Schranken, zu äussern, zu praktizieren und zu verbreiten [...]. Dazu gehört das Recht des einzelnen, grundsätzlich sein ganzes Verhalten nach den Lehren des Glaubens auszurichten und seinen inneren Glaubensüberzeugungen gemäss zu handeln. Zur so gewährleisteten Religionsausübung zählen nicht nur kultische Handlungen – deren Vornahme zusätzlich von der in Art. 50 (a)BV besonders geschützten Kultusfreiheit erfasst wird – und die Beachtung religiöser Gebräuche, sondern auch andere Äusserungen des religiösen Lebens, soweit sie sich im Rahmen gewisser übereinstimmender sittlicher Grundanschauungen der Kulturvölker halten.»[13]

Das Bundesgericht geht somit von einem weiten Schutzbereich der religiösen Grundrechte aus[14] und umschreibt deren Grenzen nicht präzis.[15] Fest steht, dass – wie das Bundesgericht ausführt – die Religionsfreiheit nicht ein subsidiäres Auffanggrundrecht darstellt, sondern als Ausdruck einer umfassend systematisierten Weltdeutung begriffen werden muss; Lebenshaltungen, die kein Element einer Religions- oder Weltanschauungsgemeinschaft bilden, werden von der Religionsfreiheit nicht erfasst.[16]
Der Schutzbereich der religiösen Grundrechte weist zudem verschiedene Aspekte auf. So garantiert die Glaubens-, Gewissens- und Kultusfreiheit einerseits die aktive Glaubensbetätigung der Grundrechtsträgerinnen und Grundrechtsträger; dies als Ausdruck des positiven Aspekts der Glaubensfreiheit. Anderseits wirkt sie auch

negativ-abwehrend, indem sie einen Schutz vor staatlichem Zwang in religiösen Angelegenheiten gewährt (2.2). Der Schutzbereich der Glaubensfreiheit umfasst ferner sowohl die innere Freiheit, zu glauben oder nicht zu glauben, als auch die äussere Freiheit, die im *forum internum* gebildete religiöse Überzeugung zu praktizieren, zu bekennen und zu propagieren (2.3). Schliesslich ergeben sich aus den religiösen Grundrechten auch institutionelle Bezüge vom Staat zu einer oder mehreren Glaubensgemeinschaften (2.4). Im folgenden soll diesen Aspekten näher nachgegangen werden.

2.2 Positiver und negativer Gehalt der religiösen Grundrechte

2.2.1 Positiver Gehalt

a) Respektierung aktiver Glaubensbetätigung   Aus dem positiven Aspekt der Glaubensfreiheit folgt, dass der Staat die aktive Glaubensbetätigung der Grundrechtsträger zu respektieren hat, namentlich dass diese ihren Glauben auch nach aussen hin artikulieren und bekennen dürfen. Deshalb hält die Bundesverfassung in Art. 15 Abs. 2 fest, dass jede Person das Recht hat, ihre Religion und ihre weltanschauliche Überzeugung frei zu wählen und allein oder in Gemeinschaft mit anderen zu bekennen. Zudem wird in Abs. 3 jeder Person das Recht garantiert, einer Religionsgemeinschaft beizutreten oder anzugehören und an religiösem Unterricht teilzunehmen.
Ausdruck der positiven Glaubensfreiheit bildet so etwa die Tatsache, dass religiöse

Feiertagsregelungen und die religiöse Vorschrift, nicht am obligatorischen gemischtgeschlechtlichen Schwimmunterricht teilnehmen zu dürfen, als Schuldispensationsgründe anerkannt werden.[17]
Geschützt ist unter dem Aspekt der positiven Glaubensfreiheit auch das Tragen von Kleidungsstücken, soweit dadurch unmittelbar ein religiöses Anliegen zum Ausdruck gebracht wird.[18] Das Bundesgericht hat deshalb in zwei Entscheiden sowohl das religiös motivierte Tragen eines Turbans als auch das Tragen des muslimischen Kopftuchs dem Schutzbereich der Glaubensfreiheit zugeordnet, jedoch im jeweiligen Einzelfall aufgrund überwiegender öffentlicher Interessen entsprechende staatliche Bekleidungsverbote für gerechtfertigt erachtet.[19]

b) Unterstützung aktiver Glaubensbetätigung   Darüber hinaus ergibt sich aus dem positiven Aspekt der Religionsfreiheit, dass der Staat, der auch in anderen Kulturbereichen grundrechtsfördernd tätig ist, die religiösen Anliegen seiner Bürgerinnen und Bürger unterstützen darf. In diesem Sinne anerkennt der Staat die Bindung seiner Bürgerinnen und Bürger an die christlich-abendländische Tradition, wenn er sich bei der Ruhetagsordnung an den christlichen Feiertagen orientiert.[20] Die Präambel der Bundesverfassung, die eine *invocatio dei* enthält, bringt ebenfalls diesen Bezug zur christlichen Tradition zum Ausdruck.
Zudem lassen es Bundesverfassung und Bundesgericht zu, dass die Kantone Kirchen und Religionsgemeinschaften öffentlich-rechtlich anerkennen und ihnen im Rahmen

der staatlichen Anerkennung Steuerhoheit übertragen.[21] Die Kantone dürfen ferner die Religionsgemeinschaften mit staatlichen Zuschüssen finanziell unterstützen. Dieses Subventionsrecht hält vor der Bundesverfassung stand, zumal gemäss Art. 49 Abs. 6 aBV nur die staatliche Finanzierung von eigentlichen Kultuszwecken aus speziellen Kultussteuern, nicht jedoch aus allgemeinen Steuermitteln untersagt wird.[22] Gemäss bundesgerichtlicher Praxis ist jedoch auf Gemeindeebene den Nichtmitgliedern der unterstützten Religionsgemeinschaft ihr Steueranteil entsprechend zurückzuerstatten.[23] In der neuen Bundesverfassung ist der Wortlaut von Art. 49 Abs. 6 aBV nicht mehr enthalten. Da es sich bei der Verfassungsreform von 1999 erklärtermassen um eine blosse Nachführung des bisherigen Verfassungsrechts handelt, besteht jedoch kein Grund zur Annahme, dass die geschilderte bundesgerichtliche Praxis zum Kirchensteuerrecht nicht mehr gelten soll.

Beizufügen bleibt, dass die Kantone zum Teil theologische Fakultäten an den staatlichen Universitäten unterhalten (so etwa in Basel, Bern, Fribourg, Genf, Luzern, Neuenburg und Zürich), was ebenfalls einer finanziellen Unterstützung der Kirchen durch den Staat gleichkommt.

Im weiteren ergeben sich aus dem positiven Aspekt der Glaubensfreiheit auch *Teilhaberechte* in Sonderstatusverhältnissen.[24] So hat das Bundesgericht die Weigerung einer Strafanstalt, islamischen Gefangenen die Möglichkeit eines gemeinsamen Gottesdienstes zu gewähren, grundsätzlich als verfassungswidrig eingestuft.[25] Den Angehörigen von Religionsgemeinschaften, die nicht öffentlichrechtlich anerkannt sind,

muss eine eigene Gottesdienstgestaltung ermöglicht werden, selbst wenn in der Strafanstalt nur wenige Häftlinge der betreffenden Religionsgemeinschaft angehören.[26]

Desgleichen stellt auch die Ermöglichung des Religionsunterrichts an den staatlichen Schulen ein Teilhaberecht der Religionsgemeinschaften in einem staatlichen Sonderstatusverhältnis dar. So befinden sich die Schülerinnen und Schüler in der staatlichen Schule in einer besonderen Lage, zumal sie einer obligatorisch geltenden Schulordnung unterstellt werden. Durch die Möglichkeit der Religionsgemeinschaften, an staatlichen Schulen Religionsunterricht zu erteilen, lässt der Staat sie an seiner Schulordnung teilhaben.

2.2.2 Negativer Gehalt

Die Bundesverfassung und das Bundesgericht garantieren die negative Glaubensfreiheit. Der negative Aspekt religiöser Freiheitsrechte soll Schutz vor religiöser Parteinahme und Vereinnahmung durch den Staat gewähren und damit auch dessen weltanschaulich-religiöse Neutralität sicherstellen.[27] Aus diesem Grund wird in Art. 15 Abs. 4 BV explizit festgehalten, dass niemand gezwungen werden darf, einer Religionsgemeinschaft beizutreten oder anzugehören, eine religiöse Handlung vorzunehmen oder religiösem Unterricht zu folgen.

Die negative Glaubensfreiheit findet ihren Ausdruck vor allem auch in einem Teil der bundesgerichtlichen Schulentscheide, so etwa im «Kruzifixentscheid» und im «Kopftuchentscheid». Im «Kruzifixentscheid» hielt das Bundesgericht fest, dass Schülerinnen und Schüler vor einer Beeinflussung durch religiöse Symbole zu schützen seien. Es hat deshalb das staatlich angeordnete Anbringen von Kruzifixen im Schulhaus einer römisch-katholisch geprägten Tessiner Gemeinde als Verstoss gegen die Glaubens- und Gewissensfreiheit erachtet.[28] Im erwähnten «Kopftuchentscheid» hielt es das Bundesgericht zudem für zulässig, einer muslimischen Lehrerin das Tragen eines Kopftuches als «*starkes* religiöses Symbol» – «symbol religieux ‹fort›» – in der Schule zu untersagen, weil das öffentliche Interesse an der staatlichen Neutralität der Schule das individuelle Grundrechtsinteresse der Lehrerin überwiege.[29]

Die religiöse Neutralität der staatlichen Schulen, die sich in diesen Bundesgerichtsentscheiden Ausdruck verschafft, fand eine besondere Grundlage in der Bundesverfassung von 1874, wurde doch in deren Art. 27 Abs. 3 festgehalten, dass die öffentlichen Schulen den Angehörigen aller Bekenntnisse ohne Beeinträchtigung ihrer Glaubens- und Gewissensfreiheit offenstehen müssen.[30]

2.3 Innere und äussere Aspekte der religiösen Grundrechte

Der Schutzbereich der Glaubens- und Gewissensfreiheit umfasst sowohl innere als auch äussere Aspekte.[31]

2.3.1 Innere Glaubensfreiheit

Die innere Glaubensfreiheit – das *forum internum* – wird in erster Linie durch die negative Glaubens- und Gewissensfreiheit

geschützt.[32] Niemand darf zur Vornahme einer religiösen Handlung gezwungen werden, und jedermann ist frei, seine religiöse Überzeugung zu ändern oder seinen Glauben zu wechseln.[33] Der innerste Bereich geistiger Freiheit ist jeder staatlichen Disposition entzogen.[34] Schülerinnen und Schüler dürfen denn auch nicht zur Mitwirkung am Schulgebet gezwungen werden.[35]

2.3.2 Äussere Glaubensfreiheit

Was die äussere Glaubensfreiheit anbelangt, so hat das Bundesgericht in seinen hiervor erwähnten Entscheiden[36] über die Schuldispense für den Samstag und weitere Feiertage sowie betreffend den Schwimmunterricht Rücksicht auf die religiösen Äusserungsformen der Schülerinnen und Schüler genommen. Desgleichen hat das Bundesgericht das religiös motivierte Tragen von Kleidungsstücken als positive Ausdrucksform der äusseren Glaubensfreiheit grundsätzlich als schützenswert anerkannt.[37]

Die äussere Glaubensfreiheit fand noch eine spezielle Garantie in der in Art. 50 aBV geregelten Kultusfreiheit. Der Kultusfreiheit werden nicht nur Gottesdienste, sondern auch andere Kulthandlungen zugerechnet.[38]

2.4 Institutionelle Aspekte der religiösen Grundrechte

Die Religionsfreiheit ist überdies ein staatliches Ordnungsprinzip, das sich vor allem auf das institutionelle Verhältnis des Staates zu einer oder mehreren Glaubensgemeinschaften bezieht. Dabei darf der Staat zwar institutionelle Bezüge zu einer oder mehreren Glaubensgemeinschaften herstellen, es ist ihm aber verwehrt, für eine bestimmte Religion, Konfession oder Weltanschauung Partei zu nehmen. Sein Wesen ist säkular und grundsätzlich religionsneutral.[39]

Zu beachten ist dabei, dass die Kompetenz zur Regelung des Verhältnisses des Staates zu den Religionsgemeinschaften bei den Kantonen liegt.[40] Die Kantone sind weitgehend frei, wie sie dieses Verhältnis gestalten wollen. Aus dem geschriebenen Text der Bundesverfassung ergeben sich für die Kantone praktisch keine Schranken. Die Kantone dürfen Kirchen und Religionsgemeinschaften öffentlichrechtlich anerkennen und ihnen dabei Steuerhoheit vermitteln. Abgesehen von den Kantonen Genf und Neuenburg, die ein System der partnerschaftlichen Trennung von Religionsgemeinschaften und Staat kennen, haben alle Kantone die christlichen Kirchen öffentlichrechtlich anerkannt und dadurch ein kantonales Staatskirchenrecht geschaffen.[41]

2.4.1 Säkularität des Staates

Die Säkularität des Staates wurde in der Bundesverfassung von 1874 in mehreren Bestimmungen festgehalten, die in derjenigen von 1999 nicht mehr erwähnt sind.[42] Entsprechend dem Nachführungscharakter der neuen Bundesverfassung von 1999 und aufgrund der Tatsache, dass die Säkularität ein Wesensmerkmal des religiös und weltanschaulich neutralen Staates ist, gelten diese Säkularisationsvorschriften weiterhin,

auch wenn sie im Verfassungstext nicht mehr ausdrücklich erwähnt sind.

2.4.2 Religiöse Neutralität des Staates

Wie hiervor schon mehrfach erwähnt, verpflichtet die Religionsfreiheit den Staat auch zur religiösen Neutralität.[43] Der Staat darf sich weder mit einer Konfession oder Religion identifizieren noch dafür Partei nehmen. Das staatliche Neutralitätsgebot gilt jedoch nicht absolut. Das Bundesgericht sieht denn auch den Sinn der staatlichen Neutralität nicht darin, in der Staatstätigkeit jedes religiöse Moment auszuschliessen.[44] So dürfen etwa die Kantone im Rahmen ihrer Zuständigkeit für das Kirchen- und Religionswesen einzelne Glaubensgemeinschaften öffentlichrechtlich anerkennen.[45] Auch bei der Feiertagsordnung durchbricht der Staat das strikte Neutralitätsgebot und knüpft – wie hiervor erwähnt – an die christlichen Feiertage an. Die Neutralität bedeutet somit nicht zwangsläufig negative Neutralität, Laizismus und Indifferenz. Eine derartige Haltung würde gleichsam selber wiederum den Boden der Neutralität verlassen und eine Parteinahme zugunsten des Areligiösen bedeuten.[46]

3. Träger und Trägerinnen religiöser Grundrechte

3.1 Natürliche Personen

Träger der Religionsfreiheit sind grundsätzlich alle natürlichen Personen unabhängig von ihrer Staatsangehörigkeit bzw. ihrem Bürgerrecht und unabhängig von der

Zugehörigkeit zu einer Glaubensgemein-schaft.[47] Dieses Grundrecht steht allen Menschen in gleicher Weise zu, auch un-mündigen Kindern. Der Mensch ist somit von seiner Geburt an Träger der Religions-freiheit.[48]

Davon zu unterscheiden ist die Religions-mündigkeit, die in Art. 49 Abs. 3 aBV aus-drücklich geregelt war. Danach bestimmt der Inhaber der elterlichen Sorge[49] über die religiöse Erziehung der Kinder, bis diese das 16. Lebensjahr vollendet haben. Minder-jährige können also erst mit vollendetem 16. Altersjahr selbständig über sämtliche religiösen Fragen entscheiden.[50] Die Religi-onsmündigkeit des Kindes beschränkt aber die elterliche Gewalt in dieser Hinsicht, zumal die elterliche Gewalt noch bis zum vollendeten 18. Altersjahr andauert.[51] Auch wenn der Wortlaut von Art. 49 Abs. 3 aBV nicht in die nachgeführte Bundesverfas-sung übernommen wurde, gilt die auf das vollendete 16. Altersjahr festgelegte Reli-gionsmündigkeit aufgrund des Nachfüh-rungscharakters der neuen Bundesverfas-sung weiterhin.[52] Hinsichtlich der Schule ergibt sich somit, dass Jugendliche, die das 16. Altersjahr vollendet haben, frei über den Besuch des nicht obligatorischen Reli-gionsunterrichts entscheiden können.

Der Geltungsbereich der Religionsfreiheit erstreckt sich auch auf Personen in Son-derstatusverhältnissen. So sind auch Inha-ber kirchlicher Staatsämter wie etwa Re-ligionslehrer und Theologieprofessoren an staatlichen Lehrinstituten, Beamtinnen und Beamte sowie Schülerinnen und Schüler grundsätzlich Trägerinnen und Träger reli-giöser Grundrechte.[53] Da die Religionsfrei-heit eingeschränkt werden darf, wenn die

Schrankenvoraussetzungen erfüllt sind, können jedoch gesetzlich fixierte Pflichten – wie etwa die Schulpflicht und die beruf-lichen Pflichten von Amtsträgerinnen und Amtsträgern – der Religionsfreiheit vorge-hen.[54]

3.2 Juristische Personen

Die Glaubens- und Gewissensfreiheit ist sowohl in der Bundesverfassung von 1874 als auch in derjenigen von 1999 weitge-hend individualrechtlich konzipiert. Art. 49 und 50 aBV stellen den Individualrechts-schutz in den Vordergrund.[55] In Art. 15 BV wird zwar die Freiheit zum religiösen und weltanschaulichen Bekenntnis nicht nur den einzelnen allein, sondern auch in Ge-meinschaft mit anderen zuerkannt. Daraus kann aber nicht abgeleitet werden, dass im religionsrechtlichen Konzept der Schwei-zerischen Bundesverfassung nunmehr auch in umfassender Weise die korporative Re-ligionsfreiheit der Religionsgemeinschaften anerkannt würde.

So hat es das Bundesgericht abgelehnt, den juristischen Personen die Grundrechts-trägerschaft im religiösen Bereich zuzu-sprechen.[56] Es hat indessen festgehalten, dass sich juristische Personen, die selber einen religiösen Zweck verfolgen, auf die religiösen Grundrechte berufen können.[57] Deshalb kann man davon ausgehen, dass Religionsgemeinschaften, die sich privat-rechtlich organisiert haben, Träger religi-öser Grundrechte sind. Ihre korporative Re-ligionsfreiheit wird somit geschützt.

Probleme bietet die Grundrechtsträger-schaft und damit die korporative Freiheit öffentlichrechtlich anerkannter Religionsgemeinschaften.[58] Die Kantone sind aufgrund ihrer Regelungszuständigkeit im Bereich des Religionswesens weitgehend frei, wie sie ihre Beziehungen zu den von ihnen öffentlichrechtlich anerkannten Religionsgemeinschaften ausgestalten wollen. Sie dürfen ihnen dabei weitergehende Vorschriften – etwa im Hinblick auf eine demokratische Organisation – machen.[59] Die öffentlichrechtlich organisierten Religionsgemeinschaften treten zumindest teilweise selbst als Träger kantonaler Hoheitsgewalt in Erscheinung,[60] so dass sie sich nicht unter Berufung auf ihr korporatives Selbstorganisationsrecht von den kantonalrechtlichen Vorschriften ausnehmen können.[61]

Allerdings ist zu fordern, dass die Kantone bei der öffentlichrechtlichen Anerkennung die korporative Freiheit – das heisst das Selbstbestimmungsrecht (Selbstkonstituierungs-, Selbstorganisations- und Selbstverwaltungsrecht) – der Religionsgemeinschaften zu beachten haben. Ein Teil der Lehre geht denn auch davon aus, dass sich aus Art. 9 der EMRK und der Rechtsprechung der Konventionsorgane zu diesem Artikel ein ungeschriebenes Verfassungsrecht der Glaubensgemeinschaften auf korporative Selbstbestimmung ergäbe.[62] Dies lässt sich aber aus der Rechtsprechung der Konventionsorgane nicht eindeutig herleiten.[63] Selbst wenn man von einem derartigen Selbstbestimmungsrecht ausginge, wäre es auf jeden Fall in zweierlei Hinsicht Beschränkungen unterworfen, nämlich einerseits durch die kantonale Zuständigkeit in Religionsangelegenheiten, die den Kantonen das Recht gibt zu bestimmen, welcher Religionsgemeinschaft sie in welchem Ausmass ihr öffentliches Recht zur Verfü-

gung stellen wollen, und anderseits durch die allgemeine Grundrechtsordnung. Der Rechtsstaat darf nämlich sein Recht nur grundrechtsgebunden an die öffentlichrechtlich anerkannten Religionsgemeinschaften weitergeben.[64]

4. Schranken der religiösen Grundrechte

Eingriffe in die Religionsfreiheit können sich als gerechtfertigt erweisen, wenn die zur Einschränkung der Grundrechte erforderlichen Voraussetzungen erfüllt sind. Zur Einschränkung der Religionsfreiheit gelten nach der bundesgerichtlichen Rechtsprechung[65] und gemäss Art. 36 BV die üblichen Erfordernisse, die auch in Art. 9 Ziff. 2 der EMRK angeführt werden, nämlich gesetzliche Grundlage, überwiegendes öffentliches Interesse, Verhältnismässigkeit und Wahrung des Kerngehalts des Grundrechts.

4.1 Gesetzliche Grundlage

Das Bundesgericht hat sich in seinem «Kopftuchentscheid» zu diesen Elementen geäussert und seine Praxis bestätigt, wonach schwere Eingriffe im wesentlichen klar und unzweideutig in einem formellen Gesetz geregelt sein müssen.[66]

4.2 Öffentliches Interesse und Verhältnismässigkeit

Bei den öffentlichen Interessen, die zu einer Beschränkung der Religionsfreiheit führen können, stehen die polizeilichen Interessen – namentlich das Interesse an der Aufrechterhaltung des religiösen Friedens – im Vordergrund. Im Schulbereich kann sich auch die Aufrechterhaltung eines funktionsfähigen Schulbetriebs,[67] das heisst etwa die Beachtung der Schulzeiten, als ein der Glaubensfreiheit entgegenstehendes öffentliches Interesse erweisen.[68] Im Rahmen des Verhältnismässigkeitsprinzips wird eine Interessenabwägung zwischen den öffentlichen Interessen und den auf dem Spiel stehenden Grundrechtsinteressen durchgeführt.[69] Den in Art. 49 Abs. 5 aBV noch festgehaltenen Grundsatz, wonach «Glaubensansichten ... nicht von der Erfüllung der bürgerlichen Pflichten» entbinden, hat das Bundesgericht denn auch nicht als absolut verstanden und durch Anwendung des Verhältnismässigkeitsprinzips zum Teil relativiert.[70]

4.3 Der Kerngehalt

Mit der Wahrung des Kerngehalts soll schliesslich sichergestellt werden, dass das Grundrecht nicht vollständig ausgehöhlt wird. Was zum unantastbaren Kerngehalt gehört, ist freilich nicht einfach zu bestimmen, weil das menschliche *forum internum* in der Regel ohnehin unzugänglich ist, es sei denn, man würde etwa mit Hilfe von Hypnose oder Medikamenten in diesen Intimbereich einzudringen versuchen.[71] Das Eindringen in das *forum internum* mit solchen Mitteln ist zweifelsohne als Verstoss gegen den Kerngehalt der Glaubens- und Gewissensfreiheit zu qualifizieren.[72]

III. EINIGE ASPEKTE DES SCHWEIZERISCHEN SCHULRECHTS

1. Das schweizerische Schulsystem

1.1 Zuständigkeit

Das Schulwesen fällt grundsätzlich in den Zuständigkeitsbereich der Kantone.[73] Die Kantone können innerhalb der Schranken von Art. 62 Abs. 2 BV bzw. Art. 27 Abs. 2, 3 und 3bis aBV frei bestimmen, wie sie ihre Aufgabe wahrnehmen wollen.[74]

1.2 Öffentliche Schulen

Gemäss Art. 62 Abs. 2 BV bzw. Art. 27 Abs. 2 aBV haben die Kantone für genügenden Primarunterricht bzw. Grundschulunterricht zu sorgen,[75] der unter staatlicher Leitung stehen muss.[76] Daraus wird die Pflicht der Kantone abgeleitet, staatliche Primarschulen bzw. Grundschulen zu errichten und zu führen.[77] Es wäre deshalb unzulässig, die Führung der öffentlichen Primar- bzw. Grundschulen vollständig privaten Institutionen zu übertragen. Das Verfassungsrecht verbietet es jedoch nicht, dass der Primarunterricht bzw. Grundschulunterricht in Privatschulen ergänzend zur staatlichen Schule erteilt wird. Die Privatschulen müssen auch nicht unter staatlicher Leitung stehen; vielmehr genügt es, dass der Kanton eine staatliche Aufsicht über sie ausübt.[78]

Im weiteren muss der Primarunterricht bzw. Grundschulunterricht obligatorisch und in den öffentlichen Schulen unentgeltlich sein. Art. 62 Abs. 2 Satz 3 BV hält überdies den Schuljahresbeginn für den obligatorischen Schulunterricht für die ganze Schweiz einheitlich fest. Diese Bestimmung hat in erster Linie organisatorischen Charakter, schränkt aber gleichwohl die kantonale Schulhoheit in dieser Hinsicht ein. Als weitere Einschränkung der kantonalen Autonomie ist schliesslich der Grundsatz der konfessionellen Neutralität des Schulunterrichts zu nennen.[79]

Insgesamt betrachtet, ist das schweizerische Schulrecht aufgrund der kantonalen Schulhoheit von Kanton zu Kanton verschieden ausgestaltet. Die jeweilige kantonale Schulorganisation unterscheidet sich dabei vor allem im Bezug auf die «Dauer und Formen der Schulpflicht», hinsichtlich der «Art und Dauer der Ausbildungsgänge» und hinsichtlich der «Qualifikationen nach erfolgreichem Besuch der einzelnen Schularten».[80] An dieser Variationsbreite vermag auch der Umstand nichts zu ändern, dass mit Ausnahme des Kantons Tessin sämtliche Kantone dem Konkordat über die Schulkoordination vom 29. Oktober 1970[81] beigetreten sind, worin eine Zusammenarbeit im schulischen Bereich festgehalten ist.[82]

1.3 Privatschulen

Die Verfassungen von 1874 und 1999 enthalten keinen Hinweis auf die Privatschulen. Sie überlassen die Regelung des Privatschulwesens vielmehr den Kantonen.[83]

Das Verfassungsrecht sieht zudem keine explizite Gewährleistung der Privatschulfreiheit vor.[84] «Die Bundesverfassung gewährleistet keine Unterrichtsfreiheit im Sinne der Freiheit, Unterricht zu erteilen.»[85]

Die Kantone sind aber aufgrund der Wirtschaftsfreiheit (Art. 27 BV bzw. Art. 31 aBV) verpflichtet, die kommerziell betriebenen Privatschulen zuzulassen.[86] Ferner ist die Freiheit zur Gründung und Führung von Privatschulen – also auch von solchen mit gemeinnütziger oder religiöser Ausrichtung – vom Bundesgericht zumindest ansatzweise anerkannt. So hält das Bundesgericht fest, dass «die Glaubens-, Gewissens- und Kultusfreiheit ... gegebenenfalls das Recht auf Privatunterricht» garantiert, der jedoch «den Anforderungen an den staatlich vorgeschriebenen Primarunterricht genügen muss».[87] Wie hiervor bereits erwähnt, haben deshalb die Kantone die im Bereich des Primarschul- bzw. Grundschulwesens tätigen Privatschulen zu beaufsichtigen und zu kontrollieren.[88] Sie können das private Unterrichtswesen bewilligungspflichtig erklären[89] und dürfen die Bewilligung zur Führung einer Privatschule verweigern, wenn die Trägerorganisation die nötige Vertrauenswürdigkeit vermissen lässt.[90] Das Bundesgericht hielt es daher für zulässig, einer mit der Scientology-Organisation verflochtenen Privatschule die Bewilligung zu verweigern.[91]

Was die finanzielle Förderung der Privatschulen anbelangt, so wird sie in der Schweiz insgesamt nicht als Staatsaufgabe betrachtet. Das schweizerische Schulsystem baut vielmehr auf einem leistungsfähigen staatlichen Bildungssystem auf.[92] In gewissen Kantonen – wie etwa im Kanton Basel-Stadt – wird im Gegenteil die Schaffung von Subventionsansprüchen zugunsten von Privatschulen für unzulässig erklärt.[93] Die baselstädtische Bestimmung stammt aus der Kulturkampfzeit und sollte

die Errichtung römisch-katholischer Privatschulen verhindern.[94]

Insgesamt betrachtet, kann man feststellen, dass zwar ein Recht auf Führung von
Privatschulen besteht, dieses jedoch nicht
absolut gilt.[95] Alle Kantone haben denn
auch – mitunter ohne dazu die einschlägige Bezeichnung zu verwenden – durchwegs
grundsätzlich die Privatschulfreiheit garantiert.[96] Ein staatliches Schulmonopol besteht somit nicht, auch wenn die Staats-
schulen in den Kantonen faktisch eine
monopolähnliche Stellung besitzen.[97] Die
Schweiz trägt damit auch Art. 13 Abs. 4
des Internationalen Übereinkommens über
die wirtschaftlichen, sozialen und kulturellen Rechte, dem auch die Schweiz beigetreten ist, Rechnung.[98]

1.4 Religiöse Neutralität der öffentlichen Schulen

1.4.1 Grundsatz

In Art. 27 Abs. 3 aBV wurde festgehalten,
dass die öffentlichen Schulen von den
Angehörigen aller Bekenntnisse ohne Beeinträchtigung ihrer Religionsfreiheit besucht werden können. In der neuen Bundesverfassung fehlt diese Bestimmung, die
eigentlich eine *lex specialis* zur in Art. 49
aBV bzw. Art. 15 BV geregelten Glaubens-
und Gewissensfreiheit darstellt.[99] Aufgrund
des Nachführungscharakters der neuen
Bundesverfassung und weil die religiöse
Neutralität ohnehin zu den Grundprinzi-
pien des Rechtsstaats gehört, besteht kein
Zweifel, dass die Vorschrift weiterhin gilt.
Der Unterricht an den öffentlichen Schulen
ist folglich auch nach neuer, heute gelten-

der Bundesverfassung religiös neutral auszugestalten.[100]

Aus der Vorschrift des religiös neutralen
Unterrichts an den öffentlichen Schulen
folgt vor allem ein erhöhter Schutz der
Rechte nicht öffentlichrechtlich anerkannter religiöser Minderheiten sowie ein Schutz
für diejenigen Personen, die areligiös sind
und keiner Religion angehören.[101] Die Lehrkräfte dürfen somit die religiösen Empfindungen von Schülern und Eltern anderer
Überzeugungen nicht verletzen.[102] Sie haben vielmehr darauf zu achten, dass in
den öffentlichen Schulen ein Klima der
Toleranz herrscht.[103] In den öffentlichen
Schulen sollen die unterschiedlichen religiösen und areligiösen Überzeugungen
nebeneinander Platz haben können.[104]

Trotzdem wird es nicht als unzulässig erachtet, dass die Kantone für die öffentlichen Schulen in der Verfassung oder in
den Schulgesetzen auf den christlichen
Charakter der Schule hinweisen. Wesentlich ist, dass der Unterricht religiös neutral
ausgestaltet ist.[105] So wird etwa in Art. 1
Abs. 2 des Nidwaldner Bildungsgesetzes
festgehalten, dass die «öffentlichen Schulen … in vaterländischem und christlichem
Geist zu führen» sind, «sie müssen von den
Angehörigen aller Bekenntnisse ohne Beeinträchtigung ihrer Glaubens- und Gewissensfreiheit besucht werden können»[106].

1.4.2 Konfessionell orientierte öffentliche Schulen

In gewissen Kantonen bestehen darüber
hinaus traditionellerweise konfessionell
orientierte öffentliche Schulen. Ob diese
Schulen angesichts der staatlichen Neu-

tralitätspflicht verfassungsmässig sind, ist umstritten.[107] Zum Teil wird mit Berufung auf den positiven Aspekt der Glaubensfreiheit im Gegenteil sogar von einer Pflicht des Staates zur Führung konfessionell orientierter Schulen ausgegangen.[108] Unlängst hat das Bundesgericht zu dieser Frage Stellung genommen und ein System mit konfessionell getrennten Schulen für verfassungswidrig erklärt: Ein solches System negiere «das Gebot der konfessionellen Neutralität und» verhindere «den im Lichte des religiösen Friedens erwünschten Kontakt zwischen Kindern verschiedener Konfessionen. Zudem müssten aus Gründen der Gleichbehandlung sämtlichen Bekenntnissen je eigene, gleichwertige Schulen angeboten werden, denn es wäre mit der konfessionellen Neutralität des Staates nicht vereinbar, einzelnen Glaubensrichtungen den Besuch einer konfessionellen öffentlichen Schule zu ermöglichen, anderen aber nicht (...)».[109]

1.4.3 Geltungsbereich

Als öffentliche Schulen, die an das Neutralitätsgebot gebunden sind, gelten alle Schulen, die von einem öffentlichen Gemeinwesen (Bund, Kanton, Bezirk, Gemeinde, Gemeindeverband) getragen werden. Dazu gehören Schulen aller Stufen, auch Lehrerseminare und Hochschulen.[110] Private Schulen sind indessen grundsätzlich nicht an das Gebot religiöser und konfessioneller Neutralität gebunden. Hinsichtlich der privaten Bekenntnisschulen gilt somit das staatliche Neutralitätsprinzip grundsätzlich nicht.[111] Eine Ausnahme besteht allerdings dann, wenn Schulen mit privater Träger-

schaft vom Staat finanziert werden, eine öffentliche Aufgabe wahrnehmen und von Rechts wegen allen Interessenten offenstehen.[112]

1.4.4 Religiös neutrale Ausgestaltung des Unterrichts an den öffentlichen Schulen

Aus den vorstehenden Ausführungen geht hervor, dass es den Behörden und Lehrkräften untersagt ist, den Unterricht – sei es zugunsten oder zum Nachteil einer oder mehrerer Religionen – in religiöser Hinsicht auszurichten: Dies bezieht sich freilich in erster Linie auf eine systematische Ausrichtung des Unterrichts, denn es ist unvermeidlich, dass die Überzeugungen der Lehrkräfte auf bestimmten Gebieten des Unterrichts einen gewissen Einfluss auf die Schülerinnen und Schüler ausüben.[113] Gefordert ist eine grundsätzliche Offenheit gegenüber den verschiedenen religiösen Anschauungen und nicht eine religionslose Haltung. Erlaubt ist auch, dass Geistliche und Ordensleute dem Lehrpersonal angehören.[114] Allein wegen seiner Treuepflicht gegenüber dem staatlichen Arbeitgeber hat das Lehrpersonal somit nicht von vorneherein auf seine religiösen Grundrechte und die Vereinsfreiheit zu verzichten.[115] Die baselstädtische Kantonsverfassung geht deshalb zu weit, wenn sie in ihrem § 13 Abs. 2 «Personen, welche religiösen Orden oder Kongregationen angehören», untersagt, «Schulen und Erziehungsanstalten» zu leiten und «die Lehrtätigkeit an solchen» zu übernehmen. Luzius Wildhaber und Stephan Breitenmoser ist beizupflichten, dass diese Bestimmung gegen Art. 9 der EMRK verstösst, weil sie in unverhältnismässiger

Weise ein generelles Verbot für Ordensangehörige auch für ihre Tätigkeit an Privatschulen statuiert.[116] Aus demselben Grund dürfte diese Bestimmung auch gegen Art. 18 des UNO-Paktes II und gegen Art. 15 BV (in Verbindung mit Art. 36 Abs. 3 BV) verstossen. Dagegen kann es im Einzelfall unter Umständen durchaus geboten sein, die Unterrichtstätigkeit von Lehrkräften an öffentlichen Schulen etwa durch Kleidervorschriften zu reglementieren oder gar ganz zu untersagen, wenn die Schulkinder dadurch während des obligatorischen Schulunterrichts religiös einseitig beeinflusst werden.[117] Hinzu tritt das öffentliche Interesse an einem geordneten und friedlichen Schulunterricht, das ebenfalls eine Einschränkung der religiösen Grundrechte der Lehrkräfte rechtfertigen kann: Wenn nämlich der ordentliche Schulbetrieb durch religiöse Überzeugungen, die von Lehrkräften im Schulunterricht vertreten werden, gestört wird, geht das öffentliche Interesse an einem reibungslosen Schulunterricht dem Grundrechtsinteresse der betreffenden Lehrkräfte vor.[118]

Wie bereits erwähnt, hat das Bundesgericht im sogenannten «Kopftuchentscheid» diese Interessenabwägung zuungunsten des individuellen Grundrechtsinteresses vorgenommen und es für zulässig erachtet, einer dem Islam angehörenden Lehrerin das Tragen eines Kopftuches zu untersagen.[119] Mit diesem nicht unbestritten gebliebenen[120] Entscheid entsprach das Bundesgericht seiner im «Kruzifixentscheid» vorgezeichneten Rechtsprechung, die religiöse Neutralität der Schule als striktes Prinzip und Ausfluss der negativen Glaubensfreiheit dem positiven Grundrechtsinteresse vorgehen zu lassen.[121] Negative und positive Glaubensfreiheit sind gleichwertige Aspekte desselben Grundrechts. Dass das Bundesgericht die negative Glaubensfreiheit in diesen Fällen der positiven grundsätzlich vorgehen liess, mag man deshalb kritisieren. Indessen ist zu beachten, dass namentlich im «Kruzifixfall» das staatlich angeordnete Aufhängen des Kreuzes durchaus als Parteinahme zugunsten einer Konfession empfunden werden kann. Der staatlichen Anordnung wäre deshalb das Anbringen des Kruzifixes im Einverständnis aller, das heisst der erziehungsberechtigten Elternschaft und des Lehrpersonals, vorzuziehen. Der Staat würde damit immer noch dem positiven Grundrechtsinteresse entgegenkommen, indem er das Anbringen religiöser Symbole in seinen Räumlichkeiten ermöglicht.[122]

1.4.5 Schulobligatorium

In Art. 19 und 62 Abs. 2 BV bzw. 27 Abs. 2 aBV wird den Kantonen vorgeschrieben, für einen obligatorischen Primar- bzw. Grundschulunterricht zu sorgen. Dieses Schulobligatorium kann mit religiösen Feiertagsregelungen oder anderen religiösen Vorschriften kollidieren, die sich an sich durch die Glaubens- und Gewissensfreiheit geschützt sind. Das Bundesgericht hat denn auch in zwei Fällen die Glaubensfreiheit höher als die Schulpflicht bewertet und die Nichtgewährung einer Dispens für Kinder der Mitglieder der «Weltweiten Kirche Gottes» während des acht Tage dauernden Laubhüttenfestes und an Samstagen als unverhältnismässigen Eingriff in die Glaubensfreiheit erachtet.[123]

Desgleichen hat das Bundesgericht entschieden, dass ein dem Islam angehörendes Mädchen vom gemischtgeschlechtlichen Schwimmunterricht zu dispensieren sei. Es gäbe kein öffentliches Interesse, das der religiös motivierten Weigerung, am gemischtgeschlechtlichen Schwimmunterricht teilzunehmen, vorgehe.[124]

1.4.6 Das Schulgebet

Aus der religiösen Neutralität der Schule folgt im weiteren, dass Schülerinnen und Schüler nicht zur Mitwirkung am Schulgebet gezwungen werden dürfen. Zwar ist gegen das Schulgebet auch an öffentlichen Schulen als Ausdruck positiver Grundrechtsbetätigung grundsätzlich nichts einzuwenden. Voraussetzung ist aber, dass alle Beteiligten bzw. die Inhaber der elterlichen Gewalt damit einverstanden sind.[125] Ein staatlicher Zwang zur Mitwirkung am Schulgebet würde nicht nur die religiöse Neutralität der Schule verletzen, sondern auch gegen die negative Glaubensfreiheit Anders- oder Nichtgläubiger verstossen. Allerdings hat die Schulgebetsfrage bislang in der Schweiz zu keinen grösseren Konflikten geführt. Manche Kantone – wie etwa der Kanton Basel-Stadt – sehen vor, dass die Lehrkräfte ermächtigt sind, mit den Schülerinnen und Schülern ein Gebet zu sprechen, die verfassungsmässige Glaubens- und Gewissensfreiheit aber gewahrt bleiben muss.[126] Fraglich ist, wie dabei vorzugehen ist, zumal die Abwesenheit vor dem Schulzimmer oder die stumme Anwesenheit während des Schulgebets zu einer Ausgrenzung der nichtgläubigen Kinder führen kann.[127] Hier stösst das Recht an seine Grenzen und ist vor allem das pädagogische Geschick der Lehrkräfte gefordert.

IV. RELIGIONSUNTERRICHT AUS STAATSRECHTLICHER SICHT

1. Inhalt und Ausgestaltung des Religionsunterrichts

1.1 Begriff des Religionsunterrichts

Ein zentraler Aspekt des Grundsatzes der konfessionellen Neutralität der öffentlichen Schulen und der negativen Glaubensfreiheit ist in Art. 15 Abs. 4 BV bzw. 49 Abs. 2 aBV geregelt: Niemand darf zur Teilnahme an einem religiösen Unterricht gezwungen werden. Dabei ist mit dem verfassungsrechtlichen Begriff «religiöser Unterricht» jeder Unterricht gemeint, «der die Beziehungen des Menschen zum Göttlichen, zum Transzendenten betrifft»[128].

In kantonalen Erlassen sind neben der Bezeichnung «Religionsunterricht» auch die Bezeichnungen «Biblische Geschichte»[129] oder «Bibelunterricht»[130] anzutreffen. Vereinzelt kommt es zudem vor, dass innerhalb der Schule sowohl ein Religions- als auch ein Bibelunterricht erteilt wird.[131] Trotz unterschiedlicher Benennung fallen diese Fächer ebenfalls unter den Begriff des Religionsunterrichts.[132] Schliesslich ist festzustellen, dass der Religionsbegriff im Wort «religiöser Unterricht» oder «Religionsunterricht» mehr oder weniger identisch ist mit dem Religionsbegriff der hiervor dargestellten Religionsfreiheit.[133]

1.2 Ausgestaltung des Religionsunterrichts

Aufgrund der kantonalen Schulhoheit ist die Regelung des schulischen Religionsunterrichts[134] grundsätzlich Sache der Kantone. Der Bund legt lediglich die Rahmenbedingungen fest. Die Kantone sind somit frei in der Entscheidung, ob sie den Religionsunterricht als Schulfach einführen oder ob sie ihn als Sache der Religionsgemeinschaften behandeln wollen.[135] Dementsprechend variiert die Stellung des Fachs «Religionsunterricht» in den verschiedenen Kantonen, was nicht zuletzt auf die unterschiedliche konfessionelle Tradition der Kantone und deren verschiedenartige konfessionelle Bevölkerungsstruktur zurückzuführen ist.[136] Allerdings bildet der Religionsunterricht als Schulfach gegenwärtig die Regel, weshalb er zumeist in den entsprechenden Schulgesetzen, den Verordnungen und den gestützt hierauf erlassenen Lehrplänen geregelt ist.[137] Der Unterricht wird entweder durch ordentliche Lehrkräfte oder durch die Beauftragten der Religionsgemeinschaften durchgeführt.[138]

1.2.1 Konfessioneller Religionsunterricht

Die traditionelle Form des Religionsunterrichts ist der konfessionelle Religionsunterricht. Der konfessionelle Religionsunterricht ist auf ein bestimmtes Glaubensbekenntnis ausgerichtet. Er behandelt die Lehre dieses Glaubensbekenntnisses nicht wertneutral, sondern geht von bestimmten konfessionellen Positionen und Anschauungen aus. Er wird deshalb in der Regel nur von den Angehörigen der entsprechenden Konfession besucht.[139]

1.2.2 Konfessionell neutraler RU

In neuerer Zeit sind Bestrebungen im Gang, die Aufteilung des Religionsunterrichts in konfessionsbezogene Gruppen zu überwinden, um der Pluralität der Anschauungen und Meinungen der Schüler und Schülerinnen Rechnung zu tragen. Schulklassen bestehen nämlich aufgrund der heutigen multireligiösen und multikulturellen Gesellschaft immer häufiger aus Schülerinnen und Schülern unterschiedlicher Konfessionen und Religionen.[140] Da die Schulen in der Regel nur zwei Arten von konfessionellem – das heisst römisch-katholischen und evangelischen – Religionsunterricht[141] anbieten, nehmen die konfessionslosen und die andersgläubigen Schülerinnen und Schüler grundsätzlich nicht am Religionsunterricht teil. Aus dem Grundsatz der religiösen Neutralität der Schule und der paritätischen Behandlung aller Religionsgemeinschaften folgt jedoch, dass das staatliche Angebot zur Ausübung der Religionsfreiheit möglichst für alle Schülerinnen und Schüler zur Verfügung stehen soll. Diesem Anliegen kann dadurch Rechnung getragen werden, dass allen Religionsgemeinschaften die Möglichkeit des bekenntnismässig gebundenen Religionsunterrichts eingeräumt wird. Auf der anderen Seite kann diesem Postulat insofern entsprochen werden, dass ein für alle Schülerinnen und Schüler obligatorischer, konfessionell neutraler Unterricht angeboten wird. In etlichen kantonalen Schulgesetzen finden sich denn auch Bestimmungen, wonach der Religionsunterricht so auszugestalten sei, dass Schülerinnen und Schüler verschiedener Konfessionen ohne Beeinträchtigung ihrer Glaubens- und Gewissensfreiheit daran teilnehmen können.[142] Bei der Ausgestaltung des Unterrichts muss deshalb darauf geachtet werden, dass die verschiedenen Glaubensrichtungen in einer Art behandelt werden, die nicht als Parteinahme für bestimmte Bekenntnisse bewertet werden kann. Dabei drängt sich die Frage auf, ob es überhaupt möglich ist, den Religionsunterricht konfessionell neutral zu gestalten, zumal die religiöse Überzeugung der Lehrkraft bewusst oder unbewusst in irgendeiner Form den von ihr erteilten Unterricht beeinflusst.[143]

1.2.3 Religionskunde- und Ethikunterricht

Einige Kantone gehen noch weiter und sehen in ihrer Schulgesetzgebung vor, den Religionsunterricht nicht isoliert zu erteilen, sondern in einem weitere Bereiche umfassenden Schulfach zu integrieren. Eine derartige Regelung findet sich etwa im Kanton Bern, wo im Volksschulgesetz ein obligatorisches Schulfach «Mensch/Gesellschaft/Religion/Ethik» festgehalten ist. In ähnlicher Weise hat der Kanton Luzern das Fach «Religionskunde und Ethik» eingeführt. Aufgabe dieses Schulfaches ist «wissenschaftlich orientierte Reflexion über religiöse Phänomene und ethische Normen», nicht jedoch «die Vermittlung bestimmter Glaubensüberzeugungen und die Einübung religiöser Praktiken. Ein religiöses Bekenntnis der Schülerinnen und Schüler wird also weder vorausgesetzt noch angestrebt.»[144] Vermittelt werden sollen somit Kenntnisse über die verschiedenen Religionen und Religionsgemeinschaften sowie ethische Urteilskompetenz. Die Einführung dieser

neuen Form von Religionsunterricht im Kanton Luzern ist eine Reaktion auf das veränderte Verhältnis des Menschen zur Religion, zumal heute – wie bereits erwähnt – immer mehr Menschen gegenüber religiösen Institutionen auf Distanz gehen, was sich unter anderem auf die Anzahl der Abmeldungen vom Religionsunterricht auswirkt.[145]

Von Interesse ist in diesem Zusammenhang die neue Regelung im deutschen Bundesland Brandenburg, wo der bisherige Religionsunterricht durch ein neues Fach «Lebensgestaltung, Ethik, Religionsunterricht» (LER) ersetzt worden ist. Die gemeinsame Nennung der drei Inhaltsbereiche im Namen des Fachs soll seinen besonderen integrativen Charakter verdeutlichen. Die drei Elemente Lebensgestaltung, Ethik und Religionskunde sollen im Unterricht derart miteinander verknüpft werden, dass «ausgehend von Fragen der Lebensgestaltung Aspekte ethischen Urteilens und Handelns sowie deren religiöse und weltanschauliche Dimension thematisiert werden sollen». Hinzu kommt, dass LER «durch gemeinsames Lernen aller Schülerinnen und Schüler angesichts zunehmender Intoleranz und Gewaltbereitschaft in unserer Gesellschaft Verständnis und Toleranz für Fremdes sowie Dialogfähigkeit fördern helfen soll»[146]. Dieser integrative Charakter des Unterrichts ist das entscheidende Unterscheidungsmerkmal gegenüber den bisherigen Formen des Religionsunterrichts. Anzumerken bleibt, dass diese neue Unterrichtsform in Deutschland nicht unbestritten geblieben ist. Zur Zeit sind dagegen mehrere Beschwerden beim Deutschen Bundesverfassungsgericht hängig.[147] Dies ist insofern verständlich, als in Deutschland der Religionsunterricht gemäss Art. 7 Abs. 3 des Grundgesetzes ordentliches Lehrfach ist. Das schweizerische Verfassungsrecht betont dagegen die religiöse Neutralität der Schule.

1.2.4 Lebenskundeunterricht

Im Kanton Basel-Landschaft wurde neben den Fächern «Biblische Geschichte» und «Religionsunterricht» auch das Fach «Lebenskundeunterricht» eingeführt. Auch im Kanton Zürich wird das Fach «Lebenskunde» angeboten.[148] Mit ihm wird bezweckt, den Kindern die soziale Kompetenz für das tägliche Leben zu vermitteln, ihnen somit bei der Bewältigung der täglichen Probleme zu helfen.[149] Als Schwerpunktthemen sind beispielsweise zwischenmenschliche Beziehungen, Ökologie, Gewalt und Drogen denkbar. Im weiteren sollen die Schülerinnen und Schüler lernen, über ihre alltäglichen Probleme und Sorgen reden und sich in der Gruppe aussprechen zu können. Ein religiöser Inhalt soll indessen dem Lebenskundeunterricht nicht gegeben werden.[150]

2. Religionsunterricht als Pflichtfach?

2.1 Konfessioneller Unterricht

Die Pflicht zum Besuch des schulischen Religionsunterrichts ist in den Kantonen ebenfalls unterschiedlich geregelt. In der Regel sehen die Kantone eine Pflicht zur Teilnahme am konfessionellen Unterricht jedoch mit Dispensationsmöglichkeit vor.[151] Einzelne Kantone gehen von einem freiwilligen Unterricht aus.[152]

Schulobligatorien, die sich auf konfessionellen Unterricht beziehen und keine Dispensationsmöglichkeit zulassen, sind verfassungswidrig.[153] Ist die Dispensationsmöglichkeit nicht explizit im Gesetz geregelt, so kann die Abmeldung direkt auf Art. 15 Abs. 4 BV gestützt werden. Sollte eine Dispensation daraufhin gleichwohl verweigert werden, so käme dies einem Verstoss gegen die Glaubens- und Gewissensfreiheit gleich, was das Bundesgericht bereits in einem Urteil aus dem Jahre 1897 festgehalten hat.[154]

Die Dispensation muss im weiteren mit dem Recht auf Abwesenheit verbunden sein. Das Bundesgericht hat nämlich entschieden, dass ein Verstoss gegen die Glaubens- und Gewissensfreiheit vorliegt, wenn ein von der Beteiligung am Unterricht an sich dispensierter Schüler während des Unterrichts in Biblischer Geschichte trotzdem im Klassenzimmer verbleiben muss.[155] Hinsichtlich der Abmeldung kann allerdings verlangt werden, dass sie schriftlich zu erfolgen hat.[156] Unzulässig wäre jedoch das Erfordernis, sie begründen zu müssen.[157]

2.2 Konfessionell neutraler Religionsunterricht

Auch ein konfessionell neutral ausgestalteter Religionsunterricht ist ein Unterricht, der, soweit er eine Unterweisung über die Beziehungen des Menschen zum Göttlichen bezweckt, unter den Begriff des religiösen Unterrichts gemäss Art. 15 Abs. 4 BV und 49 Abs. 2 aBV fällt.[158] Dementsprechend finden die Regeln über die Dispensation vom obligatorischen Unterricht auch auf diese Form des Religionsunterrichts – namentlich auch auf den ökumenischen, interkonfessionellen oder interreligiösen Religionsunterricht – Anwendung.[159]

2.3 Mischformen und Lebenskunde-unterricht

Anders verhält es sich indessen, wenn der Unterricht keine religiöse Unterweisung bezweckt, sondern ausschliesslich in der Vermittlung von Kenntnissen über die Religionen besteht, wenn also nicht Religionsunterricht erteilt, sondern Religionskunde unterrichtet wird. In diesem Fall geht es nicht um religiöse Erziehung im Sinne der Prägung junger Menschen in ihrem Verhältnis zum Göttlichen, sondern um die Weitergabe kultur- und religionsgeschichtlichen Wissens. Ein derartiger Religionskundeunterricht unterscheidet sich nicht von anderen geisteswissenschaftlichen Unterrichtsfächern, die an den staatlichen Schulen vermittelt werden. Dasselbe gilt für einen Unterricht, der ausschliesslich auf Lebenskunde oder Ethik ausgerichtet ist. Soweit in einem Lebenskunde- oder Ethikunterricht nicht zugleich religiöse Unterweisung betrieben wird, gelten also die Regeln des ordentlichen Schulunterrichts. Es handelt sich in diesen Fällen nämlich nicht um den verfassungsrechtlich umschriebenen «religiösen Unterricht», sondern um ein säkulares Unterrichtsfach, das für obligatorisch erklärt werden darf, ohne dass zugleich die für den Religionsunterricht charakteristische Dispensationsmöglichkeit eingeräumt werden muss.[160]
Die Frage, ob Vermittlung von Wissen aus dem religiösen Bereich mit religiöser Unter-

weisung gleichzusetzen ist, musste hinsichtlich der bis vor wenigen Jahren an der Juristischen Fakultät der Universität Fribourg abgenommenen, obligatorischen Kirchenrechtsprüfung entschieden werden. Der für die Beurteilung dieser Frage zuständige Bundesrat hat in seinem Entscheid vom 15. März 1982 festgehalten, dass die Kenntnis religiöser Zusammenhänge nicht mit einem religiösen Bekenntnis gleichgesetzt werden dürfe. Die Glaubens- und Gewissensfreiheit werde nicht verletzt, wenn anlässlich der obligatorischen Prüfung nur Wissen abgefragt werde.[161]
Die Grenze zwischen Kenntnis und Bekenntnis – zwischen «teaching about religion» und «teaching of religion»[162] – ist freilich fliessend. Je nachdem, wie der Unterricht ausgestaltet ist und von wem er durchgeführt wird, kann die Wissensvermittlung einem bekenntnismässigen Religionsunterricht nahekommen. Um von vorneherein zu verhindern, dass es aufgrund des Unterrichtsobligatoriums zur Verletzung der negativen Glaubensfreiheit kommt, sollte im Zweifelsfall die Dispensationsmöglichkeit eingeräumt werden. Diese Dispensationsmöglichkeit muss sich aber nicht notwendigerweise auf das Fach als Ganzes beziehen. Die Dispensation für den im Sinne religiöser Erziehung gehaltenen Teil des Religionsunterrichts würde den Ansprüchen von Art. 15 Abs. 4 BV genügen.
Dass die Kantone gestützt auf ihre Schulhoheit einen obligatorischen Religionskunde-, Lebenskunde- oder Ethikunterricht einrichten, kann ihnen aufgrund ihrer Schulhoheit nicht verwehrt werden, auch wenn daraus möglicherweise eine Konkurrenzierung des freiwilligen Religionsunter-

richts resultiert. Einerseits besitzen die Religionsgemeinschaften kein Monopol im Bereich der Religionskunde, Lebenskunde und Ethik. Zum anderen wird dem positiven Aspekt der Glaubensfreiheit genügend Rechnung getragen, wenn die Kantone den Religionsgemeinschaften den Religionsunterricht an den öffentlichen Schulen ermöglichen.[163]

V. ZUSAMMENFASSUNG

Religiöse Grundrechte werden in der Schweiz sowohl durch das innerstaatliche Recht als auch durch das Völkerrecht geschützt. Hieraus ergibt sich unter anderem die Pflicht des Staates zur Neutralität gegenüber den verschiedenen Glaubensbekenntnissen. Religiöse Neutralität bedeutet, dass der Staat niemanden aus religiösen Gründen bevorzugen oder benachteiligen darf. Im Bereich der Schule muss deshalb von den Behörden verlangt werden, dass sie die religiösen Empfindungen der Schülerinnen und Schüler bzw. ihrer Erziehungsberechtigten respektieren. Die Behörden haben darauf zu achten, dass in den öffentlichen Schulen ein Klima der Toleranz herrscht. Den Behörden und den Lehrkräften ist es somit untersagt, den Unterricht – sei es zugunsten oder zum Nachteil einer oder mehrerer Religionen – in religiöser Hinsicht auszurichten.
Das schweizerische Verfassungsrecht schreibt explizit vor, dass niemand zur Teilnahme am Religionsunterricht gezwungen werden darf. In der Bundesrepublik Deutschland hingegen ist der Religionsunterricht gemäss Art. 7 Abs. 3 des Grundgesetzes ein

ordentliches Schulfach. Diese gegensätzliche Akzentuierung ist auf historische Hintergründe und unterschiedliche Traditionen zurückzuführen. Während die konfessionellen und politischen Auseinandersetzungen in der Schweiz im 19. Jahrhundert dazu geführt haben, dass in der Bundesverfassung vor allem die Säkularität und Neutralität der Schule betont wurde, betrachtete man in der Bundesrepublik Deutschland die religiöse Erziehung der Schülerinnen und Schüler als unentbehrlichen Bestandteil des ordentlichen Schulunterrichts.[164] Gemeinsam ist aber beiden Ländern, dass aufgrund des gesellschaftlichen Wandels heute zunehmend Menschen keiner Religionsgemeinschaft mehr angehören und sich bzw. ihre Kinder unter Berufung auf ihre Glaubens- und Gewissensfreiheit vom Religionsunterricht abmelden. In der Schweiz sehen deshalb immer mehr kantonale Regelungen vor, dass der Religionsunterricht konfessionell neutral auszugestalten sei. Einige Kantone gehen sogar noch weiter und führen ein neues obligatorisches Fach ein, welches das Thema Religion nicht isoliert, sondern in einem weiteren, auch ethische und lebenskundliche Belange umfassenden Sinne behandelt. Diese Tendenz dürfte sich in Zukunft noch verstärken, zumal sich die schwindende Präsenz der Religionen im gesellschaftlichen Bereich auch auf die Schulen auswirkt, die Gesellschaft jedoch nicht auf die «säkularen» Lerneffekte des Religionsunterrichts zu verzichten vermag.

Anmerkungen

[1] So Ernst-Wolfgang Böckenförde, Die Entstehung des Staates als Vorgang der Säkularisation, in: Ders., Staat, Gesellschaft, Freiheit, Studien zur Staatstheorie und zum Verfassungsrecht, Frankfurt a. M. 1976, S. 60; siehe dazu auch Felix Hafner, Staatskirchenrecht im Spannungsfeld von Kirche und Politik, in: (Hrsg.) Adrian Loretan, Kirche - Staat im Umbruch. Neuere Entwicklungen im Verhältnis von Kirchen und anderen Religionsgemeinschaften zum Staat, Zürich 1995, S. 38.

[2] Werner Kurt Bräm, Religionsunterricht als Rechtsproblem im Rahmen der Ordnung von Kirche und Staat, Diss. Basel, Zürich 1978, S. 331; Peter Karlen, Das Grundrecht der Religionsfreiheit in der Schweiz, Diss. Zürich 1988, S. 399.

[3] Die zitierte Formel findet sich in verschiedenen Länderverfassungen der BRD (vgl. Alexander Hollerbach, Der Religionsunterricht als ordentliches Lehrfach an den öffentlichen und freien Schulen in der Bundesrepublik Deutschland, in: A. Biesinger und J. Hänle, Gott ist mehr als Ethik, Der Streit um LER und Religionsunterricht, QD 167, Freiburg 1997, S. 133f.).

[4] Eine Übersicht über den staatlichen und kirchlichen Religions- und Bibelunterricht an der Volksschule in Deutschschweizer Kantonen gibt die vom Lehrstuhl für Kirchenrecht und Staatskirchenrecht der Universität Luzern mit veranlasste Studie: Andréa Belliger/Thomas Glur-Schüpfer/Beat Spitzer, Die rechtliche und tatsächliche Situation des Religionsunterrichts in den öffentlichen Schulen der Deutschschweizer Kantone, Ebikon 1999.

[5] Ulrich Häfelin, in: (Hrsg.) Jean-François Aubert e. a., Kommentar zur Bundesverfassung der Schweizerischen Eidgenossenschaft vom 29. Mai 1874, Basel/Bern/Zürich 1991, zu Art. 49, Rz. 12.

[6] SR 0.101. Siehe dazu Nikolaus Blum, Die Gedanken-, Gewissens- und Religionsfreiheit nach Art. 9 der Europäischen Menschenrechtskonvention, Berlin 1990, S. 44ff.

[7] Vgl. hierzu umfassend die Arbeit von Otto Kimminich, Religionsfreiheit als Menschenrecht: Untersuchungen zum gegenwärtigen Stand des Völkerrechts, Mainz/München 1990.

[8] Ueli Friederich, Kirchen und Glaubensgemeinschaften im pluralistischen Staat: zur Bedeutung der Religionsfreiheit im schweizerischen Staatskirchenrecht, Diss. Bern 1993, S. 250 mit weiteren Hinweisen. Siehe aber auch Beat Kaufmann, Das Problem der Glaubens- und Überzeugungsfreiheit im Völkerrecht, Diss. Zürich 1989, S. 149.

[9] SR 0.103.2.

[10] BGE 120 Ia 12.

[11] Art. 15 BV und Art. 49 aBV.

[12] Ulrich Häfelin/Walter Haller, Schweizerisches Bundesstaatsrecht, 4. Auflage, Zürich 1998, Rz. 1194.

[13] BGE 119 Ia 183f.; siehe auch BGE 125 I 354.

[14] Martin Philipp Wyss, Vom Umgang mit dem Transzendenten, Überlegungen und Anmerkungen zur Religionsfreiheit im Spiegel der neueren bundesgerichtlichen Judikatur, in: recht 1998, S. 175.

[15] Ulrich Häfelin, BV-Kommentar zu Art. 49 BV, Rz. 42.

[16] Das Bundesgericht hat deshalb den Verzicht auf tierische Nahrungsmittel durch Vegetarier nicht dem Schutzbereich der Glaubens- und Gewissensfreiheit zugeordnet; das an vegetarischen Regeln ausgerichtete Speiseverhalten fällt gemäss Bundesgericht vielmehr unter den Schutzbereich der persönlichen Freiheit (BGE in Pra 82/1993, S. 420f.). Auf der anderen Seite hat das Bundesgericht den Verein Scientology Kirche Zürich als Verein mit religiöser Zwecksetzung anerkannt und ihm damit zur Trägerschaft religiöser Grundrechte verholfen (BGE 118 Ia 52 und 125 I 373f.).

[17] BGE 114 Ia 129ff. und 117 Ia 311ff. sowie BGE 119 Ia 178ff.

[18] BGE 119 Ia 184f.

[19] BGE 119 IV 260ff. und BGE 123 I 296ff. (= Pra 87/1998, 295ff.). Siehe auch Jean-François Aubert, L'Islam à l'école publique, in: (Hrsg.) Bernhard Ehrenzeller e. a., Der Verfassungsstaat vor neuen Herausforderungen, Festschrift für Yvo Hangartner, St. Gallen/Lachen 1998, S. 479ff.

[20] Vgl. BGE 121 V 345.

[21] BGE 125 I 354; BBl 1997 I 156; Felix Hafner, Die Beteiligung der Kirchen an der politischen Gestaltung des pluralistischen Gemeinwesens, Diss. Basel 1985, S. 159 mit weiteren Hinweisen.

[22] Johannes Georg Fuchs, Aus der Praxis eines Kirchenjuristen in der Zeit ökumenischer Begegnung, Basel 1979, S. 355.

[23] BGE 99 Ia 739ff. (=Pra 63/1974, S. 756ff.).

[24] Vgl. BBl 1997 I 156.

[25] BGE 113 Ia 304ff.

[26] BGE 113 Ia 307. Allerdings können Sicherheitsüberlegungen eine Einschränkung dieses Rechts rechtfertigen. Siehe dazu den nicht in der amtlichen Sammlung publizierten BGE 2P. 126/1997, zitiert nach der Kurzzusammenfassung in: plädoyer 1997, Heft 5, S. 69.

[27] Peter Karlen, Umstrittene Religionsfreiheit. Zu aktuellen Streitfällen und den Richtpunkten ihrer Beurteilung, in: ZSR 116/1997, I. Hbd., S. 197.

[28] BGE 116 Ia 252ff. (=ZBl 92/1991, S. 70ff., und Pra 81/1992, S. 271ff.). Siehe dazu und zum Folgenden auch Jörg Paul Müller, Grundrechte in der Schweiz, Bern 1999, S. 90ff.

[29] BGE 123 I 296ff. (=Pra 87/1998, 295ff.).

[30] Mehr dazu unter III. 1.4.

[31] Siehe dazu und zum Folgenden Karlen 1988, S. 223ff.

[32] Karlen 1988, S. 225.

[33] Vgl. Art. 15 Abs. 2–4 BV.

[34] BGE 101 Ia 397.

[35] Mehr dazu unter III. 1.4.6.

[36] BGE 114 Ia 129ff. und 117 Ia 311ff. sowie BGE 119 Ia 178ff.; vgl. II. 2.2.1 a).

[37] BGE 119 Ia 184f.

[38] Siehe BB1 1997 I 156; BGE 113 Ia 305.

[39] BGE 125 I 354 und Karlen 1988, S. 172ff. und dens., in ZSR 116/1997, S. 195ff.

[40] Art. 3 sowie Art. 72 Abs. 1 BV.

[41] Siehe dazu Dieter Kraus, Schweizerisches Staatskirchenrecht. Hauptlinien des Verhältnisses von Staat und Kirche auf eidgenössischer Ebene, Tübingen 1993, S. 150. Vgl. auch Adrian Loretan (Hrsg.), Kirche - Staat im Umbruch. Neuere Entwicklungen im Verhältnis von Kirchen und anderen Religionsgemeinschaften zum Staat, Zürich 1995; ders. (Ed.), Rapports Église - État en mutation. La situation en Suisse romande et au Tessin, Fribourg 1997 (Freiburger Veröffentlichungen aus dem Gebiete von Kirche und Staat, Band 49).

[42] Erwähnt sei hier nur etwa das Gerichtswesen, das gemäss Art. 58 Abs. 1 aBV und der sich darauf stützenden bundesgerichtlichen Rechtsprechung explizit staatlich-weltlicher Natur sein muss. Vgl. BGE 106 II 180ff. Siehe auch Art. 53 Abs. 1 (Zivilstandswesen), Art. 53 Abs. 2 (Begräbniswesen), Art. 54 Abs. 2 (Ehewesen) sowie Art. 27 Abs. 3 (Schulwesen) aBV.

[43] Siehe dazu und zum Folgenden BGE 125 I 354f.; 123 I 309f. (=Pra 87/1998, S. 307f.); Müller 1993, S. 89ff., und Wyss, in: recht 1998, S. 176ff.

[44] BGE vom 2. September 1997, abgedruckt in: Revue de droit administratif et de droit fiscal. Revue genevoise de droit public 54/1998, S. 176.

[45] BGE 125 I 354f.; Müller 1999, S. 90, 98ff.

[46] BGE 123 I 308 (=Pra 87/1998, S. 308).

[47] Häfelin/Haller 1993, Rz. 1214; Karlen 1988, S. 254; Müller 1999, S. 60.

[48] Vgl. Karlen 1988, S. 193.

[49] Vgl. Häfelin, BV-Kommentar zu Art. 49, Rz. 116.

[50] Cyril Hegnauer, Berner Kommentar zu Art. 277 ZGB (a. F., entspricht inhaltlich heutigem Art. 303 ZGB), Bern 1964, Rz. 29.

[51] Hegnauer 1964, Rz. 31.

[52] Vgl. BBl 1997 I 157.

[53] Karlen 1988, S. 255 und 319ff., Häfelin, BV-Kommentar zu Art. 49, Rz. 117; Müller 1999, S. 93f.; vgl. ebenso BGE 120 Ia 225; 118 Ia 52; 104 Ia 176.

[54] Vgl. BGE 123 I 300 (=Pra 87/1998, S. 299).

[55] Friederich 1993, S. 222f.

[56] BGE 102 Ia 468ff.

[57] BGE 102 Ia 477.

[58] Siehe dazu und zum Folgenden: Felix Hafner, Trennung von Kirche und Staat: Anspruch und Wirklichkeit, in: BJM 1996, S. 233ff.

[59] Felix Hafner: Kirche und Demokratie, Betrachtungen aus juristischer Sicht, in: Schweizerisches Jahrbuch für Kirchenrecht 2/1997, S. 77ff.

[60] Hafner, in: BJM 1996, S. 234.

[61] BGE 120 Ia 194ff.

[62] Hafner, in: BJM 1996, S. 234 mit weiteren Hinweisen.

[63] Blum 1990, S. 175.

[64] Vgl. Art. 35 BV und Felix Hafner, Kirchen im Kontext der Grund- und Menschenrechte, Freiburg/Schweiz 1992, S. 332.

[65] BGE 123 I 301ff. (=Pra 87/1998, S. 301ff.) und BGE vom 2. September 1997, abgedruckt in: Revue de droit administratif et de droit fiscal. Revue genevoise de droit public 54/1998, S. 177.

[66] BGE 123 I 303 (=Pra 87/1998, S. 302). Im konkreten Fall hielt es das Bundesgericht allerdings

nicht für nötig, das einer Lehrkraft auferlegte Verbot, in der Schule das Kopftuch zu tragen, in einer genauen gesetzlichen Grundlage festzuhalten. Es genügt, dass sich die Verhaltensvorschrift aus einer allgemeineren, im formellen Gesetz enthaltenen Pflicht ergibt.

[67] Vgl. BGE 119 Ia 193f., BGE 117 Ia 317.

[68] Wyss: in recht 1998, S. 179.

[69] Vgl. BGE 123 I 304 (= Pra 87/1998, S. 303).

[70] Mehr dazu unter III. 1.4.5.

[71] Siehe dazu und zum Folgenden: Häfelin, BV-Kommentar zu Art. 49 BV, Rz. 127; BGE 123 I 302 (= Pra 87/1998, S. 301).

[72] Der Kerngehalt des Grundrechts der Religionsfreiheit erweist sich als unverzichtbar und unverjährbar. Das Bundesgericht zählte lange Zeit die religiösen Grundrechte mit Ausnahme des Kirchensteuerbereichs zu den unverzichtbaren und unverjährbaren Grundrechten. Vgl. dazu Hafner 1992, S. 59f. Es geht jedoch heute nicht mehr von einem Numerus clausus unverjährbarer und unverzichtbarer Grundrechte aus, sondern stellt darauf ab, «ob das angerufene Grundrecht in einem Schutzbereich angesprochen ist, der derart fundamentale Aspekte der Persönlichkeit oder Menschenwürde betrifft, dass ein Eingriff schon an sich als besonders schwerwiegend erscheint» (BGE 118 Ia 214). Es besteht kein Zweifel, dass bei einer Verletzung des Kerngehalts des Grundrechts der Glaubens- und Gewissensfreiheit ein fundamentaler Aspekt der Persönlichkeit angesprochen ist.

[73] Art. 3 BV in Verbindung mit Art. 62 Abs. 1 BV bzw. Art. 27 aBV.

[74] So Borghi, BV-Kommentar zu Art. 27 BV, in: (Hrsg.) Jean-François Aubert e. a., Kommentar zur Bundesverfassung der Schweizerischen Eidgenossenschaft vom 29. Mai 1874, Basel/Bern/Zürich 1988, Rz. 20.

[75] Während Art. 27 Abs. 2 aBV von «Primarunterricht» spricht, ist in Art. 62 Abs. 2 BV von «Grundschulunterricht» die Rede.

[76] Im Text von Art. 27 Abs. 2 aBV wird vorgeschrieben, dass der Primarschulunterricht «ausschliesslich» unter staatlicher Leitung stehen soll. Das Wort «ausschliesslich» bezieht sich indessen nicht auf «staatlich», sondern auf «Leitung» (Borghi, BV-Kommentar zu Art. 27, Rz. 36ff.). Privatschulen sind deshalb neben staatlichen Schulen auch im Primar- bzw. Grundschulbereich zugelassen. Es besteht kein staatliches Schulmonopol. Unzulässig wäre es aber nach dem Wortlaut von Art. 27 Abs. 2 aBV, die Schulaufsicht mit einer anderen Instanz – etwa mit einer kirchlichen – zu teilen. Da in Art. 62 Abs. 2 BV das Wort «ausschliesslich» nicht mehr in den Verfassungstext aufgenommen wurde, fällt diese Auslegungsproblematik weg (vgl. BBl 1997 I 277).

[77] Bund und Kantone tragen damit auch Art. 13 Abs. 2 lit. a des Internationalen Übereinkommens (UNO-Pakt) über die wirtschaftlichen, sozialen und kulturellen Rechte, dem auch die Schweiz beigetreten ist, Rechnung. Vgl. dazu Pius Gebert, Das Recht auf Bildung nach Art. 13 des UNO-Paktes über wirtschaftliche, soziale und kulturelle Rechte, St. Gallen 1996, S. 395.

[78] Art. 62 BV (siehe dazu BBl 1997 I 277); Beatrice Wagner Pfeifer, Staatlicher Bildungsauftrag und staatliches Bildungsmonopol, in: ZBl 99/1998, S. 251; Häfelin, BV-Kommentar zu Art. 49, Rz. 59.; Borghi, BV-Kommentar zu Art. 27, Rz. 39ff.; Gebert 1996, S. 625f.

[79] Mehr dazu unter III. 1.4.

[80] Herbert Plotke, Schweizerisches Schulrecht, Bern und Stuttgart 1979, S. 100.

[81] SR 411.9.

[82] Vgl. hierzu insb. Art. 3 und 4 des Konkordats.

[83] Borghi, BV-Kommentar zu Art. 27 BV, Rz. 39; Paul Richli/Bruno Mascello, Zur Privatschulfreiheit in der Schweiz – unter besonderer Berücksichtigung völkerrechtlicher Verträge, in: (Hrsg.) H. Plotke, P. Richli, B. Mascello, P. Saladin, M. Aubert, Strukturen des schweizerischen Bildungswesens, Basel 1994, S. 128, und Tobias Jaag, Georg Müller, Pierre Tschannen, Ulrich Zimmerli, Ausgewählte Gebiete des Bundesverwaltungsrechts, 3. Auflage, Basel/Genf/München 1999, S. 169.

[84] Gebert 1996, S. 625, und Richli/Mascello 1994, S. 128.

[85] Jaag/Müller/Tschannen/Zimmerli 1999, S. 169.

[86] Gebert 1996, S. 620ff.

[87] BGE 114 Ia 133.

[88] Siehe dazu Fn. 81.

[89] Jaag/Müller/Tschannen/Zimmerli 1999, S. 169; Gebert 1996, S. 626, 628ff.

[90] BGE in Pra 85/1996, S. 5.

[91] BGE in Pra 85/1996, S. 3ff.

[92] Gebert 1996, S. 645f.

[93] Im Kanton Basel-Stadt ist das Verbot der Schaffung von Subventionsansprüchen zugunsten von Privatschulen sogar auf der Ebene der Kantonsverfassung geregelt (siehe § 15 KV). Siehe dazu Luzius Wildhaber/Stephan Breitenmoser, Aufgabennormen und Grundrechte in der Verfassung des Kantons Basel-Stadt, in: (Hrsg.) Kurt Eichenberger e. a., Handbuch des Staats- und Verwaltungsrechts des Kantons Basel-Stadt, Basel/Frankfurt a. M. 1984, S. 68ff.

[94] Siehe zur Geschichte der römisch-katholischen Schule in Basel: Marianne Candreia, Der Basler Kulturkampf am Beispiel der katholischen Schule, in: (Hrsg. im Auftrag des Kirchenrats der Römisch-Katholischen Kirche Basel-Stadt) Peter Meier e. a., Licht und Schatten. 200 Jahre Römisch-Katholische Kirche Basel-Stadt, Basel 1997, S. 24ff.

[95] Wyss, in: recht 1998, S. 182.

[96] Siehe auch Richli/Mascello 1994, S. 128, und Gebert 1996, S. 623, 645.

[97] Wagner Pfeifer, in: ZBl 99/1998, S. 256.

[98] Gebert 1996, S. 645.

[99] Borghi, BV-Kommentar zu Art. 27, Rz. 64.

[100] So auch Müller 1999, S. 90f.

[101] Müller 1999, S. 93.

[102] BGE 116 Ia 260f. (= Pra 81/1992, S. 276).

[103] BGE 117 Ia 317 E. 4a; 119 Ia 190 E. 7a; 123 I 309 E. 4b/bb (Pra 87/1998, S. 308).

[104] Vgl. BGE 114 Ia 134.

[105] VPB 51/1987, S. 46ff.; Ulrich Häfelin, BV-Kommentar zu Art. 49 BV, Rz. 56.

[106] Gesetz über das Bildungswesen (Bildungsgesetz) vom 30. April 1972 (NG 311.1) zitiert nach den Schweizerischen Kirchenrechtsquellen I: Kantonales Recht, Schweizerisches Jahrbuch für Kirchenrecht, Beiheft 2, Bern 1999, S. 227. Es ist freilich fraglich, ob sich diese christliche Fundierung der Schule in der modernen multi- bzw. areligiösen Gesellschaft weiterhin rechtfertigen lässt. Auch wenn in der gesetzlichen Fixierung der christlichen Grundlage der Schule nicht zwangsläufig ein Verstoss gegen die Glaubensfreiheit erblickt werden kann, zumal zugleich die religiöse Neutralität des Schulunterrichts vorgeschrieben wird, bedeutet die explizite Verankerung der Schule im Christentum

eine gewisse Parteinahme des Staates zugunsten einer bestimmten Religionsgemeinschaft. Das Prinzip der religiösen Neutralität des Rechtsstaates verlangt aber vor allem in denjenigen Kantonen, in denen die Gesellschaft multireligiös zusammengesetzt ist, eine grössere staatliche Zurückhaltung. In dieselbe Richtung Müller 1999, S. 90.

[107] BGE 125 I 356f. mit entsprechenden Literaturhinweisen.

[108] Borghi, BV-Kommentar zu Art. 27 BV, Rz. 71; vgl. auch (Hrsg.) Schweizerische Nationalkommission Justitia et Pax, Die Schweiz in guter Verfassung, Zürich 1997, S. 84f.

[109] BGE 125 I 357. Weiter wird ausgeführt: «Da die Glaubens- und Gewissensfreiheit auch die Freiheit enthält, keine religiösen Überzeugungen zu haben, müssten zudem auch konfessionslose öffentliche Schulen angeboten werden. Nachdem selbst in früher konfessionell homogenen Regionen heute eine religiöse Durchmischung festzustellen ist und zunehmend Angehörige von anderen als den traditionellen Bekenntnissen in der Schweiz leben, müsste insgesamt eine Vielzahl von Schulen geführt werden, was schon aus finanziellen Gründen kaum denkbar erscheint. Zumindest wäre es in der Realität nicht vermeidbar, dass zwischen den verschiedenen Schulen qualitative Unterschiede bestünden, sei es in fachlicher Hinsicht, sei es bezüglich äusserer Umstände des Schulbesuchs (Schulweg usw.). Wenn auch solche Unterschiede zwischen verschiedenen Schulen aus praktischen Gründen nie völlig vermeidbar sind und insoweit als unausweichlich in Kauf genommen werden müssen, so ist es doch mit dem Gebot der konfessionellen Neutralität nicht vereinbar, derartige Ungleichheiten im Schulunterricht von einem konfessionellen Kriterium abhängig zu machen» (BGE 125 I 357f.).

[110] BGE 107 Ia 261ff.; VPB 47/1983, S. 156f. mit weiteren Hinweisen; Walter Burckhardt, Kommentar der Schweizerischen Bundesverfassung vom 29. Mai 1874, 3. Auflage, Bern 1931, S. 200, mit folgender Präzisierung: «Grundsätzlich findet die Vorschrift auch auf den höheren Unterricht Anwendung, aber mit der Abschwächung, dass die Glaubens- und Gewissensfreiheit durch Kritik um so weniger verletzt wird, als der Schüler dem Leh-

rer geistig und persönlich freier gegenübersteht. Der Universitätsunterricht setzt beim Hörer die selbständige Beurteilung der ‹Meinungen› der Lehrer geradezu voraus: ...».

[111] Borghi, BV-Kommentar zu Art. 27 BV, Rz. 65; Häfelin, BV-Kommentar zu Art. 49, Rz. 55.

[112] BGE 125 I 355.

[113] BGE 116 Ia 261 (= Pra 81/1992, S. 276); Borghi, BV-Kommentar zu Art. 27, Rz. 69; vgl. auch BGE 125 I 356.

[114] Borghi, BV-Kommentar zu Art. 27, Rz. 75; Plotke 1979, S. 160f. mit weiteren Hinweisen.

[115] Isabelle Häner: Grundrechte im öffentlichen Personalrecht, in: Personalrecht des öffentlichen Dienstes, (Hrsg.) Peter Helbling/Tomas Poledna, Bern 1999, S. 403 mit Hinweis auf Paul Richli, Grundrechtliche Aspekte der Tätigkeit von Lehrkräften, in: AJP 2/1993, S. 675f.; beachte auch Felix Hafner, Öffentlicher Dienst im Wandel, Stellung und Funktion des öffentlichen Dienstverhältnisses im demokratisch-pluralistischen Gemeinwesen, in: ZBl 93/1992, S. 493.

[116] Luzius Wildhaber/Stephan Breitenmoser, in: Handbuch des Staats- und Verwaltungsrechts des Kantons Basel-Stadt 1984, S. 85ff.

[117] BGE 123 I 296ff. (= Pra 87/1998, 295ff.).

[118] Richli, in AJP 2/1993, S. 677ff.

[119] BGE 123 I 296ff. (= Pra 87/1998, 295ff.); vgl. II. 2.2.2.

[120] Müller 1999, S. 91; Paul Richli, in: ZBJV 134/1998, S. 228.

[121] Das Bundesgericht hat seine Rechtsprechung in einem unlängst veröffentlichten Entscheid erneut bestätigt. Es führt darin aus, dass es davon ausgehe, «dass gestützt auf Art. 49 und 27 (a)BV die öffentlichen Schulen das Gebot der konfessionellen Neutralität zu beachten haben; diese soll den Respekt der verschiedenen Überzeugungen garantieren und die Kinder bzw. die Eltern, die über deren religiöse Erziehung entscheiden (Art. 303 ZGB), vor unerwünschten konfessionellen Beeinflussungen bewahren. Zudem dient das Gebot der konfessionellen Neutralität der Schule auch dem religiösen Frieden [...]. Öffentliche Schulen müssen Angehörige sämtlicher Konfessionen ohne Beeinträchtigung ihrer Glaubens- und Gewissensfreiheit aufnehmen» (BGE 125 I 357).

[122] Felix Hafner, Zur Unmöglichkeit staatlich verordneter Freiheit, in: SKZ 168/2000, S. 389f.

[123] BGE 114 Ia 129ff., BGE 117 Ia 311ff.

[124] BGE 119 Ia 178ff.

[125] Kraus 1993, S. 350f.; Borghi, BV-Kommentar zu Art. 27, Rz. 79; Plotke 1979, S. 161f.; Karlen 1988, S. 95f.

[126] Siehe § 77a des baselstädtischen Schulgesetzes vom 11. August 1991 (SG 410.100).

[127] Gebert 1996, S. 592 mit weiteren Hinweisen.

[128] BGE 119 Ia 178 E. 4b, S. 183; Ulrich Häfelin, BV-Kommentar zu Art. 49, Rz. 60; ZBl 94/1993, S. 220; siehe auch Burckhardt, BV-Kommentar, S. 457.

[129] Vgl. Art. 19 des Schulgesetzes des Kantons Appenzell-Ausserrhoden vom 26. April 1981 (GS 411.0); § 26 des Gesetzes über die Volksschule und die Vorschulstufe (Volksschulgesetz) des Kantons Zürich vom 11. Juni 1899 (LS 412.111).

[130] Vgl. z. B. § 19 der Bildungsverordnung des Kantons Nidwalden vom 7. Februar 1986; § 14 des Schulgesetzes des Kantons Zug vom 27. September 1990.

[131] Vgl. angeführte Bestimmungen unter vorheriger Fn.

[132] Fritz Fleiner/Zaccaria Giacometti, Schweizerisches Bundesstaatsrecht, Zürich 1976, S. 322f.; VEB 12/1938, S. 45; Häfelin, BV-Kommentar zu Art. 49, Rz. 60.

[133] Häfelin, BV-Kommentar zu Art. 49, Rz. 60.

[134] Davon ist der ausserschulische Religionsunterricht, welcher in der vollen Verantwortung der Religionsgemeinschaften steht, zu unterscheiden. Dieser erfolgt meist neben dem schulischen Religionsunterricht.

[135] Klaus Wegenast, Religion und Schule, in: Religion – warum und wozu in der Schule, Hrsg: von Jürgen Lott, Weinheim 1992, S. 492.

[136] Karlen 1988, S. 399; Plotke 1979, S. 134.

[137] In der Schweiz gibt es derzeit vier verschiedene Modelle, wie der Religionsunterricht (RU) in den Kantonen geregelt ist:

1. RU der christlichen Konfessionen im Raum der Schule, aber ausserhalb des schulischen Lehrplans, erteilt von kirchlichen Lehrpersonen.
2. Konfessioneller RU innerhalb des schulischen Lehrplans, aber in alleiniger Verantwortung der christlichen Kirchen.

3. Konfessionell-kooperativer RU im Rahmen des schulischen Lehrplans in gemeinsamer Verantwortung von Schule und christlichen Grosskonfessionen.

4. Konfessionell-neutraler christlicher Unterricht im Rahmen des schulischen Lehrplans in der alleinigen Verantwortung der Schule.

Vgl. Wegenast 1992, S. 493f. mit kantonalen Beispielen, aber auch Jürgen Lott, «Wie hast du's mit der Religion?», Gütersloh 1998, S. 114; Bräm 1978, S. 48f.

[138] Zur Frage, ob die Lehrkraft von Amtes wegen zur Erteilung von Religionsunterricht verpflichtet werden kann, siehe ablehnend: Ulrich Häfelin, BV-Kommentar zu Art. 49, Rz. 62, Plotke 1979, S. 135f.; zustimmend: Bräm 1978, S. 415ff.

[139] Borghi, BV-Kommentar zu Art. 27, Rz. 70.

[140] In verschiedenen Kantonen haben die christlichen Kirchen einen starken Mitgliederrückgang zu verzeichnen. So bilden im Kanton Basel-Stadt die Mitglieder der römisch-katholischen und evangelisch-reformierten Kirche zusammen eine Minderheit von rund 43 % der Gesamtbevölkerung: Barbara Wälti und Peter Graber, Religionsunterricht gehört an die öffentliche Schule, in: Basler Zeitung, 20. August 1999, im Internet unter: http://www.baz.ch/archiv/article 77486.html.

[141] In Nordrhein-Westfalen begann unlängst ein nicht unumstrittener Versuch, Islamkunde als reguläres deutsches Schulfach einzuführen (siehe dazu Islamkunde als reguläres deutsches Schulfach, in: NZZ 13. August 1999, Nr. 187, S. 7).

[142] Ein solcher Religionsunterricht wird zum Teil Religionsunterricht im konfessionell-kooperativen Sinn genannt. So in Zürich: NZZ Nr. 47 vom 25. Februar 1995, S. 53. Zum Begriff «konfessionell-kooperativ» im allgemeinen, siehe Bräm 1978, S. 452ff. Vgl. dazu zum Beispiel § 25 Abs. I des Schulgesetzes des Kantons Basel-Landschaft vom 26. April 1979 (SGS 640), aber auch § 26 Abs. 2 des Gesetzes über die Volksschule und Vorschulstufe (Volksschulgesetz) des Kantons Zürich vom 11. Juni 1899 (LS 412.11).

[143] BGE 123 I 310 (= Pra 87/1998, S. 309): «Toutefois, un enseignement absolument neutre sous tous ses aspects est, concrètement, difficile concevable. [...] Il est inévitable que les convictions de l'enseignant exercent une certaine influence dans des matières déterminées de l'enseignement [histoire, géographie ...], sur sa manière d'éduquer ses élèves et sur son comportement en général. Du reste, l'existance de neutralité à l'école ne permet pas de disqualifier des maîtres ayant des convictions religieuses, ni même d'attendre d'eux qu'ils renient leur confession au point qu'elle ne soit plus reconnaissable ...».

[144] Benno Bühlmanm, Ethik-Unterricht als neue Herausforderung, in: RL-Zeitschrift für Religionsunterricht und Lebenskunde, 25/2, 1996, S. 32. Vgl. auch Lott 1998, S. 112.

[145] Das heisst aber nicht, dass die Jugendlichen areligiös sind. Sie versuchen im Gegenteil aus der Pluralität verschiedener Religionen, Weltanschauungen und Weltdeutungen ihren eigenen Lebensentwurf zu bestimmen. Das neue Schlagwort, das diese Entwicklung beschreibt, heisst «Patchwork»-Religiosität. Vgl. Benno Bühlmann, 1996, S. 32, und auch Lott 1998, S. 112f.

[146] Vgl. dazu Lott 1998, S. 115f.

[147] Vgl. hierzu die Ausführungen im Sonntagsblatt vom 24. März 1996, Online Ausgabe, Artikel «Unterstellungen statt Argumente», im Internet unter: http://www.kibb.com/info/misc/ler.html, und Lott 1998, S. 115ff. Da der Religionsunterricht in Deutschland seinen eigenen verfassungsrechtlichen Stellenwert hat, kann der Rechtsstreit nicht auf die Verhältnisse in der Schweiz übertragen werden.

[148] § 26 des Gesetzes über die Volksschule und die Volksschulstufe (Volksschulgesetz) des Kantons Zürich vom 11. Juni 1899 (LS 412.11).

[149] Vgl. Lehrplan des Kantons Basel-Landschaft S. 40f. zur Lebenskunde, welche dem Fach Natur- und Kulturkunde zugeordnet ist: «Lebenskunde zeigt Möglichkeiten, Situationen zu bewältigen, und hilft so dem Kind, einen würdigen, befriedigenden Weg im Leben zu finden. Sie fördert die Selbst- und Fremdwahrnehmung, die Meinungsbildung und Orientierung in der Vielfalt der Werte.»

[150] Vgl. hierzu für Deutschland die Untersuchung betreffend Religions- und Lebenskundeunterricht von Annette Jäger, im Internet unter: http://www.educat.hu-berlin.de/unbunte/14.

[151] Zum Beispiel § 13 der Schulordnung für die Volksschulen und IV-Sonderschulen des Kantons Basel-Landschaft vom 4. Dezember 1984 (SGS 642.11) für den Religionsunterricht; Art. 27 Abs. 3 des Schulgesetzes des Kantons Freiburg vom 23. Mai 1985 (RSF 411.0.1), aber auch § 26 Abs. 3 des Gesetzes über die Volksschule und Vorschulstufe (Volksschulgesetz) des Kantons Zürich vom 11. Juni 1899 (LS 412.11).

[152] Der Religionsunterricht hat hier den Charakter eines Freifaches. Vgl. zum Beispiel Art. 53 des Schulgesetzes des Kantons Waadt vom 12. Juni 1984 (RSV 4.2).

[153] Siehe dazu Häfelin, BV-Kommentar zu Art. 49, Rz. 61.

[154] BGE 23 II 1366 E. 3: Aus Art. 49 aBV «ergibt sich nämlich, dass der Inhaber der väterlichen Gewalt das unbedingte Recht hat, seine Kinder jedem in öffentlichen Schulen erteilten religiösen ‹Unterricht› zu entziehen»; vgl. auch ZBl 94/1993, S. 220f.

[155] Vgl. ZBl 94/1993, S. 219ff.

[156] Und zwar durch die elterliche Gewalt, wenn das Kind noch nicht religionsmündig ist. Vgl. Ulrich Häfelin, BV-Kommentar zu Art. 49, Rz. 61; Plotke 1979, S. 163; Bräm 1978, S. 37.

[157] Karlen 1988, S. 398; Häfelin, BV-Kommentar zu Art. 49, Rz. 61; Plotke 1979, S. 163.

[158] ZBl 94/1993 S. 220, aber bereits schon BGE 39 I 34 E. 4 und BGE 23 II 1368 E. 5. Vgl. dazu auch Louis Carlen, Religiöse Grundrechte in der Schweiz, in: Eugenio Corecco/Niklaus Herzog/Angelo Scola (Hrsg.), Die Grundrechte des Christen in der Kirche und Gesellschaft, Akten des IV. Internationalen Kongresses für Kirchenrecht, S. 995ff., Freiburg i. Br. 1981, S. 1003.

[159] Karlen 1988, S. 394; vgl. auch Plotke 1979, S. 162.

[160] Karlen 1988, S. 394 mit weiteren Hinweisen.

[161] VPB 47/1983, insb. S. 161.

[162] Karlen 1988, S. 394 unter Bezugnahme auf Walter Haller, Supreme Court und Politik in den USA, Bern 1972, S. 55.

[163] Allerdings könnte zur Entschärfung einer allfälligen Konkurrenzlage der Religionsunterricht dergestalt mit dem Religionskunde-, Lebenskunde- und Ethikunterricht verbunden werden, dass dieser als obligatorische Alternative zum Religionsunterricht vorgesehen wird. Wer den Religionsunterricht nicht besuchen will, muss somit gemäss diesem Modell statt dessen am obligatorischen Religionskunde-, Lebenskunde- oder Ethikunterricht teilnehmen. Bei diesem Modell handelt es sich freilich nur um eine Möglichkeit, wie der Kanton mit dem Phänomen der Religion an der Schule umgehen könnte. Er kann nicht zur Einführung dieses Modells gezwungen werden. Wie ein Blick auf unser Nachbarland Deutschland zeigt, in welchem dieses Modell bereits Wirklichkeit ist, gehen die Bundesländer immer mehr dazu über, den Ersatzunterricht zum Pflichtfach zu erheben. Dadurch tragen sie dem gesellschaftlichen Wandel Rechnung. Nicht nur gibt es immer mehr konfessionslose Schülerinnen und Schüler, die nicht gewillt sind, am Religionsunterricht teilzunehmen. Vielmehr sollen angesichts der ethischen Herausforderungen in unserer multikulturellen und multireligiösen Gesellschaft ethische und religiöse Fragen in allgemeiner Weise im Unterricht behandelt werden. Vgl. Identität und Verständigung, Standort und Perspektiven des Religionsunterrichts in der Pluralität: eine Denkschrift der evangelischen Kirche in Deutschland, 3. Auflage, Gütersloh 1995, S. 73f.

[164] Siehe zur Bundesrepublik Deutschland: Christoph Link, Religionsunterricht, in: (Hrsg.) Joseph Listl und Dietrich Pirson, Handbuch des Staatskirchenrechts der Bundesrepublik Deutschland, zweiter Band, zweite, grundlegend neubearbeitete Auflage, Berlin 1995, S. 439ff.

Tendenzen der kantonalen Umsetzungen in der Deutschschweiz

Forschungsprojekt und Kompendium «Staatlicher und kirchlicher Religionsunterricht an den öffentlichen Schulen der Deutschschweizer Kantone»

Andréa Belliger, Thomas Glur-Schüpfer

Ausgangspunkt

Die Schulhoheit ist in der Schweiz mit der Entstehung des modernen Bundesstaates den einzelnen Kantonen zugewiesen worden. Dies führte neben verschiedenen Schulsystemen auch zu sehr unterschiedlichen Regelungen des Religionsunterrichts und der kirchlichen Unterrichtstätigkeit.

Schulischer Religionsunterricht (SRU) wird erteilt
a) durch die staatlichen Schulen ohne Mitverantwortung der öffentlichrechtlich anerkannten Religionsgemeinschaften,
b) mit Mitverantwortung der öffentlichrechtlich anerkannten Religionsgemeinschaften oder
c) in der Verantwortung der öffentlichrechtlich anerkannten Religionsgemeinschaften in Zusammenarbeit mit dem Staat.

Kirchlicher, konfessioneller Religionsunterricht (KRU) wird erteilt
a) ohne Zusammenarbeit mit dem Staat,

b) in Zusammenarbeit mit dem Staat, in den Räumen der Schule ausserhalb der Wochenstundentafel,
c) in den Räumen der Schule innerhalb der Wochenstundentafel und
d) je nach Kanton mit mehr oder weniger Mitsprachemöglichkeiten des Staates in Fragen des kirchlichen, konfessionellen Religionsunterrichts.

Dieses Nebeneinander verschiedener Modelle des schulischen Religions- und Bibelunterrichts an der Volksschule wird oft als undurchsichtig und schwer verständlich wahrgenommen. Von kirchlicher, politischer und wissenschaftlicher Seite sind deshalb in letzter Zeit Bemühungen unternommen worden, diese Situation zu klären, Perspektiven für die Zukunft aufzuzeigen und Konzepte zu entwerfen.

Bestrebungen in der Innerschweiz

So haben zum Beispiel die römisch-katholische, die evangelisch-reformierte und die christkatholische Kirche im *Kanton Luzern* gemeinsame Anstrengungen unternommen, dem Bibelunterricht an der Volksschule neue Impulse zu verleihen. Im April 1995 lancierten sie das gemeinsame Projekt «Ökumenischer Bibelunterricht» in der Bestrebung, den heutigen Bibelunterricht in Richtung einer *religiösen Grundbildung* weiterzuentwickeln. Bald wurde deutlich, dass die religiöse Grundbildung so entwickelt werden muss, dass alle Kinder daran teilnehmen können. Die Glaubens- und Gewissensfreiheit der Kinder und der Lehrpersonen muss garantiert sein.

Die gemeinsame Kommission der römisch-katholischen, der evangelisch-reformierten und der christkatholischen Kirche im Kanton Luzern hat nach Absprache mit dem Erziehungs- und Kulturdepartement des Kantons Luzern den Antrag an die Innerschweizer Erziehungsdirektorenkonferenz (IEDK) gestellt, einen Lehrplan «Religiöse Grundbildung» an der Primarschule ausarbeiten zu lassen. Die IEDK hat den Antrag im August 1997 behandelt und den Zentralschweizerischen Beratungsdienst für Schulfragen (ZBS) beauftragt, unter Einbezug der Erziehungsdepartemente und der Kirchen eine Übersicht über die rechtliche und tatsächliche Situation des Religions- und Bibelunterrichts an der Volksschule in den Kantonen der IEDK (LU, UR, SZ, NW, OW, ZG, VS) zu erstellen. Ferner wurde er beauftragt, zuhanden der IEDK Vorabklärungen zu einem Grobkonzept für die religiöse Grundbildung an Primarschulen zu treffen.

Religionsunterricht als Fragestellung in Lehre und Forschung

Unabhängig von dieser Initiative wurde an der Universität Luzern im Wintersemester 1998/1999 ein interdisziplinäres Hauptseminar in den Bereichen Kirchenrecht/Staatskirchenrecht und Religionspädagogik/Katechetik durchgeführt, das sich ebenfalls dem Thema Religionsunterricht widmete. Dabei sollten die aktuelle rechtliche und tatsächliche Situation des schulischen Religionsunterrichts untersucht und mögliche rechtliche wie religionspädagogische Perspektiven aufgezeigt werden. Da die letzte systematische Erhebung zum Thema Religionsunterricht, die 1982 von der Interdiözesanen Katechetischen Kommission IKK durchgeführt und deren Resultate in einer Zusammenstellung im selben Jahr publiziert wurden, nicht mehr dem aktuellen Stand entsprach und keine aktuellen Grundlagen zur rechtlichen wie tatsächlichen Situation des Religionsunterrichts an der Volksschule vorlagen, erschien es im Blick auf dieses Seminar angebracht, eine neue Studie zu diesen Fragen an die Hand zu nehmen. Eine systematische Zusammenstellung und Auflistung der entsprechenden Modelle, der rechtlichen Vorgaben, aber auch des gegenwärtigen Standes der Bemühungen um Reform und ökumenische Kooperation schien als Hilfsmittel für Wissenschaft und Praxis dringend nötig.

Synergienutzung im Rahmen eines gemeinsamen Forschungsprojektes

Aufgrund der gemeinsamen Interessen und im Sinne der Synergienutzung haben sich die Vertreter der Schulentwicklung des EKD Luzern (Thomas Glur-Schüpfer), des ZBS (Beat Spitzer) und des Lehrstuhls für Kir-

Tabelle1: Umfrage in den Deutschschweizer Kantonen bezüglich rechtlicher und tatsächlicher Situation des Religions- und Bibelunterrichts an der Volksschule

1. Überprüfung der rechtlichen Situation

1.1* Bitte prüfen Sie den beigelegten Situationsbeschrieb «Die rechtliche Stellung der Fächer Bibelunterricht und Religionsunterricht 1982» aus der Sicht Ihres Kantons. Wir bitten Sie, die Situation Ihres Kantons zu aktualisieren, zu korrigieren und zu ergänzen (Entwicklungen, Fach Lebenskunde, Religiöse Aspekte des M&U-Lehrplans und Ähnliches).

1.2* Welche Gesetzestexte und Verordnungen haben aktuell Geltung in Ihrem Kanton? Wir bitten Sie, uns die entsprechenden Texte zusammenzustellen (inkl. Passagen über Finanzierung, Sonderregelungen ...).

1.3* Bitte legen Sie uns die aktuellen Wochenstundentafeln bezüglich Religion und Bibel für die Primar- und Orientierungsstufe bei.

1.4** Wie ist die Kompetenzverteilung in Ihrer Landeskirche geregelt? (Welche Organe haben welche Kompetenzen bezüglich der Fächer Bibel- und Religionsunterricht?)
Römisch-katholische Kirche: Kirchgemeinde – Landeskirche/Pfarrei – Diözese.
Reformierte Kirche:
Kirchgemeinde – Kantonalkirche.
Christkatholische Kirche:
Kirchgemeinde – Landeskirche.

* nur durch die Erziehungsdepartemente zu beantworten

** nur durch die Landeskirchen zu beantworten

2. Fragen zum Bibelunterricht und Religionsunterricht
(Bitte beantworten Sie die nachfolgenden Fragen, soweit sie nicht direkt aus den beigelegten Dokumenten ersichtlich sind.)

2.1 Wer trägt die Verantwortung für die Erteilung des Bibel- und Religionsunterrichts?

2.2 Wer bestimmt den Inhalt des Bibel- und Religionsunterrichts?

2.3 Wer bezahlt die Lehrpersonen und/oder Katecheten und Katechetinnen?

2.4 Wer erteilt in der Primarschule/Orientierungsstufe den Bibel- und Religionsunterricht? (Zum Beispiel Katecheten, Katechetinnen, Lehrpersonen ...)

2.5 Welche Probleme organisatorischer Art zeigen sich?

2.6 Wer ist Ansprechperson für Ihre Landeskirche bei der Erziehungsdirektion Ihres Kantons?

2.7 Sind in Ihrem Kanton aktuell Bestrebungen im Gange, die bestehenden Regelungen zu erneuern, der Situation anzupassen oder zu revidieren? (Bitte allfällige Konzeptpapiere beilegen.)

2.8** Wie gestalten Sie die Zusammenarbeit mit den anderen Landeskirchen und anderen Kirchen im Bereich Bibel- und Religionsunterricht?

3. Besondere Probleme.

4. Bemerkungen und Anregungen.

chenrecht/Staatskirchenrecht der Universität Luzern (Andréa Belliger) zusammengetan, um die Aufgabe als *gemeinsames* Forschungsprojekt anzugehen.

Im Frühjahr 1998 wurde ein Fragebogen erarbeitet und an sämtliche Erziehungsdepartemente, an alle römisch-katholischen und evangelisch-reformierten Landeskirchen, alle christkatholischen und öffentlichrechtlich anerkannten jüdischen Gemeinden der Deutschschweiz* verschickt.

Im Rahmen dieser grossangelegten Umfrage wurden den betroffenen Landeskirchen, Religionsgemeinschaften und politischen

* Appenzell-Ausserrhoden, Appenzell-Innerhoden, Aargau, Basel-Land, Basel-Stadt, Bern, Freiburg, Glarus, Graubünden, Luzern, Nidwalden, Obwalden, St. Gallen, Schaffhausen, Schwyz, Solothurn, Thurgau, Uri, Wallis, Zug, Zürich.

Gremien verschiedene offenen Fragen gestellt (siehe Tabelle 1 auf Seite 85).

Die eingegangenen Antworten zur aktuellen rechtlichen und tatsächlichen Situation des Religions- und Bibelunterrichts an der Volksschule in den Kantonen der Deutschschweiz wurden gesichtet und unter Mitwirkung des Instituts für Kommunikationsforschung Meggen (IKF) ausgewertet und zu einem kleinen Kompendium zusammengestellt. Im Anschluss daran wurden die Zusammenstellungen zur Kontrolle an die entsprechenden Stellen zurückgesandt und die Korrekturvorschläge vom Forschungsteam zu einer Endfassung verarbeitet.

Das Kompendium, wie es nun vorliegt, ist zweiteilig aufgebaut. Einer Übersicht über die je einzelnen Kantone (Tabelle 2) folgt eine tabellarische Zusammenstellung, die einen Quervergleich der einzelnen Kantone zu bestimmten Themen bietet (Tabelle 3).

Tabelle 2: Beispiel für eine Übersicht über einen einzelnen Kanton

Kanton Luzern	
1. Rechtliche Situation **1.1 Gesetze und Verordnungen** *Geltende gesetzliche Grundlagen vom 28. Oktober 1953:* § 10 Die Erteilung des Religionsunterrichtes ist Sache der betreffenden Konfession. Lehrer können diesen Unterricht erteilen, wenn sie sich hierfür bereit erklären. Die Inhaber der elterlichen Gewalt bestimmen, ob und welchen Religionsunterricht ihre Kinder oder Mündel zu besuchen haben. Die Gemeinden	stellen die Schullokale zur Verfügung. Im Stundenplan ist die nötige Zeit einzuräumen. Der Religionsunterricht ist in der Regel am Schulort und im Rahmen des Stundenplans zu erteilen. *Entwurf des Gesetzes über die Volksschulbildung (tritt voraussichtlich im Jahr 2000 in Kraft):* *§ 3 Ziel der Bildung ist die dauernde, gezielte und systematische Förderung ... der ethisch und religiös begründeten Werthaltungen ...*

§ 4 Die Volksschule ...

b. richtet sich – ausgehend von der christlichen, abendländischen und demokratischen Überlieferung – nach den Grundsätzen und Werten wie Freiheit, Gerechtigkeit, Toleranz, Solidarität und Chancengleichheit ...

c. fördert die Achtung und Verantwortung gegenüber sich selbst, den Mitmenschen und der Mitwelt ... und das Verständnis für Religionen und Kulturen ...

§ 32 Absatz 3 Der Religionsunterricht wird auch als Bekenntnisunterricht in der Regel im Rahmen der Unterrichtszeiten erteilt, wofür die Schulleitung Zeit und Räume zur Verfügung stellt.

1.2 Wochenstundentafel

	SRU / KRU
1. Klasse	2 Lektionen
2. Klasse	2 Lektionen
3. Klasse	2 Lektionen
4. Klasse	2 Lektionen
5. Klasse	2 Lektionen
6. Klasse	2 Lektionen
7. Klasse	1 Lektion
8. Klasse	1 Lektion
9. Klasse	1 Lektion

2. Aktuelle Situation

2.1 Staat

Die Kirchgemeinden sind verantwortlich für die Organisation und Durchführung des Religions- und Bibelunterrichts. Es existiert zur Zeit kein kantonal gültiger Lehrplan. Der interdiözesane Lehrplan (1984) dient als Grundlage. Eine Erprobungsfassung eines Teillehrplanes für den Bereich Biblische Geschichten erzählen und Unterrichtshilfen für die 1.–6.

Primarklasse wurde erarbeitet von einer Arbeitsgruppe der Kommission der drei Landeskirchen für Religionsunterricht (KOLARU). Der Kanton Luzern besoldet diejenigen Lehrpersonen, die bereit sind, im Rahmen ihres Pensums an ihrer Abteilung eine bis zwei Lektionen Religionsunterricht zu erteilen. (Die kantonale Wochenstundentafel unterscheidet nicht zwischen Religions- und Bibelunterricht. Vorgesehen sind zwei Lektionen Religion.) Die anderen Lektionen besolden die zuständigen Kirchgemeinden. Offene Fragen gibt es bezüglich Lehrplan, Aufsichtswesen, Verantwortlichkeiten (Kirchgemeinde – Pfarrei, Diözese – Landeskirche, zwischen den Kirchen, Zusammenarbeit mit Staat), Ausbildungskoordination mit staatlichen Ausbildungsstätten (Lehrer- und Lehrerinnenbildung) und Neukonzeptionierung in der Orientierungsstufe.

Der Kanton Luzern und die Landeskirchen des Kantons Luzern haben in den letzten Jahren das Projekt «Religiöse Grundbildung» initiiert und die Stelle eines Beauftragten Religion im Amt für Unterricht geschaffen. Im Entwurf des Gesetzes über die Volksschulbildung ist auf die geplante Einführung der Religiösen Grundbildung bereits Rücksicht genommen worden. In Zusammenarbeit mit dem Zentralschweizerischen Beratungsdienst für Schulfragen, dem Amt für Unterricht des Kantons Luzern und den Landeskirchen werden in den nächsten Jahren die zukünftigen Formen des Religionsunterrichts an der Volksschule festgelegt werden.

2.2 Römisch-katholische Kirche

Der Religionsunterricht steht in der Verantwortung der Kirche. Die Kirchgemeinden sind verantwortlich für die Organisation und Durchführung des Religionsunterrichts. Die

Gemeindeleitungen oder die zuständigen Pfarrer sind verantwortlich für die Inhalte des Religions- und Bibelunterrichts. Für den Religionsunterricht gelten die diözesanen Rahmenlehrpläne. Die Landeskirche hat seit vielen Jahren eine Arbeitsstelle für Religions- und Bibelunterricht eingerichtet. Die Kontrolle, ob Lehrpersonen das Fach Religion unterrichten, kann die Schulpflege bei der Durchsicht der Stundenpläne wahrnehmen. (Die kantonale Wochenstundentafel unterscheidet nicht zwischen Religions- und Bibelunterricht. Vorgesehen sind zwei Lektionen Religion.) Der zuständige Pfarrer oder die zuständige Person der Gemeindeleitung muss sich mit der Schulpflege in Verbindung setzen und den Religionsunterricht organisieren.

Offene Fragen gibt es bezüglich Lehrplanüberarbeitungen, Ausbildung und ausgebildetem Personal für die Orientierungsstufe, Zuordnung des Religionsunterrichts zu den Ergänzungslektionen in der Primarschule, Neukonzeptionierung in der Orientierungsstufe und Kommissionen für Religionsunterricht. (Eine Kommission mit Vertretern der Landeskirchen, der Schulpflege, der Schulleitung, der Lehrpersonen und der Eltern sollte sich in jeder Gemeinde um die Religiöse Grundbildung und den konfessionellen Religionsunterricht kümmern.) Das Projekt Religiöse Grundbildung wird von der römisch-katholischen Landeskirche unterstützt. Die KOLARU ist in Zusammenarbeit mit dem Katechetischen Institut Luzern (KIL) am Erarbeiten von Arbeitshilfen für eine Religiöse Grundbildung zu den Arbeitsfeldern des Lehrplans Mensch und Umwelt.

2.3 Evangelisch-reformierte Kirche

Die Kantonalkirche ist zuständig für die Lehrpläne und die Lektionendotationen. Die Mindeststundenzahl ist zur Zeit eine Lektion evangelisch-reformierter Religionsunterricht. Die Kirchgemeinden sind zuständig für die Anstellung der Lehrkräfte und deren Besoldung. In der Primarschule wird der Religionsunterricht in der Regel von Katechetinnen und Katecheten, vor allem in den Landgemeinden häufig auch von Pfarrerinnen und Pfarrern erteilt. In der 1. Oberstufe sind ebenfalls beide Lösungen denkbar. In der 2. und 3. Oberstufe liegt der Schwerpunkt in der Konfirmationsvorbereitung, die in der Regel von Pfarrerinnen und Pfarrern übernommen wird. Jugendliche, die den evangelisch-reformierten Religionsunterricht der Kantonsschule besuchen, werden vom 2. Oberstufenunterricht ihrer Gemeinde dispensiert.

Die Hauptprobleme stellen sich beim Stundenplan. Erstens ist eine Tendenz sichtbar, den Religionsunterricht an den Rand zu drängen (7–8, 16–17 Uhr). Zweitens stehen nicht immer geeignete Unterrichtsräume zur Verfügung. Drittens müssen die reformierten Schüler(innen), die aus mehreren Klassen kommen, manchmal Zwischenstunden überbrücken oder ein Fach ausfallen lassen (zum Beispiel Turnen, Werken, Bibelunterricht). Im Blick auf die Einführung der Religiösen Grundbildung hat eine Anpassung der evangelisch-reformierten Lehrpläne stattgefunden. Seit dem 13. 11. 96 ist eine neue Kirchenordnung in Kraft. Zu Art. 55 (Ökumenischer Unterricht) werden neue Weisungen erarbeitet. Die Zusammenarbeit mit den anderen Landeskirchen ist sehr gut. In einzelnen Gemeinden wird der evangelisch-reformierte und der römisch-katholische Religionsunterricht auf einzelnen Klassenstufen als ökumenischer Religionsunterricht (zu unterscheiden von der Religiösen Grundbildung) erteilt (zum Beispiel Meggen). Die evangelisch-reformierte Landeskirche unterstützt das Projekt Religiöse Grundbildung.

2.4 Christkatholische Kirche

Der konfessionelle Religionsunterricht wird durch den Gemeindepfarrer, die Katechetinnen und Katecheten erteilt. Die Verantwortung dafür trägt der Pfarrer in Zusammenarbeit mit dem Kirchenrat. Der Inhalt des Religionsunterrichts richtet sich nach dem von der Nationalsynode der Christkatholischen Kirche der Schweiz genehmigten Lehrplan. Katechetinnen, Katecheten und Pfarrer werden durch die Kirchgemeinde entlöhnt. Der konfessionelle Religionsunterricht wird nicht in den Schulhäusern, sondern als Blockunterricht im Kirchgemeindehaus erteilt. Organisatorisch zeigen sich Probleme wegen unterschiedlicher Stundenpläne und sogar unterschiedlicher Ferienzeiten im Kanton. Der schulfreie Samstag ist eine weitere organisatorische Schwierigkeit, da viele Kinder keinen schulfreien Mittwochnachmittag mehr haben. Die christkatholische Landeskirche unterstützt das Projekt Religiöse Grundbildung.

Quellen

Vorsteher Gruppe Unterricht
Erziehungs- und Kulturdepartement des
Kantons Luzern
Bahnhofstrasse 18
6002 Luzern
Telefon 041 228 52 12

Amt für Unterricht/Schulentwicklung
Beauftragter Religion
Kellerstrasse 10
6002 Luzern
Telefon 041 228 52 92

Römisch-katholische Landeskirche des
Kantons Luzern
Ressort Religions- und Bibelunterricht
Mariazellweg 3B
6210 Sursee
Telefon 041 921 44 76

Evangelisch-reformierte Kirche des
Kantons Luzern
Kommission für Unterricht und Bildung
Büelgass 7
6204 Sempach
Telefon 041 460 20 10

Christkatholische Kirchgemeinde Luzern
Katechetikstelle
Museggstrasse 15
6004 Luzern
Telefon 041 410 33 00
Fax 041 410 69 37

Tabelle 3: Beispiel für den Quervergleich

Freiburg – Glarus – Graubünden – Luzern			
Gesetzliche Verankerung			
	Freiburg	**Glarus**	**Graubünden**	**Luzern**
SRU	*SchG Art. 2:* Sie (die Schule) beruht auf dem christlichen Bild des Menschen und der Achtung seiner Grundrechte. *Art. 3:* Die Schule trägt dazu bei, dass: ... e) die geistige und religiöse Entfaltung des Kindes unter Achtung der Glaubens- und Gewissensfreiheit gefördert wird.	*VG Art. 22:* 1 Der Unterricht in Biblischer Geschichte ist Aufgabe der Lehrer. Er ist so zu gestalten, dass die Schüler der verschiedenen Konfessionen ohne Beeinträchtigung ihrer Glaubens- und Gewissensfreiheit daran teilnehmen können. (VG von 1970 in Revision befindlich)		*EVG § 3:* Ziel der Bildung ist die Förderung der ethisch und religiös begründeten Werthaltungen. *§ 4:* Grundlage der Volksschule ist die christliche, abendländische und demokratische Überlieferung.
KRU	*SchG Art. 27:* Während der obligatorischen Schulzeit umfasst der wöchentliche Stundenplan eine bestimmte Zeit, die den anerkannten Kirchen für ihren Religionsunterricht zur Verfügung steht.	*VG Art. 22:* 2 Der Religionsunterricht wird von Lehrbeauftragten der anerkannten Konfessionen erteilt. Für die Erteilung des Religionsunterrichts während der normalen Schulzeit ist die Zustimmung des Schulrates erforderlich, welcher hierfür im Stundenplan 1–2 Randstunden einräumen kann und die erforderlichen Schulräume unentgeltlich zur Verfügung zu stellen hat.	*VG Art. 4:* Die öffentlichrechtlich anerkannten Landeskirchen erteilen den ihnen angehörenden Schülern der Volksschule auf eigene Kosten Religionsunterricht. Die Schulräume stehen ihnen dafür unentgeltlich zur Verfügung. Der Religionsunterricht ist obligatorisches Unterrichtsfach mit Dispensmöglichkeit.	*VG § 10:* Kirchgemeinden sind verantwortlich für Organisation und Durchführung; *EVG § 32:* 3 Der Religionsunterricht wird auch als Bekenntnisunterricht in der Regel im Rahmen der Unterrichtszeiten erteilt, wofür die Schulleitung Zeit und Räume zur Verfügung stellt.

Wochenstundentafel

	Freiburg		Glarus		Graubünden		Luzern	
SRU	Klasse	Lektionen	Klasse	Lektionen	Klasse	Lektionen	Klasse	Lektionen
	1	1	1	1	1	–	1	1
	2	1	2	1	2	–	2	1
	3	1	3	1	3	–	3	1
	4	1	4	1	4	–	4	1
	5	1	5	1	5	–	5	1
	6	1	6	1	6	–	6	1
	7	2 LK	7	1	7	–	7	–
	8	2 LK	8	1	8	–	8	–
	9	1(2) LK	9	1	9	–	9	–
KRU	1	1	1	1	1	2	1	1
	2	1	2	1	2	2	2	1
	3	1	3	1	3	2	3	1
	4	1	4	1	4	2	4	1
	5	1	5	1	5	2	5	1
	6	1	6	1	6	2	6	1
	7	1	7	1–2	7	2	7	1
	8	1	8	1–2	8	2	8	1
	9	1	9		9	2	9	1

Abkürzungen:		
E	=	evangelisch-reformiert
EVG	=	Entwurf Volksschulgesetz
K	=	römisch-katholisch
KRU	=	kirchlicher, konfessioneller Religionsunterricht (durchgeführt von den Kirchen)
KOLARU	=	Kommission der drei Landeskirchen für Religionsunterricht
LK	=	Lebenskunde/Berufsvorbereitung
NMU	=	Fachbereich Natur – Mensch – Umwelt
RS	=	Realschule
SchG	=	Schulgesetz
SRU	=	schulischer Religionsunterricht (durchgeführt von der Schule)
RU	=	Religionsunterricht
VG	=	Volksschulgesetz

Gefässe (Stundenplan, Räumlichkeiten)

	Freiburg	Glarus	Graubünden	Luzern
SRU	*SchG Art. 27:* Während der Primarschulzeit wird den Schülern Bibelunterricht erteilt. Ausführungsreglement: *Art. 37:* Das Departement setzt den Anteil des Religionsunterrichts am wöchentlichen Stundenplan nach Rücksprache mit den anerkannten Landeskirchen fest.	Konfessionell neutrales Fach Biblische Geschichte auf Primarschulstufe.		Im Rahmen des Stundenplans. EVG: Im Rahmen des Stundenplans.
KRU	*SchG Art. 27:* Die anerkannten Kirchen haben das Recht, zu diesem Zweck die Schulräumlichkeiten zu benützen.	Konfessioneller RU auf Primarschulstufe möglich, auf der Oberstufe im Stundenplan vorgesehen, wenn der RU während der Schulzeit erfolgt, ist eine Zustimmung des Schulrates erforderlich. Im Stundenplan integriert, in schulischen Räumen.	Im Rahmen des Stundenplans.	EVG: In der Regel im Rahmen der Unterrichtszeiten, Schulleitung stellt nach Möglichkeit Zeit und Räume zur Verfügung.

Inhalte (Zuständigkeit)

	Freiburg	Glarus	Graubünden	Luzern
SRU	*SchG Art. 27:* Während der Primarschulzeit wird den Schülern Bibelunterricht erteilt, dessen Inhalt von anerkannten Kirchen festgelegt wird.	Lehrpersonen, Lehrplan.		Kirchen (KOLARU) EVG: Erziehungsdepartement in Zusammenarbeit mit Religionsgemeinschaften.
KRU		Kirchen.	Kirchen.	Kirchen.

Erteilung

	Freiburg	Glarus	Graubünden	Luzern
SRU	Lehrpersonen.	Lehrpersonen.		Kirchen, auch Lehrpersonen, wenn sie bereit sind und die Kirchen einverstanden sind. EVG: Lehrpersonen.
KR	Kirchen.	Kirchen.	Kirchen.	Kirchen, auch Lehrpersonen, wenn sie bereit sind und die Kirchen einverstanden sind.

Bezahlung

	Freiburg	Glarus	Graubünden	Luzern
SRU	Kanton.	Schulgemeinden.		Kirchen, EVG: Kanton. Schulgemeinde, falls von Lehrpersonen erteilt.
KR	Kirchen.	Kirchen, Kirchgemeinden, Schulräume werden von der Schulgemeinde zur Verfügung gestellt.	Kirchen, Kirchgemeinden.	Kirchen, auch Schulgemeinde, falls von Lehrpersonen erteilt. EVG: Kirchen.

Befreiung

	Freiburg	Glarus	Graubünden	Luzern
SRU	*SchG Art. 27:* Die Eltern können ohne Angabe von Gründen schriftlich erklären, dass ihre Kinder den Religionsunterricht und den Bibelunterricht nicht besuchen.			Eltern bestimmen. EVG: noch nicht definiert.
KRU	*SchG Art. 27:* Die Eltern können ohne Angabe von Gründen schriftlich erklären, dass ihre Kinder den Religionsunterricht und den Bibelunterricht nicht besuchen.		Obligatorisches Unterrichtsfach der Schule. Vorbehalten bleibt eine schriftliche Abmeldung durch die Eltern unter Berufung auf die Glaubens- und Gewissensfreiheit gemäss Art. 49 Abs. 2 und 3 der Bundesverfassung.	Eltern bestimmen.

Entwicklungen

	Freiburg	Glarus	Graubünden	Luzern
SRU	Der Reformdruck ist gross. Von K Seite ist der Wunsch nach einer Verbesserung der Situation gross, wobei jene Lösungen unterstützt werden, die einen Verbleib des Religionsunterrichts in der Schule erlauben.	Revision des Gesetzes über das Schulwesen ist im Gang, Experimentierphase «Pädagogisches Handeln» in der E Kirche bis Ende Schuljahr 1998/99.	Es sind Erneuerungen im Gange, die auf einen konfessionellkooperativen Religionsunterricht abzielen.	Neues VG tritt voraussichtlich im Herbst 1999 in Kraft, Projekt Religiöse Grundbildung.

Resultate

Die Dokumentation versteht sich selbstredend als Momentaufnahme und als Grundlage für weiterführende Arbeiten. In einigen Kantonen sind Revisionsarbeiten und Gesetzesänderungen im Gange. Das Kompendium soll in erster Linie Katechetinnen und Katecheten, Pastoralassistentinnen und Pastoralassistenten, Religionslehrerinnen und -lehrern und Eltern, aber auch allen, die mit der Thematik des Religionsunterrichts zum Beispiel auf politischer Ebene befasst sind, helfen, sich einen schnellen und übersichtlichen Einblick in

– Schulischer Religionsunterricht wird in neun Kantonen durch die staatlichen Schulen ohne Mitverantwortung der öffentlichrechtlich anerkannten Religionsgemeinschaften erteilt (AR, AG, BE, BL, GL, SH, TG, UR, ZG).

– In sieben Kantonen wird der schulische Religionsunterricht mit einer Mitverantwortung der öffentlichrechtlich anerkannten Religionsgemeinschaften oder in der Verantwortung der öffentlichrechtlich anerkannten Religionsgemeinschaften in Zusammenarbeit mit dem Staat erteilt (AI, FR, LU, NW, OW, VS, ZH).

Schulischer Religionsunterricht (SRU) – Konfessioneller Religionsunterricht (KRU)

21 Kantone:
In allen Kantonen der Deutschschweiz wird schulischer und/oder kirchlicher Religionsunterricht erteilt.

---

die sehr vielfältige rechtliche, aber auch tatsächliche Situation des Religionsunterrichts in den Deutschschweizer Kantonen zu verschaffen.

Eine abschliessende Gesamtbeurteilung der Situation des Religionsunterrichts an öffentlichen Schulen der Deutschschweiz muss ob der Vielfältigkeit der kantonalen Regelungen sehr vage bleiben.

– Die eingegangenen Daten der 21 Kantone zeigen, dass in allen Deutschschweizer Kantonen schulischer und/oder kirchlicher, konfessioneller Religionsunterricht an den öffentlichen Schulen stattfindet.

– In fünf Kantonen wird kein schulischer Religionsunterricht erteilt (BS, GR, SG, SO, SZ).

– In vierzehn Kantonen findet *kein* schulischer Religionsunterricht in den Jahrgangstufen sieben bis neun statt (Sekundarstufe I).

– In achtzehn Kantonen findet der kirchliche, konfessionelle Religionsunterricht in den Räumen der öffentlichen Schulen statt.

– In drei Kantonen wird er grossmehrheitlich ausserhalb der öffentlichen Schulen erteilt (AR, BE, ZH).

Schulischer Religionsunterricht (SRU)

9 Kantone: SRU vom Staat verantwortet.

7 Kantone: SRU von Staat und Kirchen in Zusammenarbeit verantwortet.

5 Kantone: Kein SRU.

Konfessioneller Religionsunterricht (KRU)

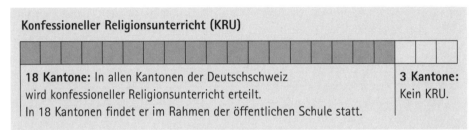

18 Kantone: In allen Kantonen der Deutschschweiz wird konfessioneller Religionsunterricht erteilt. In 18 Kantonen findet er im Rahmen der öffentlichen Schule statt.

3 Kantone: Kein KRU.

Inhalte des schulischen Religionsunterrichts (SRU)

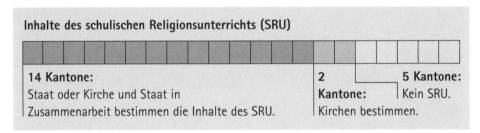

14 Kantone: Staat oder Kirche und Staat in Zusammenarbeit bestimmen die Inhalte des SRU.

2 Kantone: Kirchen bestimmen.

5 Kantone: Kein SRU.

Inhalte des konfessionellen Religionsunterrichts (KRU)

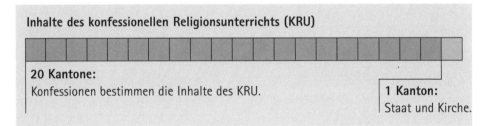

20 Kantone: Konfessionen bestimmen die Inhalte des KRU.

1 Kanton: Staat und Kirche.

– Der schulische Religionsunterricht wird in der Regel als eine Jahreslektion angeboten oder ist eingebunden in einen Themenbereich, der in den verschiedenen Kantonen unterschiedlich benannt wird.

– Zwölf Kantone räumen den Landeskirchen das Recht ein, zwei Lektionen kirchlichen, konfessionellen Religionsunterricht ganz oder teilweise zu beanspruchen.

– In zwei Kantonen wird für Schulgottesdienste zusätzliche Zeit innerhalb der Wochenstundentafel zur Verfügung gestellt (OW, VS).

Erteilung schulischer Religionsunterricht (SRU)

3 Kantone: In drei Kantonen können Angestellte der Landeskirchen SRU erteilen.	13 Kantone: In dreizehn Kantonen erteilen die Lehrpersonen der öffentlichen Schulen SRU.	5 Kantone: Kein SRU.

Erteilung konfessioneller Religionsunterricht (KRU)

6 Kantone: Lehrpersonen können KRU erteilen.	12 Kantone: In zwölf Kantonen erteilen Angestellte der Landeskirchen KRU.	3 Kantone: Kein KRU.

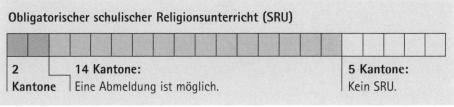

Obligatorischer schulischer Religionsunterricht (SRU)

2 Kantone	14 Kantone: Eine Abmeldung ist möglich.	5 Kantone: Kein SRU.

– In vierzehn Kantonen bestimmt der Staat ganz oder in Zusammenarbeit mit den öffentlichrechtlich anerkannten Religionsgemeinschaften die Inhalte des schulischen Religionsunterrichts.

– In zwei Kantonen bestimmen die Landeskirchen die Inhalte des schulischen Religionsunterrichts (OW, FR).

– Die Inhalte des kirchlichen, konfessionellen Religionsunterrichts werden von den Religionsgemeinschaften bestimmt.

– Nur im Kanton Wallis ist eine Zusammenarbeit des Staates mit der römisch-katholischen Kirche für die Inhalte des katholischen Religionsunterrichts institutionalisiert.

– In drei Kantonen wird erwähnt, dass das Personal der Landeskirchen den schulischen Religionsunterricht erteilt (LU, NW, ZH).

– In sechs Kantonen können Lehrpersonen kirchlichen, konfessionellen Religionsunterricht erteilen (AI, FR, LU, SG, UR, VS).

– Im Kanton Uri brauchen alle im schulischen und kirchlichen, konfessionellen Religionsunterricht Tätigen eine Lehrbewilligung des Kantons.

– Der schulische Religionsunterricht wird grossmehrheitlich vom Staat bezahlt.

– In vier Kantonen beteiligt sich der Staat in unterschiedlicher Weise an der Finanzierung des kirchlichen, konfessionellen Religionsunterrichts (FR, LU, UR, VS).

– Vom schulischen und kirchlichen, konfessionellen Religionsunterricht können die Erziehungsberechtigten ihre Kinder in der Regel mit Berufung auf die Glaubens- und Gewissensfreiheit abmelden. In zwei Kantonen ist der schulische Religionsunterricht unter Wahrung der Glaubens- und Gewissensfreiheit und in der Einbindung in einen Themenbereich obligatorisch für alle Kinder (BE, TG).

– Neunzehn Kantone und/oder kantonale Landeskirchen geben an, dass sie am Entwickeln von neuen Konzepten in ihrem Kanton sind. Zwei Kantone machen dazu keine Angaben (AI, SZ).

Die kantonalen Verschiedenheiten und die zumeist gute und mehr oder weniger enge Zusammenarbeit der öffentlichrechtlich anerkannten Religionsgemeinschaften und der Kantone machen deutlich, dass es sinnvoll wäre, wenn die öffentlichrechtlich anerkannten Religionsgemeinschaften und die Kantone der Deutschschweiz gemeinsam Richtlinien und Rahmenlehrpläne für den schulischen und den kirchlichen, konfessionellen Religionsunterricht der Volksschulen ausarbeiten würden.

Das Kompendium ist erhältlich bei:
Zentralschweizerischer Beratungsdienst für Schulfragen ZBS
Luzernerstrasse 69
6030 Ebikon
Telefon 041/420 59 13
Fax 041/420 00 12
Kosten: Fr. 10.–.

Überlegungen zur gegenwärtigen Gestalt des reformierten Religionsunterrichts an öffentlichen Schulen[1] im Kanton Bern

Rosa Grädel, Kurt Schori

1. Die historische Entwicklung

Die Geschichte eines Schulfaches ermöglicht Einblicke in die Geschichte der Schule, und in dieser spiegeln sich gesellschaftliche Entwicklungen. Diese Feststellung gilt ganz besonders für den Religionsunterricht. Die Diskussion um dieses Fach erlaubt einerseits Überlegungen zum Verhältnis von Kirche und Schule, andererseits wirft sie ein Schlaglicht auf die öffentliche Bedeutung von Religion.

An einigen ausgewählten Stationen der bernischen Schulgeschichte, besonders des reformierten Religionsunterrichts im Kanton Bern, gehen wir der Beziehungsgeschichte Kirche - Schule nach. Wir legen dabei die These zugrunde, dass die ganze Geschichte bestimmt ist von der Auseinandersetzung zwischen Kirche und Staat Bern um die Definitionsmacht über Ziele, Inhalte und Ausrichtung des Religionsunterrichts und damit indirekt um die Einflussnahme der Kirche auf die öffentliche Schule.

1.1 Die Bildungsverantwortung geht von der Kirche auf den Staat über: die Staatsverfassung von 1831   Die erste liberale Verfassung der Republik Bern war entscheidend für die bernische Schulgeschichte, ging doch der Verfassungsrat davon aus, dass die Schule Sache des Volkes, Aufgabe des Staates werden müsse. Die Gesetzgebung enthielt darum Rahmenbestimmungen, die das Ende der Kirchenschule signalisierten: «... Die Sorge für Erziehung und Unterricht der Jugend ist Pflicht des Volkes und seiner Stellvertreter. Der Staat soll die öffentlichen Schulanstalten und Bildungsanstalten unterstützen und befördern.»[2] Dahinter stand ein religiös-aufklärerisches Menschenbild: Die von Gott gegebenen Anlagen sollten entfaltet, sittliche Veredelung bewirkt werden – nicht für die Ewigkeit, sondern zur Förderung des Staates.

[1] Wenn im folgenden vom Religionsunterricht oder vom Fach «Religion» die Rede ist, ist immer der Religionsunterricht an der öffentlichen Schule im Kanton Bern gemeint und nicht der in der Verantwortung der Kirchen durchgeführte Religionsunterricht.

[2] § 12 der bernischen Staatsverfassung von 1831.

Auf dieser Grundlage wurde 1835 das erste Primarschulgesetz erlassen, welches das bis anhin enge Verhältnis zwischen Kirche und Schule – zumindest de iure – zugunsten des Staates weitgehend auflöste. Von allen Fächern blieb einzig der Religionsunterricht unter der Aufsicht der Kirche. Er wurde dadurch zum Bindeglied zwischen Kirche und Schule und gleichzeitig der Ort der Auseinandersetzung um die kirchliche Einflussnahme auf die zu Bildenden.

Der Ingress im Schulgesetz hielt fest, dass die Erziehungs- und Bildungsverantwortung bei Eltern, Gemeinde und Regierung liege – die Kirche wurde nicht erwähnt – und der Zweck von Bildung für den zu Bildenden darin liege, «seine Bestimmung als Christ und Bürger zu erfüllen». Bemerkenswert ist, dass trotz der Bestimmung «Christ» die Kirchen nicht mit unter die Bildungsverantwortlichen gezählt wurden. Brauchte also der Staat zur Bestimmung des Christlichen die Kirchen nicht mehr?

Der Fächerartikel § 15 bestimmte, dass das Fach «Christliche Religion» nur von denjenigen Kindern besucht werden musste, die einer von der Verfassung anerkannten Kirche angehörten, also der evangelisch-reformierten oder der römisch-katholischen. Schulischer Religionsunterricht war damit implizit auch als kirchlich-konfessioneller Unterricht bestimmt, wobei er sich dem Schulzweck unterzuordnen hatte. Damit war schon ganz zu Beginn des öffentlichen Schulwesens die spannungsvolle Situation des Religionsunterrichts geschaffen: Einerseits war die Glaubensfreiheit in der Staatsverfassung mit § 11 festgelegt, andererseits war Religionsunterricht nur als christlich-kirchlicher denk-

bar und diente als solcher dem Schulzweck. Diese Spannung führte zur Dispensationsmöglichkeit, die später in der Bundesverfassung und bis heute als Abwehrrecht gegen jeden religiösen Unterricht verankert wurde.

Bereits damals löste das Fach «Christliche Religion» im Grossen Rat heftige Diskussionen aus.[3] Man wollte sichergestellt wissen, dass der Religionsunterricht wirklich dem Schulzweck und nicht etwa einem Kirchenzweck diene. So wurde beispielsweise an Stelle von «Christlicher Religion» nur «Religion» oder «Religionslehre» vorgeschlagen. Christlich wurde mit kirchlich identifiziert, und davon sollte sich die Schule distanzieren. Ein Votant schlug als Fachbezeichnung «Biblische Geschichte» vor, weil dies allen Weltanschauungen entspreche. Mit dieser Bezeichnung meinte man einen nichtkonfessionellen Unterricht zu beschreiben.

Trotz aller Diskussionen kam dem Religionsunterricht eine zentrale Bedeutung zu, und dem Lehrer wurde empfohlen, ihn ganz besonders sorgfältig zu behandeln. Er sollte an der Lebenswelt der Kinder die Wunder und den Willen des Schöpfers aufdecken. Die Konzentration auf biblische Geschichten, die mit den Erfahrungen der Heranwachsenden verknüpft werden sollten, verdrängte allmählich den Heidelberger Katechismus. Damit bahnte sich eine Trennung in einen kirchlich-dogmatischen Unterricht im Raum der Kirche und einen schulisch-bibelzentrierten, überkonfessio-

---

[3] Wiedergegeben bei U. W. Meyer: Der reformierte Religionsunterricht in der deutschsprachigen Primarschule des Kantons Bern seit 1831. Münsingen 1973, S. 27ff.

nellen in alleiniger Verantwortung der Schule an.

1.2 Das Schulorganisationsgesetz von 1856: Festschreibung der konfessionell neutralen Volksschule
Die weiteren Auseinandersetzungen um die Ausrichtung der Schule waren solche zwischen den politisch radikalen Kräften mit einer antiklerikalen Spitze und konservativen mit enger Bindung an die Kirchen. Angesichts dieser Konstellation war es nicht verwunderlich, dass in schulpolitischen Diskussionen immer wieder der Religionsunterricht im Zentrum stand. Die Konservativen setzten sich für einen kirchlich-konfessionellen Unterricht ein, die Radikalen tendenziell für einen allgemeinen Moralunterricht ohne expliziten Einbezug von Religion.

Das Schulorganisationsgesetz von 1856 (gültig übrigens bis 1992!) war ein richtiges Kompromissprodukt zwischen den beiden politischen Lagern. Einerseits wurde mit § 48 zum erstenmal für den ganzen Kanton Bern die konfessionell neutrale Volksschule festgeschrieben, andererseits wurde die christliche Grundlage betont: «In den Primarschulen sollen die bildungsfähigen Kinder aller Volksklassen in den allgemeinen Grundbestandtheilen aller Bildung, nämlich in der biblischen Geschichte und den Grundwahrheiten der christlichen Religion ... unterrichtet werden.» Der sich an das Gesetz anlehnende Unterrichtsplan betonte für das Fach «Christliche Religion» die sittliche Erziehung. Die enge Verzahnung mit der natürlichen Lebenswelt der Kinder entfiel. Dadurch wurde Religion weitgehend auf Sittlichkeit und Bibelkunde reduziert. Für die Oberstufe wurde ausdrücklich festgehalten, dass «die Kinder mit der Sprache und dem Inhalt der Heiligen Schrift möglichst bekannt und dadurch in den Stand gesetzt werden, die Bibel mit Segen zu lesen» – ein urreformatorisches Anliegen. Gleichzeitig durfte der Heidelberger Katechismus nur noch beschränkt und unter Voraussetzung der Zustimmung durch die Schulkommission eingesetzt werden.

Während die bernische Lehrerschaft dem Unterrichtsplan mehrheitlich zustimmte, leistete die evangelisch-reformierte Kirchensynode vergeblich Widerstand. Die Schule hatte sich weitgehend auch im Religionsunterricht gegenüber kirchlicher Bevormundung durchgesetzt: Zwar verstand sie sich als christliche, nicht aber als kirchlich gebundene Schule.

Religion war nach wie vor identisch mit christlicher Religion. Deutlich feststellbar ist aber die Abnahme des kirchlichen Definitionsmonopols, wie christliche Religion auszulegen und zu didaktisieren sei.

1.3 Das Schulgesetz von 1870: Die Schule ist für das Wissen, die Kirche für den Glauben zuständig
Theologische Richtungskämpfe zwischen wissenschaftlicher Theologie und orthodoxer Frömmigkeit und die Auswirkungen des Kulturkampfes bestärkten die Schulbehörden darin, den Religionsunterricht möglichst von der Kirche zu entkoppeln. Trotzdem setzten sich nach heftigen Diskussionen 1870 die konservativen Kräfte gegen die liberalen durch. Es sollte das letzte Mal sein, dass der Religionsunterricht bei der Formulierung eines neuen Schulgesetzes Hauptschauplatz der Auseinandersetzungen war und dass kirchlich-konfessionelle

Kreise sich durchsetzten. Das Volksschulgesetz von 1870 hielt für das Fach «Christliche Religion, und zwar die evangelisch-reformierte in den reformierten, die römisch-katholische Religion in den katholischen Schulen» fest: «Reformierte Kinder in katholischen Schulen und katholische Kinder in reformierten Schulen sowie Kinder, welche nicht einer der beiden Landeskirchen angehören, sind nicht gehalten, am Religionsunterricht teilzunehmen.» Ein Antrag wollte das Dispensationsrecht grundsätzlich auf alle Eltern ausdehnen und damit den Religionsunterricht als fakultatives Fach definieren. Dieser Antrag wurde mit moralischen Argumenten zurückgewiesen.[4] Der Unterrichtsplan, der im gleichen Jahr formuliert wurde, reduzierte den Religionsunterricht zugunsten eines erweiterten Fächerkatalogs drastisch und regelte ihn für den ganzen Kanton einheitlich. Dabei wurde eine inhaltliche Kompetenzausscheidung vorgenommen, indem die Lehrer den historisch-biblischen und die Kirche durch ihre Geistlichen den dogmatisch-konfessionellen Religionsunterricht erteilen sollten. Erstmals wurde für alle Stufen ein Unterrichtsziel festgelegt, das für die Unterstufe zentral in der Entwicklung des «sittlich-religiösen Gefühls», in der Oberstufe in der Kenntnis der Bibel bestand.

1.4 Religionsunterricht als pädagogische Aufgabe der Schule: das Schulgesetz von 1894

Das Schulgesetz von 1894 beschrieb den Schulzweck als Unterstützung der Eltern in der Erziehungsaufgabe,

als Vermittlung von Kenntnissen und Fertigkeiten sowie als Bildung von Verstand, Gemüt und Charakter. Der Religionsunterricht wurde pädagogisch als wesentlicher Faktor von Gemüts- und Charakterbildung legitimiert, eine theologische, geschweige denn kirchlich-konfessionelle Begründung erübrigte sich. Als «Christliche Religion auf biblischer Grundlage» sollte er so erteilt werden, dass er für die Angehörigen aller Konfessionen zumutbar sei, also Religionsunterricht für alle.

Aufgrund einer Intervention jurassischer katholischer Gemeinden verfügte das Gesetz, dass der Unterricht bei Zustimmung der Schulkommission durch den Ortsgeistlichen erteilt werden könne, in diesem Fall aber nach dem ordentlichen Schulunterricht. Faktisch bedeutete das die Abkoppelung des Religionsunterrichts vom Schulbetrieb, wenn er von kirchlicher Seite erteilt wurde.

Der sich an das Gesetz anlehnende Unterrichtsplan von 1897 gab inhaltlich nur einen biblischen Rahmen vor. Diese zurückhaltende Regulierung sollte es ermöglichen, von der Erfahrungswelt der Kinder auszugehen, Fächerverbindungen herzustellen und regionale und aktuelle Besonderheiten aufzunehmen.

1.5 Ein letzter Restaurationsversuch der christlichen Schule: das Schulgesetz von 1951

Gültig waren bis anhin das Schulorganisationsgesetz von 1856 und das Pflichtschulgesetz von 1894, welches nun revidiert wurde. Der Zweckartikel des Entwurfs enthielt keinen religiösen Bezug, verzichtete also darauf, die Schule als christliche zu definieren. Der Synodalrat

4 Meyer 1973, S. 55ff.

der evangelisch-reformierten Kirche lancierte zwei Eingaben an die Erziehungsdirektion, in denen er die christliche Ausrichtung der Schule forderte.[5] Zuerst wurden die Eingaben mit Verweis auf das prioritäre Elternrecht in religiösen Fragen zurückgewiesen. Auch sei der Begriff «christlich» unklar, und es gebe keine Instanz, die verbindlich definieren könne, was darunter zu verstehen sei! Als im Dezember 1950 der Erziehungsdirektor den Gesetzesentwurf im Grossen Rat zur ersten Lesung vorlegte, wurde zwar heftig um die Ausrichtung der Schule diskutiert, die Vorlage aber angenommen. Zwischen erster und zweiter Lesung geschah dann allerdings eine erstaunliche Wende, denn in Zeitungsartikeln und in öffentlichen Diskussionen war weiterverhandelt worden. Die Erziehungsdirektion brachte darum für die zweite Lesung eine erweiterte Fassung vor. Der Zusatz lautete: «Die Erziehung in der Schule soll dazu beitragen, die Ehrfurcht vor Gott und in christlichem Sinne den Willen zu gewissenhaftem Handeln gegenüber den Mitmenschen zu wecken.»[6] Dieser Zusatz war wegen des politischen Drucks zusammen mit einem Vertreter der Katholischen Volkspartei (heute CVP), einem Vertreter der Bauern-, Gewerbe- und Bürgerpartei (heute SVP) und dem Synodalrat der evangelisch-reformierten Kirche ausgearbeitet worden. Die Diskussion im Grossen Rat um diesen Zusatz bewegte sich zwischen den Befürwortern, welche die christliche Grundlage als Basis des demokratischen Staates verstanden, und kritischen Stimmen, vor allem aus dem sozialdemokratischen Lager, die eine regressive Tendenz zur konfessionellen Schule befürchteten und die Glaubens- und Gewissensfreiheit bedroht sahen. Die neue Vorlage wurde angenommen.

Ein letztes Mal hatte die Kirche sehr direkt und erfolgreich auf die Diskussion um die Schule Einfluss genommen.

Die Fachbezeichung für den Religionsunterricht lautete wie 1894 «Christliche Religion auf Grundlage der biblischen Geschichte» und bezeichnete erneut einen konfessionell nicht gebundenen Religionsunterricht. Als Erlebnisunterricht sollte er zum allgemeinen Bildungsziel beitragen, nämlich der Förderung von Charakter, Gemüt und Verstand.

Legitimiert wurde er einerseits anthropologisch – Religiosität galt als zu entfaltende seelische Anlage –, andererseits kulturtheoretisch, indem das Christentum als geschichts- und kulturbestimmender Faktor erkannt wurde. Zudem habe der Religionsunterricht eine ethische Funktion, hielt der Lehrplan fest, denn sittliche Anschauungen wurzelten im christlichen Glauben oder seien mindestens davon mitgeprägt.

Inhaltlich war der Religionsunterricht ganz und gar biblisch zentriert. Was man als überkonfessionell verstand, hatte im Grunde genommen Grundlagen in der reformierten Tradition des Verständnisses der Bibel.

1.6 Pluralisierung und Individualisierung: der Lehrplan von 1983

Bereits im Sommer 1980 hatten die Stimmberechtigten im Kanton Bern einer Teilrevision des

[5] Vgl. zur Auseinandersetzung um den Zweckartikel D. Kummer: Schule und christliche Werte. Bern 1996, S. 45ff., unveröffentlichte Lizentiatsarbeit.
[6] Tagblatt des Grossen Rates von 1951, Beilage Nr. 21, zur Diskussion vgl. Tagblatt 1951, S. 498ff.

Schulgesetzes zugestimmt.[7] Dabei wurde das Fach «Christliche Religion auf Grundlage der biblischen Geschichte» in «Religion/Lebenskunde» umbenannt und eine neue inhaltliche und konzeptionelle Ausrichtung signalisiert. Begründet wurde dies mit der Unsicherheit vieler Lehrerinnen und Lehrer dem Fach gegenüber, mit der Präsenz unterschiedlicher Religionen und Weltanschauungen sowie mit der Delegation zusätzlicher Erziehungsaufgaben an die Schule.

Der Lehrplan von 1983 nahm pointiert Bezug auf die gesellschaftlichen Veränderungsprozesse und die damit verbundenen Herausforderungen für die Schule. Das Bildungsziel wurde als Mündigkeit in den Dimensionen von Selbst-, Sozial- und Sachkompetenz beschrieben. Indem der Lehrplan alle drei Dimensionen auf die christlich-humanistische Tradition bezog, war wieder eine schulpädagogische, kulturtheoretische Begründung für den Religionsunterricht gegeben. Dieser sollte auf konfessionell neutraler Basis, allerdings auf christlicher Grundlage, für Schülerinnen und Schüler unterschiedlicher Glaubensbekenntnisse zumutbar sein.

Konzeptionell handelte es sich um einen bibel- und problemorientierten Religionsunterricht mit religionskundlichen Anteilen. Korrelationsdidaktisch wurden vor allem auf Unter- und Mittelstufe lebensweltliche Erfahrungen der Kinder und biblische

Texte aufeinander bezogen. Auf der Oberstufe standen lebenskundliche Themen im Vordergrund, meist ohne explizit biblischen Bezug. Empfohlen wurde ein fächerübergreifendes, projektartiges Arbeiten auch im Religionsunterricht.

Religion definierte der Lehrplan anthropologisch «als Ausdrucksform geistigseelischer Grundbefindlichkeit», die sich, alltagshermeneutisch betrachtet, in emotionalen Bedürfnissen und sittlich-religiösen Fragen äussert, auf welche tradierte Religion – hier die christliche – als «umfassende Lebensdeutung» Antworten bietet.

Die Landeskirchen wurden zur Vernehmlassung, nicht aber zur Mitgestaltung und Mitplanung eingeladen. Sie stimmten den Entwürfen zu und zeigten sich erfreut darüber, dass der Religionsunterricht auch auf der Oberstufe der Sekundarschule wieder eingeführt werden sollte, nachdem er dort in den siebziger Jahren mit Verweis auf die kirchliche Unterweisung gestrichen worden war.

1.7 Die interkulturelle Ausrichtung der Schule in einer multikulturellen Gesellschaft: der Lehrplan von 1995

Tendenzen, die bereits im Lehrplan von 1983 angelegt waren, sind in diesem gegenwärtig gültigen Lehrplan ausgedeutet. Die empfohlene Fächerverbindung ist in einem Integrationsfach «Natur - Mensch - Mitwelt» realisiert. Hierzu gehören auf der Oberstufe die ehemaligen Fächer Religion/Lebenskunde, Geschichte, Geographie, Naturkunde und Hauswirtschaft, auf Unter- und Mittelstufe die Fächer Religion/Lebenskunde und Heimatunterricht, dazu kommen fächerübergreifende Anliegen wie

---

[7] Die Vorlage war dem Volk zur Abstimmung unterbreitet worden, weil die EDU das Referendum dagegen ergriffen hatte. Die EDU fürchtete um die christliche Grundlage, wenn der «Christliche Religionsunterricht» in «Religion/Lebenskunde» umbenannt wurde.

interkulturelle Erziehung, Gesundheitserziehung u. a. Bezüglich des Religionsunterrichts ist die Überzeugung massgeblich, dass sich religiöse und ethische Themen in allen Wissensbereichen ergeben und dass sie ihren Ausgangspunkt – wie der Sachunterricht – in der Lebenswelt der Kinder haben sollen.

Der Lehrplan strukturiert den Fachbereich nicht durch einzelne Fächer, sondern durch Themenfelder. Dabei gibt es einerseits Themenfelder, die leicht einer Einzeldisziplin zugeordnet werden können wie zum Beispiel «Weltbilder – Menschenbilder – Gottesbilder», andererseits solche, die interdisziplinäres, themenzentriertes Arbeiten erfordern wie «Menschen einer Welt» oder «Zukunft». Dies ist eine Folge der Einsicht, dass sich Sinn- und Wertfragen nicht auf einen isolierten Bereich, den Religionsunterricht, begrenzen lassen, sondern sich in allen Wissensbereichen stellen. Gleichzeitig geht der Lehrplan davon aus, dass die Schule in einer multikulturellen Gesellschaft nicht mehr von homogenen weltanschaulich-religiösen Grundlagen ausgehen kann, und bemüht sich um eine interkulturelle Perspektive. Dies gilt auch für den Teilbereich Religion/Lebenskunde, der auf Orientierungs- und Dialogfähigkeit, nicht auf Verwurzelung in einer bestimmten religiösen Tradition angelegt ist. Bereits das zugrundeliegende Volksschulgesetz von 1992 schreibt nicht mehr explizit die christliche Grundlage des Religionsunterrichts fest, sondern nur Religion und Ethik als Lernbereiche, wenn auch auf Basis eines Schulzweckartikels, der festhält, dass die Volksschule «von der christlich-abendländischen und demokratischen Überlieferung» ausgehe.

Zwar intervenierten der Synodalrat der evangelisch-reformierten Kirche und die Kirchensynode gegen diese neue Ausrichtung des Religionsunterrichts im Lehrplan 1995 und sprachen sich gegen die Integration von Religion/Lebenskunde in Natur-Mensch-Mitwelt aus. Die Interventionen konnten aber die Entwicklung nicht beeinflussen.

Mit der Konzentration auf einen anthropologisch und funktional fundierten Religionsbegriff macht die Schule die Auseinandersetzung mit religiösen Themen zu ihrer pädagogisch begründeten Sache. Der Kirche kommt dabei kein bevorzugtes Mitspracherecht zu.

Die interkulturelle Perspektive verbietet jeden Dominanzanspruch einer partikularen Tradition und verlangt nach einer dialogischen Ausrichtung des Religionsunterrichts. Dahinter steht die Überzeugung, dass die Heranwachsenden relevantes Lebenswissen in der Auseinandersetzung mit verschiedenen religiösen Traditionen gewinnen und sich im Religionsunterricht Kompetenzen für den Umgang mit kultureller, religiöser und ethischer Vielfalt aneignen können. Die christliche Religion hat allerdings aus historischen, aus pädagogischen und aus kulturellen Gründen eine besondere Stellung. Im Grunde genommen liefert sie die hermeneutische Perspektive auch für den Umgang mit anderen religiösen Traditionen.

2. Analyse und Versuch einer Standortbestimmung

Von der historischen Entwicklung ausgehend, versuchen wir im folgenden die Problempunkte und Widersprüchlichkeiten nachzuzeichnen, die im Hintergrund sowohl die Entwicklung des Religionsunterrichts wie auch seine heutige Gestalt bestimmt haben und bis heute bestimmen. Das Anliegen der folgenden Ausführungen ist es, durch die Interpretation der historischen Entwicklung eine Orientierung zu bieten und eine Grundlage zu schaffen, um mögliche Perspektiven für die Zukunft zu eröffnen.

2.1 Der Streit um die glaubensmässigen, weltanschaulichen Voraussetzungen in der öffentlichen Schule und die Rolle des Fachs Religion   In keinem andern Fach der öffentlichen Schule lässt sich eine Auseinandersetzung besser verfolgen als im Religionsunterricht. Diese Auseinandersetzung ist in allen andern Fächern eigentlich ebenso enthalten, hätte dort ebenso geführt werden sollen oder können, ist aber faktisch eben nur in der Auseinandersetzung um das Fach Religion geführt worden. Was es für eine Auseinandersetzung ist, wird an vielen Stationen der Geschichte des Religionsunterrichts im Kanton Bern sichtbar. Es wird sichtbar an der Gegenüberstellung von Glaubensfreiheit und Etablierung des Religionsunterrichts im 1. Bernischen Primarschulgesetz (1835), es wird sichtbar in der Auseinandersetzung, die durch die neue Bundesverfassung 1848 in Gang kam und die auf schulorganisatorischer Ebene zum «konfessionell neutralen»

Religionsunterricht führte, es wird ebenfalls sichtbar am Schulgesetz von 1894, in welchem der überkonfessionelle Charakter des Religionsunterrichts gewahrt werden sollte durch den Rückgriff auf die Bibel. In keinem andern Fach wurde der Streit um die ideologische Einflussnahme auf die Kinder so heftig geführt wie im Streit um den Religionsunterricht. Hier schlug sich das Bewusstsein für die Wichtigkeit weltanschaulicher Voraussetzungen nieder, und hier wurde um diese weltanschaulichen Voraussetzungen gekämpft. Selbstverständlich sind solche weltanschaulichen Voraussetzungen zum Beispiel auch bei naturwissenschaftlichen, wirtschaftlichen oder sozialkundlichen Fragen im Spiel. Auch in andern Fachgebieten können keine Probleme angegangen und gelöst werden, ohne dass dabei glaubensmässige, weltanschauliche Voraussetzungen eingetragen und wirksam gemacht werden. Die Auseinandersetzung um die glaubensmässigen, weltanschaulichen Voraussetzungen wurde aber in diesen Fachgebieten und in den von ihnen abgeleiteten Schulfächern nicht geführt. Stellvertretend für alle Fächer entzündete sie sich am Fach Religion.

Dementsprechend ist das Gefühl dafür, dass weltanschauliche oder glaubensmässige Beeinflussung der Kinder auch in allen andern Fächern geschieht, verlorengegangen. Auch dieses Gefühl konzentrierte sich auf das Fach Religion und ist in den verschiedenen Auseinandersetzungen um dieses Fach in der Geschichte auch immer spürbar. Oder noch pointierter formuliert: Ohne dieses Gefühl der Wichtigkeit für die Orientierung stiftenden Voraussetzungen des menschlichen Verhaltens – eben die glaubensmässigen und weltanschaulichen Annahmen – gäbe es den Religionsunterricht an öffentlichen Schulen im Kanton Bern vielleicht schon lange nicht mehr. Zu prägnant ist der Widerstand gegenüber der Kirche und ihrem Einfluss in dieser Geschichte. Auch dass im Zuge der letzten Lehrplanrevision 1995 der Religionsunterricht an der öffentlichen Schule erhalten wurde, ist kaum mehr dem Einfluss der Kirche zuzuschreiben, sondern ist wohl nur verstehbar aufgrund des verbreiteten Empfindens, dass die Fragen der glaubensmässigen und weltanschaulichen Voraussetzungen des Verhaltens von grösster Wichtigkeit sind und zur öffentlich verantworteten Bildung gehören.

Dabei ist in dieser Auseinandersetzung eine merkwürdige Widersprüchlichkeit erkennbar. Zum Empfinden für die Wichtigkeit der glaubensmässigen und weltanschaulichen Entscheide, und damit zur Wichtigkeit auch der Einflüsse, denen Kinder in diesen Fragen ausgesetzt sind, gesellte sich die von staatlicher Seite her in den verschiedenen Verfassungen festgelegte Glaubens- und Gewissensfreiheit – für den Kanton Bern erst mal 1831 in der ersten liberalen Verfassung. So zeichnen sich in den Diskussionen um den Religionsunterricht beide Interessen ab und führen zu den widersprüchlich anmutenden Argumentationen: einerseits immer wieder zur Berufung darauf, dass die Kinder vor Indoktrination geschützt werden müssen, also zur Berufung auf die Glaubensfreiheit und auf das elterliche Recht, in Sachen des Glaubens für ihre Kinder zu entscheiden, anderseits

aber auch – vor allem dann auf der Ebene von Zielsetzungen und Lehrplänen, das heisst auf der Ebene der Durchführung – zur Festlegung, Einführung bzw. Wiedereinführung ganz konkreter traditioneller Inhalte. Dass das Interesse dabei in erster Linie das Unterbinden des Einflusses der Kirche war, ist schon daran ersichtlich, dass für die positive Ausgestaltung des Religionsunterrichts jeweils sehr unterschiedliche Hintergründe herangezogen wurden. War es zum Beispiel in der Revision 1894/97 ausdrücklich die *Bibel*, auf die der Religionsunterricht in der Schule gestellt werden sollte – im Gegenüber zu einem durch die evangelisch-reformierte Kirche konfessionell bestimmten Religionsunterricht –, so sah man in den Unterrichtsplänen von 1983 und dann vor allem 1995 das schulpädagogische Anliegen gerade durch die *Bekämpfung der zentralen Stellung der Bibel* gewahrt. Aber eines zeigt sich bei der Betrachtung des Verhältnisses von gesetzlichen Bestimmungen und den Durchführungen in Zielsetzungen und Lehrplänen jeweils deutlich: Für die Gestaltung des Religionsunterrichts ist ein Rückgriff auf positiv formulierte Fragen und Dokumente der Tradition unumgehbar. Die Formulierung der Glaubensfreiheit auf verfassungsrechtlicher Ebene ist eine rein negative und abgrenzende Formulierung und unterschlägt die Wichtigkeit der Auseinandersetzungen und Entscheide, die Kinder auf glaubensmässiger Ebene durchzustehen und zu fällen haben.

2.2 Das Problem eines überkonfessionellen Religionsunterrichts

Wir möchten in der Analyse noch ein Stück weitergehen, um zu zeigen, wie sehr die Auseinandersetzungen um den Religionsunterricht nicht von sachlichen Gesichtspunkten, sondern vom Machtkampf zwischen Staat und Kirche geprägt waren. Im Schulorganisationsgesetz von 1856 zum Beispiel, das auf der Grundlage der neuen Staatsverfassung von 1846 erstellt wurde, wurde zum erstenmal die konfessionell neutrale Volksschule festgeschrieben. Der Artikel, der sich mit dem Religionsunterricht beschäftigt, formulierte die Aufgabe des Religionsunterrichts «konfessionell neutral» als «Bildung in der biblischen Geschichte und den Grundwahrheiten der christlichen Religion». Mit diesen Formulierungen versuchte man einen überkonfessionellen Standpunkt zu umschreiben und den Einfluss der Kirche – das heisst den Einfluss der konkreten evangelisch-reformierten Kirche des Kantons Bern – auf die Schule weiter einzudämmen. Wäre dieser Machtkampf zwischen Erziehungsdirektion und kirchlichem Einfluss nicht im Vordergrund gewesen, dann hätte man nicht übersehen können, dass «biblische Geschichten und Grundwahrheiten der christlichen Religion» konfessionell bestimmte Grössen sind. Denn in der Auffassung der biblischen Geschichten und der daraus abgeleiteten «Grundwahrheiten des christlichen Glaubens» unterscheiden sich ja gerade die verschiedenen Konfessionen. Aus systematischer (theologischer) Sicht kommt das Installieren einer überkonfessionellen oder präkonfessionellen Position der Eröffnung einer neuen Konfession gleich, insofern nämlich, als mit

einer solchen «überkonfessionellen» Position ebenfalls ein Anspruch auf Wahrheit einhergeht. Um die Frage nach dem Definitionsmonopol über Wahrheit ging es ja in dieser Auseinandersetzung. Der Kampf um die Freiheit von der konfessionellen Bindung war zugleich ein Kampf um die Frage, wer im Rahmen des öffentlichen Religionsunterrichts die unterrichtlichen Inhalte und deren Gestalt bestimmt. Die von den Behörden eingeführte neue «überkonfessionelle» Konfession kam damals im Gewand einer liberalen, von der Aufklärung bestimmten Auffassung von Glaubensfreiheit daher; nicht erkennbar als neue christliche Konfession. Dieses Problem spielt im Verhältnis von Staat und Kirche überhaupt – und dadurch auch in der Auseinandersetzung um den Religionsunterricht im Kanton Bern – eine entscheidende Rolle. Die Argumentation der behördlichen Seite in dieser Auseinandersetzung ist geprägt von der einseitigen Inanspruchnahme freiheitlicher Interessen, denen gegenüber eher konservative Kreise, hinter denen die Kirche stand, stets besorgt waren um die Verfälschung der christlichen «Grundwahrheiten» – eine Gegenüberstellung, die zumindest den biblischen Schriften fremd ist, die aber auch noch in den Auseinandersetzungen, die zu den verschiedenen Konfessionen geführt haben, unbekannt war. Sowohl die Bestimmung der Freiheit als rein negativ abgegrenzter Raum, innerhalb dessen der Bürger autonom seine Entscheidung fällen darf – im Blick auf den Religionsunterricht die Glaubensfreiheit –, wie auch die Bestimmung der Wahrheit als unantastbare Aussagen (Grundwahrheiten) sind aus theologischer

Sicht äusserst fragwürdig. Von der biblischen Auffassung von Welt und Wirklichkeit her «wird euch die Wahrheit frei machen» (Joh 8, 32b), und auch umgekehrt ist eine Freiheit, die nicht Vollzug von Wahrheit ist, nach biblischer Auffassung keine wirkliche Freiheit. Die aufklärerisch-liberalen Argumentationen trugen an dieser Stelle also schon – wenn auch verborgen – Elemente eines Glaubens in die Diskussion ein, die man vielleicht besser nicht als «christliche» Konfession bezeichnet, die aber die Stelle einer ausdrücklich christlich-konfessionell bestimmten Position einnahmen. Eine der ungelösten Fragen im Blick auf diese historische Auseinandersetzung bleibt jedoch, warum es der liberalen Position gelungen ist, das Postulat der Freiheit für sich in Anspruch zu nehmen, und warum sich fast ausschliesslich die eher konservativen Kräfte mit der kirchlichen Position identifizierten – eine Aufspaltung, die sämtliche Diskussionen in den Räten und Gremien bis heute bestimmt.

Die Widersprüchlichkeit zwischen dem Interesse einer nur negativ formulierten Glaubensfreiheit und dem Interesse an einem Bildungsauftrag, der nicht einfach die Diskussion der glaubensmässigen und weltanschaulichen Voraussetzungen und Entscheide ausser acht lässt, einerseits und der unterschwellige Kampf um das Definitionsmonopol bezüglich der inhaltlichen Bestimmung des Religionsunterrichts andererseits haben die Bedingungen geschaffen, innerhalb welcher sich auch noch der heutige Religionsunterricht bewegt. Ich möchte versuchen, zwei weitere Aspekte

der heutigen Gestalt des Religionsunterrichts an öffentlichen Schulen hervorzuheben.

2.3 Die Unterscheidung zwischen historischem und dogmatischem Religionsunterricht – der Einfluss von Religionsgeschichte und Religionspsychologie auf den schulischen Religionsunterricht

1870 wurde im Unterrichtsplan erstmals eine Unterscheidung zwischen historischem und dogmatischem Religionsunterricht eingeführt. Während der dogmatische Teil des Unterrichts weiterhin von der Kirche bzw. ihren Geistlichen durchgeführt werden sollte, übernahmen die Lehrer den historischen Teil des Religionsunterrichts. Im Zuge dieser Reform war das einerseits wiederum ein Schritt gegen die Einflussnahme der Kirche auf den öffentlichen Religionsunterricht, andererseits aber ebenso der Versuch, den Religionsunterricht auf eine andere als eine konfessionelle Basis zu stellen. Man muss, um diesem Schritt die richtige Bedeutung beimessen zu können, im Hintergrund vielleicht auch die Entwicklung der historischen Fragestellung in der Exegese im Verlaufe des 19. Jahrhunderts im Auge behalten. Eine eigentlich religionsgeschichtliche Fragestellung war zu dieser Zeit in der Theologie noch nicht voll entfaltet, aber Ansätze dazu waren da. Im Blick auf den Religionsunterricht im Kanton Bern stellt die im Unterrichtsplan vorgenommene Unterscheidung von historischem und dogmatischem Religionsunterricht die rechtliche Grundlage dar, auf welcher ein religionspsychologisch bzw. religionsgeschichtlich bestimmter Religionsunterricht

Eingang in die Schule fand – um dort eine immer bestimmendere Rolle zu spielen. In den Lehrplanformulierungen erschien Religion nun zunächst als ein zu entwickelndes Gefühl und die Aufgabe des Unterrichts als Gemütsbildung. Religion war als eine allgemeine Fähigkeit oder Bedürftigkeit des Menschen anthropologisch situiert. Mit dieser Formulierung, die einer Hochzeit zweier Elemente christlich-reformierter (?) Theologie entsprang – nämlich der historischen Forschung einerseits und der anthropologisch-psychologischen Definition von Religion durch Schleiermacher[8] andererseits –, wurde wiederum versucht, eine konfessionsunabhängige Grundlegung des Religionsunterrichts zu erreichen. Zum erstenmal erschienen in einem Lehrbuch für den Religionsunterricht jetzt zum Beispiel andere Religionen als Themen für den Unterricht.[9]

Sowohl innerhalb der Theologie wie um so mehr in den Auseinandersetzungen um den Religionsunterricht führte die Kampfposition gegen die Kirche – gegen einen von einer bestimmten Konfession beeinflussten Religionsunterricht – zur Blindheit gegenüber der eigenen Positionierung im Blick auf das konfessionelle Problem. Religionsgeschichtliche und religionspsychologische Betrachtung der Religion hat sich nie als Konfession verstanden und hat ihre Position in der Wahrheitsfrage nur selten ausformuliert. Dieser Schein oder Anschein

blieb bis heute bestehen. Zumindest im Kanton Bern hat auch die Auseinandersetzung mit der dialektischen Theologie kaum nennenswerte Spuren auf gesetzlicher oder auf Lehrplanebene hinterlassen. Der sogenannte konfessionsneutrale oder überkonfessionelle Religionsunterricht hat sich in der Schule christuslos installiert – oder genauer gesagt: Er hat sich unter Umgehung des Christusproblems auf der Basis einer allgemeinen Religiosität installiert.

Dieser Punkt scheint mir für das Verständnis der heutigen Gestalt des Religionsunterrichts in den öffentlichen Schulen wesentlich zu sein – weit über die Erklärung der Entwicklung der Schulgesetze und Lehrpläne hinaus. Sowohl der religionspsychologisch wie auch der religionsgeschichtlich bestimmte Religionsunterricht muss nicht ausdrücklich auf das Christusproblem Bezug nehmen – allenfalls im Sinne einer Erscheinung innerhalb einer bestimmten Religion. In einem solchen Unterricht werden verschiedene Religionen vergleichbar. Zugleich entsteht aber eine neue Schwierigkeit. In einem biblisch begründeten Religionsunterricht ist die Bezugnahme auf das Christusproblem zugleich das Kriterium der Auswahl der Phänomene, die im Unterricht relevant sind – das heisst das Kriterium der Definition von Religion. Eine religionsgeschichtlich und religionspsychologisch begründete Definition von Religion bedeutet demgegenüber, dass die Religion zu einer Kulturerscheinung wird und dass die für den Religionsunterricht auszuwählenden und zu betrachtenden Inhalte anhand kultureller

[8] Vgl. F. D. E. Schleiermacher: Über die Religion. Reden an die Gebildeten ihrer Verächter, hrsg. v. Rudolf Otto, Göttingen 1967 (7. Auflage).
[9] Vgl. Emanuel Martig: Lehrbuch für den confessionslosen Religionsunterricht in der Volksschule, 1876.

Erscheinungen wie Rituale oder sprachlicher Benennungen bestimmt werden müssen. Damit entsteht für die Schule ein Problem, dessen Behebung die religionspädagogische Diskussion bis heute intensiv beschäftigt. Denn allgemeine Religiosität, so wie sie durch die religionsgeschichtliche und religionspsychologische Bestimmung ermöglicht wurde, ist betrachtbar und beschreibbar, aber sie hat mit dem Subjekt, mit dem Schüler als Adressaten des Unterrichts, nichts mehr zu tun. Sie ist zu einem Bildungsgut geworden, das neutral gegenüber der eigenen Stellungnahme ist, zu einer kognitiven Grösse. Das eigentliche Ziel des Religionsunterrichts auf religionsgeschichtlicher und religionspsychologischer Grundlage ist es, etwas zu wissen über das Judentum, über den Buddhismus, über den Islam – ebenso wie über das Christentum. Die Frage des Glaubens, die Frage, ob wir Christen oder Juden oder Buddhisten sein wollen oder nicht, kommt in diesem Unterricht nicht mehr vor. Das Fach Religion hat auf dieser Grundlage seinen Charakter der Herausforderung in glaubensmässigen und weltanschaulichen Fragen verloren und ist zur Betrachtung von kulturellen Erscheinungen geworden. Verschiedene Entscheide in der Geschichte der Entwicklung des Religionsunterrichts im Kanton Bern lassen im übrigen auch vermuten, dass man versuchte, genau diesen von den Konfessionen geführten Streit aus der Schule herauszuhalten.

Meines Erachtens ist die Kirche an dieser Entwicklung nicht unschuldig. Durch ihr permanentes Bemühen, die Macht auch über den schulischen Religionsunterricht zu behalten bzw. nicht zu verlieren, hat sie den Machtkampf zwischen evangelisch-reformierter Kirche und Erziehungsdirektion im Kanton Bern angefacht und unterhalten. Es mag eine These sein, die von andern zu überprüfen ist, aber wir meinen, dass dieser Machtkampf der grösste Hinderungsgrund dafür war, dass die Auseinandersetzung um eine theologisch und schulpädagogisch verantwortete Form und Grundlegung des Religionsunterrichts im Kanton Bern auf sachlicher Ebene hätte geführt werden können.

2.4 Ausblick: die Bewahrung des evangelischen Erbes in der Zukunft   Man kann sich fragen, welches die Grundlagen der durch die liberale Auffassung neu eingeführten Konfession sind. Auf wissenschaftlicher Ebene lässt sich das schwer beurteilen, da sich die religionsgeschichtliche und die religionspsychologische Forschung heute innerhalb der katholischen wie innerhalb der evangelischen Theologie gut etabliert haben – wenn sie auch historisch von evangelisch-reformierter Seite her mehr forciert wurden. Auf der Ebene der politischen Auseinandersetzung allerdings fallen doch zwei Merkmale auf, die zumindest bedenkenswert sind. Die sich zunehmend durchsetzende antikirchliche Haltung in der Frage des Religionsunterrichts im Kanton Bern weist unverkennbar reformierte Züge auf, ungeachtet der Tatsache, dass sich dieser Kampf gegen die evangelisch-reformierte Kirche richtete und richtet. Denn niemals bestand im Kanton Bern wirklich die Gefahr, dass der Religionsunterricht aus dem Fächerkanon der öffentlichen Schule gestrichen würde

– wenn das auch die Befürchtung vieler kirchlich orientierter Menschen war. Der Kampf richtete sich erstens gegen die kirchliche Bevormundung und das zweitens oft mit Hilfe eines Rückgriffes auf die Bibel. Sowohl das Anliegen wie auch die Argumentation sind von daher ebenfalls urreformatorisch. Die Sorge, die man sich um die gegenwärtige Gestalt des Religionsunterrichts im Kanton Bern machen muss, besteht deshalb nicht im Verlust von reformierter Tradition – viel eher schon im Verlust von evangelischer Tradition. In evangelischer Tradition wird es niemals möglich sein, die Vermittlung einer allgemeinen Religiosität zur Sache des Fachs Religion zu machen und dabei die Christusfrage fallenzulassen. Denn nach evangelischer Auffassung ist Christus nicht eine kulturgeschichtlich bedeutende Erscheinung, sondern der Messias. Deshalb bleibt als eine wichtige religionspädagogische Aufgabe der Zukunft die Entfaltung dieses Sachverhalts – der Messianität Jesu Christi – auf eine Weise, dass weder die konfessionellen Anliegen noch die antikonfessionellen, die heute vor allem multikulturelle Anliegen sind, in ihrer Berechtigung beeinträchtigt werden.

Zum Religionsunterricht aus der Sicht der christkatholischen Kirche

Marlies Dellagiacoma

Allgemeine Bemerkungen zur geschichtlichen und gegenwärtigen Situation der christkatholischen Kirche

Christkatholisch – was ist das? Was ist altkatholisch? Die dritte Landeskirche? Aber es gibt doch in der Schweiz nur eine römisch-katholische und eine evangelisch-reformierte Landeskirche?
X-mal in ihrem Leben müssen die Angehörigen der liberalen, romunabhängigen katholischen Kirche, die Christkatholiken, solche Fragen beantworten. Sind die Christkatholiken ein exklusiver Club, Relikt einer vergangenen Zeit oder eine zukunftsweisende Gruppe gläubiger Christen?
Die Antworten auf diese Fragen fallen höchst unterschiedlich aus, je nach pessimistischer oder optimistischer Prägung des oder der Gefragten. Der im Gang befindliche Prozess der Erneuerung, auf den sich die christkatholische Kirche seit 1998 begeben hat, wird früher oder später zeigen, in welche Richtung sie sich bewegt.

In der zweiten Hälfte des 19. Jahrhunderts hoffte man in der römisch-katholischen Kirche, mit straffer Kirchendisziplin (Jurisdiktionsprimat und Unfehlbarkeit) den Auswirkungen des Liberalismus, den Folgen der Industrialisierung und der aufblühenden Naturwissenschaften entgegenwirken zu können. Der päpstliche Zentralismus des Vatikanums I war ein Versuch, mit den unerwünschten Folgen der Moderne fertig zu werden. Demgegenüber wehrten sich die theologischen und geistlichen Väter des Altkatholizismus. Sie wollten an der alten freiheitlichen Struktur der Kirche festhalten aus biblischen, theologischen und geschichtlichen Gründen. Diese Auseinandersetzung und der Widerstand gegen die Papstdogmen erfolgten in der Zeit, als ein besonderes Sensorium für Freiheit, Demokratie und gemeinsame Verantwortung entstand. Aber Rom duldete keinen Widerspruch gegen die Papstdogmen des Ersten Vatikanums: Die führenden Köpfe, die sich innerhalb der Kirche für die Wiedererlangung und den Ausbau der kirchlichen Freiheit einsetzen wollten, wurden exkommuniziert. Damit waren die Anhänger des alten katholischen Glaubens (eben die Altkatholiken) gezwungen, eine eigene kirchliche Struktur aufzubauen. Auf diesem Hintergrund sind die kirchlichen Reformen zu verstehen, die mit der Entstehung der christkatholischen Kirche in der Schweiz verbunden waren. Es waren nicht Neuerungen, sondern Rückkehr zu den Wurzeln. Kirchendisziplinarische Fragen wurden in die Kompetenz der einzelnen Bistümer gegeben: Wahl des Bischofs, Gestaltung der Liturgie (Landessprache), Zölibatsfrage, Kirchenverfassung, Kirchenrecht usw. Das Mitspracherecht der Laien wurde garantiert und das dreifache apostolische Amt bewahrt, um ein Gleichgewicht zwischen der Verantwortung der kirchlichen Hierarchie und der Verantwortung der Gläubigen zu erreichen. Seit kurzem ist auch die Berufung von Frauen in das dreifache apostolische Amt möglich.

Doch lässt sich damit das in der Bevölkerung allgemein herrschende Desinteresse an allem, was mit kirchlicher Institution und Struktur zu tun hat, in neue Begeisterung für die Kirche umwandeln? Lässt sich damit der fortschreitende Mitgliederschwund aufhalten oder sogar in einen Zuwachs verwandeln? Da die Gründe für die Kluft zwischen Kirche und einem immer grösser werdenden Anteil der Bevölkerung viel weitreichender sind, ist ein Trend in diese Richtung leider unwahrscheinlich. Nur durch kosmetische Veränderungen in den Strukturen können sie nicht behoben werden. Kurz gesagt: Aufhebung des Pflichtzölibats und Einführung des Frauenpriestertums füllen die Kirchen nicht! Die Ursachen der kirchlichen Entfremdung sind hauptsächlich gesellschaftlicher Art. Wir stehen an der Schwelle einer zu Ende gehenden Ära allgemeiner abendländischer

Christlichkeit zu einer neuen Ära einer säkularisierten, synkretisierten und multireligiösen Gesellschaft, die von Individualisierung und Pluralisierung geprägt ist. Der christliche Glaube wird nicht mehr selbstverständlich in der Familie weitertradiert. Babylonische Sprachverständnisschwierigkeiten treten auf: Können sich Leute, die von bits, ram, server, shareholdervalue usw. reden, noch über Gnade, Erlösung, Sühne und Opfer unterhalten? Diese religiösen Ausdrücke sind im täglichen Sprachgebrauch nicht mehr zu finden. Es wächst die Tendenz, dass man über Religiöses überhaupt nicht mehr spricht, religiöse Themen sind tabu.

Jedoch – diese scheinbar aussichtslosen Voraussetzungen dürfen auch für die christkatholische Katechese absolut kein Hindernis sein, die christliche Frohbotschaft der nächsten Generation weiterzugeben!

Kirche und Religionsunterricht als einzige Träger der christlichen Glaubensvermittlung

Da christliches Gedankengut zusehends aus dem Bewusstsein eines Grossteils der Bevölkerung schwindet, sind die christlichen Kirchen gefordert. Weitergabe des christlichen Glaubens – noch vor fünfzig Jahren eine Angelegenheit der Familie, von konfessionell geprägten Freizeitvereinen und Parteien, einer konfessionell geprägten Presse usw. – geschieht heute fast ausschliesslich noch durch die Kirchen resp. durch den konfessionellen und ökumenischen Religionsunterricht in den Schulen und/oder Kirchgemeinden. Kinder, die ein

Gebet wie zum Beispiel das Vaterunser noch von Vater und Mutter erlernt haben, sind eher selten. Dass abendländische Kultur und Christentum während 2000 Jahren eine Symbiose bildeten, ist schon fast aus dem Bewusstsein des modernen Menschen verschwunden. Christentum als geschichtliche Dimension und christliches Verhalten als ethische Grundlage des Zusammenlebens werden nur noch durch die Kirchen weitergegeben. Packen wir diese wichtige, für die Weiterexistenz des Christentums notwendige Aufgabe an, und beginnen wir damit bei unseren Kindern!

Angepackt werden müssen nicht nur die geschichtliche Tradierung des Christentums, sondern vor allem die grundlegenden Werte des Evangeliums, Werte, die Gott sei Dank grösstenteils, wenn auch unreflektiert, noch vorhanden sind, auf deren Durchsetzung jedoch immer mehr geachtet werden muss. Zu erwähnen ist hier das Ziel des Gottesreiches: Einheit der Menschen mit Gott, untereinander und mit sich selbst. Wege zu diesem Ziel sind Werte wie Nächstenliebe, Vertrauen, Geborgenheit, Hoffnung, Freiheit, Frieden, Gerechtigkeit, Option für die Armen, Befreiung, Erlösung usw. Wenn heute das Thema Religionsunterricht angesprochen wird, taucht sogleich das Wort «schwierig» auf, und zwar sowohl auf Seite der Unterrichtenden als auch auf derjenigen der Schülerinnen, Schüler und Eltern. Und dies erst recht in der christkatholischen Kirche. Konnten früher Katechetinnen und Katecheten auf gewisse elementare Inhalte christlichen Glaubens als selbstverständlich zurückgreifen, müssen Unterrichtende heute praktisch bei Null anfangen. Selbst die Bedeutung hoher

kirchlicher Festtage ist vielen nicht mehr geläufig. Man spricht mit Recht von einem zunehmenden christlichen Analphabetismus.

Weitergabe des Glaubens aus christkatholischer Sicht

Unterrichtszeiten und -formen   Während die beiden grossen Landeskrichen in den meisten Kantonen den schulischen konfessionellen Unterricht innerhalb des Stundenplans der öffentlichen Schulen angesiedelt haben, ist dies beim christkatholischen Religionsunterricht nicht möglich. Es gibt Klassen, ja Schulhäuser, wo vielleicht nur noch ein Kind christkatholisch ist. Diese Minderheitssituation bringt Probleme – aber auch Chancen mit sich.

Die Probleme stellen sich hauptsächlich im organisatorischen Bereich, da für die Suche eines gemeinsamen Termins für den Religionsunterricht auf ebenso viele Stundenpläne wie Unterrichtskinder Rücksicht genommen werden muss. Was bleibt, ist vielfach leider nur noch die auch für Kinder immer spärlicher gewordene Freizeit. Religionsunterricht steht in Konkurrenz zum Klavierunterricht, zum Fussballclub oder zur Ballettstunde. Und ist der Religionsunterricht konkurrenzfähig? Da sind Unterrichtende in der Tat gefordert!

Umfragen in christkatholischen Kirchgemeinden der Schweiz haben ergeben, dass zwei Modelle von Unterrichtszeiten sich durchgesetzt haben. Dort, wo noch relativ viele christkatholische Kinder am gleichen Ort oder in der näheren Umgebung wohnen, findet noch wöchentlich an einer abendlichen Randstunde Religionsunterricht statt. Zusehends ist es aber nur noch möglich, Religion einmal alle 14 Tage oder einmal monatlich als Blockunterricht an einem freien Nachmittag zu erteilen. Vor- und Nachteile bringen beide Modelle; die Blockunterrichtsform drängt sich dort auf, wo die Wohnorte der Kinder weiter entfernt sind, da sich zum Teil grosse Anfahrtswege ergeben, die sich bei längerer, konzentrierterer Unterrichtszeit eher «lohnen». Zudem findet die Blockunterrichtsform mehr Anklang bei Kindern und den meisten Eltern. Beim Religionsunterricht an einem ganzen Nachmittag sind Gestaltungsmöglichkeiten mit Einbezug von Kopf, Hand und Herz aus zeitlichen Gründen eher möglich. Kreatives Gestalten, Spiele und Zvieri gehören ebensosehr zu «Religion» wie theoretisch vermittelter theologischer Stoff.

Interessant ist die Situation in der Kirchgemeinde Zürich. Da das Gemeindegebiet den ganzen Kanton umfasst, ergeben sich für die Kinder resp. deren Eltern zum Teil lange Anfahrtswege. Hier kam von den Eltern der Vorschlag, den Religionsunterricht einmal im Monat am Sonntagnachmittag durchzuführen! Nach dem Gottesdienst am Morgen nimmt man gemeinsam das Mittagessen ein, und während des Religionsunterrichts der Kinder am Nachmittag sind die Eltern frei, miteinander etwas zu unternehmen.

Religionsunterricht mit nur vier Kindern? Auch wenn zwei Jahrgänge zusammen unterrichtet werden, sind die Unterrichtsklassen meistens klein. Je weniger Kinder jemand zu unterrichten hat, desto eher wird die Subjektivität des einzelnen Kindes,

aber auch diejenige der Katechetin oder des Pfarrers wahrgenommen. Der Aufbau einer engen Beziehung ist somit möglich. Kinder sind sehr sensibel für Zuneigung. Wenn sie sich angenommen fühlen, wenn sie Liebe spüren, ist es ihnen wohl im Religionsunterricht, auch ohne durchstrukturierte Lernorganisation und ohne Video-Einsatz. Damit wird die wohl grösste Herausforderung an die Unterrichtenden gestellt. Was am wichtigsten ist, heisst «Beziehung», und dies ist eine christkatholische «Trumpfkarte»! Den Kindern wird eine begeisterungsfähige Katechetin stärker in positiver Erinnerung bleiben als noch so gut vermittelte theoretische Theologie.

Ist christkatholischer Religionsunterricht freiwillig? In jenen Kantonen, wo die christkatholische Kirche Landeskirchenstatus hat, gilt die gleiche Regelung wie für die römisch-katholische und die evangelisch-reformierte Konfession, das heisst, der Unterricht ist obligatorisch, sofern die Eltern keinen Antrag auf Dispensierung stellen.

Kinderlager – Freizeitbeschäftigung oder Religionsunterricht? «Beim Religionsunterricht haben mir die Lager am besten gefallen.» Nicht selten hört man diese Aussage von Jugendlichen am Ende der regulären Religionsunterrichtszeit. Die meisten Kinder lieben Lager. Man ist Tag und Nacht zusammen, und auch wenn man sich ab und zu streitet, so ist es doch mehrheitlich «lässig» und lustig. Lager sind ein sehr wichtiger Bestandteil im Leben eines christkatholischen Kindes – und auch des Religionsunterrichts. Neben Freizeitlagern in den Sommer- und Winterferien finden auch die sakramentalen Vorbereitungen auf

Erstkommunion und Firmung in einem Lager statt. Gemeinschaft erleben, hautnah, zusammenleben mit allen Freuden, aber auch mit allen Problemen und Auseinandersetzungen – dies ist eine wichtige Dimension der praxisorientierten Religion, der Kirche als Gemeinschaft unter den Menschen.

Religionsunterricht ist im Gemeindeleben internalisiert   Erteilt wird der christkatholische Religionsunterricht im Kirchgemeindehaus; dieses befindet sich meistens neben dem christkatholischen Kirchengebäude. So können die Kinder ihre konfessionelle Heimat unmittelbar auch örtlich erfahren, sie kennen «ihre» Kirche. Religionsunterricht, Gottesdienst und Gemeindeleben sind für sie gefühlsmässig eng mit dem Kirchengebäude und dem Kirchgemeindehaus verknüpft.
Religionsunterricht und Gottesdienstleben sind daher nahe beisammen; viele Unterrichtskinder melden sich gerne zum Ministrantendienst. Interessant sind Beobachtungen, dass gerade Kinder von eher kirchenfernen Eltern gerne dem Gottesdienst beiwohnen und sich zum Ministrantendienst hingezogen fühlen.
Es entsteht automatisch eine Nähe zum Gemeindeleben. Die Gemeinde kennt ihre Unterrichtskinder durch Kinder- und Jugendgottesdienste, und die Kinder machen Bekanntschaft mit den Gemeindeangehörigen bei gemeinsamen Ausflügen, Picknicks, Familienabenden usw. Dass Religionsunterricht nicht nur eine Trockenübung ist, dass Kirche mehr als nur ein Gebäude ist, dass Kirche auch etwas mit Gemeinschaft zu tun hat, können die Kinder zum Beispiel

bei einem gemeinsamen Besuch eines oder mehrerer älterer Christkatholiken in einem Altersheim erfahren. In der Gemeinde kann so ein generationenübergreifendes Lernen stattfinden.

Zusammenarbeit mit den Eltern   Die christkatholische Kirche ist wohl Volkskirche, das heisst, man wird in diese Konfession mehr oder weniger unfreiwillig und automatisch «hineingeboren» und «hineingetauft». Jedoch findet auch hier ein Wandel statt, da manche junge Eltern heutzutage ihre Kinder nicht mehr selbstverständlich taufen lassen; sie wollen ihre Kinder unabhängig erziehen, sie sollen dann, wenn sie volljährig sind, selber über ihre Religionszugehörigkeit entscheiden. Die Kirchgemeinden werden sich wahrscheinlich in Zukunft immer mehr mit der Erwachsenenkatechese auseinanderzusetzen haben. Vielleicht ist dies der Anfang einer Entscheidungskirche?
Für die christkatholischen Christinnen und Christen ist es nicht immer bequem, eine Minderheit zu sein, vor allem in einem Bereich – dem kirchlichen –, der nicht mehr «in» ist. Dass man stets erklären muss, was christkatholisch ist – «Nein, wir sind keine Sekte» –, erleichtert die Situation auch nicht. Dies ist der Grund, weshalb heute Eltern, die ihre Kinder christkatholisch taufen lassen, dies aus Überzeugung und im Bewusstsein tun, ihr Kind auch in einer christkatholischen Gemeinde aufwachsen lassen zu wollen – mit allen Vor- und Nachteilen.
In ländlichen Regionen, in einem Dorf mit einer grösseren Christkatholikendichte wie zum Beispiel in Möhlin im Fricktal, begeg-

net man sich vielleicht automatisch auch im Alltag, auch auf der Strasse. Dies trifft in einer Stadt nicht mehr zu. Fast jeder Christkatholik erlebt eine Diasporasituation, das heisst, zwischen einzelnen Christkatholiken liegen immer räumliche Distanzen. Man muss etwas organisieren, um sich zu treffen. Besonders wichtig sind deshalb neben den Gottesdiensten der anschliessende Kirchenkaffee und weitere gesellschaftliche Anlässe vor allem für junge Familien wie Eltern-Kinder-Gruppen, die sich regelmässig treffen. So lernen auch kleine Kinder schon sehr früh «ihre» Kirche und den Ort kennen, wo sie später einmal den Religionsunterricht besuchen.

Was sind die Erwartungen der Eltern? Die meisten Eltern wünschen sich Religionsunterricht für ihre Kinder. Was ihnen im alltäglichen Leben vielfach schwerfällt, nämlich über Gott und Religion zu reden, erwarten sie von der Kirche, von den «Glaubenserziehern vom Dienst», vom Pfarrer, von der Katechetin. Für viele Eltern ist der Religionsunterricht die grösste, vielleicht die einzige Hoffnung für die religiöse Erziehung ihrer Kinder. So wollen die Eltern eigentlich etwas für ihr Kind, das sie selber nicht mehr oder nur ungenügend zum Ausdruck bringen können. Kontakte zu den Eltern sind äusserst wichtig. Eltern werden auch ab und zu in den Unterricht eingeladen, um sie aktiv in das Unterrichtsgeschehen mit einzubeziehen. Dies kann auch bei Ausflügen, Besichtigungen und bei Aktionen kleinerer oder grösserer Projekte geschehen. Eltern können bei der Organisation mithelfen. Dadurch erhalten sie Einblick in die komplexen Formen der heutigen Katechese, und es gelingt ihnen vielleicht sogar, sich von früheren religiösen Vorstellungen zu lösen und gemeinsam mit ihren Kindern eine neue Qualität von Religion zu finden.

Christkatholische Trumpfkarte: kleine Unterrichtsklassen   Leider beschränkt sich bei den meisten erwachsenen modernen Menschen der Begriff «Religion» nur noch auf «Religionsunterricht in der Jugendzeit» und damit verbundene gute oder schlechte Erinnerungen. Vielfach wird der Glaube nicht weiterentwickelt und ist in einem kindlichen Gottesbild steckengeblieben. Ob sich diese gesellschaftliche Entwicklung verändern wird, muss bezweifelt werden. Um so wichtiger ist es deshalb, sehr sorgfältig mit dem Religionsunterricht umzugehen. Dabei spielt die Persönlichkeit der Lehrperson die allerwichtigste Rolle. Der Unterrichtsstoff verschwindet leider bei den meisten Menschen relativ rasch aus dem Gedächtnis, aber ob der Pfarrer oder die Katechetin «nett» waren und ob es «lässig» im Unterricht war, bleibt haften. Was eine Bezugsperson vermitteln kann, ist Beheimatung, Vertrauen, Geborgenheit und Angenommensein. Erst wenn diese Basis vorhanden ist, kann Religiöses thematisiert werden, beginnt Religion, Religion als Teil der eigenen Person. Und hier besteht die Möglichkeit, die christkatholische Trumpfkarte – die kleinen Religionsklassen – auszuloten, indem ein intensiver Austausch zwischen Unterrichtenden und Schülerinnen und Schülern stattfinden kann. Wenn eine Beheimatung gefestigt ist, wird auch eine Öffnung, werden Gesprächsbereitschaft und Toleranz gegenüber anderen Glaubensrichtungen ermöglicht.

Religionsunterricht aus Kindersicht

Corinne:

«Ich habe viele kleine Erinnerungen wie Geschichten und Themen, die wir im Religionsunterricht behandelt haben, Erinnerungen auch an die Theaterspiele an Weihnachten, an das Erstkommunionlager und an die Firmung. Ich ging immer sehr gerne in den Religionsunterricht.»

Marion:

«Mir hat der Religionsunterricht viel gegeben, obschon es nicht immer angenehm war, zum Unterricht gehen zu müssen, während anderskonfessionelle Kinder frei hatten. Umgekehrt hatte ich jedoch schulfrei, wenn die Römisch-katholischen und die Reformierten in ihren Unterricht mussten. Wenn ich zurückdenke, bleibt mir nur das Fazit, es war schön und gut im Religionsunterricht, und ich möchte nicht anderskonfessionell sein.»

Livia:

«Ich gehe gerne in den Religionsunterricht. Herr Pfarrer liest uns Geschichten vor, und das ist manchmal recht lustig.
Nachher sprechen wir über bestimmte Themen.
Einmal machten wir ein Spiel über Regeln, dass man das zusammen macht und nicht jedes für sich alleine und dass man sich hilft.
Der Religionsunterricht gefällt mir so, wie er ist.»

Gegenwärtige Gestalt des Religions- unterrichts im Kanton St. Gallen: Religion als Teilbereich im Fachbereich Mensch und Umwelt

Philipp Hautle

Lehrplan Volksschule im Kanton St. Gallen

Wer will da – nach so intensiver Arbeit – nicht stolz sein! Sorgfältig gedruckt, einge- bunden in den grün-weissen Ordner, liegt der neue Volksschullehrplan[1] mit 387 Sei- ten vor mir. Seit 1. August 1997 ist er in Kraft. Mich freut, dass es uns seitens der Kirchen gelungen ist, nicht nur Gast in der Schule zu sein, wie es die Kantons- verfassung und das Volksschulgesetz er- laubt. Religion ist neu integriert in den

[1] Erziehungsplan Kindergarten, Lehrplan Volksschu- le, Kanton St. Gallen. Herausgeber: Erziehungs- departement des Kantons St. Gallen, erlassen am 19. Juni 1996. Herstellung und Vertrieb: Kantona- ler Lehrmittelverlag St. Gallen, Rorschach. Sonderdruck Religion als Teilbereich «Mensch und Umwelt», Lehrplan Volksschule, Kanton St. Gallen. Herausgeber: Evangelisch-Reformierte Kirche des Kantons St. Gallen und Bischöfliches Ordinariat St. Gallen. Vertrieb: Diözesane Katechetische Arbeitsstelle, Klosterhof 6a, 9000 St. Gallen.

Fächerkanon, als Teilbereich verknüpft mit dem Fachbereich Mensch und Umwelt.

Die Schule wird nach christlichen Grundsätzen geführt

Der Erziehungs- und Bildungsauftrag un- seres Kantons ist auf einer christlichen Ba- sis verankert. Das Erziehungsdepartement lud deshalb das Bistum St. Gallen und die evangelisch-reformierte Kirche des Kantons St. Gallen zur Mitgestaltung des Lehrplans ein. Wir sollen nicht nur das Fach Religion verantworten, sondern für die Schule von morgen mitplanen, mitdenken, sie mitge- stalten. Seitens der Kirchen sind wir bereit, am Erziehungs- und Bildungsauftrag mit- zuarbeiten, und haben etwas beizutragen.

Ein Lernprozess – was will Schule heute?

Am 20. November 1992 begann die Ge- samtkommission mit der Konzeptarbeit. Zielvorgaben waren:
- pädagogische, didaktische und organi- satorische Leitideen
- Rahmenbedingungen

Schwerpunkte des Erziehungs- und Bildungsauftrages der Schule

- Unterstützung der Eltern.
- Orientierung an Grundsätzen.
  - Die Schule geht von Wertvorstellungen christlich-humanistischer Überlieferung aus und hilft den Schülerinnen und Schülern, ein persönliches Wertesystem aufzubauen.
  - Die Schule weckt und fördert das Verständnis für soziale Gerechtigkeit, Demokratie und die Erhaltung der natürlichen Umwelt.
  - Die Schule fördert die Gleichstellung der Geschlechter und wendet sich gegen jede Form von Diskriminierung innerhalb ihrer Einflussmöglichkeiten.
  - Die Schule pflegt interkulturelle Erziehung und fördert die gegenseitige Toleranz von Lebenssitten, Religionen und Kulturen im Zusammenleben mit anderen Menschen.
- Ganzheitliche Bildung.

- Fächertafel
- Fachbereiche.

Als beratendes Mitglied dieser Kommission war es für mich die Chance, von Grund auf der Frage nachzugehen, was Schule in Zukunft erreichen will. Eine Auseinandersetzung, wie ich sie nie – auch in meinem Theologiestudium nie – erlebt habe. Der Lernprozess war äusserst intensiv.

Pädagogische Leitideen

Lebensbejahung   Elementare Bildung
Eigenständigkeit   Lernkompetenz
Urteilsfähigkeit   Leistung

Gemeinschaftsfähigkeit
Demokratisches Verhalten
Verantwortungsbewusstsein

Eine ökumenische Lehrplankommission für das Fach Religion

Die Lehrplanarbeit für das Fach Religion lag ganz in der Verantwortung der katholischen und evangelisch-reformierten Kirchen. Sie willigten ein, von Anfang an eine ökumenische Lehrplankommission zu bilden. Denn eine möglichst enge Zusammenarbeit zwischen den beiden Kirchen schien das einzig Vernünftige zu sein. Mit grosser Achtung und Dankbarkeit denke ich an die Mitglieder der ökumenischen Kommission, die alle nebst ihrer beruflichen Auslastung ein grosses Mass an zusätzlicher Arbeit und Auseinandersetzungen auf sich genommen haben.

Konfessionell-getrennter oder konfessionell-kooperativer Religionsunterricht?

Ursprünglich war unser schulischer Religionsunterricht konfessionell getrennt. Zwei Jahreswochenstunden auf allen Klassen waren bisher dafür in der Stundentafel reserviert. Seit zwanzig Jahren wird eine der beiden Stunden in ca. 75% der Schulen als konfessionell-kooperative Bibelstunde gehalten. Sie wird meist von den Lehrkräften erteilt, die in ihrer Ausbildung (für alle obligatorisch) das Bibellehrerpatent erworben haben. Daneben erteilen die Seelsorgerinnen und Seelsorger konfessionellen Religionsunterricht.

Neue Rahmenbedingungen

Mit dem Erziehungsdepartement kamen wir überein, dass im 1. und 9. Schuljahr nur mehr eine Stunde Religion, in den übrigen Schuljahren wie bisher zwei Jahreswochenstunden Religion erteilt werden.
Nach langem Tauziehen in der ökumenischen Lehrplankommission und zwischen den beiden Kirchenleitungen entschieden diese, dass vom 2. bis 6. Schuljahr eine Stunde Religion konfessionell-getrennt erteilt werden muss, die übrigen Stunden können konfessionell-getrennt oder -kooperativ erteilt werden.

Bedeutung des Fachbereichs

Im Religionsunterricht sucht die Lehrperson mit den Kindern und Jugendlichen die religiöse Dimension zu entdecken. Die christliche Botschaft und das kirchliche Leben – in ökumenischer und interkultureller Offenheit – helfen uns, glaubend und verantwortungsbewusst unser Leben zu gestalten.

Ein ökumenisch erarbeiteter Lehrplan mit konfessionellen Fenstern

Wie konnten obige Rahmenbedingungen in *einem* Lehrplan eingebracht werden? Die Idee von «konfessionellen Fenstern» half uns weiter: Wir wollten den Lehrplan so weit wie möglich gemeinsam erarbeiten. Wo eine Kirche etwas spezifisch Konfessionelles einbringen wollte, war dies mit einer entsprechenden Markierung möglich. Gemeinsam erarbeiteten wir so die Bedeutung unseres Fachbereichs, die Richtziele, die organisatorischen Hinweise und vor allem die Grobziele und Verknüpfungen für die Stufenlehrpläne der Unter-, Mittel- und Oberstufe. Wir staunten selbst, wieviel Gemeinsames wir in unserem Religionsunterricht vorgefunden haben.

Zielorientiertes, nicht inhaltsorientiertes Lernen

Zielorientiertes Lernen zwang uns zum Umdenken. Die Umsetzung im Alltag zeigt, dass diese Vorgabe auch Religionslehrerinnen und Religionslehrer herausfordert. Richtziele werden im Lehrplan verstanden als Ziele, die wir bis zum Ende der Volksschule erreichen möchten.

Übersicht der Richtziele

Verantwortung übernehmen und Solidarität entwickeln

Religiöse Sprache verstehen

Sich auf die Grundlage des Lebens besinnen

Biblische Texte und kirchliche Glaubenszeugnisse kennen

Innere Erfahrungen wahrnehmen

Nach dem Sinn des Lebens fragen

Ein christliches Welt-, Menschen- und Gottesbild entwickeln

Der Schöpfung Sorge tragen

Eigene Lebenserfahrungen deuten

Symbole entdecken

Gemeinsam den Glauben feiern

Sich als Glied der Kirche erleben

Unterschiedliche Glaubensformen erkennen und Toleranz einüben

Jesus und seiner Botschaft begegnen

Je mehr wir uns mit dem zielorientierten Lernen befassten, desto hilfreicher erschien uns der religionspädagogische Ansatz, wie er im grossen und sorgfältig erarbeiteten Unterrichtswerk von Hubertus Halbfas entfaltet ist. Im Bewusstsein unserer eigenen Grenzen (Arbeitskapazität und Fachkompetenz) stand mehr und mehr dieses Konzept Pate für die Detailarbeit am Lehrplan.

Stufenlehrpläne

Richtziele und Stufenlehrpläne lehnen sich deshalb stark an den Aufbau von Hubertus Halbfas' «Religionsunterricht in der Grundschule 1–4» und von «Sekundarschulen 5–10» an.
Die Symboldidaktik, die sich von Jahr zu Jahr weiterentfaltet, faszinierte uns.

Religion wird Teilbereich des Fachbereichs Mensch und Umwelt

Wir wollten mit dem Religionsunterricht nicht bloss am Rande der Schule kleben bleiben. So suchten wir die Verknüpfung mit anderen Fachbereichen. Dafür besonders geeignet war der Teilbereich «Individuum und Gemeinschaft» im Fachbereich «Mensch und Umwelt». Deshalb arbeiteten zwei Mitglieder unserer ökumenischen Lehrplankommission im Teilbereich Individuum und Gemeinschaft mit. Die Frucht war ein lebendiges Hin und Her, eine Abstimmung vieler Ziele und möglicher gemeinsamer Inhalte.

Fächerübergreifendes Schaffen

Querverweise zu andern Fächern gehören zu allen Grobzielen. So werden die biblischen Gestalten Noomi und Rut mit dem Flüchtlingsschicksal von heute verbunden. Allerdings müssen diese Verknüpfungen mit anderen Fächern im Detail noch viel intensiver erarbeitet werden. Sie haben auch nur Sinn, wenn unter den Fachlehrkräften wirklich zusammengearbeitet wird. Der neue Volksschullehrplan öffnet hier Tür und Tor: Teamteaching, gemeinsame Projekte, Blockveranstaltungen – um nur einige zu nennen – sind im neuen Lehrplan möglich, ja gewünscht. Im Bewusstsein um die organisatorischen Schwierigkeiten werden hier die Unterrichtenden gefordert. Aber erste Erfahrungen zeigen, dass es sich auszahlt: Wo gemeinsame Projekte an die Hand genommen werden, wird die Qualität des Lernens erhöht.

Einführung des neuen Lehrplanes

Moderatorenteams wurden von Experten für die Einführung des neuen Lehrplans eingesetzt und ausgebildet. Jedem Schulkreis stand ein solches Team zur Verfügung. Mit den ordentlichen Lehrkräften wurden auch die Religionslehrerinnen und Religionslehrer zu den obligatorischen Einführungstagen eingeladen. Das hatte als wohltuenden Nebeneffekt, dass der Kontakt untereinander verstärkt wurde.

Medien zum neuen Lehrplan

Zum neuen Lehrplan gehört die neue Lehrmittel-, Literatur- und Medienliste.[3] Die regionalen kirchlichen Medienstellen sind daran, sich auf den neuen Lehrplan einzustellen. Bei dieser Gelegenheit konnten wir auch die Zusammenarbeit mit dem Medienverleih des Kantonalen Lehrmittelverlags St. Gallen in Rorschach verstärken. Ab sofort stehen dort für das Fach Religion allen Lehrenden unentgeltlich wesentliche Medien zur Verfügung. Zudem wird dieses Medienangebot in Absprache mit den Kirchen à jour gehalten.

Als Hilfe zur besseren Koordination des Religionsunterrichts gibt die Diözesane Katechetische Arbeitsstelle auch ein Heft für Planung und Lehrbericht heraus.[4] Das ökumenische Fortbildungsprogramm legt zur Zeit den Schwerpunkt auf die Umsetzung des Lehrplanes.

Ökumenische Unterrichtskommissionen in den Pfarreien

Im Rahmen der Einführung des neuen Lehrplans bemühten wir uns auch, in allen Pfarreien eine ökumenische Unterrichtskommission einzurichten, zusammengesetzt aus Vertretern der Eltern, der Religionslehrerinnen und Religionslehrer und

[3] Lehrmittel-, Literatur- und Medienliste zum neuen Lehrplan Religion, Dez. 1996. Hrsg.: DKA, Klosterhof 6a, 9000 St. Gallen.
[4] Heft für Planung und Lehrbericht, 1.–9. Schuljahr, Fachbereich Mensch und Umwelt – Teilbereich Religion. Hrsg.: DKA, Klosterhof 6a, 9000 St. Gallen.

der kirchlichen Behörden. Die ersten Erfahrungen sind ermutigend, weil damit die Verantwortung für den Religionsunterricht breiter abgestützt wird.

Erste Erfahrungen

Manches Echo auf den neuen Lehrplan – er ist als Sonderdruck auf der Diözesanen Katechetischen Arbeitsstelle (Klosterhof 6a, 9000 St. Gallen) erhältlich – löste bei uns grosse Freude aus. Zwischen dem Lehrplan und der gegenwärtigen Gestalt des Religionsunterrichts liegen aber nochmals Welten. Die Spannung zwischen Ideal und Wirklichkeit gehört zum Alltag. Das Umsetzen des neuen Lehrplans verlangt viel. Was ich als vierjährigen Weiterbildungsprozess intensiv erlebt habe, kann nicht so schnell in die Schulzimmer übersetzt werden. Vor allem die Akzentverschiebung von inhalts- zu zielorientiertem Lernen will eingeübt werden und verlangt viel Zeit für Reflexion.

Viele der haupt- und nebenamtlichen Religionslehrkräfte sind mit Elan daran, anhand des neuen Lehrplanes eine Standortbestimmung vorzunehmen und den Religionsunterricht zu verbessern. Das stimmt uns zuversichtlich.

Es wäre überheblich, wollte ich nicht auch die Mängel des Lehrplans sehen. Vieles ist noch zu wenig ausgereift. Auch glaube ich, die Stufenlehrpläne seien noch zu überladen. Das kann auch mutlos machen (eine Erfahrung, die auch beim ausführlichen Unterrichtswerk von Hubertus Halbfas aufkommen kann).

Kirchliche Verkündigung und Glaubenlernen

Noch bewusster bin ich mir, dass der allerbeste Lehrplan kein Garantieschein für eine Glaubenserfahrung ist. Der geistige Umbruch, in dem wir heute leben, die Veränderung des Bewusstseins bei Jung und Alt, das Finden einer religiösen Sprache und einer religiösen Praxis, die interreligiöse Gesellschaft, die Zerrissenheit und die Nöte unserer Welt fordern mehr, fordern wohl vor allem von uns Lehrenden die Achtung vor jedem Kind und Erwachsenen. Verlangt wird kindliche Neugier, mit den Kindern und Jugendlichen die Welt in ihrer Vielschichtigkeit wahrzunehmen, um darin etwas vom göttlichen Geheimnis zu entdecken. Dazu gehören ebenso Bescheidenheit und ein glaubwürdiges Glaubenszeugnis.

Lehrplan wider das Sektierertum oder der Lehrplan und das Credo

Einem Gedanken hänge ich noch nach. In unserer katholischen deutschschweizerischen Kirchenkultur besteht heute die Gefahr, sich selbstbewusst als letztgültigen Massstab zu nehmen. Natürlich bleibt das Gewissen die letzte bindende Instanz. Zum reifen Gewissen gehört es aber auch, dass ich mich selbst mit andern, mit der Tradition, auch mit dem Glauben der Kirche, auseinandersetze, dass wir miteinander diesen Glauben «teilen», ihn mitteilen. Ich hoffe, der neue Lehrplan widerspiegelt den «sensus fidelium», den Glaubenssinn des Volkes Gottes, als das wir unterwegs sind.

Ich glaube, die Richtziele des neuen Lehrplanes liegen in derselben Richtung wie das Credo, das wir im Gottesdienst beten. Die Approbierung durch das Bischöfliche Ordinariat selbst war eine Bestätigung in dieser Richtung.

Eine Anekdote

Zum Schluss noch eine Anekdote: Vor einigen Wochen gestand mir ein Religionslehrer, er könne mit Lehrplänen überhaupt nichts anfangen. In Erinnerung daran, dass ich selbst in den ersten Jahren meiner katechetischen Tätigkeit den damals gültigen Lehrplan nur selten konsultierte, empfahl ich ihm: «Nimm trotzdem wenigstens einmal im Jahr den neuen Lehrplan zur Hand, lies die Richtziele durch, und blättere in den Stufenlehrplänen. So magst du wenigstens entdecken, welches Ziel und welchen Inhalt du in deiner Katechese regelmässig verdrängst!»

Ich wiederhole: Ich habe durch die Mitarbeit am neuen Lehrplan sehr viel entdeckt und dazugelernt. Ich möchte diesen Prozess nicht missen. Etwas von diesem Lernprozess wünsche ich jeder und jedem, der unsern Lehrplan konsultiert.

Im Aargau mit Kindern auf dem Weg des Glaubens

Benedetg Beeli, Toni Schmid

Nach dem aargauischen Schulgesetz vom 17. März 1981 sind an der Volksschule zwei Arten von Religionsunterricht vorgesehen: der schulische und der kirchliche Religionsunterricht. Der schulische Religionsunterricht wendet sich an die Schüler der ganzen Klasse. Zwar ist er von seiner christlichen Grundorientierung bestimmt, vermeidet aber jede konfessionelle Einseitigkeit und berücksichtigt auch nichtchristliche Religionen. Der schulische Religionsunterricht wird vom Staat verantwortet und durch staatliche Lehrpersonen (in der Regel durch die Klassenlehrer) erteilt.

Die katholische Kirche versteht ihren eigenen kirchlichen Unterricht nicht einfach als Ergänzung des schulischen, sondern als eigenständiges und wirkungsvolles Gefäss kirchlicher Verkündigung. Von diesem kirchlichen Unterricht ist hier zu berichten.

[1] Regionaldekanat der Bistumsregion Aargau, Römisch-Katholischer Kirchenrat des Kantons Aargau: Empfehlungen für die Anstellung von Katechetinnen und Katecheten im Nebenamt, Aarau 1999.

Der Regionaldekan und der Kirchenrat der Bistumsregion Aargau haben umschrieben, worum es in der kirchlichen Katechese gehen soll:

Auftrag der Katechese   «Die Gemeinschaft der Gläubigen hat von Christus her den Auftrag, das Evangelium zu verkünden. Die Kirche weiss sich dabei insbesondere auch den Kindern und Jugendlichen verpflichtet. Sie vermittelt ihnen die froh machende Botschaft Jesu, sie bezeugt ihren Glauben, und sie sorgt sich um die Glaubensentwicklung ihrer jungen Mitglieder. Katechetinnen und Katecheten begleiten die Kinder und Jugendlichen auf ihrem Glaubensweg. Die Eltern werden in einem für sie zumutbaren Mass in dieses Geschehen mit einbezogen. Das Unterrichtsgeschehen umfasst die verschiedensten Lernorte der Pfarrei.»[1]

Für die konkrete Umsetzung dieser Anliegen haben wir die im folgenden ausgeführte Form gewählt:

Konzeption der Katechese im Kanton Aargau, 1.–5. Primarklasse   Es soll pro Schuljahr ein klarer thematischer Schwerpunkt gesetzt werden. Wir verzichten aber bewusst auf eine «Vollständigkeit der Inhalte». Klare und unbestrittene Schwerpunkte sind die Sakramente der Eucharistie und der Versöhnung. Wir orientieren uns dazu an den Empfehlungen der Deutschschweizerischen Ordinarienkonferenz (DOK) aus dem Jahre 1988.[2] Vorausgehend sollen das Grundsymbol Kreuz als verbindendes Zeichen und das Vaterunser als Gebetsschule einen wesentlichen Schwerpunkt bilden. Das Kirchenjahr bietet sich anschliessend als erlebbarer Katechismus an, der die wichtigsten Inhalte unseres Glaubens lebensorientiert und christuszentriert zusammenfasst.

1. Klasse — Das Kreuzzeichen

Elternabende: Überblick über den RU 1.–5. Klasse, von der Bedeutung von Zeichen (Kreuzzeichen)
Gottesdienst: Übergabe eines selbstgefertigten Kreuzes an die Kinder im Gemeindegottesdienst

2. Klasse — Vaterunser; Wege gehen (Versöhnungsfeier)

Elternabend: Von der Bedeutung des Gebets (Vaterunser)
Gottesdienste: Vaterunser-Gottesdienst (Übergabe des Vaterunser-Büchleins), Versöhnungsfeier

3. Klasse — Erstkommunion

Elternabende: Überblick über das Programm Erstkommunion, «Kommunion», wie ist das zu verstehen?
Gottesdienste: Versöhnungsfeier, Gottesdienst «Weizenkörner, Trauben», Erstkommuniongottesdienst

4. Klasse — Versöhnungshaus, persönlicher Weg der Versöhnung

Elternabend: Was früher «Beichte» genannt wurde». Mein Weg im Versöhnungshaus
Gottesdienste: Versöhnungsweg, Pfarreigottesdienst «Versöhnung»

5. Klasse — Kirchenjahr

Elternabend: Ein Kirchenjahr, wozu?
Gottesdienste: Mitgestaltung des Kirchenjahres, Vorbereitung und Gestaltung eines Gemeindegottesdienstes

Ziel der Schwerpunktthemen ist es, Kindern und Eltern mit elementarer Substanz unseres Glaubens vertraut zu machen. Dabei sollen die verschiedensten «Lernorte des Glaubens» (Schule, Pfarrei, Familie, Freizeitgruppen, Gottesdienstgemeinde usw.) berücksichtigt werden. Neben den Schwerpunktthemen bleibt jedes Jahr noch genügend Raum frei, um Themen eigener Wahl mit den Kindern zu bearbeiten.

Gott baut ein Haus, das lebt ...   Unsere Erfahrungen mit dieser Elementarisierung der Inhalte sind in hohem Masse positiv. Aus vorerst kleinen Bausteinen, die wir in den Praxiskursen der Ausbildungsgruppen laufend entwickeln und evaluieren,[3] bildet sich mehr und mehr ein katechetischer Bauplatz, wo Kinder, Jugendliche und Erwachsene durch diese Schwerpunktthemen Kirche in unterschiedlichen Formen erleben dürfen.

Dieses Konzept wirkt sich in mancherlei Hinsicht bereichernd aus:

- Katechetinnen und Katecheten können sich mit vereinten Kräften der Vorbereitung und Ausgestaltung eines gemeinsamen Projektes widmen, was sich deutlich auf die inhaltliche, methodische und kreative Qualität des Unterrichts auswirkt.
- Kinder erleben in jedem Schuljahr, dass es um zentrale Anliegen unseres Glaubens

geht. Jedes Jahr (nicht nur bei der Erstkommunion) gibt es einen Höhepunkt.

- Eltern finden über das katechetische Wirken jedes Jahr einen neuen Zugang zum (sakramentalen) Feiern der Kirche.
- Die Pfarrgemeinde erlebt Jahr für Jahr mehrmals, was ihre jungen Mitglieder auf dem Weg des Glaubens erlebt und darum zu feiern haben.
- Als katechetische Ausbildungsstätte für die katholische Kirche Aargau ist es uns so möglich, über unsere Aus- und Fortbildungsangebote gemeindekatechetische Projekte zu initiieren und zu unterstützen. So hat sich etwa aus dem Kursprojekt 4. Klasse «Versöhnung» eine über unseren Kanton hinaus verbreitete Hinführung der Viertklässler und ihrer Eltern zum Versöhnungssakrament entwickelt: der Versöhnungsweg. Er wird im folgenden ausführlich dargestellt, weil er beispielhaft aufzeigt, worum es bei den Schwerpunktthemen geht: Wir vernetzen das Lernen und Feiern der Kinder, ihrer Eltern und der aktiven Gemeinde unter Miteinbezug der verschiedenen Lernorte und einer kreativen Vielfalt von Möglichkeiten des katechetischen Schaffens.

Schwerpunkt Versöhnung   Der Religionsunterricht in den 4. Primarklassen soll auf die persönliche Feier der Schuldvergebung vorbereiten und zu dieser hinführen.

Dafür setzen wir folgende Ziele:

- Die Kinder sollen die Kirche als Ort der Versöhnung erleben können.
- Sie sollen die Form und den Wert eines persönlichen Versöhnungsgesprächs erleben.

[2] Pastoralamt des Bistums Basel: Hinführung der Kinder zu den Sakramenten der Busse und Eucharistie, Solothurn 1988.

[3] Benedetg Beeli und Toni Schmid: Katechetische Unterlagen zum Neukonzept (Loseblattsammlungen zu den einzelnen Schwerpunkten), Aarau 1995–99.

- Die Eltern sollen zur aktiven Begleitung ihres Kindes bewegt und befähigt werden.
- Der Versöhnungsweg wird so gestaltet, dass sich die Kinder und die womöglich begleitenden Eltern innerlich und äusserlich geführt wissen. Dies geschieht neben der Vorbereitung im Unterricht und am Elternabend durch Texte, Musik und Symbole.
- Der Versöhnungsweg steht in Verbindung zu einer sonntäglichen Feier der Gemeinde mit sakramentaler Lossprechung. Damit wird neben dem persönlichen Charakter der Versöhnung auch die Bedeutung für die Gemeinschaft (Familie, Pfarrei, Gemeinde ...) erfahrbar.

Ein konkretes Beispiel

Wir haben mit unseren Viertklässlern während des Schuljahres in 18 Lektionen das «Versöhnungshaus» kennengelernt. Da gab es verschiedene Räume: Schule, Freizeit, Gewissen, Wege aus der Schuld, Vorurteile, Erbarmen Gottes usw. Wir machten dabei interessante Erfahrungen. Die Eltern haben wir zu Beginn des Schuljahres mit einer kleinen Informationsschrift orientiert und an einem «Sakramentenmorgen» (Information, Zmorge und Gottesdienst an einem Sonntagmorgen) im Herbst erstmals direkt mit einbezogen.
An einem Mittwochnachmittag in der Fastenzeit gehen die Viertklässler nun den Weg der Versöhnung durch unsere Kirchenräume. Gemeinsam mit einer erwachsenen Vertrauensperson (bei den meisten Mutter oder Vater) gehen sie in den Raum der

Besinnung, der Gewissenserforschung, der Umkehr, des Bekennens und der Busse. Sie begegnen dabei auch dem Seelsorger und empfangen Verzeihung. Im Pfarreigottesdienst am nachfolgenden Sonntag werden dann alle gemeinsam die sakramentale Lossprechung erhalten und feiern.

Sechs Schritte auf dem Versöhnungsweg

Fast alle Kinder kommen mit einer Begleitperson zum Eingang des Pfarreizentrums. Eine Katechetin begrüsst sie und zeigt ihnen den Beginn des Versöhnungswegs. Von nun an ist das Kind mit Mutter, Vater oder Katechetin allein unterwegs.

Es betritt den Raum des Betens und findet inmitten vieler Scherben das folgende Gebet:

Lieber Gott, in meinem Herzen,
in meiner Mitte, bin ich Dir ganz nahe.
Aber oft entferne ich mich von Dir.
Auch läuft nicht immer alles rund.
Manchmal bin ich wie diese Scherben.

Das Kind wählt eine Scherbe aus und nimmt sie in die Hand.

So wie diese Scherbe habe auch ich
Kanten und Ecken,
wenn ich streitsüchtig und
schlecht gelaunt bin,
wenn ich anderen weh tue und
sie verletze,
wenn ich gleichgültig bin.
Ich bin froh, dass ich Dir alles sagen kann,
auch was ich falsch gemacht habe.

Mit der Scherbe in der Hand geht es nun weiter auf dem Weg der Versöhnung.
Wir betreten drei Räume der Besinnung.
Wir sind im Raum der Familie. Ein Textblatt hilft dem Kind bei der Gewissenserforschung.

Diese Scherbe in meiner Hand
erinnert mich daran,
dass der Friede in der Familie
kaputtgehen kann,
– wenn ich nicht hilfsbereit bin,
– wenn ich zuwenig rücksichtsvoll bin,
– wenn ich unzufrieden bin.
Besprecht miteinander, was in der Familie
nicht gut war. Wann ist es besonders
schön?

Wir betreten den Raum Schule. Auch hier fragt das Kind sein Gewissen in gleicher Weise, wo die eigenen Fehler und Unterlassungen liegen. Die dritte Besinnung gilt dem Freizeitbereich.

Nun beginnt der Weg der Reue. Wir haben dafür eine Treppe ausgewählt, die nach oben in die Kirchenräume führt. Auf einem Tisch liegen Splitter einer Gebetstafel. Kind und Begleitperson fügen die Teile zusammen und beten das so gefundene Reuegebet:

Guter Gott,
ich möchte gut sein.
Ich möchte tun, was Du willst.
Ich möchte den anderen helfen.
Ich habe es nicht immer fertiggebracht.
Es tut mir leid.
Verzeih mir.

Wie der verlorene Sohn zu seinem barmherzigen Vater zurückkehrt, so geht auch das Kind voran. Es gelangt zum Raum des Bekennens. In unserer Pfarrei gibt es keinen ortsansässigen Priester. Der Gemeindeleiter führt darum das Versöhnungsgespräch mit dem Kind. Fast immer ist auf Wunsch des Kindes die Begleitperson dabei. Auf dem Tisch liegt ein Kreuz aus Scherben. So verbindet sich meine persönliche Scherbe, mein Leben mit Jesus, der uns miteinander und mit Gott versöhnt. Für alle Anwesenden erbittet der Diakon Verzeihung und Versöhnung.

Was kann ich besser machen? Das Kind betritt die Kirche. In drei Schritten geht es voran:

Denke nach und sage Gott, wo du dich
bessern willst.
Mit wem willst du Frieden machen?
Wenn dir jemand in den Sinn gekommen ist,
kannst du zum Zeichen dafür diesen Namen
auf die Rückseite deiner Scherbe schreiben
und dir dabei überlegen, wie du Frieden
machen willst.

Lies folgende Gedanken aufmerksam durch, und sprich darüber mit deiner Begleitperson:

Hat es Scherben gegeben?
Schlepp sie nicht mir dir herum!
Denn sie verletzen Tag für Tag,
und zum Schluss kannst du kaum mehr
leben.
Es gibt Scherben, die wirst du los,
wenn du sie Gott in die Hände legst.
Es gibt Scherben, die kannst du heilen,
wenn du ehrlich vergibst.

Vor dem Altar steht die dritte Tafel:

Gott wartet mit offenen Armen auf mich.
Er macht, dass aus meiner Scherbe
ein Ganzes wird.
Er füllt die leere Seite von mir aus.

Auf dem Altar stehen kleine Töpfe. Ein Topf passt genau zu meiner Ich-Scherbe. Diesen trage ich in die Seitenkapelle.

Eine Katechetin fügt mit dem Kind die Scherbe in den Topf ein. «Gott liebt mich» kann man nun deutlich lesen. Das Kind stellt den ganzen Topf auf den Altar und betet:

Guter Gott,
ich danke Dir von ganzem Herzen.
Ich habe meine eckige, kantige Scherbe
bei Dir abgeben dürfen.
Ich kann neu anfangen. Du trägst nichts
nach.
Mein Herz ist voll Freude und Frieden.
Ich danke Dir und allen Menschen,
die gut zu mir sind.
Ich will versuchen, selber auch gut zu sein.
Hilf mir dabei, beschütze und begleite mich
auf all meinen Wegen. Amen

Du bist den Versöhnungsweg gegangen. Wenn du jetzt zum Ausgang gehst und mit Weihwasser das Kreuzzeichen machst, erinnert dich das, dass Gott mit dir ist auf deinem Weg.

Geh in Frieden, und komme wieder am
nächsten Sonntag.

Kind und Begleitperson gehen zum Ausgang und beenden den Versöhnungsweg am Weihwasserbecken mit dem Kreuzzeichen. Am Sonntag werden wir dann zusammen mit der ganzen Gemeinde wieder im Zeichen des Kreuzes beginnen, auf dem Altar werden unsere Töpfe stehen, im Bussakt werden wir mit den uns von heute vertrauten Gebeten um Vergebung unserer Schuld bitten.

Der dann anwesende Priester wird beten:

Gott, der barmherzige Vater, hat durch den
Tod und die Auferstehung seines Sohnes
die Welt mit sich versöhnt und den Heiligen
Geist gesandt zur Vergebung der Sünden.
Durch den Dienst der Kirche schenke
er euch Verzeihung und Frieden.
So spreche ich euch los von euren Sünden
im Namen des Vaters und des Sohnes
und des Heiligen Geistes. Amen

Eltern, Kinder und die ganze Gemeinde feiern gemeinsam die menschenfreundliche Liebe Gottes, der durch seinen Sohn die Welt mit sich versöhnt hat. Er hat den ersten Schritt getan. Auf unserem Weg der Versöhnung gehen wir ihm entgegen. Für manche Erwachsene ist es ein weiter Weg. Nehmen wir die Kinder bei der Hand, damit sie uns führen.

Eltern begleiten ihr Kind auf dem Versöhnungsweg.
Wie erleben sie diese für sie neue Form? Hier einige Rückmeldungen:

- Der Versöhnungsweg war sehr schön. Wir hatten Zeit füreinander. Die Räume waren anregend gestaltet und brachten uns auf gute Gedanken.
- Das Kind wird auf diese Weise sehr ernst genommen. Sein Leben wird in den Besinnungsräumen gut angesprochen. Es war sehr anschaulich.
- Ich konnte mir unter diesem «Versöhnungsweg» nichts vorstellen. Es war viel schöner als meine eigenen Beichten. Ich finde es gut, dass die Kinder heute so beichten lernen.
- Mein Sohn hat es gut verstanden. Für mich war es schwierig, wegen der Sprache. Ich spreche nicht gut deutsch.
- Ich finde es gut, dass die Kinder diesen Weg begleitet von Mutter, Vater oder Katechetin gehen können. Wichtig scheint mir, dass die Kinder wählen können, mit wem sie gehen wollen. Für mich als Mutter war es eine Herausforderung und eine Freude, mit meiner Tochter diesen Versöhnungsweg zu gehen.
- Ich war schon seit Jahrzehnten nicht mehr beichten. Dieser Weg tat auch mir gut.

Gegenwärtige Gestalt des Religions-unterrichts in Basel-Stadt

Barbara Wälty

1. Religionsunterricht an der öffent-lichen Schule

1.1 Rechtliche Situation

Da seit 1910 in Basel Staat und Kirche getrennt sind, liegt die Verantwortung für das Erteilen von Religionsunterricht (RU) an den Schulen vollständig, das heisst personell, inhaltlich und finanziell, bei den Kirchen. Es gibt kein Schulfach «Biblische Geschichte». Der Staat stellt den Kirchen aber kostenlos zwei Lektionen pro Woche im Rahmen des Schulpensums und die nötigen Räume zur Verfügung. Eine regierungsrätliche «Ordnung für den Religionsunterricht» regelt die Modalitäten.

1.2 Leitantrag des Dekanats Basel-Stadt

Das Dekanat der Römisch-katholischen Kirche Basel-Stadt hat sich eingehend mit den Zielen und Strukturen des Religionsunterrichts befasst. Das Resultat dieser Arbeit ist der im November 1996 verab-schiedete Leitantrag «Die Zukunft des Religionsunterrichtes».

Darin werden im wesentlichen folgende Punkte festgehalten:
- Beibehaltung des schulischen RU vom 1. bis 9. Schuljahr in der bestehenden Form.
- An der Primarschule vorzugsweise konfessioneller RU, ökumenischer RU ist möglich. (Anmerkung: In der Zwischenzeit ist der ökumenische RU zur Regel geworden, der konfessionelle zur Ausnahme).
- An der Orientierungsschule generell ökumenischer RU, ausser im 7. Schuljahr (4 Projekthalbtage in den Pfarreien).
- Ausbau des RU-Angebots an der Oberstufe.

1.2.1 Ziele des RU

Der RU an der Schule
- Weckt und reflektiert die Frage nach Gott, nach der Deutung der Welt und nach den Normen für das Handeln der Menschen.
- Ermöglicht eine Antwort aus der jüdisch-christlichen Tradition und aus dem Glauben der Kirchen.

- Fördert die Kompetenz in religiösen und weltanschaulichen Fragen, befähigt zu einer persönlichen Entscheidung und fördert Verständnis und Toleranz gegenüber der Entscheidung anderer.
- Motiviert zu religiösem Leben und zu verantwortlichem Handeln in Kirche und Gesellschaft.
- Ist nicht nur ein Ort der Wissensvermittlung, sondern auch ein Ort der Schüler(innen)-Seelsorge und setzt eine kirchliche Bindung der Unterrichtenden voraus.
- Spezifisch konfessionelle Anliegen (zum Beispiel Hinführung zu den Sakramenten) und die Beheimatung der Kinder in der Pfarrei werden jedoch nicht durch den schulischen RU abgedeckt. Die kirchliche Sozialisation gehört vielmehr zu den Aufgaben der Pfarreien. Doch ist es sinnvoll und wünschenswert, wenn Religionslehrer(innen) auch bei den katechetischen Aufgaben der Pfarreien mitarbeiten und dementsprechend besoldet werden. (Anmerkung: Bis heute arbeiten die Religionslehrer[innen] dafür ehrenamtlich.)

1.2.2　Weitere Punkte des Leitantrags

- Das Dekanat erwartet die ständige Anpassung der fachlichen Qualifikation der Unterrichtenden an die Anforderungen des heutigen Schulwesens und unterstützt das Postulat der Synode, mittelfristig die Anpassung des Salärs der katholischen Religionslehrkräfte an die Gehälter staatlicher Lehrer(innen) vergleichbarer Stufen, zumindest aber an die Besoldung der Religionslehrer(innen) der evangelisch-reformierten Kirche Basel-

Stadt vorzunehmen. (Anmerkung: Die derzeitige Revision der geltenden Anstellungs- und Besoldungsordnung stellt eine gewisse Erhöhung der Löhne in Aussicht.)
- Die im Leitantrag getroffenen Grundsatzentscheide gelten bis zum Jahr 2003.

(Zur Zeit wird von den Kirchenleitungen der beiden Kantonalkirchen an einem gemeinsamen Zielpapier gearbeitet, in welchem die wesentlichen Punkte des Leitantrags aufgenommen sind.)

2. Übersicht: RU im 1. bis 9. Schuljahr

1. Schuljahr Primarschule	1 Wochenstunde konfessionell oder ökumenisch
2. Schuljahr Primarschule	2 Wochenstunden konfessionell oder ökumenisch
3. Schuljahr Primarschule	2 Wochenstunden konfessionell oder ökumenisch
4. Schuljahr Primarschule	2 Wochenstunden konfessionell oder ökumenisch
5. Schuljahr Orientierungsschule	2 Wochenstunden ökumenisch
6. Schuljahr Orientierungsschule	2 Wochenstunden ökumenisch
7. Schuljahr Orientierungsschule	4 konfessionelle Projekthalbtage in der Pfarrei oder Gemeinde

8. Schuljahr WBS*/ Gymnasium	2 Wochenstunden konfessionell
9. Schuljahr WBS*/ Gymnasium	1 Wochenstunde konfessionell
10.–12. Schuljahr Gymnasium	Vereinzelte Angebote in Form von Kolloquien

3. Lehrpläne

3.1 Primarschule 1. bis 4. Schuljahr

3.1.1 Konfessioneller RU

Als Grundlage für den konfessionellen RU an der Primarschule gilt der «Deutschschweizerische Katechetische Rahmenplan» von 1982 und 1984. Auf dieser Grundlage wurden für jedes Schuljahr die «Lehrerhefte für den RU 1–4» mit Lektionsvorschlägen ausgearbeitet, dazu jeweils ein Mäppchen für die Schüler(innen). Das Konzept sah den schulischen als Ergänzung und «Brücke» zum katechetischen RU in der Pfarrei. Seit Einführung des ökumenischen RU ist die Hinführung zu den Sakramenten und zum pfarreilichen Leben ganz in die Verantwortung der Pfarreien (zurück-)gegeben (vgl. 1.2 Leitantrag des Dekanats Basel-Stadt).

3.1.2 Ökumenischer RU

Für den ökumenischen RU an der Primarschule wurde im Auftrag der Ökumenischen Unterrichtskommission (OeUK) von einer

*WBS = Weiterbildungsschule

Arbeitsgruppe der «Rahmenplan für den ökumenischen Religionsunterricht an der Primarschule Basel-Stadt» erarbeitet. Dieser Rahmenplan ist für alle Lehrkräfte verbindlich und soll im Jahr 2000 definitiv in Kraft gesetzt werden.

Anlass dafür war einerseits der markante Austritt von Kirchenmitgliedern beider Konfessionen (zur Zeit sind noch 43% der Basler Bevölkerung Mitglied einer der beiden Landeskirchen) und die damit schwindende Anzahl von christlichen Kindern an den Schulen. Andererseits regte die bereits vollzogene Umstellung auf ökumenischen RU im 5. und 6. Schuljahr dazu an, beizeiten ein entsprechendes Konzept für die Primarschule zu erarbeiten. Auch die Einführung von Blockzeiten an der Primarschule durch den Staat empfahl die Umstellung auf ökumenischen RU, damit organisatorische Probleme bei der Pensengestaltung in den Schulen verringert werden konnten (das heisst nur noch eine RU-Lehrkraft pro Klasse, weniger Räume werden benötigt, die Klassen werden in den üblichen Abteilungen unterrichtet).

Der RU steht allen Kindern offen, auch Kinder anderer Religionen und Konfessionslose nehmen daran teil. Insgesamt besuchen 66% aller Schüler(innen) im 1. bis 6. Schuljahr den schulischen RU.

3.1.2.1 Entstehung des Ökumenischen Rahmenplans   Die Erarbeitung dieses Rahmenplans von 1993 bis 1998 hat gezeigt, dass die Umstellung auf ökumenischen RU nicht ohne weiteres zu bewerkstelligen ist. Nicht dass sich praktische Probleme ergeben hätten, die Umstellung an der Schule von der Durchführung her war an sich nur von Vorteil. Jedoch die Angst vor dem konfessionellen Verlust – katholischerseits vor allem wegen der Hinführung zu den Sakramenten, reformierterseits wegen der wegfallenden biblischen Geschichten – hat bereits in der Erarbeitungsphase gezeigt, dass behutsam und vorsichtig vorgegangen werden musste.

In anderen Kantonen hat sich dieses Problem bei der Erarbeitung von ökumenischen Rahmenplänen wohl deshalb nicht in dieser Stärke gezeigt, weil – anders als in Basel-Stadt – der RU bzw. das Fach «Biblische Geschichte» zum staatlichen Fächerkanon gehört und mit staatlicher Beteiligung ausgearbeitet werden konnte. Da Inhalt und Umsetzung des schulischen RU in Basel-Stadt ganz in der Verantwortung der römisch-katholischen und der evangelisch-reformierten Kirchen liegt, wurde die Diskussion ausschliesslich im kirchlichen Rahmen geführt, also ohne Einbezug des Staates.

Sowohl in der Arbeitsgruppe als auch bei den Religionslehrern (-innen) beider Konfessionen und den seelsorglichen und staatskirchlichen Gremien brauchte es Zeit, um in Herzen und Köpfen den ökumenischen RU nicht nur als Verlust zu verstehen. Es brauchte Zeit, ökumenischen RU nicht nur als Bedrohung, sondern als Chance und Bereicherung für beide Kirchen und auch als zeitgemässe kirchliche Reaktion auf gesellschaftliche Gegebenheiten (zum Beispiel mehr Mischehen als konfessionelle Ehen) zu sehen. Zwar wurde für alle Religionslehrkräfte ein ökumenischer Einführungskurs durchgeführt, es hat sich jedoch gezeigt, dass vielen erst die schulische Praxis, der konkrete Unterricht ausser den

Gefühlen von Verlust auch Wert und Chance des ökumenischen RU zu vermitteln vermochte.

Der Prozess ist sicher noch nicht abgeschlossen, in beiden Konfessionen gibt es noch Gegnerinnen und Gegner des ökumenischen RU an der Primarschule, auch in einzelnen Pfarreien. Die Akzeptanz bei Staat und Schule jedoch ist sehr hoch, ebenso die Unterstützung von seiten der Elternschaft. Im Jahr 2003 werden voraussichtlich alle Primarklassen in Basel-Stadt auf ökumenischen RU umgestellt sein.

3.2 Orientierungsschule (OS)
5.–6. Schuljahr

Für die Orientierungsschule besteht seit längerem ein gemeinsamer ökumenischer Rahmenplan, der bis zum Jahr 2000 überarbeitet und mit dem Primarrahmenplan zusammengeführt werden soll. Dieser Rahmenplan ist auf die Einführung der Orientierungsschule in Basel-Stadt hin entstanden und seit 1994 in Gebrauch.

Interessanterweise war die Einführung des ökumenischen RU im Zusammenhang mit der staatlichen Schulreform an der OS kein Problem. Das mag wohl damit zusammenhängen, dass auf dieser Schulstufe kein Sakramentenunterricht stattfindet. Ausserdem gibt es seit der OS-Schulreform fürs 5. und 6. Schuljahr nur noch die Variante des ökumenischen RU, im 7. die konfessionellen Projekthalbtage.

3.3 Oberstufe 8.–9. Schuljahr

Für den RU im 8. und 9. Schuljahr existiert ein konfessioneller Themenplan auf der Grundlage des «Deutschschweizerischen Katechetischen Rahmenplans». Wegen des Konfirmationsunterrichts der evangelisch-reformierten Kirche ist der RU im 8. und 9. Schuljahr konfessionell.

Seit kurzem findet er katholischerseits wieder an den Schulstandorten der Weiterbildungsschule und Gymnasien statt, früher in den Pfarreien. Im Augenblick muss sich der RU auf dieser Stufe an den Schulen noch etablieren, nach den ökumenischen Auftritten in den anderen Schuljahren ist es für eine Kirche allein relativ schwierig, sich im schulischen Raum zu behaupten. Im Zusammenhang mit der Planung des RU in der Zukunft wird aber über gemeinsame Angebote beider Kirchen auch auf dieser Schulstufe nachgedacht.

In den oberen Klassen der Gymnasien werden punktuell Kolloquien angeboten, welche ökumenischen Charakter haben, weil Schüler(innen) beider Konfessionen, anderer Religionen und Konfessionslose daran teilnehmen. Die Themen bewegen sich in den Bereichen Philosophie, Religion, Ethik. Ein Rahmenplan in der gewohnten Art besteht (noch) nicht.

4. Inhalte und Schwerpunkte in den Lehrplänen

4.1 Primarschule

Vorbemerkung: Nachdem in absehbarer Zeit auch an der Primarschule ausschliess-lich ökumenischer RU erteilt werden wird (zur Zeit sind bereits zwei Drittel der Klassen ökumenisch geführt), beschränken sich die nachfolgenden Ausführungen auf die Inhalte und Schwerpunkte des ökumenischen Rahmenplans.

4.2 Inhalte des ökumenischen RU an der Primarschule

4.2.1 Leitsatz

Die ökumenische Arbeitsgruppe hat an den Beginn ihrer Arbeit den Leitsatz aus dem Markusevangelium gestellt: «... und er stellte ein Kind in ihre Mitte» (Mk 9,36 a). Dieser Leitsatz wurde gewählt, um die Arbeitsgruppe, aber auch alle, welche nach dem Rahmenplan arbeiten, daran zu erinnern, dass nicht nur von der Sicht der Erwachsenen und ihren Anliegen ausgegangen werden darf, sondern die (religiösen) Bedürfnisse der heutigen Kinder mit einbezogen werden müssen.

4.2.2 Ziele für das 1. bis 4. Schuljahr und Schwerpunkte

Das Kind soll lernen, mit Gott zu leben durch

– die Begegnung mit den biblischen Geschichten und Gestalten des Ersten und Zweiten Testaments,
– die Entdeckung der Spuren Gottes in der Schöpfung,
– die Entdeckung der Spuren Gottes in der Geschichte Israels und der Völker,
– die Entdeckung der Spuren Gottes im eigenen Leben.

Der Schwerpunkt des ökumenischen Rahmenplans für die Primarschule liegt bei den biblischen Geschichten des Ersten und Zweiten Testaments.

Im Ersten Testament bilden die grossen Bögen der Väter- und Müttergeschichten, des Exodus und der Königsgeschichten neben der Urgeschichte den Schwerpunkt.

Im Zweiten Testament kommen neben den in jedem Schuljahr wiederkehrenden kirchenjährlich gebundenen Themen Berufungsgeschichten, Heilungen, Wunder und Gleichnisse vor. Auch das Vaterunser/Unser Vater bildet einen festen Bestandteil des Plans. Die Geschichten aus den Evangelien, welche im 3. Schuljahr mit der Hinführung der Kinder zur Eucharistie zusammenhängen, wurden aus dem konfessionellen Rahmenplan übernommen.

Über alle biblischen Geschichten hinweg ist ein zusätzliches Ziel des Rahmenplans, die Verbindung zum Kirchenjahr einerseits und zu konkreten Sach- und Lebensfragen andererseits herzustellen. Auch das gegenseitige Kennenlernen der Schwesterkirche unter dem Oberbegriff «Evangelisch-Katholisch» ist fester Bestandteil des Lehrplans.

4.3 Inhalte des ökumenischen RU an der Orientierungsschule

Der Rahmenplan für den Religionsunterricht an der Orientierungsschule befindet sich derzeit in Überarbeitung. Änderungen gegenüber den unten genannten Themen sind daher möglich.

Grundanliegen des Religionsunterrichts an der OS ist es, für die Schüler(innen) Lebenshilfe erfahrbar werden zu lassen, indem sie lernen, in der heutigen Welt mit Gott zu leben.

Konkret heisst das:
- Die Vermittlung der biblischen Botschaft: das christliche Gottesbild biblisch konkretisieren.
- Ethik und Menschenbildung: Aufbau des Menschenbildes durch Orientierung an christlichen Werten und Anregung zu verantwortlichem Handeln.
- Kulturgeschichtliche Verankerung: Begegnung mit der christlich geprägten Kulturwelt Europas.

Der Lehrplan ist in vier Bereiche gegliedert: Erstes Testament, Zweites Testament, kirchliche Feste sowie Sach- und Lebensfragen.

Die Themen lauten (Auswahl):

Erstes Testament	Salomo, Blütezeit und Untergang Israels, Elia, Amos
Zweites Testament	Begegnungen mit Jesus, Land und Leute zur Zeit Jesu, Gleichnisse, Apostelgeschichte
Kirchliche Feste	Kirchenjahr, Weihnachten
Sach- und Lebensfragen	Bibel-Grundkenntnisse, Evangelisch-Katholisch, Judentum, Islam, religiöse Symbole usw.

5. Projekt Schulpastoral

Seit Beginn des Schuljahres 1998/99 wird an der Orientierungsschule das Projekt «Miteinander leben» erprobt. Vier Lehrkräfte mit religionspädagogischer und/oder theologischer Ausbildung bieten an verschiedenen Schulstandorten neben dem regulären RU pastorale Begleitung von Schülern (-innen) und religiöse sowie integrative Projekte an. Die Arbeitsweise der vier beteiligten Religionslehrer(innen) ist unterschiedlich; es wird standortbezogen gearbeitet. Ein Projektbeschrieb dokumentiert die Ziele und Möglichkeiten dieses für Basel neuen religionspädagogischen Feldes.

Von seiten der evangelisch-reformierten Kirche wird ein ähnliches Projekt angeboten. Die Zusammenführung der beiden noch konfessionellen zu einem ökumenischen Projekt ist geplant.

6. Die Zukunft des schulischen RU in Basel-Stadt

In den letzten Jahren hat sich die Frage nach der zukünftigen Gestalt und den Zielen des RU in Basel-Stadt von kirchlicher und staatlicher Seite her neu gestellt (vgl. auch 3.1.2 Ökumenischer RU):

6.1 Kirchlich

Aufgrund der Trennung von Kirche und Staat in Basel werden an sich gesamtgesellschaftlich zu beobachtende Tendenzen der Säkularisierung im Bereich des RU sicher beschleunigt. Das führt hauptsächlich zu zwei Ansätzen innerhalb der kirchlichen Meinungen:

Auf der einen Seite wird damit argumentiert, dass die Kirchen bei zunehmendem Minoritätenstatus kein Anrecht mehr auf Unterricht an der öffentlichen Schule haben und sich in den kleinen pfarreilichen Rahmen zurückziehen sollten nach dem Modell der «kleinen Herde». Somit könnte der rein katechetisch ausgerichtete RU ganz im Dienst der «kirchlichen Nachwuchsförderung und -gewinnung» stehen. Die infolge der rückläufigen Steuereinnahmen schwindenden Finanzkräfte der Kirchen untermauern dieses Argument.

Auf der anderen Seite wird der RU als Auftrag und Dienst der Kirche verstanden, der nicht in erster Linie nach dem «Profit» für die eigenen Belange, sprich Nachwuchsförderung, fragt. Bei diesem Verständnis von RU heute geht es darum, in einer gewinn- und leistungsorientierten Welt die Frohe Botschaft als Gegengewicht anzubieten, welches die Kinder zu einer anderen Sicht der Dinge einlädt, als das die Gesellschaft im allgemeinen tut. Insofern wird das Verbleiben der Kirchen an der öffentlichen Schule zum diakonischen Auftrag, der – wie in der Diakonie üblich – nicht in erster Linie rein kirchliche Interessen zum Ziel hat.

Das Dekanat Basel-Stadt und die Synode der evangelisch-reformierten Kirche haben sich deutlich dafür ausgesprochen, den RU an der Schule (so lange wie möglich) beizubehalten. Allerdings hängt der Zeitrahmen für die Aufrechterhaltung dieses Angebots von den finanziellen Möglichkeiten in der Zukunft ab, das heisst von den Steuereinnahmen der Kirchen.

6.2 Staatlich

Neben den bereits erwähnten Blockzeiten wurde an der Primarschule auch die Fünftagewoche eingeführt. Das führt teilweise zu organisatorischen Schwierigkeiten. An gewissen Schulstandorten ist zudem der Anteil an Ausländer- und nichtchristlichen Kindern sehr hoch. Die Betreuung der Schüler(innen), welche den christlichen RU nicht besuchen, stellt dort ein zusätzliches Problem dar. Hauptsächlich aus diesen Gründen gibt es an den Schulen Kreise, die den RU gerne ausserhalb der Schule sähen.

Um das Betreuungsproblem zu lösen, wird zur Zeit an einem Primarschulstandort versuchsweise das Fach «Ethik» erteilt. Die Kirchen sind eingeladen, bei der Evaluation des Versuchs mitzuarbeiten. Von kirchlicher Seite wird aber ausdrücklich darauf hingewiesen, dass der Ethikunterricht das Fach Religion weder konkurrenzieren noch ersetzen darf.

Wie in allen anderen Fächern hängt auch das Ansehen des RU sehr stark von den Lehrpersonen ab. Dort, wo Religionslehrer(innen) bei den Kindern beliebt und in die Lehrer(innen)kollegien integriert sind, ist der RU akzeptiert. Wo es personell schwieriger ist, wird auch der Ruf nach Auslagerung des RU lauter. Um so wichtiger ist es deshalb auch, bei der Ausbildung der Religionslehrer(innen) die entsprechenden Akzente zu setzen.

7. Zusammenfassung

Der schulische Religionsunterricht in Basel-Stadt ist in mancher Hinsicht in Frage gestellt:

– Wie lange kann er noch durch die beiden Kirchen in der gegenwärtigen Form finanziert werden?
– Ist religiöse Erziehung in Form von schulischem RU in der heutigen Gesellschaft noch angebracht?
– Können die Kirchen in Basel-Stadt den öffentlichen Raum der Schule trotz ihres Minoritätenstatus noch für den RU nutzen?

Auf die erste Frage gibt es keine Antwort. Vielleicht müssen die Kirchen bei der Vergabe des Geldes andere Prioritäten setzen oder neue Finanzierungsmodelle kreieren. Investitionen in die nachkommende Generation sind in allen Bereichen des Lebens und der Gesellschaft Zeichen von zukunftsorientiertem Handeln.

Aus (religions-)pädagogischer Sicht ist das Religiöse selbstverständlich Teil der gesamten Erziehung. In einer Zeit, in der viele Eltern gegenüber der Weitergabe des Glaubens an ihre Kinder verunsichert oder gleichgültig sind und den religiösen Aspekt der Erziehung gerne an «Fachleute» delegieren, scheint mir das Angebot des schulischen RU an die Gesellschaft für die Kirchen unverzichtbar zu sein.

Trotz der sich mit 43% an Mitgliedern in der Minderheit befindenden Kirchen bekennen sich laut einer in Basel durchgeführten ökumenischen Kirchenstudie über 70% der Bevölkerung zum christlichen Glauben oder zu christlichen Werten. 66% aller Kinder vom 1. bis 6. Schuljahr besuchen den RU an der Schule. Damit zeigt sich, dass der RU einem Bedürfnis entspricht und dass Religiosität nicht ausschliesslich mit Kirchenmitgliedschaft gleichgesetzt werden kann.

Der schulische RU in Basel erfüllt einen wichtigen Kultur- und Bildungsauftrag in einer Stadt, welche bis heute kein vergleichbares Schulfach anbietet. Der schulische RU stellt für die christliche Botschaft der Basler Kirchen den grössten ausserkirchlichen Raum dar. Der Rückzug aus diesem Raum hätte ausser den finanziellen keine Vorteile.

Der Religionsunterricht in Deutschfreiburg – Versuch einer Momentaufnahme

Alexander Schroeter-Reinhard

«Historisch betrachtet, ist die Schule eine Tochter der Kirche.»[1] Ob mittelalterliche Kathedralschulen, Kollegien in der Zeit der Reformation und Gegenreformation, Schulorden im 18. Jahrhundert, die Kirchen hatten immer schon ein besonderes Interesse an der Schule, konkreter: an der Weitergabe der Tradition einerseits, andererseits an den Fähigkeiten, diese Tradition verstehen und selber wiederum weitergeben zu können. Allerdings sind nun über hundertfünfzig Jahre ins Land gegangen, in denen die konfessionellen kirchlichen Schulen mit vorwiegend religiösem Bildungsziel sukzessive von der staatlich-säkularen Schule mit einem vorwiegend humanistischen Bildungsauftrag abgelöst wurden. Ob dieser Blick in die Geschichte für die hier zur Debatte stehende Thematik zu weit führt, kann man zu Recht fragen. Tatsache ist,

dass es erst wenige Jahre her ist, seit in Deutschfreiburg die letzte «Schulschwester» aus dem staatlichen Dienst entlassen worden ist – aus Altersgründen, wie sich versteht. Schlaglichtartig mögen diese Hinweise ins Bewusstsein rufen, wie eng Kirchen und Staat in bezug auf das Schulwesen miteinander verflochten waren; eine Verflechtung, die die heutige Situation sehr wohl noch mit beeinflusst. – Bevor diese Situation etwas genauer beleuchtet werden soll, seien allerdings zwei grundsätzliche Bemerkungen vorausgeschickt:

Zunächst will ich die Frage stellen nach Sinn und Nutzen der Schilderung eines Einzelfalles, des «Sonderfalles Deutschfreiburg»[2]. Abgesehen davon, dass Erzählen in religionspädagogischen Kreisen hoch im Schwange ist, mag eine solche Darlegung aus drei Gründen gerechtfertigt sein: Wer den in die Schule integrierten Religionsunterricht (RU) aus eigener Erfahrung nicht kennt, kann im Vergleich mit der eigenen Situation exemplarisch ersehen, was es

---

[1] Vgl. Walo Hutmacher (dir.), Culture religieuse et école laïque. Rapport du groupe de travail exploratoire sur la culture judéo-chrétienne à l'école, Genève 1999, S. 11.

[2] Ohne die Situation des reformierten Religionsunterrichtes übergehen zu wollen, konzentriere ich mich auf die katholische Situation, in die ich einen direkteren Einblick habe. – Zur Entwicklung des re-

heute, in einer zunehmend multikulturell geprägten Schule, bedeutet, konfessionellen RU erteilen zu dürfen – oder zu müssen. Dann ist eine solche Darlegung ein Angebot zur kritischen Auseinandersetzung: Wer in der eigenen Region ähnliche Entwicklungen in Schule und RU feststellt oder kommen sieht, kann vielleicht gleiche Fehler vermeiden und allenfalls Gelungenes selber erproben. Und schliesslich soll – einfach aus Freude am möglichen Dialog – zur Debatte gestellt werden, wie in Deutschfreiburg, einer relativ kleinen kulturellen «Insel», versucht wird, mit dem wachsenden Legitimationsdruck umzugehen, dem der RU ausgesetzt ist – von seiten der Lehrerschaft, von seiten der auch in Schul- und Lehrerzimmer immer einflussreicheren Wirtschaft, aber auch von seiten der Schüler und Schülerinnen und ihrer Eltern.

Eine zweite Vorbemerkung: Es sei hier gleich klar deklariert, was dieser Artikel *nicht* leisten kann: Weshalb vor allem der Legitimationsdruck auf den RU steigt, um diese Frage zu beantworten, müssten eine präzise Gesellschaftsanalyse und eine pastoral-soziologische Untersuchung durchgeführt werden. Das kann hier nicht oder nur skizzenhaft geschehen. Ich bin mir aber dessen voll bewusst, dass sich letztlich ein Fächerkanon – und mit ihm auch der schulische RU –, ein Schulsystem oder gar eine Lehrpersonausbildung nur darum verän-

formierten Religionsunterrichtes nur eine Bemerkung: Anlässlich der Diskussionen um ein neues Ausbildungskonzept für die Katecheten (-innen), das zur Zeit vorbereitet wird, wünschte die reformierte Kirche, dass im Unterricht neben der religiösen Bildung auch vermehrt «Gemeindebildung» geschehe.

dern, weil die Gesellschaft daran ist, sich zu verändern.

Ziel dieses Beitrags soll es also sein, in drei Teilen eine Momentaufnahme des RU in Deutschfreiburg zu geben: Am Anfang steht dabei eine Schilderung des Ist-Zustandes des RU. Es folgen einige Hinweise zum Status quo und zu den neusten Entwicklungen in der Freiburger Schule. An dritter Stelle folgt ein Versuch, wie der RU oder allgemein das Fach Religion in der Schule des 21. Jahrhunderts aussehen könnte, wobei die Schulentwicklung nicht Ursache, sondern höchstens mit Anlass für die Entwicklung solcher Visionen ist. Denn – wie angedeutet – die Ursache ist in der Veränderung der Gesellschaft zu sehen.

Ist-Zustand

Wer kennt sie nicht, die Redensart, wonach in der Schweiz alles von Kanton zu Kanton verschieden sei? – Für den RU in Deutschfreiburg trifft diese Weisheit auf alle Fälle nicht zu! Da findet man nicht einmal innerhalb der Bezirksgrenzen einheitliche Situationen, ganz abgesehen davon, dass Deutschfreiburg sowohl eine sprachliche Minderheit innerhalb der Diözese Lausanne-Genf-Freiburg darstellt als auch innerdiözesan einen katechetischen Sonderzug fährt.

Während das französischsprachige Freiburg mit «mamans catéchistes» arbeitet, freiwilligen Frauen also, die von einer Multiplikatorin ungefähr einmal im Monat zusammengerufen und für die nächsten vier Lektionen vorbereitet werden, arbeiten die Deutschfreiburger Pfarreien mit nebenamtlichen Katecheten (-innen), die mindestens den zweijährigen Glaubens- und den zweijährigen Katechetikkurs absolviert haben. Ohne die beiden Systeme hier grundsätzlich vergleichen zu wollen, sei nur folgendes erwähnt: Als Hauptargument für die französische Lösung wird jeweils ins Feld geführt, dass die etwa 800 Freiburger «mamans catéchistes» schon selber ein enorm wichtiges und relativ dichtes Netz für die Pastoral bilden. Demgegenüber sind die Deutschfreiburger Nebenamtlichen zweifelsohne für die pädagogisch-didaktisch hohen und stets wachsenden Anforderungen in der Schule besser vorbereitet.

Um den Faden wieder aufzunehmen: Weder innerhalb der Kantonsgrenzen noch innerhalb der Sprachregionen – zumindest, was den deutschen Teil betrifft – sieht der RU überall gleich aus, wie mir unlängst selber wieder bewusst wurde, als ich anlässlich einer Umfrage auf knappen zehn Zeilen die Deutschfreiburger RU-Situation hätte beschreiben müssen. Hier also ein Kurzporträt:

– Der RU ist personell und lehrplanmässig auf der Primar- wie auf der Sekundarstufe der kirchlichen Verantwortung unterstellt. Raum und Zeit im Rahmen einer Wochenstunde werden vom Staat zur Verfügung gestellt. Ansonsten unterscheiden sich die Stufen und die Regionen folgendermassen:

– Auf der Primarstufe wird in den Gebieten mit katholischer Bevölkerungsmehrheit der RU in der Regel im Schulhaus und während der normalen Schulzeit erteilt. Die Religionslehrperson, entlöhnt und eingestellt von der Pfarrei, kommt somit als Fachlehrperson in die Klasse.

– Auf der Primarstufe in Regionen mit katholischer Bevölkerungsminderheit wird der RU entweder ausserschulisch erteilt – vor allem im Fall der Erstbeicht- und Erstkommunionvorbereitung –, oder die katholischen Kinder folgen dem reformierten RU, den in diesen Gebieten im Normalfall die Klassenlehrer(innen) im Auftrag der reformierten Kirche erteilen – reizvolles Detail: selbst wenn die Lehrperson der katholischen Konfession angehört.

– Auf der Sekundarstufe wird der RU im Unterschied zur Primarstufe vom Staat finanziert. Neben Katecheten (-innen) geben zudem mancherorts auch Klassenlehrer(innen) mit einer Zusatzausbildung den RU.

Und was heisst das konkret? Das heisst, dass in mehrheitlich katholischen Gebieten wie etwa dem oberen Sensebezirk die reformierte Katechese keinen einfachen Stand hat, denn mit vielleicht nur zwei oder drei Kindern pro Jahrgang RU zu machen ist auf die Dauer nicht lustig, (religions-)pädagogisch etwas einseitig und organisatorisch sowie finanziell schwer zu realisieren. Dasselbe gilt für die katholischen Schüler(innen) in den mehrheitlich reformierten Regionen wie etwa dem Murtenbiet. Und wenn ich die zwei, drei Schüler(innen) aus verschiedenen Dorfschulhäusern am ansonsten schulfreien Samstag morgen für die Erstkommunionvorbereitung zusammenrufen muss, so kann man das mit viel Optimismus vielleicht als pastorale Chance bezeichnen, ich würde es eher eine zwar sakramentenpastoral-theologisch abgesegnete, aber nichtsdestotrotz religionspsychologisch fragwürdige Entwurzelung nennen. Die Probleme von zu kleinen Gruppen stellen sich zwar in den Sekundarstufenzentren kaum mehr – theoretisch. Praktisch erhält der RU aber eine harte Konkurrentin in Form einer zusätzlichen, «Hiermit-melde-ich-mein-Kind-vom-Religionsunterricht-ab-Punkt-Unterschrift»-Freistunde, von der in gewissen Klassen dreissig bis vierzig Prozent der Neugefirmten (!) profitieren.

Aus den genannten Punkten ergeben sich Folgeprobleme, von denen einige auch kurz erwähnt sein wollen. Dass eine Katechetin, die vielleicht nur an einem Nachmittag pro Woche in einem Schulhaus ist, kaum die Gelegenheit hat, sich in den Lehrkörper zu integrieren (oder integriert zu werden), versteht sich. Das wirkt sich aber gerade dann besonders negativ aus, wenn Disziplinprobleme auftauchen oder wenn mal für ein längeres Projekt eine Stunde mehr nötig wäre. – Der konfessionelle RU in der Schule wirft auch die Frage auf, was mit der steigenden Zahl an Schülern (-innen) geschieht, die sich aus religiösen Gründen vom RU dispensieren lassen. Sollen die muslimischen Drittklässler einfach zu den Reformierten gehen, damit sie nicht aus Versehen auf die Erstkommunion vorbereitet werden? Oder wer nimmt sich dieser Kinder an? Und sind genügend Räume vorhanden, damit eine Klasse dreigeteilt werden kann – sofern man den Buddhisten und die beiden hinduistischen Mädchen gleich mit den Muslimen zusammenlässt? Konfessioneller RU in der Schule zieht heute auch in den «katholischsten» Gebieten des Kantons Freiburg logistische Probleme nach sich. Probleme, die nicht vernachlässigt

werden dürfen, denn für alle drei Gruppen ist es wichtig, dass sie eine geeignete Lehrperson und einen dem Fach angepassten Raum zur Verfügung haben.

Zugegeben: Bis hierher war vor allem von Formalem die Rede. Aber das alleine macht ja nicht den RU aus. Wie sieht es mit dem Inhalt, mit den Lehrplänen aus? Zunächst zu dem, was nebenbei schon erwähnt wurde:

– Die Sakramentenvorbereitung findet grösstenteils im RU und somit im Schulzimmer statt: in der Dritten die Erstkommunion, selten in der Fünften, häufiger in der Sechsten die Firmung.

– Spezielle regionale Lehrpläne gibt es bisher nur für die beiden ersten Schuljahre mit den Schwerpunkten «Kräfteschulung», «Jesus-Beziehung» und «(Gott-)Vater-Beziehung».

– Die Kräfteschulung mündet dabei in die Erstbeichtvorbereitung in der Zweiten.

– Für die verbleibenden Jahre der Primarschule wird auf die Rahmenlehrpläne der Interdiözesanen Katechetischen Kommission (IKK) zurückgegriffen.

– Auf der Sekundarstufe dann ist pro Jahr ein Thema vorgeschrieben – in der Siebten das Leben Jesu, in der Achten die Gottesfrage im Christentum und in anderen Religionen, in der Neunten der Themenkreis «Lebensregeln, Lebenssuche». Ansonsten soll Raum bleiben für einen an den Bedürfnissen und Interessen der Schüler(innen) orientierten Unterricht.

Soviel zum Ist-Zustand. Ist er nun ein Segen oder ein Fluch? Klar, in dieser Darstellung wurden die negativen Punkte eher hervorgehoben. Dies vor allem deshalb, weil meines Erachtens da mehr als nur ein Systemfehler sichtbar wird, der sich mit etwas Geduld und allseits gutem Willen wird beheben lassen. Es sind gerade auch die kleinen schulalltäglichen Komplikationen, die uns zeigen, was in der Gesellschaft, in der Welt draussen und in unserem Land abläuft. Es sind diese Systemstörungen, die uns anstacheln, Visionen zu entwerfen und nach neuen Formen zu suchen.

Schulentwicklung

Bevor wir zu solchen möglichen neuen Visionen kommen, muss hier ein knapper Blick auf die Freiburger Schule geworfen werden. – Auch im Schulwesen gilt dasselbe wie für die Katechese: An der Sprachgrenze treffen zwei ganz verschiedene Schulsysteme oder pädagogische Optionen aufeinander. «L'école» ist nicht «die Schule» und umgekehrt. Das kann man etwa buchstäblich im Schülerzug zwischen Murten und Freiburg *erfahren*, einer Zugslinie, die sich kurvenreich um die Sprachgrenze rankt. Den Gesprächen und noch schnell zwischen zwei Stationen fertiggeschriebenen Hausaufgaben gemäss, liegt das Gewicht der «école» noch stärker auf klassischer Wissensvermittlung. Die «Schule» hingegen – und das bekommt man im Zug symptomatischerweise weniger mit – setzt die Akzente stark auf die Hinführung zur Eigenständigkeit, zu selbständigem Arbeiten in Gruppen, Werkstätten und was die «Neuen Lernformen» noch alles vorsehen.
Wir brauchen uns hier nicht weiter um die Unterschiede zwischen den beiden Schulsystemen zu kümmern. Gleichwohl lässt

dieser Hinweis erahnen, dass Verhandlungen mit dem Staat Freiburg oft zu sehr komplexen Diskussionen führen, an denen nicht selten innerhalb ein und desselben Kantons sechs verschiedene Interessengruppen um einen Apfel zanken: das Erziehungsdepartement, die reformierte und die katholische Kirche und jede dieser drei Parteien mit zwei linguistisch unterschiedlichen Gruppen mit ihren je eigenen Optionen und Präferenzen.[3] Dabei ging die letzte grössere Verhandlungsrunde so aus, dass die Kirchen mit den Ergebnissen zufrieden sein können: In der seit dem Schuljahr 98/99 gültigen Stundentafel für die Deutschfreiburger Primarschulen[4] ist der Bereich «Religiöse Erziehung» in jedem Jahr mit zwei Jahreswochenstunden dotiert, das heisst mit einer Stunde RU und einer Stunde Bibelkunde. Das macht in den sechs Primarschuljahren zwölf Wochenstunden. Das sind zum Beispiel drei mehr als im Fach Französisch – offenbar wird in Freiburg Religiosität mehr gefördert als Zweisprachigkeit – oder etwa gleich viele wie für die Fächer Musik und Zeichnen, denen je elf Wochenstunden zustehen.

[3] Die Erfahrungen haben gezeigt, dass in solchen Verhandlungen oft ein heilloses Begriffsgewirr herrscht, bei dem nicht selten Begriffe wie «Katechismusunterricht» oder andere Fossilien zum Vorschein kommen. Um dem abzuhelfen, hat die Katechetische Kommission ein internes Sprachregelungspapier erarbeitet, auf das bei künftigen Debatten zurückgegriffen werden kann – und dadurch viel Zeit und Nerven gespart werden können.
[4] Vgl. Freiburger Nachrichten vom 27. 2. 98, S. 2. Die Stundentafel gibt Auskunft über den Fächerkanon und die Stundendotierung der Deutschfreiburger Primarschule und somit über die Pflichtstundenzahl der Schüler(innen) und Lehrer(innen).

Im Gegensatz zum RU untersteht die Bibelkunde finanziell und personell der staatlichen Verantwortung. Die beiden Kirchen sind aber insofern involviert, als dass sie sich einerseits bei der Ausarbeitung der Lehr- und Stoffpläne, andererseits bei der bibeldidaktischen Ausbildung der angehenden Primarlehrpersonen beteiligen. Auf der Sekundarstufe hingegen ist die Bibelkunde an den meisten Schulzentren zu einer Lebenskundestunde umgewandelt worden. Wo es die Bibelkunde noch gibt, gilt finanziell und personell dasselbe wie für die Primarstufe, ausser dass weder die Kirchen noch etwa die theologische Fakultät[5] in die Ausbildung involviert sind.

Sechsmal zwei Jahresstunden religiöse Erziehung: so steht es in der Stundentafel. Wir, die kirchlichen Kreise, sind froh darüber, dass die Religion in der Schule ein solches Gewicht hat. Nicht (nur) wegen der Plattform, die der Staat uns Kirchen dadurch zur Verfügung stellt, sondern vor allem, weil wir es grundsätzlich sehr begrüssen, dass die staatlichen Instanzen dem Bildungsgut «Religion» einen solchen Stellenwert beimessen. – Und wie sieht es konkret aus? Die Stimmen mehren sich, wonach Bibelkunde mancherorts kaum mehr unterrichtet wird. Gewisse Generationen von Lehrpersonen scheinen das Fach Bibelkunde aus ihrer Stundentafel quasi gestrichen zu haben. Holt uns hier die Geschichte

ein? Ist das nun das sprichwörtliche Pendel, das auf die andere Seite ausschlägt, da manche der heutigen Lehrpersonen die Verbindung zwischen Schule und Kirche in ihrer eigenen Schul- und Ausbildungszeit verständlicherweise als zu eng und beengend empfunden haben? Genaue Erhebungen über das Abhalten oder Auslassen der Bibelkunde liegen leider nicht vor und lassen sich wohl auch kaum durchführen. Dazu kommen jene Situationen, die sich häufen, wo eine Bibelstunde fast zu einer absurden, sicher aber stark erklärungsbedürftigen Angelegenheit wird: wie etwa in jener Kleinklasse, die sich aus drei christlichen und sechs muslimischen Kindern zusammensetzt. Für solche Fälle sollten wir bei den Romands in die Schule: «outre Sarine» wurde die Bibelkunde – gerade aufgrund solcher Erfahrungen mit multireligiösen Klassen – in den letzten Jahren allmählich zu einem religionskundlichen Fach umgestaltet, das auf den Namen «Enbiro» getauft wurde.[6]

Aber das Fach Bibelkunde steht hier nur am Rande zur Debatte. Kehren wir also wieder zum RU zurück: Die enge Verknüpfung zwischen Schule und Kirche hat dazu geführt, dass die Religionsstunden noch heute doppelt bezahlte Stunden sind. Die Katecheten (-innen) werden von den Pfarreien für das Halten des RU, die staatlichen Lehrpersonen für dessen Nichthalten bezahlt. Ein Relikt aus jenen «schönen alten Zeiten», da der Pfarrer für den Katechismusunterricht ins Schulzimmer kam und die Lehrperson zur

---

[5] Zur Zeit existieren zum Beispiel an der theologischen Fakultät von Freiburg im Üechtland keine Reglemente für Studierende des Sekundarlehramtes, die eine Fächerkombination mit Theologie als Nebenfach vorsehen. Weder Theologie noch Exegese, nicht einmal Ethik sind mögliche Optionen für Lehramtstudierende.

[6] «Enbiro» bedeutet «Enseignement biblique romand». Empfehlenswert ist nur schon ein Blick in den Verlagskatalog der Editions ENBIRO (cp 64; 1000 Lausanne 9).

Wahrung der Disziplin dabeisein musste. Alles bisher Gesagte hat mehr mit dem aktuellen Stand der Dinge zu tun, von Schulentwicklung war noch kaum die Rede. Das soll hier kurz nachgeholt werden. Wenn der bisherige *modus vivendi* zwar nicht mehr richtig zu begeistern vermag, so kann man sich doch ganz gut mit diesen Rahmenbedingungen abfinden, und mindestens theoretisch können sich die Kirchen an den entscheidenden Stellen einbringen, namentlich bei der Ausbildung der Lehrpersonen und bei der Ausarbeitung von Lehrplänen. Aber jetzt beginnt dann im Kanton Freiburg – wie auch in zahlreichen anderen Kantonen – in Kürze ein neues Kapitel der Schulgeschichte. In der Ausbildung der Primarlehrpersonen wird so ziemlich alles auf den Kopf gestellt. Das altehrwürdige Seminar weicht der eurokompatiblen und millenniumstauglichen Pädagogischen Hochschule (PH). Klar, es dauert noch vier oder fünf Jahre, bis die ersten Lehrpersonen dieses Ausbildungssystems in den Schulalltag entlassen werden. Und bis die ganze jetzt aktive Lehrerschaft durch PH-Absolventen (-innen) ersetzt sein wird, kann das noch an die vierzig Jahre dauern. – Zu fragen ist hier, inwieweit das die Kirchen und den RU betrifft. Einerseits ist zu befürchten, dass der Graben zwischen Katecheten (-innen) und Lehrpersonen grösser wird, da sich in Zukunft die Ausbildungsniveaus noch stärker voneinander unterscheiden werden als heute. Ein Faktum, auf das bei der Ausbildung der Nebenamtlichen in der einen oder andern Weise vermehrt geachtet werden muss. Was uns Sorgen bereitet, ist dann aber die Ausbildung im Fachbereich Religion an der künftigen PH. Fortan absolviert ein Studierender mit etwas über einhundert Wochenstunden gerade noch etwa einen Drittel des bisherigen Pensums an Religions- und Bibeldidaktikstunden. Dabei sind jene siebzig Wochenstunden aus dem zehnten bis zwölften Schuljahr, also vor der Matur, schon eingerechnet. Wenn aber schon die heutige, relativ ausführliche Ausbildung nicht zu einer besser verankerten und integrierten Bibelkunde führt, welches Schicksal wird dieses Fach dann erst in Zukunft ereilen? – Der Sonnentempler-Drama-Schock ist offenbar verdaut. Religion erhält in der Schule wieder ihre Randstellung in der nicht gerade eschatologischen Spannung zwischen «es gab sie halt schon immer» und «es muss offenbar auch weiterhin sein».

RU wohin?

Ein zu schwarzes Bild? Vielleicht! Aber es gibt ja auch Hoffnungsvolles – etwa die erwähnte Stundentafel. Trotzdem dürfen all die negativen Zustände und Aussichten nicht entmutigen, sondern müssen uns der Sache zuliebe zu engagiertem und innovativem Handeln herausfordern. Und der starke Reformdruck gerade auf den RU ist an sich nicht eine schlechte Sache. Frei nach 2 Tim 2,5 gilt es, diesen Wettkampf nach allen Regeln auszufechten. Und zwar mit dem Ziel vor Augen, dass es jenseits hermetischer und ausschliessender Konfessionsgrenzen ein engagiertes, friedliches Zusammenleben der Völker und Kulturen gibt und dass zu dessen Realisierung gerade auch eine zeitgemässe religiöse Erziehung einen wichtigen Beitrag leisten kann.

Gewisse gesellschaftliche und pastorale Veränderungen – wie etwa die zunehmende religiöse und konfessionelle Durchmischung der Bevölkerung oder auch das wachsende Misstrauen gegenüber Grosskirchen – können wir nicht aufhalten. Mehr noch: Fakten wie die Durchmischung der Bevölkerung sollten wir als Chance schätzen lernen. Das bedeutet aber, dass sich die religiöse Erziehung an der Schule neue Ziele setzen muss. Und das gilt für das staatlich verantwortete Fach Bibelkunde ebenso wie für den kirchlichen RU. Thesenartig formuliert, könnte das so aussehen:

1. Die Behauptung, dass das religiöse Phänomen auch heute noch (oder wieder) von grosser Bedeutung ist, braucht wohl nicht weiter bewiesen zu werden. Ob Tennisstar oder DJ, die Menschen an der Schwelle zum dritten Jahrtausend sind fasziniert vom Religiösen.
Dass somit Religion auch weiterhin dort einen Platz haben soll, wo Menschen ausgebildet, also auf die Zukunft vorbereitet werden, ist nicht eine Forderung von einigen wenigen Ewiggestrigen, sondern eine Forderung, die heute im Namen jener erhoben werden muss, die morgen die «Schulbank drücken».

2. In einer Welt, die zum (inter-)vernetzten Dorf geworden ist, braucht es je länger, desto mehr Kenntnisse über andere Religionen und andere heilige Schriften. In dem Mass, wie zum Beispiel Islam, Buddhismus und Hinduismus in unserem Alltag und für unser Zusammenleben an Bedeutung gewinnen, müssen wir uns informieren über diese Religionen, ihre Stiftungsurkunden und ihre spirituellen Quellen.

Im selben Geist und mit denselben Motiven, mit denen bisher die Bibel als Fundament der Kultur der westeuropäischen Bevölkerung ihren Platz im Kanon der Schulfächer einnahm, müssen in Zukunft auch die Fundamente der ständig wachsenden nichtchristlichen Bevölkerung Westeuropas berücksichtigt werden.

3. Von den beiden ersten Thesen ausgehend, gilt es drittens festzuhalten, dass verschiedene Glaubensbekenntnisse und -praktiken nicht mehr etwas Trennendes darstellen, sondern dass der ihnen zugrundeliegende Glaubensakt etwas Verbindendes ist.
Konfessionell bzw. religiös getrennte Unterrichtsstunden müssen deshalb auf ein notwendiges Minimum reduziert werden: Auf einer grösstmöglichen gemeinsamen Basis soll das, was uns unterscheidet, als etwas Bereicherndes erlernt und eingeübt werden, vor dem die Anhängerschaft anderer Bekenntnisse sich nicht zu fürchten braucht, sondern das ebenfalls positiv erlebt.[7]

4. Ein so verstandener, verbindender Religionsunterricht muss verstärkt einen lebenspraktischen Auftrag erfüllen und über das kognitive, kopflastige Erarbeiten von Kenntnissen *über* Religion und Religionen hinausgehen. Er muss Gelegenheit bieten, die in jeder Religion vorhandenen Werte, die das gute und erfüllende Zusammenleben unter Menschen regeln («... damit sie Leben haben und es in Fülle haben ...»), zu entdecken und vor allem auch einzuüben.

---

[7] Vgl. dazu etwa auch die dritte Empfehlung in: Hutmacher 1999 (wie Anm. 1), 117.

Vorrangige Aufgabe eines so verstandenen Religionsunterrichtes wird es also sein, an der gemeinsamen Zukunft der Menschheitsfamilie zu arbeiten, das heisst: ein friedliches, menschenwürdiges und mit der Umwelt harmonisches Zusammenleben einzuüben.

5. Ob der Religionsunterricht der Zukunft in der Schule stattfinden wird oder nicht, ist vielleicht eine zweitrangige Frage. Die aktuelle Situation ist mancherorts unbefriedigend (eingeflogene Fachlehrkräfte, zusammengewürfelte Unterrichtsgruppen, Platzprobleme usw.). Allerdings ist ein Bildungssystem, das das Religiöse ausschliesst und ausblendet, nicht zukunftskompatibel. – Hier gilt es, für beide möglichen Szenarien auf bestimmte Implikationen hinzuweisen:
Bleibt der Religionsunterricht in der Schule – und diese Lösung, also die Präsenz in einem der wichtigsten Lebensräume der Kinder, ziehe ich für Deutschfreiburg trotz allem vor[8] –, so gilt es, kirchlicherseits permanent und verstärkt darauf zu achten, dass die Katecheten (-innen) nicht von den aktuellen Entwicklungen in Pädagogik und Schulwesen abgehängt werden. – Sollte der Religionsunterricht aus der Schule ausziehen (müssen), so sind einerseits die Katecheten (-innen) pädagogisch, methodisch, aber etwa auch praktisch-theologisch auf diese neue Aufgabe vorzubereiten. Andererseits muss in den Pfarreien die entsprechend notwendige Infrastruktur zur Verfügung stehen.

Es gilt, hier einen Schlusspunkt zu setzen. Vielleicht entwerfen diese Thesen eine zu «schöngeistige» Vision vom RU, bei dem die Frage, was das überhaupt bringe, weiterhin hartnäckig von verschiedenen Seiten gestellt wird. Vielleicht ist ferner ein Übergang von der jetzigen Form zu einer neuen auch nicht ohne Krise und radikale Erschütterung des Ist-Zustandes möglich ...
So will ich den Kreis schliessen: Eingangs haben wir gesehen, dass die Kirchen immer schon ein grosses Interesse an der Schule hatten. Heute müssen wir diesen Satz umdrehen und fragen: Wird es den Kirchen inskünftig gelingen, bei Schule und Staat das Interesse für das Religiöse zu wecken oder wachzuhalten? Zu hoffen ist es, und zwar zum Wohle aller Beteiligten.

[8] Vgl. dazu auch das Positionspapier der Katechetischen Kommission Deutschfreiburg «Religion in der Schule 2000». Zu beziehen bei der Katechetischen Arbeitsstelle, BZB Burgbühl, 1713 St. Antoni.

Pädagogische und religions-pädagogische Aspekte im Rahmen der öffentlichen Schule

Einleitung

«Die Menschen stärken, die Sachen klären.»

Michael Fuchs geht der Frage nach, ob es an der öffentlichen Schule überhaupt noch Religionsunterricht geben soll. Dabei greift er beim Verständnis
von «Religion» auf ethnologische und kulturanthropologische Sichtweisen
zurück. Diese Begriffsverwendung prägt die ausgeführten Gedanken, die
ausdrücklich pädagogische Perspektive von Michael Fuchs kann mit stärker
theologisch argumentierenden Beiträgen in diesem Buch in Beziehung
gesehen werden. Ein eigener Abschnitt zur Schweizer Schulgeschichte zeigt
die historische Entwicklung der Diskussion um den Religionsunterricht:
«Ist der RU nun ein Proprium der Kirchen oder der Schulen?» (M. Fuchs).

Helga Kohler-Spiegel versteht «Religion» phänomenologisch und theo-
logisch, also auch aus bekenntnisgebundener Perspektive. So verstanden,
ist religiöse Bildung sowohl Aufgabe der Schule als auch der Kirchen,
die verschiedenen Lernorte aber haben unterschiedliche Möglichkeiten und
Grenzen. Religiöses Lernen geschieht im Dialog, in der Begegnung und
Auseinandersetzung zwischen Menschen – und bleibt störanfällig.
Wertneutraler, bloss informierender Unterricht ist nicht angemessen,
«Engagement und Sachlichkeit sind beim Lernen keine Widersprüche»
(H. Kohler-Spiegel).

Die beiden Artikel – aus pädagogischer und religionspädagogischer Argumentation – gehen von einem unterschiedlichen Verständnis von Religion
aus, sie beleuchten verschiedene Ansprüche und Perspektiven religiöser

Bildung. So werden auch die Aufgaben des Staates und der Kirchen unterschiedlich bewertet. Beide Artikel liefern nicht einfach fertige Antworten,
sondern sie werden – das ist zu hoffen – zur Diskussion anregen und
eigene Positionierungen provozieren. Das Anliegen, Kindern und Jugendlichen religiöse Bildung nicht vorzuenthalten, verbindet die beiden
Beiträge.

Religion – Schule – Religionsunterricht: eine Trias mit Vergangenheit, aber auch mit Zukunft?

Bildungspädagogische Reflexionen zu einem belasteten Verhältnis

Michael Fuchs

«Ich weiss, manche, vielleicht die meisten Religionslehrer(innen), Theologen (-innen) haben Schwierigkeiten, das, was sie sagen können, klar und deutlich zu sagen. Doch vor allem fällt es ihnen schwer, über das, worüber sie nicht reden können, zu schweigen.»

THEODOR WEISSENBORN

Exposition: worum es geht

Die Frage, die ich im Folgenden nach- und vordenkend zu beantworten versuche, lautet schlicht und einfach:

Kann Religion in einer weitgehend säkularen westlichen Gesellschaft noch als Bildungsgut betrachtet werden, das die öffentliche, von allen Bürgerinnen und Bürgern während ihrer Kinder- und Jugendzeit zwangsmässig zu durchlaufende Institution «Schule» in ihrem Fächerkanon führen soll? Anders gefragt: (Wie) Soll es

in Zukunft noch Religionsunterricht im Rahmen der Schule geben?

Ich spreche im folgenden nur vom schulischen Religionsunterricht, also von einem Unterricht, der in der Primarschule (1.–6. Schuljahr) stattfindet und religiöse Inhalte behandelt.

Die eingangs gestellte Frage will ich auf folgendem Weg einer möglichen Antwort entgegenführen:
– Zunächst frage ich mich, was Religion *für den (erwachsenen) Menschen* ist, wobei ich in Beantwortung der Frage nicht auf eine bekenntnisgebundene Theologie, sondern auf die Ethnologie bzw. Kulturanthropologie zurückgreife.
– In einem zweiten Teil frage ich nach der Funktion, die Religion *für Kinder* hat.
– In einem dritten Teil verfolge ich historisch die *Entwicklung des Religionsunterrichts in der Schweiz.*
– Im vierten und fünften Teil analysiere ich den heutigen Zustand und stosse zu einigen Thesen bezüglich der *schulpädagogisch-institutionellen Zukunft des Fachbereiches Religion* vor.

1. Religion: kulturanthropologische Betrachtungen

Soll die Frage beantwortet werden, ob Religion berechtigterweise Gegenstand schulischer Bildung ist, vergegenwärtigt man sich mit Vorteil, was – in einem allgemeinen Sinne – Religion überhaupt ist. Eine Definition von Religion, die sich für *pädagogische* Klärungen in meiner Sicht als hilfreich erweist, stammt vom Anthropologen Clifford Geertz. Er schreibt:

«Ohne weitere Umschweife also: eine Religion ist
(1) ein *Symbolsystem*, das darauf zielt,
(2) starke, umfassende, *dauerhafte Stimmungen und Motivationen* in den Menschen zu schaffen,
(3) indem es *Vorstellungen einer allgemeinen Seinsordnung* formuliert und
(4) diese Vorstellungen mit einer solchen *Aura von Faktizität* umgibt, dass
(5) die Stimmungen und Motivationen völlig *der Wirklichkeit* zu entsprechen scheinen» (Geertz 1983a, 48).
Diese dichte Definition von Religion will ich nachfolgend nicht *en détail* aufschlüsseln – dazu lese man den Autor im Original –, aber ich will doch einige in pädagogischer Hinsicht wichtige Aspekte hervorheben.

Zu (1): Unter dem Begriff «Symbol» versteht Geertz in Anlehnung an Susanne K. Langer (1960) Gegenstände, Handlungen, Ereignisse, Eigenschaften oder Beziehungen, die Ausdrucksmittel einer *Vorstellung* sind. Diese Vorstellung macht die «Bedeutung» des Symbols aus.[1]
Es kennzeichnet Symbole, dass sie sich zu

Systemen fügen. Symbole können ein religiöses System bilden. Symbolsysteme sind nach Geertz kulturelle extrinsische Informationsquellen, worunter zu verstehen ist, «dass sie – anders als zum Beispiel die Gene – *ausserhalb* der Grenzen des einzelnen Organismus in jenem *intersubjektiven Bereich allgemeiner Verständigung* angesiedelt sind, in den alle Menschen hineingeboren werden, in dem sie ihre getrennten Lebenswege verfolgen und der auch nach ihrem Tod ohne sie weiterbesteht» (ebd., 51; Hervorhebungen M. F.). Die Symbole helfen uns, die Wirklichkeit nachzubilden, abzubilden, zu imitieren, zu simulieren; sie erfüllen – neben anderem – im Sinne Wygotskys (1978, 25) eine heuristische Funktion.

Zu (2): Religiöse Symbole drücken das jeweilige Leben aus und prägen es zugleich, indem sie in den Gläubigen bestimmte Dispositionen wecken, die den Ablauf ihrer Tätigkeiten und die Art ihrer Erfahrungen in gewisser Weise festlegen.[2] Religion *motiviert* zu bestimmten Handlungen oder Gefühlen und macht den Menschen bei entsprechender Stimulierung für bestimmte *Stimmungen* empfänglich.[3] Motivationen ergeben mit Bezug auf die Ziele, zu denen sie hinführen, «Sinn», während Stimmungen in bezug auf die Bedingungen, denen sie entspringen, «Sinn» ergeben.

Zu (3) bis (5): Die Einstellung eines fanatischen Golfspielers zu seinem Sport lässt sich durchaus als «religiöse» beschrieben, aber nicht schon dann, wenn er ihn nur leidenschaftlich gerne und bloss sonntags betreibt; erst wenn er in ihm ausserdem ein Symbol für transzendente Wahrheiten sieht, ist sein Verhältnis zum Golf ein religiös durchtränktes (vgl. Geertz 1983a, 59). Eine Religion – das besagt das Beispiel – besteht nicht lediglich aus einer bestimmten Anzahl von Praktiken und moralischen Prinzipien, sondern aus einem *Bild der Welt*. Anders ausgedrückt: Religion eröffnet eine Perspektive. Empirische Ereignisse werden dann vom religösen Gesamtkonzept her interpretiert. Denn eine Perspektive ist eine Weise des Sehens im Sinne von «erkennen», «begreifen», «verstehen» oder «erfassen». Wer von der «religiösen Perspektive» spricht, geht davon aus, dass es auch andere Perspektiven gibt. Von der *Alltagsperspektive* unterscheidet sich die religiöse Perspektive dadurch, dass sie über die Wirklichkeit des Alltagslebens hinaus zu umfassenderen Realitäten hinstrebt und die Alltagsrealität korrigiert und ergänzt. Von der *wissenschaftlichen* Perspektive unterscheidet sie sich dadurch, dass sie die Alltagsrealitäten nicht aufgrund institutionalisierter Zweifel in Frage stellt und sie in einem hypothesenverifizierenden Prozess überprüft, sondern auf der Grundlage von sogenannten Wahrheiten, die nach ihrem Dafürhalten umfassenderer und nichthypothetischer Natur sind, auffasst.[4] Die Losungsworte der religiösen Perspektive sind Hingabe und Begegnung, nicht Distanz und Analyse.

Nun müssen Menschen verschiedene Perspektiven einnehmen und vereinen können, was die Tendenz nach sich zieht, religiöse Perspektive und Alltagsperspektive zu einer starken Überlappung zu bringen. Das kann geschehen, indem wahrnehmungsmässig die Empirie in Richtung des religiös-symbolischen Systems verschoben wird oder, umgekehrt, indem die religiösen Symbolisierungen an die Empirie angepasst werden.

Soweit die Ausführungen zu Religion in Anlehnung an Geertz. Worauf es mir in allgemeinpädagogischer Hinsicht ankommt, ist folgendes:
– Religion ist ein *spezifisches System von Symbolen* bzw. Symbolisierungen, damit im Grundsatz strukturell vergleichbar mit anderen kulturell-symbolischen Systemen wie Mathematik, Sprache, Musik, Ästhetik usw. (Natürlich ist damit das Phänomen Religion nicht als Ganzes erfasst, sondern nur in seinen schulpädagogisch-bildenden Elementen.)
– Religion als Symbolsystem fungiert als *extrinsische Informationsquelle*. Erst auf der Basis dieses Allgemeinen entsteht das Individuelle, im Falle der Religion: der individuelle Glaube.
– Die Spezifität des Symbolsystems Religion zeigt sich in dem, was die Symbole ausdrücken und bedeuten wollen, aber auch in der Art und Weise, wie sie zustande kommen.

Der schulischen Bildung geht es, so wie sie sich heute darstellt, vorwiegend um die Einführung (Initiation) in Symbolsysteme: in mathematische, sprachliche, ikonografische, musikalische und kinästhetische. Die religiöse Symbolisierung reiht sich daher *grundsätzlich* problemlos in den Kanon schulischer Bildung ein.

2. Die Funktion von Religion für Kinder

Mit dem Ertrag aus dem ersten Kapitel ist noch wenig gewonnen. Mit einer prägnanten Formulierung Gert Ottos dreht sich im schulischen Unterricht ja alles um zwei Pole: um Inhalte, die vermittelt werden, und um Schülerinnen und Schüler als Subjekte (Otto 1996, 54). Deshalb müssen wir in einem zweiten Schritt auf die Adressaten von schulischer Bildung, die Kinder, eingehen. Ich gestatte mir als Einleitung einige Bemerkungen zur schulischen Erziehungssituation.

Erziehung findet im Gefälle von Erwachsenen zu Kindern statt. Es sind im Kontext von Schulen *Erwachsene*, welche die Kinder zu erziehen beabsichtigen. Die Frage, wie wir die Kinder erziehen sollen oder wollen, ist eine Frage der *Erwachsenen*. Lehrpläne sind Dokumente zur Kommunikation unter *Erwachsenen* mit beabsichtigten Wirkungen bei Kindern. Die Frage, ob konfessioneller oder allgemeiner, monobekenntnishafter oder interreligiöser Religionsunterricht der heutigen Zeit angemessen ist, ist eine *Erwachsenen*frage, hinter der Interessen von *Erwachsenen* – nicht von Kindern – stehen. Kinder haben andere Interessen und Präferenzen.

Ich betone dies so stark, da die Schule zur Unterstützung und Beförderung der *Kinder* da ist, auch wenn sie von Erwachsenen gestaltet wird. Wie befördert die Schule das Kind? Eine der möglichen Antworten lautet: indem sie das Kind seinem individuellen Milieu entbindet, es also aus seinem individuellen Milieu heraus in eine Sphäre des Allgemeinen (in Geertz' Worten: in die Sphäre extrinsischer Informationsquellen)

holt und es, vor allem mittels der Kulturtechniken Lesen, Schreiben und Rechnen, in unsere Kultur initiiert. Die Schule unterstützt ihrem Zweck nach die Herkunftsfamilie in der Erziehung und Entwicklung des Kindes – so steht es in fast allen Zweckartikeln von Schweizer Schulgesetzgebungen. Aber die Schule tut das *nicht*, indem sie *in der Einheit mit dem Elternhaus* ihren Auftrag wahrnimmt, sondern indem sie das Elternhaus und sein Milieu *ergänzt*, also unter Umständen in Differenz zum Elternhaus. Dieser Auftrag wird durch Bildungsmassnahmen vorgenommen, die der demokratischen Öffentlichkeit zur Genehmigung und Gestaltung unterstellt sind.

Was ich mit dieser vielleicht etwas mühsam vorgetragenen Einleitung bezüglich *religiöser Bildung* sagen will, ist das: Es ist ein falscher Anspruch, wenn die öffentliche Schule lediglich das im Elternhaus schon vorhandene, bestehende Bekenntnis pflegen und entwickeln helfen soll, denn dieser Auftrag würde sich ausschliesslich aus einem *Eltern*recht (nicht aus einem *Kinder*recht) ableiten, aus einem Elternrecht, das im Kontext der Schule kaum je eingelöst werden kann, ganz einfach weil wir nicht mehr in einer soziologisch homogenen Welt leben. Eltern müssen Brüche im Erziehungskonzept zwischen sich und der Schule akzeptieren, sonst verzweifeln sie. Umgekehrt: Religionslehrerinnen und -lehrer müssen Brüche zwischen Elternhaus und dem, was sie mit der Schülerschaft vorhaben, akzeptieren, sonst sind sie nicht handlungsfähig. Um mit Blick auf die Kirchen diese Aussage zu verdeutlichen: Theologinnen und Theologen jammern zu

Unrecht über eine mangelnde religiöse Sozialisation. Wenn sie *im Rahmen der Schule* einen religiösen Bildungsauftrag wahrnehmen, haben sie ihren Unterricht so zu elementarisieren, dass jedes Kind, *ganz egal aus welchem Ursprungsmilieu es stammt,* dem Unterricht folgen und systematisch Kompetenzen erlangen kann.

Mit diesen Bemerkungen wollte ich die Bereiche des Kindes und der Erwachsenen auseinanderdifferenzieren helfen und bin nun soweit, dass ich mich dem eigentlichen Thema, dem Kind und seiner Religion, zuwenden kann.

Was bedeutet Religion überhaupt für das Kind? Darüber wird viel spekuliert, obschon wir wenig darüber wissen. Sind die Fragen, mit welchen sich die Erwachsenen, die Lehrkräfte, die Religionslehrkräfte, die Kirchen herumschlagen (die Frage der Glaubensneutralität, die Fragen nach den Inhalten und den Wirkungen von Religionsunterricht), sind das die Fragen der Kinder? Wohl eher nicht.
Was sich mit einiger Plausibilität vertreten lässt, ist dies: Kinder sind dazu gezwungen, im unübersehbaren Chaos von Sinneseindrücken und sich widersprechenden Erlebnissen mittels Fragen und vorläufigen, selbst konstruierten Antworten auf diese Fragen eine Ordnung (eine Weltordnung) zu erstellen, die dem eigenen Handeln einen verlässlichen Rahmen gibt. Genau das leistet für bestimmte Fragen die Religion.
Weil Kinder auf der Grundlage ihrer spezifischen geistigen Möglichkeiten eigene Ordnungsvorstellungen aufbauen (müssen), ist die Behauptung von Jürgen Oelkers ein-

leuchtend, Kinder seien zugleich Realisten *und* Mystiker (Oelkers 1994, 15). Denn Kinder stellen Fragen und bilden entlang der eigenen Fragen und der Antworten, die sie darauf bekommen oder die sie sich selber geben, ein spezifisches Bewusstsein. Weil sie Ursachen hinter Ursachen vermuten können, sind sie disponiert für religiöse Themen.
Eine längere Passage aus einem Text von Jürgen Oelkers (ebd., 16) hilft, diesen Gedanken zu veranschaulichen:

«Es gibt auf diese Fragen [gemeint sind Fragen nach den Kausalrätseln der Welt; M. F.] unzählige und keine befriedigende Antwort (sic!), solche, die die Fragen *entscheiden* würden. Kinder verlieren zwischenzeitlich das Interesse an den Fragen, einfach weil sie Antworten erhalten, die ihr Problem scheinbar lösen, oder weil alle Antworten gleich unbefriedigend sind, so dass der Eindruck entsteht: Offenbar gibt es keine vernünftige Antwort, und insofern erscheint die Frage als sinnlos. Religiöse Erfahrungen führen freilich immer wieder auf dieselben Grundprobleme zurück. Kinder können sich durchaus auf eine Negation Gottes zurückziehen, aber diese Negation ist nie besonders sicher, einfach weil es keine zureichenden Kausalitäten gibt, mit denen der Kindergott zu verbannen wäre.
Erwachsene haben drei Typen von Antworten zur Auswahl, die alle an diesem Problem scheitern: (a) Sie können den Kindergott bestärken und Gott als Person darstellen, die sich der Vorstellung von Personen freilich radikal entziehen muss, wenn ... das Göttliche glaubwürdig unter

Beweis gestellt werden soll. Gott ist kein Mensch, aber doch eine Person, wie kann es aber Personen geben, die nicht zugleich Menschen sind? (b) Eine zweite Möglichkeit ist atheistischer Natur und besteht im Verweis auf wissenschaftliche Theorien über die Entstehung der Welt, die freilich die Rätselhaftigkeit der Antwort nur steigern können. Kann es eine Schöpfung aus dem *Nichts* gegeben haben, wenn doch die physikalische Beschreibung des Universums Kräfte voraussetzt, die erst mit dem Universum entstanden sein können? Die Theorie führt auf die Schöpfungshypothese zurück und bestreitet nur den naiven Kindergott, auf den das Verstehen der Kinder selbst aber offenbar nicht verzichten kann. (c) Eine dritte Möglichkeit ist das Bekenntnis des eigenen Unwissens. Man kann Kindern auf die Frage nach der Schöpfung zur Antwort geben, dass dies niemand wisse und auch nicht wissen könne. Aber dann überlässt man die Entscheidung den Kindern, wohl wissend, dass die Frage gerade mit dieser Verweigerungsantwort verstärkt wird.
Es gibt also keine wirkliche Möglichkeit, die Kinderfrage nach Gott *für Kinder* zureichend zu beantworten, so nämlich, dass die Frage selbst verschwindet» (ebd., 16, Hervorhebungen im Original).

Kindliche Religiosität entsteht – sowohl spontan wie angeregt von aussen – nach Oelkers *aus Fragen*, aus Fragen *nach Kausalitäten* und vor allem: aus Fragen nach *letzten* Kausalitäten. Auch Hartmut von Hentig sieht beim Fragen den eigentlichen Ausgangspunkt religiösen Interesses beim Kind.[5]

Natürlich bekommen Kinder von Erwachsenen Antworten, Antworten, die hochgradig paradox sind, beispielsweise die Paradoxie des vorstellbar Unvorstellbaren enthalten (Gott, Ewigkeit u. a.). Die Antworten, die die Erwachsenen auf religiöse Fragen der Kinder zu bieten haben, dienen dazu, die kindlichen Fragen zu beruhigen, stillzulegen, erträglich zu machen, «wobei fast nie in Rechnung gestellt wird, dass sie für Kinder alles andere als *unerträglich* sind. Die Welt wird von Kindern ganz erfahren, so jedoch, dass eine natürliche Einstellung zu jenen Problemen vorausgesetzt werden muss, die erst Erwachsene als unerträglich rätselhaft oder interessant erleben können. Kinder sind daher geborene Theisten, ohne dass sie sich auf Doktrinen verpflichten würden. Sie fragen nach Gott, aber verweigern sich den Antworten, von denen sie ahnen können, wie hilflos sie gegenüber der Tiefe des Problems sind. In diesem Sinne ist Kindheit kein Durchgangsstadium, keine Passage, an deren Ende der fertige Erwachsene stehen würde. Was Kinder *religiös* erfahren, sind Fragen, die sie nicht beantworten können, obwohl oder weil sie alle ‹erwachsen› werden müssen» (Oelkers 1994, 17; Hervorh. i. O.).

Ich will an dieser Stelle die Betrachtungen zum Thema Kind und Religion beenden und das in meiner Optik Wesentliche herausstellen.
Kind und Religion gehören zusammen, weil Kinder Fragen stellen, und zwar Fragen, die über den einfachen, vordergründigen Kausalnexus hinausgehen und in den Bereich letzter «Fragen» vordringen. Hier liegt der

entscheidende Unterschied zum Philosophieren mit Kindern. Das Philosophieren mit Kindern (sensu Lipman, Zoller u. a.) unterstützt die Fragehaltungen der Kinder. Dort wo die Kinderphilosophie beim Fragen stehenbleibt, dringt die Religion weiter, indem sie die Fragen in die Richtung existentieller Radikalität weitertreibt und dann mittels der aus poetisch-mythologischen Bildern gewonnenen Antworten *für den Moment* beruhigt.

In den *radikalen Fragen der Kinder* – und nicht aus dem traditionellen und historischen Anspruch von Kirchen – begründet sich meines Erachtens der *pädagogische* (das ist ein anderer als der religionspädagogisch-katechetische) Anspruch auf Religion als Fachbereich im Rahmen der Schule. Konsequenterweise ist dieser Fachbereich von den Kindern und ihren Fragen her – und nicht von den Konfessionen und ihren Antworten her – zu gestalten.

Als **Zwischenbilanz der Kapitel eins und zwei** halte ich an dieser Stelle fest:

Mit Geertz gehe ich davon aus, dass Religion ein spezifisches kulturelles Symbolsystem ist, welches durch seine externalisierte Form heuristische Funktionen in einem spezifischen Bereich erfüllt. Da als Inhalt von Schulen vor allem Symbolsysteme fungieren, halte ich Religion und Schule für kompatibel.

Bekanntlich werden nicht alle kulturellen Symbolsysteme schulisch behandelt. Das sich auf den Menschen sehr unmittelbar auswirkende kulturelle Symbolsystem «Recht» ist beispielsweise *nicht* Gegenstand der Volksschulbildung. Der Grund, weshalb dieser Fachbereich erst in den höheren Schultypen eine Behandlung erfährt, liegt wahrscheinlich in der komplexen Materie, welche das Kind überfordern würde, begründet. Wenn es hingegen stimmt, dass es eine natürliche bzw. spontane Religiosität des Kindes gibt, wie Oelkers behauptet, dann ist es legitim, in den Symbolbereich «Religion» an der öffentlichen Schule im Zusammenspiel mit den anderen kulturellen Symbolsystemen einzuführen. Dass dies in der Ausgestaltung des Lehrplans kindzentriert, nicht bekenntniszentriert geschehen soll, versteht sich von selbst, denn die Schule ist für die Kinder da, nicht für die Kirchen.

Ein Blick in die Schweizer Schulgeschichte – und damit leite ich zu Kapitel drei über – hingegen zeigt ein anderes Bild: Die Geschichte des Religionsunterrichts ist über weite Strecken eine Geschichte *institutioneller* – nicht pädagogischer – Auseinandersetzungen (zwischen Kirchen und Schule oder zwischen Kirche und Kirche). Diese Art von pädagogischer Problemlösung entsprach den Verhältnissen so lange, wie in der Schweiz der Grossteil der Kinder und Eltern einer der drei öffentlichrechtlich anerkannten Kirchen angehörten. Auf dem Hintergrund soziologischer Daten und politischer Machtverhältnisse konnte eine durchaus praktikable Ordnung geschaffen werden. Die wenigen Personen ohne kirchliche und glaubensmässige Bindung fielen trotz des seit langem bestehenden Schutzes der Glaubens- und Gewissensfreiheit kaum ins Gewicht. Aufgrund der Erosion der Kirchen wird dieses Modell aber keine Zukunft mehr haben. Doch lassen wir uns durch einen Blick in die Geschichte mit der bisherigen Entwicklung des schulischen Religionsunterrichtes vertraut machen.

3. Schulischer Religionsunterricht – Proprium der Kirchen oder der Schulen? Ein Blick in die Schweizer Schulgeschichte

Ablösung der Schule von der Kirche   Die Schule wurde im Schoss der Kirche geboren. Noch im 18. Jahrhundert bestand der Hauptzweck, weswegen Schule überhaupt veranstaltet wurde, darin, die zentralen religiösen und moralischen Lehrsätze einer Konfession zu vermitteln.[6] Erst zu Beginn des 19. Jahrhunderts wurde der religiöse Kernbestand zunehmend durch profane Lehrgegenstände konkurrenziert. Zuvor waren Schulen zunächst Kirchenschulen.[7] Erst in der Schulorganisation der regenerierten Kantone wurde nach 1830 das Mitspracherecht der Kirchen auf ein Minimum beschränkt und der Lehrer von den kirchlichen Pflichten weitgehend entbunden. Innerhalb von fünfzig Jahren machte die Kirchenschule, in welcher die Religion Hauptzweck allen Lernens war, einer mehrheitlich laizistischen Institution, in welcher die Religion nur mehr einen marginalen Platz einnahm und in einzelnen Kantonen sogar aus den Lehrplänen gestrichen wurde, Platz. Ein grundlegender Funktionswandel wurde damit eingeleitet. Natürlich begleiteten heftige Kämpfe in der ersten Hälfte des 19. Jahrhunderts die öffentliche Diskussion.

Das konservative Modell   Der öffentliche Streit betraf die Position der religiösen Unterweisung in den öffentlichen Schulen und das Subordinationsverhältnis zwischen profanen und sakralen Lehrgegenständen. Die Frage war, ob sich weltliches Wissen erst moralisch vertretbar anwenden lasse, wenn das Subjekt, welches das Wissen verwende, gläubig sei. Genau dies behaupteten die orthodox-pietistischen Gläubigen. Eine Gesellschaft, die nicht an Jesus Christus glaube, erschien den Vertretern der damaligen pietistischen Pädagogenschaft als unmoralisch.[8] Katholischerseits wurde die Reinheit des Glaubens betont. Das Kind müsse das ihm, dem Staat und der katholischen Kirche «Nützliche und Heilsame» lernen, hielt der katholische Luzerner Pfarrer Josef Banz in seiner Schulpredigt fest (Banz 1832, 350). Kinder sollten nicht Dinge lernen, welche für sie nicht geeignet waren oder welche sie nicht zu wissen brauchten, «ja, welche gar für ihre Sittlichkeit nachteilig und für die Religion und Tugend, für den wahren Glauben gefährlich werden könnten» (ebd.). Wäre es damals nach den liberal-konservativen Verfechtern einer konfessionellen Schule gegangen, so wären die Lehrer weiterhin eine Art Kirchendiener geblieben, und Gebete, Kirchenlieder oder Kruzifixe hätten den Schulalltag geprägt. Selbstverständlich hätte der Religionsunterricht eine zentrale Rolle gespielt, wäre durch den Lehrer gehalten und vom Pfarrer beaufsichtigt oder selbst erteilt worden.

Das liberale Modell   Der Grossteil der nach 1830 in den neugegründeten Lehrerseminaren ausgebildeten Lehrkräfte wehrte sich verständlicherweise gegen dieses Modell und wurde unterstützt durch liberale Politiker und Publizisten, aber auch durch ebenso liberale Pfarrer und Theologen (vgl. Finsler 1881). In weiten Teilen der Schweiz setzte sich der Vorschlag durch, *dass der dogmatische Teil der religiösen Unterweisung durch die Pfarrer* im Anschluss an die obligatorische Schulzeit zu erteilen sei, was Bibellektüre und Katechismuslernen bedeutete. Der *Schule und den Lehrkräften* verblieb ein *moralischer Unterricht*, der durch Erzählungen die Kinder erbaute und belehrte.[9] Den Liberalen ging diese Anordnung zuwenig weit. «Wer eine zarte Blume betasten will, macht sie verwelken; wer mit einem Kinde über Religion klügeln will, macht dessen Herz zu einem Kalbfelle, auf welchem er seine Torheit austrommeln will. Wie grausam töricht!» war 1832 in «Der freimüthige unparteiische Schulbote» zu lesen (Nr. 13, 200). Die Liberalen waren der Ansicht, der einzelne Mensch sei mit einer angeborenen, natürlichen Frömmigkeit ausgestattet; Religion war für sie nicht Kirchenlehre, sondern ein anthropologisches Faktum. Deshalb sollte der Schule im Umgang mit religiösen Themen ein Autonomiestatus zukommen. Sie waren ferner der Ansicht, dass erst dann, wenn die Vernunft zum Gefühl oder zur Frömmigkeit hinzutrete, eine erzieherisch erwünschte Form von Religiosität entstehe. «Die Vernunft gibt dem religiösen Sinne Licht und Wahrheit und schützt ihn vor Wahn und Irrthum», schrieb etwa der katholische Luzerner Lehrer Heinrich Ineichen (Ineichen 1840, 17). Diese These allerdings, wonach lediglich ein rationalisierter, aufgeklärter Glaube ein pädagogisch erwünschtes Bildungsziel darstelle, wurde von der politischen Öffentlichkeit scharf zurückgewiesen und manifestierte sich teilweise in aufse-henerregenden Vorfällen. So erstürmte 1839 in Zürich die Landbevölkerung die Stadt, zwang die Regierung zum Rücktritt und sorgte für die Entlassung des liberalen Seminardirektors Ignaz Thomas Scherr. Die frühzeitige Pensionierung des an der Theologischen Fakultät der Universität Zürich lehrenden deutschen Theologen David Friedrich Strauss war bereits im Vorfeld dieses Sturms erzwungen worden. Ein ähnliches Ereignis wiederholte sich etwa zehn Jahre später in Bern mit dem sogenannten Zellerhandel (vgl. Späni 1997, 24; Kummer 1996, 35). Letztlich ging es bei diesen Zwisten um die Abwehr eines allzu vernunftdurchdrungenen Glaubens.

Zweite Hälfte des 19. Jahrhunderts: Tendenz zu paritätischen Schulen, Bundesverfassungsstreit   Nach 1850 beruhigte sich die Situation allgemein, und es bildete sich vor allem in den protestantischen Kantonen ein *courrant normal* heraus, der dem *Modell der Liberalen* entsprach. Freilich war die generelle konfessionelle Trennung im Primarschulbereich auch um 1860 herum noch die Regel, das heisst, protestantische Schüler besuchten protestantische Schulen, katholische Schüler katholische Schulen.

In den 1860er Jahren setzte sich dann allerdings die Tendenz zu paritätischen Schulen durch, vor allem aus Kostengründen und weil sich die konfessionelle und ortsbürgerliche Homogenität aufzuheben begann. «Der Niedergelassene muss an Schulkosten seines jeweiligen Wohnortes steuern; wie könnte man ihm noch zumuthen, dass er seine Kinder der Unbill der Witterung preisgebe beim Besuche der auswärtigen [anderskonfessionellen; M. F.] Schule?» fragte die Schweizerische Lehrerzeitung 1865 (Nr. 50, 395). Der Kanton Thurgau stellte in jenen Jahren auf das Prinzip paritätischer Schulen um, nachdem die Erfahrungen mit den Schulen in Frauenfeld und Weinfelden keine negativen Folgen gezeigt hatten: «... man konnte keinen Beweis finden, dass die Kinder hiedurch intellektuell, moralisch oder religiös verkümmert worden wären oder dass in kirchlicher Hinsicht deswegen Reibungen und Streitigkeiten veranlasst wurden» (SLZ 1865, Nr. 50, 394). Hinsichtlich des Religionsunterrichtes wurde folgende Organisationsform gewählt: Den dogmatisch-konfessionellen Teil übernahmen die Pfarrer, die Lehrer unterrichteten an der Schule Biblische Geschichte. Maliziös bemerkte der Kommentator der Lehrerzeitung, dass dies wohl so konfliktlos möglich gewesen sei, weil der Verfasser der Biblischen Geschichte ein Katholik gewesen sei, sich die Reformierten darüber aber nicht aufgeregt hätten, weil sie die Geschichte während ihrer Schulzeit noch aus Lese- und Lehrbuch kennengelernt hätten ... (SLZ 1865, Nr. 50, 395).

Ein weiterer wichtiger Baustein war die Diskussion im Vorfeld der schliesslich gescheiterten Bundesverfassungsreform von 1871/1872. In einer Eingabe des Schweizerischen Lehrervereins vom 8. November 1871 wurden neben anderem die Oberaufsicht des Bundes über das Schulwesen, die Genehmigung der kantonalen Schulgesetze, die Inspektion und Prüfung des kantonalen Schulwesens durch den Bund, die Festlegung eines verbindlichen Minimums für die Dauer der Schulpflicht der Kinder

sowie die *Unabhängigkeit der Schule von der Kirche* gefordert. Motiviert zu dieser Eingabe wurde der Lehrerverein einerseits durch die Tatsache, dass der Volksschulbereich der katholischen Kantone aufgrund des Einflusses der katholischen Kirche rückständig war (vgl. SLZ 1871, Nr. 22, 178), andererseits im sogenannten *Syllabus* des Papstes aus dem Jahre 1864 eine deutlich antiliberale Haltung der katholischen Kirche zum Ausdruck gebracht wurde. Das päpstliche Manifest rief Widerstand hervor, weil es Wissenschaft, Fortschritt, kulturelle Entwicklung, individuelle Freiheit und wissenschaftliche Bildung bedrohte.

In der Bundesverfassung von 1874 wird schliesslich im sogenannten Schulartikel festgehalten (Artikel 27, Absatz 2 und 3):

«² Die Kantone sorgen für genügenden Primarunterricht, welcher ausschliesslich unter staatlicher Leitung stehen soll ... .³ Die öffentlichen Schulen sollen von Angehörigen aller Bekenntnisse ohne Beeinträchtigung ihrer Glaubens- und Gewissensfreiheit besucht werden können.»

Da der Verfassungsartikel nicht von einem Ausführungsgesetz begleitet war, kam es zu zahlreichen Klagen im Zusammenhang mit dem Schulartikel, da gewisse Schulen nicht konfessionsneutral geführt wurden. Das Parlament beauftragte 1881 den Bundesrat, eine Gesetzesvorlage für die Vollziehung des Artikels 27 der Bundesverfassung auszuarbeiten. Ein Erziehungssekretär (im Referendumssturm dann Schulvogt genannt) hatte eine Enquête durchzuführen. Durch Indiskretionen wurde schon bald die

Art der Erhebung zur Konfessionalität der Schulen bekannt. In Schulstuben angebrachte Kruzifixe, das Aufhängen von Heiligenbildern in der Schule, religiöse Handlungen wie Beten, Singen von Kirchenliedern während der Schulzeit, Aufforderungen zu Prozessionen oder das Verteilen von Flugblättern und Schriften konfessionellen Inhalts sollten gemäss einem Geheimzirkular von Bundesrat Schenk als Verstoss gegen Artikel 27 gewertet werden. In der Folge kam es zum bekannten Referendumssturm und zum bundesrätlichen Debakel am Konraditag (der Bundesbeschluss wurde verworfen, der Föderalismus im Bildungswesen sollte bzw. konnte weiterbestehen) (für Detailinformationen siehe Späni 1997, 29ff.).

Die Entwicklung nach dem Konraditag initiierte bezüglich des Religionsunterrichtes jene «grosse Unübersichtlichkeit» (SLZ 1911, Nr. 27, 257), von welcher die Schweiz auch heute, am Anfang des 21. Jahrhunderts, geprägt ist. *Die protestantischen und konfessionell paritätischen Kantone* boten in aller Regel nach 1874 einen *konfessionslosen Religionsunterricht* an, der durch die Katholiken allerdings nicht anerkannt wurde. *Die katholischen Kantone* pflegten den schon praktizierten *Konfessionalismus* der Schulen weiter. Gegen diese Praxis wurde vielfach prozessiert, vor allem dann, wenn innerhalb der öffentlichen Schule konfessionell-religiöse Riten und Gebete von *allen* Schülerinnen und Schülern, also auch jenen der konfessionellen Minderheit, verlangt wurden. Solche Praxis führte jeweils zu Präzisierungen des Verständnisses der Anwendung der Glaubens- und Gewissensfreiheit. Hinsichtlich einer öffentli-

chen Gebetspraxis hält ein Rechtsgutachten von 1907 folgendes fest:
«Das Gebet – und zwar ein jedes, das streng konfessionelle, das interkonfessionelle und selbst das unkonfessionelle, das stille wie das laut gesprochene, das einfache wie das mit anderweitigen Zeremonien verbundene, das Einzelgebet gleich dem in einer Versammlung abgehaltenen Gebet – ist ein religiöser Akt, somit, vom fakultativen Religionsunterricht abgesehen, *unzulässig* während der Dauer des profanen Unterrichts in der öffentlichen Schule; **das Gebet darf kein Bestandteil des allgemeinen Schulunterrichts sein**» (Rechtsgutachten zu Handen der St. Galler Regierung im Zusammenhang mit dem sogenannten Flumser Gebetshandel[10] [Salis 1907, 8; Fettdruck i. O., Kursivdruck M. F.]).

Erster Teil des 20. Jahrhunderts   Nach dem Ende des Ersten Weltkrieges wollten die Sozialdemokraten den Religionsunterricht durch einen profanen Moralunterricht ersetzt wissen, gleichzeitig formierten sich jene Kräfte, die die Rückkehr zur konfessionellen Schule forderten. In Diasporakantonen organisierten in jener Zeit die Katholiken ihr eigenes Milieu in zahlreichen Vereinen. In der Folge liessen viele katholische Eltern ihre Kinder vom staatlichen («konfessionslosen») Religionsunterricht dispensieren. (Allein in der Stadt Zürich kletterte die Zahl der Dispensationen von 31 im Jahre 1922 auf 2153 im Jahre 1923 [Zürcher Kantonaler Lehrerverein 1927, 8].) Diese Praxis entsprach den Empfehlungen der Bischöfe, und diese Empfehlungen wiederum standen im Zusammenhang mit dem neuen katholischen Kirchenrecht von 1918, welches den Besuch von konfessionslosen Schulen verbot (Can. 1274 bestimmte: «Katholische Kinder sollen nicht unkatholische [akatholicos], neutrale [neutras], gemischte [mixtas] Schulen, die auch Nicht-Katholiken offenstehen, besuchen» [nach Lampert 1919, 8]). In dieser radikalen Form folgten die Katholiken ihrer Kirche allerdings nicht, das staatliche Schulmonopol wurde in keinem Diasporakanton aufgebrochen. Die katholischen Kinder besuchten in der Regel die neutrale Schule, liessen sich aber vom «konfessionslosen» Religionsunterricht dispensieren und erhielten statt dessen eine konfessionell-kirchliche Unterweisung durch kirchliche Religionslehrkräfte.

Zweite Jahrhunderthälfte: die Geistige Landesverteidigung und ihre Folgen

Die Vorkriegszeit (des Zweiten Weltkrieges) bewirkte in der Schweiz dann unter dem Stichwort «Geistige Landesverteidigung» ein Zusammenrücken der verschiedenen gesellschaftlichen Kräfte. Was vor dem Krieg eingeleitet wurde, entfaltete seine volle Kraft in bezug auf den Religionsunterricht in der Nachkriegszeit. Aus jener Epoche stammen die Strukturen des heutigen Religionsunterrichtes. Welche Folgen und welches Verständnis sich aus diesem Wandel ergaben, will ich wiederum anhand eines Beispiels herausarbeiten. Es stammt aus dem Jahre 1955.

In der *Schweizerischen Lehrerzeitung* wurde in jenem Jahr der schweizerischen Lehrerschaft berichtet, dass in Deutschland ein katholischer Lehramtskandidat darauf aufmerksam gemacht worden sei, dass er eventuell aufgrund einer Heirat mit einer

evangelischen Frau in einem rein katholischen Dorf Mühe haben werde, angestellt zu werden.

Nach einer kurzen Erklärung, was zwischen dem deutschen und dem schweizerischen Schulsystem anders sei, wies die SLZ mit folgenden Sätzen auf die Situation des Religionsunterrichts in der Schweiz hin: «... schliessen wir den Casus mit dem Hinweis auf die hundertjährige bewährte Tradition der SLZ ab, die weder eine konfessionelle noch eine laizistische staatliche Schulführung unseren Verhältnissen angemessen hält, sondern als öffentliche Schule nur die staatliche, konfessionell neutrale als richtig gelten lässt, die wohl Religionsunterricht ausdrücklich einschliesst und unterstützt, aber nach Bekenntnissen getrennt, von deren zuständigen konfessionellen Organen inhaltlich und personell bestimmt, jedoch ohne irgendwelche Übergriffsrechte in den übrigen durch die Bundesverfassung umschriebenen, ausschliesslich staatlich geleiteten Unterricht und ohne irgendwelche rechtliche Gewalten der konfessionellen Instanzen über die Lehrer. Jede andere Schulorganisation führt zu vielerlei Übeln für alle Beteiligten, daher hat die SLZ keinen Grund, ihre alte Richtlinie irgendwie zu ändern» (Schweiz. Lehrerzeitung 100 [1955], 497).

Der obigen Passage lässt sich entnehmen: Unter der *neutralen Schule* wurde in jener Zeit *nicht* primär eine *Schule* verstanden, *die sich der Religion gegenüber gleichgültig verhält – oder sie gar ausschliessen – würde.* Vielmehr wurde Neutralität dahingehend interpretiert, dass die Schule als solche *nicht eine der grossen Konfessionen zu bevorzugen, sondern beide Konfessionen*

gleich zu behandeln habe, das heisst beiden Konfessionen im Rahmen der Schule
die Erteilung des Unterrichts ermöglichen
solle.

Wie erwähnt, ist das ganze Modell auf
dem Hintergrund der schweizerischen Bil-
dungsgeschichte der Nachkriegszeit zu
sehen. *Vor* dem Zweiten Weltkrieg war die
Schweiz kaum geeint. Die Katholiken waren
sonderbundstraumatisiert, der Sozialdemo-
kratie sass die Niederlage des General-
streiks im Nacken. Geeint hat die Schweiz
damals die Bedrohung aus dem Ausland.
Mit der Geistigen Landesverteidigung wurde ein nationalpädagogisches Programm
geschaffen, das die Schweizer Bevölkerung
zusammenschweisste. Nach dem Krieg
schloss man an diese Tradition an und tat
alles, um die Willensnation Schweiz zu
fördern: die Zauberformel entstand – und
eben auch das aufgezeigte Modell des Religionsunterrichts. Es ist als Ausdruck des
Willens der gegenseitigen religiösen Akzeptanz zu lesen.[11] Das Konzept der Geistigen
Landesverteidigung bewirkte, dass bisher
bestimmende Polaritäten und Fronten
überwunden wurden.

Die Politiker konnten damals ohne weiteres
davon ausgehen, dass mit dem oben erwähnten Religionsunterrichtsmodell alle
zufrieden waren, denn über 97 Prozent der
Bevölkerung gehörten einer der grossen
Konfessionen an.

Heute, im beginnenden 21. Jahrhundert,
leben wir immer noch mit diesem Modell,
obschon sich die Rahmenbedingungen
grundlegend geändert haben: Die Schweizer Bevölkerung lässt sich nicht mehr in
konfessionelle Milieus einteilen, konfessionelle Mischehen sind häufig, die Kirchen

decken nur noch Bedürfnisse von Minderheiten ab, die kirchliche Bindung hat nach-
gelassen. Die Schweizer Schule hat heute
Zehntausende von Moslemkindern zu be-
schulen. Und trotzdem leben wir immer
noch mit einem Modell von religiöser Bildung, das auf anderen Bedingungen auf-
baut.

Am Ende des Jahrhunderts   Auf Grund
der föderalistischen Struktur der Schweiz
ist die Situation nach wie vor schwer zu
überblicken. Zögerlich, aber doch wahr-
nehmbar, wird die Situation den veränderten mentalen und demographischen Gegebenheiten angepasst – jedenfalls in den
urban geprägten Kantonen. Die kantonalen
Unterschiede bei den juristischen Verhältnissen von Kirche und Staat führen zu ganz
verschiedenen Verhältnissen in Schule und
Religionsunterricht. Der Solothurner Lehrplan von 1992 hat den Religionsunterricht
ganz aus dem offiziellen Teil des obligatorischen Unterrichts ausgeschlossen. In
Zürich und Bern hingegen wurden die
religiösen Inhalte in eine Fachgruppe
(BE: Natur–Mensch–Mitwelt [1995]; ZH:
Mensch und Umwelt [1993]) integriert, die
sich an der Leitvorstellung orientiert, dass
die Schülerinnen und Schüler sich selbst
und ihre Umwelt durch das Fach kennen-
und verstehen lernen sollen. Im Rahmen
dieses Faches sollen die Schülerinnen und
Schüler feststellen, «dass dem menschlichen Forschungs- und Fassungsvermögen
Grenzen gesetzt sind». Sie sollen hinter
diesen Grenzen Zusammenhängen nach-
spüren, «die nicht mess- und fassbar sind»
(Lehrplan für die Volksschule des Kantons
Zürich 1993, 27). Dieses Modell stellt neu

das Geltendmachen der Glaubens- und Gewissensfreiheit zur Disposition, denn Mensch und Umwelt/Natur–Mensch–Mitwelt gehören zum obligatorischen Curriculum.

Aus der Geschichte lässt sich lernen Die Geschichte des Faches Religionsunterricht ist nicht lediglich die Geschichte der Schule mit einem ihrer Fächer. Auseinandersetzungen um den Religionsunterricht sind nie rein fachbezogene politisch-pädagogische Auseinandersetzungen gewesen, sondern waren immer auch Kämpfe zwischen Institutionen (den Kirchen und der Schule) mit ihren je eigenen Interessen. Im Grunde sind sie das heute noch. Gestritten wurde eher selten um Inhalte, sondern darum, wer was machen soll. (Zu) Selten wurde eine pädagogische Sicht eingenommen, wurde gefragt, wie sich welche religiösen Kognitionen und Gefühle im Kind aufbauen sollen. Dieses Defizit hat meines Erachtens folgenden Grund: Sehr selbstverständlich wurde Religion stets mit einer normierenden Mentalität verbunden: dem Glauben. Dass die Kategorie «Glaube» von vornherein ins Spiel kommt, ist das absolut Spezifische des Religionsunterrichts. In keinem anderen Fach geht es um eine vergleichbare Dimension, selbst wenn sich vermutlich in jedem anderen Fach ebenfalls existentielle Dimensonen herausarbeiten liessen, die mit dem «Glauben» Strukturähnlichkeit besitzen.[12] In schöner Übereinkunft scheinen Kirchen wie Lehrkräfte wie Bildungspolitiker von der Selbstverständlichkeit auszugehen, dass im Religionsunterricht «Glauben» zu vermitteln sei, die «Glaubensvermittlung» (welch schiefe Vor-

stellung![13]) das Ziel von schulischem Religionsunterricht sei. Es ist diese Vorstellung, die geradewegs in jene Aporien[14] des schulischen Religionsunterrichts hineinführt, mit welchen wir seit bald zweihundert Jahren leben. Denn im Rahmen der öffentlichen Schule, welche zwangsmässig zu durchlaufen ist, ist die Freiheit des Glaubens verfassungsmässig geschützt, wobei es die Eltern sind, die gemäss Elternrecht den Glauben ihrer Kinder schützen. Freiheit kann aber im Rahmen der Schule schwer geschützt werden, da Schule eine Institution ist, die vom Zwang lebt. Was in der Schule gelehrt wird, ist nicht der Freiheit anheimgestellt, sondern wird verordnet. Die Schule ist eine Zwangsinstitution des Lernens – darum ist es für den Curriculumsgegenstand Religion besonders schwierig, alle Ansprüche und Interessen unter einen Hut zu bringen.

4. Schulischer Religionsunterricht am Anfang des 21. Jahrhunderts: alte Fragen – alte <u>und</u> neue Anworten

Es ist sehr eindrücklich zu sehen, dass sich im Grunde die zentralen Fragestellungen über zwei Jahrhunderte hinweg gleichbleiben, denn auch heute noch streiten sich Politiker in denselben Bahnen wie ehedem um den Religionsunterricht. Dazu ein Beispiel:
Im November 1998 wird im Grossen Rat (Legislativbehörde) des Kantons Luzern das neue Volksschulbildungsgesetz in erster Lesung behandelt. Mit Streichungsanträgen wehren sich links-grüne Politikerinnen gegen den Vorschlag der vorberatenden

Kommission, den Religionsunterricht «auch als Bekenntnisunterricht in der Regel im Rahmen der Unterrichtszeiten» zu erteilen, wofür die Schulleitung den öffentlich-rechtlich anerkannten Religionsgemein-schaften (evangelisch-reformiert, katho-lisch, christkatholisch) Zeit und Räume zur Verfügung zu stellen habe (Moos 1998, 18/ Berichterstattung in der *Neuen Luzerner Zeitung*). Begründet wird der Streichungs-antrag einerseits damit, dass sich die Einschränkung auf die öffentlichrechtlich anerkannten Religionsgemeinschaften *mit dem Gesetzesgrundsatz der konfessionell neutralen Schule nicht vertrage*, anderer-seits wurde moniert, dass *Religion als men-schenverbindendes Grundbedürfnis nicht bekenntnisbezogen* vermittelt werden solle (ebd.).[15]

Nun ist der *Rekurs auf die Konfessions-neutralität* der Schule (erste Begründung des Streichungsantrages) alles andere als neu.

Neu ist nur, dass heute von einigen Politikern (-innen) der Entstehungszusam-menhang der Schutzklausel für die *Glau-bens- und Gewissensfreiheit* nicht mehr beachtet wird und sie die Forderung der konfessionell neutralen Schule teilweise dahingehend verstehen, dass Religion im Rahmen der Schule gar nicht mehr vorkom-men soll. Im Umfeld der Bundesverfas-sungsdebatte im letzten Drittel des 19. Jahrhunderts ging es aber um etwas ganz anderes, nämlich darum, das Subjekt vor einem staatsmächtigen Zugriff zu schüt-zen, also beispielsweise ein evangelisch-reformiertes Kind davor zu schützen, in einem römisch-katholischen Kanton qua Schulwesen die religiösen Grundsätze die-

ses Bekenntnisses aufoktroyiert zu bekom-men, ohne sich diesem Anspruch entziehen zu können (vgl. S. 170). Der Zweck der Legiferierung war nicht die Installation einer konfessionellen Neutralität im Sinne des gänzlichen Verbannens von Religion aus den Räumen der Schule.

Juristische Abklärungen, welche schulpäd-agogischen Schlussfolgerungen aus dem Anspruch zur Wahrung der Glaubens- und Gewissensfreiheit zu ziehen seien, enden heute mit schöner Regelmässigkeit kontro-vers. Als Beleg lassen sich die zwei Disser-tationen von Denhard (1972) und Petitjean (1972) anführen, die sich mit der Frage, wie christlich bzw. wie weltanschaulich neutral die Schule sein müsse, auseinandersetzen und die, obschon sie beide von der Prämisse der Wahrung der Glaubens- und Gewissens-freiheit ausgehen, zu ganz gegensätzlichen Schlussfolgerungen gelangen.

Was die Anwendung bisheriger Gesetzes-interpretationen und Regelungen schwie-rig macht, ist die Tatsache, dass wir uns sowohl bezüglich der Demographie[16] wie der öffentlichen Mentalitätsbefindlichkeit an der Jahrtausendwende in einer neuen Situation befinden.

Damit wende ich mich der zweiten Be-gründung des Streichungsantrages im Luzerner Grossen Rat zu. Sie ist ein klarer Ausdruck einer sich wandelnden religiösen Mentalität: *Religion soll als menschenver-bindendes Grundbedürfnis nicht bekennt-nisbezogen vermittelt werden.*

Diese Argumentation und die in ihr zutage tretende pädagogische Logik findet nach meiner Beobachtung die Sympathie vieler Lehrerinnen und Lehrer.

Wie die *pädagogische* Ausgestaltung des eben angeführten *politischen* Argumentes aussieht, lässt sich einem Kommentar zu einem Vortrag der Luzerner Religionspädagogin Helga Kohler-Spiegel durch eine Lehrerbildnerin in der Zeitschrift «Schweizer Schule» illustrieren. Der Kommentar lautet folgendermassen:

«Aufgrund der enormen Mobilität erfahren Kinder früher, dass nicht alle der gleichen Religion angehören. Genau diesen Umstand betrachte ich als Chance der Staatsschule. Müsste sie die *religiöse Erziehung* nicht umfassender verstehen, Sensibilisierung schaffen für die unverrückbaren Werte des Zusammenlebens, Auseinandersetzung ermöglichen mit den grundlegenden menschlichen Fragen? Die Einführung des Faches *Ethik* betrachte ich als wertvollen Beitrag der Staatsschule auf dem Weg der interkulturellen Verständigung» (Küng 1997, 38; Hervorh. M. F.).

Sehen wir genau hin. Gesagt wird: *Religiöse Erziehung* sollte im Zeitalter der Multikulturalität *umfassender als bisher* verstanden werden, sollte *Werte und grundlegende menschliche Fragen* bearbeiten, dies aber als *Ethik, nicht mehr als Religion* tun. Gebunden wird das Fach damit

1. an den Aufbau *interkultureller Verständigungskompetenzen* beim Kind,
2. an den Aufbau von *Sozialkompetenzen*, indem für die «unverrückbaren Werte des Zusammenlebens» sensibilisiert werden soll, und
3. an die Behandlung *grundlegender menschlicher Fragen*.

Die Autorin will die Inhalte des Religionsunterrichts also nicht unbesehen streichen. Aber: Der Fachbereich soll anders definiert werden, Religionsunterricht soll umfassender gestaltet werden, mehr oder anderes als bisher behandeln. Weg vom Bisherigen heisst das Gebot der Stunde, auch wenn das Neue noch nicht sehr konturiert[17] aufscheint. Der Denkarbeit, dieses Neue in realistischer Weise zu konkretisieren, verschliessen sich im Moment leider noch die meisten Protagonistinnen und Protagonisten, welche diese Position vertreten.

Wichtig festzustellen ist: In der Konzeption Küngs spielt die Kategorie «Glaube» keine zentrale Rolle mehr. Die Aspiration des Religionsunterrichts, einen Glauben zu erzeugen, wird in die säkulare Begrifflichkeit von «interkultureller Verständigungskompetenz», «Sozialkompetenz» und «Behandlung grundlegender Fragen» zurückgenommen. *Auf diese Weise* scheint Religion unterrichtbar zu sein, denn ein so konzipierter Religionsunterricht setzt weder Glauben beim Kind noch bei der Elternschaft, noch bei der Lehrkraft voraus.

Man kann es auch anders fassen und sagen: Inhalt eines Religionsunterrichtes sind noch jene Stoffe, die auf eine allgemeine Akzeptanz fallen. Religion wird in dieser Konzeption zu einer Art «Zivilreligion», verstanden als Reflexionsbereich grundlegender Fragen des Lebens. Auf diese Weise ist Religion noch ein Bildungsgut, so scheint Religion noch unterrichtbar zu sein: unter Ausblendung des Glaubens. Glauben stellt kein anzustrebendes Ziel (mehr) dar.

5. Die schulische religiöse Bildungsarbeit der Zukunft: eine Skizze

In den vorangegangenen vier Teilen habe ich jene Elemente zusammengetragen, die mir als Grundlage für Thesen bezüglich einer zukünftigen religiösen Bildungsarbeit in der Schule dienen. Ich wechsle jetzt also von der beschreibenden auf die normative Ebene, mit all den damit verbundenen Einschränkungen und Risiken.

Der Aufgabe entledige ich mich in zwei Schritten: Im ersten werde ich einige meines Erachtens zukunftsfähige Prinzipien skizzieren, im zweiten sodann einige Thesen vortragen.

Einige Prinzipien

1. Prinzip: Die religiöse Bildung der öffentlichen Schule verfolgt den Zweck, am Kind orientiertes religiöses Fragen und Verstehen zu pflegen.

Der bekannte Berliner Erziehungswissenschaftler Rainer Winkel beginnt sein Buch «Theorie und Praxis der Schule» (1997) mit zwölf thesenartig vorgelegten Beschreibungen heutiger Kindheit. Neben Zuschreibungen wie: Konsum-Kindheit, Schul-Kindheit, Einzel-Kindheit, Medien-Kindheit u. a. beschreibt er im zwölften und letzten Punkt mit folgenden Worten die *Areligiosität-Kindheit:*

Es «macht sich, ausgehend von der Erwachsenenwelt, in der Kinder- und Jugendkultur eine Form von Areligiosität breit, die kein ‹Anti› mehr kennt, also keine Auseinander-

setzung, sondern fast nur noch Gleichgültigkeit in religiösen (gar konfessionellen) Fragen. Warum wir leben, wo wir herkommen, wo wir hingehen, wie Schuld zu erklären ist ... all diese Fragen existieren in ‹Sofies Welt› nicht mehr, sondern die 14jährige *Sofie Amundsen* findet sie (in dem gleichlautenden Roman von *Jostein Gaarder*, 1993), auf kleinen Zetteln im Briefkasten, anonym: *Wer bist Du? – Woher kommt die Welt?* – so fragt vielleicht bald niemand mehr ...» (Winkel 1997, 20).

Selbst in einer Welt, in der die konfessionellen Bindungen gelockert sind, verschwinden die radikalen Fragen der Kinder aber nicht (vgl. Oelkers im 2. Kapitel). Deshalb macht es Sinn, diese zu bearbeiten. Dabei wird mit Vorteil auf denjenigen mythologischen Kernbestand zurückgegriffen, der in der jeweiligen Kultur als kollektive Vorgabe für die subjektive Bildung religiöser Vorstellungen vorherrschend ist, und das sind bei uns die Geschichten aus der christlichen, genauerhin: der jüdisch-christlichen Tradition.

Wer freilich den Ausgangspunkt bei den Fragen der Kinder nimmt, der muss sich selber eines verbieten: die vorschnelle Verzweckung des Gegenstandsbereiches «Religion». So kann Religionsunterricht zwar einen Beitrag zur interkulturellen Verständigung leisten, aber es ist nicht sein primärer Zweck, dies zu leisten – auch nicht unter den Bedingungen einer sich multikulturell akzentuierenden Gesellschaft.

Ebenso ist Religion nicht einfach nur Ethik.[18] Den Religionsunterricht mit ethischen Argumenten stützen zu wollen überfordert ihn, auch wenn sich selbst namhafte Pädagogen der Versuchung dieser Argumentation nicht verschliessen. Es sollte nicht übersehen werden, dass Religion und Ethik sich kategorial unterscheiden und klar unterscheidbare Urteilskompetenzen hervorbringen (vgl. das Statement von Fritz Oser in Gestrich 1996, 71f.): Religion deutet das Leben und regelt nicht nur das Handeln, oder andersherum: *Religion interpretiert das Leben, Ethik normiert das Handeln* (Nipkow 1998, 503).

2. Prinzip: Religionsunterricht befördert die religiöse Sprachfähigkeit (als Heuristik für Religiöses in dieser Welt [vgl. weiter oben die Argumentation von Geertz]).

Auch unter der Prämisse, dass der Ausgangspunkt von Religionsunterricht beim Kind – und nicht bei der Konfession – gesucht wird, soll das Fach Religion das Religiöse, nicht das Beliebige thematisieren – dieser kritische Einwand trifft Küng (vgl. S. 176) und all jene, welche Religion weniger von Inhalten als von der Idee der Behandlung grundlegender menschlicher Fragen her konzipiert sehen wollen. Mit Annette Schavan, der Bildungs- und Kultusministerin des Landes Baden-Württemberg, halte ich es für vernünftig zu fordern, dass der Religionsunterricht sprachfähig machen soll «im Blick auf existentielle Fragen vor dem Hintergrund der konkreten christlichen Tradition» (Schavan 1998, 111). Der spezifische Auftrag des Religionsunterrichtes ist der, «religiöse Sprachfähigkeit zu vermitteln, sich auf Sinn-Nöte einzulassen und die Frage nach Gott wachzuhalten. Er ist damit ein wichtiger Ort, an

dem der geistige Generationenvertrag eingelöst wird» (ebd., 113). Religiöse Sprachfähigkeit ist wichtig als heuristisches Instrument im Bereich der Religion. Weil Religion ein Symbolsystem ist (vgl. Geertz in Abschnitt 1), ist es fair, die konkreten religiösen Symbole und Inhalte zu benennen, die den Inhalt einer religiösen Bildung ausmachen. Da Religion als Symbolsystem mit den übrigen Symbolen einer bestimmten Kultur in Verbindung steht, darf und kann sich Religion in der Auswahl der Inhalte an der bestehenden Kultur orientieren: das ist bei uns bis auf weiteres die christliche bzw. christlich-jüdische.

3. Prinzip: Der Religionsunterricht orientiert sich pädagogisch an der kindlichen Religion, inhaltlich an der christlich-jüdischen Tradition, aber nicht am konfessionellen Bekenntnis.

Im schulischen Unterricht geht es immer um Inhalte, die vermittelt werden, und um Schülerinnen und Schüler als Subjekte. Nimmt man den Ausgangspunkt bei den Kindern, so bedeutet dies bevorzugt die Behandlung folgender Fragekreise (nach Oberthür 1993, 188ff.): Reflexionen und Klärungen der Identität (zum Beispiel wer bin ich? Wieso bin ich so, wie ich bin?); Probleme des Zusammenlebens (zum Beispiel Geschwister, Jungen und Mädchen); Ängste (zum Beispiel warum gibt es Krieg?); Trauer, Krankheit, Leiden, Sterben, Tod (zum Beispiel warum müssen wir sterben?); Leben nach dem Tod; Wünsche und Träume, Vorstellungen von Glück; das Rätsel des Universums und der Welt; das Geheimnis der Zeit; das Verhältnis von Erscheinung und Wirklichkeit; die Entstehung von Namen; die Existenz und Wirklichkeit Gottes.

Solche und andere Fragen sind von einem allgemeinen schulischen Religionsunterricht im Sinne eines elementaren Theologisierens aufzunehmen. Die kindlichen Herausforderungen, Fantasien, Fragen und Zweifel sind also vom Lebenszusammenhang her, in welchem sie entstehen, zu bearbeiten und mit biblischen und anderen religiösen Geschichten deutend in Verbindung zu bringen. Mit Kindern auf diese Weise Religiöses zu bedenken: das ist der Kern eines allgemeinen Religionsunterrichtes.

4. Prinzip: Religionsunterricht bezweckt Bildung, nicht Mission.

Der katholische Religionspädagoge Rudolf Englert schrieb zu Beginn der neunziger Jahre nüchtern: Es wird in Zukunft «gar keine christliche Religionsdidaktik, einen in diesem inhaltlichen Sinne christlich geprägten Religionsunterricht mehr geben» (Englert 1993, 105). Englert bezieht sich in dieser Aussage auf ein Konzept von Religionsunterricht, das religiöse Inhalte auf eine gelebte und zu lebende Glaubenspraxis zu beziehen suchte – die Korrelationsdidaktik. Weil sich die Glaubenspraxis intrakonfessionell pluralisiert und individualisiert, kann sich religiöse Bildung nicht mehr auf eine allgemeine Glaubenspraxis ausrichten. Der Inhalt eines schulischen Religionsunterrichtes wird aus diesem Grund nur mehr Religion – nicht mehr Glauben – sein können. Religion verstehe

ich dabei mit Hartmut von Hentig als Objektivierung des Glaubens – die Gestalten, die dieser in der Geschichte angenommen hat. (Glaube wäre der persönliche Akt oder Zustand eines «commitments» – das, worauf man sich verlässt und dem man sich widmet [Hentig 1992, 112].) Auch wenn der Bezugspunkt religiöser Bildung nicht mehr eine spezifische Glaubenspraxis ist, braucht einem um den Glauben nicht bange werden, vergegenwärtigt man sich, dass es «mit dem Glauben lernen wie mit dem Denken lernen (ist)»: «Man glaubt und denkt schon immer, bevor man es zu ‹lernen› beginnt» (Hentig 1992, 108).
Religion ist Bildung, religiöse Bildung ein Teil allgemeiner Bildung. Ohne Bibelverständnis ist die Geschichte der Literatur kaum zu denken.

Thesen zur Entwicklung des schulischen Religionsunterrichts

Aus den eben vorgestellten vier Prinzipien heraus ergeben sich – in Verbindung mit den Darlegungen der Kapitel 1 bis 4 und unter der Grundannahme, dass religiöse Vielfalt *und* religiöses Desinteresse in Zukunft zunehmen – aus meiner Sicht folgende Thesen zur Entwicklung eines zukunftsfähigen schulischen Religionsunterrichtes:

These 1:

Zum Menschsein gehören existentielle Erfahrungen. Religion gibt in ihrer besten Ausprägung solchen Erfahrungen eine sinnhafte Deutung mittels Symbolen und Geschichten.

Schule hat zum Zweck, die Kinder, die die Schule durchlaufen, mit den wichtigsten Kulturtechniken und Verständigungsmöglichkeiten von Kultur vertraut zu machen. Weil das religiöse Symbolsystem zum Kernbestand einer Kultur gehört und das öffentliche Reden über religiöse Phänomene und Erfahrungen ermöglicht, *gehört Religion zur schulischen Bildung hinzu. Religiöse Bildung ist eine öffentliche Angelegenheit und staatlich zu fördern, in erster Linie durch einen allgemein-schulischen, staatlichen Religionsunterricht.*
Es ist mir bewusst, dass sich in Anwendung dieser These Rechtsfragen ergeben, die der bisherigen Tradition entgegenstehen. Da das Recht aber immer nachträglich auf neue Situationen reagiert, ist die bisherige Rechtspraxis nicht als sakrosankt, sondern als veränderbar zu betrachten.

These 2:

Ein allgemein-religiöser Bildungsauftrag hat sich am öffentlichen Bildungsauftrag der Schule zu orientieren. Das Ergebnis eines solchen Religionsunterrichtes ist nicht Glaube, sondern Bildung, ganz im Sinne der Äusserungen der Luzerner Erziehungs- und Kulturdirektorin Brigitte Mürner, die für einen schulischen Religionsunterricht plädiert, «der im Dienste der ganzheitlichen Förderung der geistigen, seelischen und körperlichen Fähigkeiten des Kindes primär die Grundsensibilität für eine Bindung an eine höhere Macht entwickeln hilft und sich darauf beschränkt, das Kind zusammen mit den Eltern lediglich hinzuleiten zu einer je eigenen Praxis seiner individuellen Religiosität», was nur geht, «wenn Religionsunterricht nicht amtliche Verkündigung, nicht seelsorgerische Vereinnahmung und nicht ... konfessionelle Unterweisung ist» (Mürner 1994, 206).

These 3:

Allgemein-schulischer, staatlicher Religionsunterricht ist kein Bekenntnisunterricht, bezieht seine Stoffe aber aus dem kulturellen Grundbestand. Ein solcher Religionsunterricht behandelt, ausgehend von kindlich-existentiellen Fragen, primär *Stoffe aus der jüdisch-christlichen Tradition.* Als Bezugswissenschaften dienen einerseits eine christlich-ökumenische Theologie, andererseits eine Fachdidaktik, welche inhaltlich gespeist wird aus den fachdidaktischen Bemühungen der christlich-jüdischen theologischen Wissenschaft und der Religionswissenschaft. Da es im Religionsunterricht der öffentlichen Schule nicht um einen konfessionellen Glauben geht, minimieren sich die Bezüge dieses Unterrichts zu den konkreten Kirchen- und Pfarrgemeinden.[19]

These 4:

Religionslehrkräfte für den allgemeinschulischen Religionsunterricht machen ein *Fachpatent.* Zur Ausübung des Faches ist nur berechtigt, wer eine entsprechende staatlich anerkannte und kontrollierte Ausbildung abgeschlossen hat. Diese Ausbildung steht sowohl Primar-, Real- und Sekundarlehrkräften (der Stufen I und II) wie Theologen (-innen) und Katecheten (-innen) der anerkannten Religionsgemeinschaften offen.

Die Kirchen nehmen eine gut christliche Tradition auf und üben Askese im Bereich des Bekenntnisunterrichtes. Weniger Bekenntnisunterricht, dafür qualitativ besserer, so lautet mein Vorschlag.[20] Die Kirchen bemühen sich im Gegenzug verstärkt um eine professionelle, ausserschulische, kirchlich-sozialisierende und religiöse Erfahrungen ermöglichende Kinder- und Jugendarbeit[21]. Aus der schulischen Arbeit verabschieden sie sich allerdings trotzdem nicht vollständig. Sie organisieren als verlässlicher Partner der Schule, das heisst inhaltlich auf den schulisch-allgemeinen Religionsunterricht abgestimmt und mit schulhausbezogenen Lehrkräften (im Sinne von «Schule mit Profil»), während insgesamt fünf Jahren einen schulischen Bekenntnisunterricht (zum Beispiel im 2., 3., 5., 8. und 9. Schuljahr, so dass sowohl die Erstkommunion- wie die Konfirmationsvorbereitung möglich ist). Dieser Bekenntnisunterricht wird von den beiden grossen Konfessionen möglichst parallel abgehalten, so dass er für die Schule organisatorisch zu bewältigen ist. Für die restliche Zeit (1., 4., 6., 7. Schuljahr) organisieren die Kirchen den schulischen Bekenntnisunterricht ökumenisch und investieren vor allem Kräfte in ausserschulischen und projektmässigen Unterricht. Je nach den lokalen Gegebenheiten kann in diesen Jahren anderen grossen religiösen Gemeinschaften (zu denken ist gegenwärtig vor allem an jüdische und muslimische, evtl. auch an buddhistische Religionsgemeinschaften) Gelegenheit gegeben werden, einen Bekenntnisunterricht im Raum der Schule zu erteilen. Für Projekttage der Religionsgemeinschaften stellen die Schulen insgesamt pro Schuljahr sechs Halbtage zur Verfügung.

Schulischer Religionsunterricht wie kirchlicher Religionsunterricht *kommunizieren* die Inhalte und Absichten gegenüber den betroffenen Eltern *argumentierend* (und deutlicher als bisher).

Schulen und Kirchen sorgen dafür, dass *Schulleiterinnen und -leiter* der tatsächlichen Durchführung von qualitativ befriedigendem allgemein-schulischem und bekenntnisorientiertem Religionsunterricht dieselbe Aufmerksamkeit zukommen lassen wie anderem Fachunterricht. Entsprechende Passagen sind in die Pflichtenhefte von Schulleiterinnen und -leitern aufzunehmen. In ihrer Ausbildung werden sie für die Wahrnehmung dieser Aufgabe vorbereitet. Staat und Kirchen stellen entsprechende Ausbildungsmodule oder Portfolios zusammen. Ein anderer Weg zur Qualitätssicherung des Religionsunterrichts besteht in der Einsetzung von Kommissionen für den Religionsunterricht (analog den Musikschulkommissionen).

Die *Frage, welche Inhalte aus der religiösen Tradition als allgemeines Bildungsgut gelten können,* muss von Theologinnen und Theologen bearbeitet werden. Ich habe lange gesucht, trotz intensiver Internet-recherche aber keine einzige einschlägige Publikation einer Theologin oder eines Theologen aufzufinden vermocht, die diese Frage in einem allgemeinen Sinne (also nicht lediglich im Blick auf die Gläubigen der eigenen Konfession) beantwortet.[22]

6. Schluss

Carl Friedrich von Weizsäcker hat vor bald zwanzig Jahren die Frage gestellt, wie Religion dem modernen Bewusstsein begegne, und vier Erscheinungsformen ausgemacht: Religion als Element einer Kultur, Religion als Grund einer radikalen Ethik, Religion als innere Erfahrung und Religion als Theologie (Weizsäcker 1980, 350). Ein allgemeiner schulischer Religionsunterricht kann Religion als Element einer Kultur, als Ethik und als Theologie bearbeiten. Was er nicht kann, ist, Religion als durch Lernarrangements bewusst gesteuerte «innere Erfahrung» zu betreiben, weil er dann das Neutralitäts-gebot der Schule unterläuft. Diese Aufgabe bleibt den religiösen Gemeinschaften, den Kirchen, als Proprium übrig. Für sie gilt, was Jürgen Oelkers so formuliert hat:

«Nur wer Glauben frei erlebt, erfährt einen verlässlichen Zugang, nämlich die Initiation in letzte Fragen, die kein Wissen beantwortet und die gleichwohl ernst sind. Wenn dieser Gewinn der Aufklärung grundlegend ist, dann müssen Religionen lernen, dass ihre Existenz nicht durch Erziehung gesichert ist. Sie müssen überzeugen, und das kann lebenslang verweigert werden» (Oelkers 1999, 11–12).

Für diese Überzeugungsarbeit darf und muss man den Kirchen heute Glück und Zuversicht wünschen. Die Schule kann nur die sprachlichen und symbolischen Grundlagen dafür legen. Aber bereits dies ist – gelingt der Bildungsauftrag – nicht wenig und rechtfertigt eine Zukunft für die Trias «Religion – Schule – Religionsunterricht». Im besten Sinne realisiert, kann sie, so ist zu hoffen, einen Beitrag an jene eminent pädagogische Aufgabe leisten, die Jeremias Gotthelf in seiner Sprache – der theologischen – so formuliert hat:

«Ein alt schön Lied sagt, der Mensch sei halb Tier, halb Engel, das heisst, als Tier wird er geboren, ein Engel soll er werden.»

Anmerkungen

[1] So ist beispielsweise die Zahl Sechs, ob geschrieben, vorgestellt, mit Hilfe von Streichhölzern ausgelegt oder digital-elektronisch dargestellt, ein Symbol, ebenso jeder Buchstabe, jedes Wort, das christliche Kreuz oder das Bild von Garudah im Hinduismus. Symbole sind geronnene Abstraktionen, konkrete Verkörperungen von Ideen, Verhaltensweisen, Meinungen, Sehnsüchten und Glaubensanschauungen (vgl. Geertz 1983a, 49). Der dem Begriff «Symbol» entgegengesetzte Begriff ist das Ereignis bzw. die empirische Wirklichkeit. Das Symbol verhält sich zur Wirklichkeit wie der Plan zum Bau, um ein berühmt gewordenes Beispiel Kenneth Burkes (1941, 9/1966, 14) aufzugreifen. Plan und tatsächlicher Bau sind zweierlei Dinge, sind aber aufeinander bezogen.

[2] «Die Ausdauer, der Mut, die Eigenständigkeit, das Durchhaltevermögen und die leidenschaftliche Willenskraft, die sich der Prärieindianer auf der Suche nach Visionen antrainiert, sind mit den wichtigsten Tugenden, nach denen er zu leben versucht, identisch: im Streben nach Offenbarung festigt

sich auch das Bewusstsein, wie er sich zu verhalten hat» (Geertz 1983a, 54).

3 «Die Stimmungen, die heilige Symbole zu verschiedenen Zeiten und an verschiedenen Orten ausgelöst haben, reichen von Begeisterung bis Melancholie, von Selbstvertrauen bis zu Selbstmitleid, von überschäumender Ausgelassenheit bis zu völliger Teilnahmslosigkeit, von der erogenen Kraft so vieler Mythen und Rituale auf der Welt ganz zu schweigen. Ebenso wie es mehr als nur eine Art der Motivation gibt, die man Frömmigkeit nennen könnte, gibt es nicht nur eine Art der Stimmung, die man gläubig nennen könnte» (Geertz 1983a, 57).

4 In diesem Sinne ist die religiöse Perspektive umfassend. Wir glauben, um eine berühmte Formulierung von William James zu gebrauchen, alles, was wir können, und würden alles glauben, wenn wir nur könnten (James 1904). Religion vermindert empirisch gesehen das subjektive Leiden nicht. Aus religiöser Sicht stellt sich nicht die Frage, wie es *zu vermeiden* sei, sondern *wie* zu leiden sei, wie man körperlichen Schmerz, persönliche Verluste, irdische Niederlagen oder die Hilflosigkeit der Pein anderer erträglich, ertragbar, zu etwas Leidlichem machen kann (vgl. Geertz 1983a, 66).

5 Kinder fragen nach von Hentig so: «Warum ist Helmut im Rollstuhl unheilbar krank – und ich bin's nicht?; Wozu gibt es diese gemeinen Mücken?; Ist Armut Strafe?; Wieso darf man Tiere schlachten?» Dahinter stehen Fragen wie: «Woher kommt das alles: der Kosmos, das Leben, das Bewusstsein?; Wozu ist das alles da? Wo führt das alles hin?; Warum bin ich ich? Worauf kann ich mich verlassen? Muss, darf, kann ich Schuld vergeben?» (von Hentig 1992, 109).

6 Vgl. Pfenniger 1998, 25ff., und Kummer 1996, 34.

7 Im Kanton Bern, um ein Beispiel zu geben, wird der Umschwung von der Kirchenschule zur staatlich-laizistischen Schule durch die am 31. Juli 1831 vom Berner Volk angenommene Staatsverfassung eingeleitet (vgl. Kummer 1996, 34).

8 Um 1833 behaupteten etwa die Aargauer Pfarrer, dass die Delikte zugenommen hätten. Sie deuteten dies dahingehend, dass «aus der einseitigen Verstandesbildung (...) viele Übel unserer Zeit hervorgehen» (Fröhlich 1833, 13).

9 Im ersten Primarschulgesetz des Kantons Bern von 1835 wurde der in der Schule unterrichtete Teil als «Christliche Religion» bezeichnet und nicht konfessionsgebunden unterrichtet; das Fach sollte vor allem Kenntnis biblischer Geschichten vermitteln (Meyer 1973, 33).

10 In der Flumser Schule war es üblich, das «Ave Maria» und das «Vaterunser» vor und nach dem Unterricht gemeinsam zu beten. Familienvater Spoerry beanstandete diese Praxis, worauf vom Erziehungsrat angeordnet wurde, dass ein interkonfessionelles Gebet gesprochen werden müsse. Gegen diese Weisung erhoben 479 Familienväter Einspruch beim Regierungsrat von St. Gallen. Am 8. Februar 1907 wurde die Einsprache gutgeheissen, worauf sich Familienvater Spoerry an den Bundesrat wandte, weil er Art. 27 Abs. 3 der Bundesverfassung missachtet sah. (Dieser Artikel bestimmt, dass die Schule von allen Bekenntnissen besucht werden können muss.) Das Gutachten hält fest, dass das Gebet nur Bestandteil des Religionsunterrichts sein darf und sonst nur ausserhalb des Unterrichts stattzufinden hat.

11 Äusseres bildungspolitisches Zeichen dieses mentalen Zusammenrückens und der Bildung der Willensnation Schweiz als gemeinsamem Bezugspunkt (jenseits sprachlicher und konfessioneller Mentalitätsunterschiede) war die erste gemeinsame Tagung der liberalen, laizistisch und konfessionell christlich orientierten Lehrerinnen und Lehrer und ihrer bisher konkurrenzierenden Lehrervereine. Der Geist des Aggiornamento des Zweiten Vatikanischen Konzils der katholischen Kirche unterstützte diese Entwicklung später auch von offizieller katholischer Seite her.

12 Die Einsicht in die Gesetzmässigkeiten der Fotosynthese, um ein Beispiel aus der Biologie zu bemühen, kann sowohl zu einem «grünen» wie zu einem «gentechnologischen» Weltbild und «Glauben» motivieren.

13 Man kann sicher mit einem Glauben, sei es ein subjektiver oder ein verobjektivierter wie z. B. der eines Glaubensbekenntnisses, mancherlei tun: ihn bekennen, bezeugen, für ihn werben, für ihn motivieren, ihn zu übermitteln versuchen. Aber bevor nicht der gläserne Mensch Wirklichkeit wird, dem man mit dem Gencode gleichsam seine Religion

einprogrammieren kann, kann man keinen Glauben *vermitteln.* Das weiss die evangelisch-reformierte Tradition schon lange, sonst würde sie nicht vom Glauben als Gnadenereignis sprechen. Glauben ist eine Selbstkonstruktion (Mendl 1997), freilich eine, die auf Impulse von aussen angewiesen ist.

[14] Von einer Aporie spreche ich deshalb, weil bei nüchterner Betrachtung jeder Religionspädagogin und jedem Religionspädagogen klar ist, dass einerseits die Glaubensvermittlung nicht mehr erreicht wird, von vielen andererseits gar nicht mehr angestrebt wird (vgl. verschiedene Beiträge in Hilger und Reilly 1993).

[15] Dass damit zwei grundlegend verschiedene Argumente angewendet werden, sei hier am Rande vermerkt. Konsequent zu Ende gedacht, bedeutet das erste Argument, dass Religion ganz aus der Schule verbannt werden muss, da eine *konfessionell neutrale Religion* (nur sie könnte Zulassung zu einer *konfessionell neutralen Schule* finden) nur schwer vorstellbar ist. Das zweite Argument, Religion als menschenverbindendes Grundbedürfnis sei nicht bekenntnisbezogen zu vermitteln, bewertet den Inhalt an sich positiv und akzeptiert die Religion als Bildungsgut, wobei der Modus der Vermittlung ein allgemeiner, nicht ein bekenntnismässig eingefärbter sein soll.

[16] Als Indikator für den demografischen Wandel kann auf die Mitgliedschaftsentwicklung der Kirchen verwiesen werden: 1960 waren erst ungefähr 29 000 Personen konfessionslos, 1990 waren es ca. 511 000 Personen (= 8,9%; dazu kommen noch weitere 5%, welche anderen Religionen und Bekenntnissen angehören), im Jahr 2000 wird voraussichtlich jede siebte Person in der Schweiz keiner Konfession mehr angehören (SPI 1998).

[17] Interkulturelle Verständigungskompetenz ist als Zielgrösse ein «grosses», aber auch luftiges und wenig konkretes Konzept.

[18] Mit dieser Aussage ist eine «humanisierende Kraft christlichen Glaubens» nicht geleugnet.

[19] Dass Kirchen vielleicht nicht allzu sehr an der herkömmlichen Form des RU hängen bleiben sollten, dafür kann Hartmut von Hentigs Bielefelder Laborschule Vorbild sein. Von Hentig beabsichtigte in Bielefeld, den Pflichtcharakter und die Trennung nach Konfessionen aufzuheben. Genehmigt wurde

ihm dies – von den Kirchen – nicht. Unbewilligt hat er an seiner Schule dann trotzdem einmal einen entsprechenden Versuch unternommen: «Zwei Jahre lang habe ich am Donnerstagnachmittag, also am Rande des übrigen Unterrichts, so dass, wer nicht bleiben wollte, fortgehen konnte, einen zweistündigen Religionsunterricht erteilt – an dem Gegenstand, der beiden Konfessionen gemein ist, an der Bibel: Den Achtjährigen habe ich im dritten Schuljahr die Geschichten des Alten Testaments, im folgenden Jahr den nun Neunjährigen die des Neuen Testaments fortlaufend erzählt. Das Ergebnis: Während vorher knapp ein Viertel der protestantischen Schüler zum Religionsunterricht gekommen war und die Katholiken überhaupt keinen Unterricht bekommen hatten, weil ihrer zu wenige waren, ist von diesem Kurs kein einziges Kind abgemeldet worden, obwohl rund siebzig Prozent der Eltern sich von ihrer jeweiligen Kirche gelöst hatten; einige Eltern haben – in unregelmässigen Abständen – dem Unterricht selber beigewohnt» (Hentig 1992, 114).

[20] Ich habe in den letzten sechs Jahren die Gelegenheit gehabt, einer Hundertschaft von konfessionellen Religionsstunden hospitierend beizuwohnen. In sehr vielen Stunden hätte man kaum erkannt, dass es sich um Religionsunterricht handelte, geschweige denn um konfessionellen Religionsunterricht. Religionslehrkräfte orientieren sich meiner Beobachtung nach häufig an einer sehr vagen Vorstellung davon, was Kinder interessieren könnte.

[21] Modelle dafür liegen vor, ich denke etwa an das Konzept KUW (Kirchliche Unterweisung) des Kantons Bern (siehe Synodalrat des Kantons Bern 1986).

[22] Selbstverständlich liesse sich durch die systematische Sichtung von Lehrplänen die Frage, was Theologinnen und Theologen für religiös bildend halten, beantworten. Der Nachteil dieses induktiven Vorgehens ist aber der, dass die Begründungsebene fehlen würde. An ihr hätte die allgemeine Pädagogik allerdings ein vitales Interesse.

[23] Gotthelf 1910, Band II, 86.

Bibliografie

Josef Banz: Schulpredigt. in: Schweizerische Kirchenzeitung. Luzern (1832), 347–352.

Kenneth Burke: The Philosophy of Literary Form. Baton Rouge, LA, 1941 (deutsche Version: Dichtung als symbolische Handlung. Frankfurt a. M. 1966).

Rudolf Englert: Die Korrelationsdidaktik am Ausgang ihrer Epoche. Plädoyer für einen ehrenhaften Abgang, in: Georg Hilger und George Reilly (Hrsg.): Religionsunterricht im Abseits? Das Spannungsfeld Jugend – Schule – Religion. München 1993, 97–110.

G. Finsler: Geschichte der theologisch-kirchlichen Entwicklung in der deutsch-reformierten Schweiz seit den dreissiger Jahren. Zürich 1881.

E. A. Fröhlich: Über die Belebung der Kirchlichkeit und der christlichen Erziehung, ein Vortrag vor dem reformierten Generalkapitel des Aargaus, gehalten am 8. Oktober 1833. Aarau 1833.

Clifford Geertz: Religion als kulturelles System. In: Ders.: Dichte Beschreibungen. Beiträge zum Verstehen kultureller Systeme. Frankfurt a. M. 1983a, 44–95.

Clifford Geertz: Common sense als kulturelles System. In: Ders.: Dichte Beschreibungen. Beiträge zum Verstehen kultureller Systeme. Frankfurt a. M. 1983b, 261–288.

Christof Gestrich (Hrsg.): Ethik ohne Religion? Beiheft 1996 zur Berliner Theologischen Zeitschrift, 13, 1996.

Alfred Gleissner: Ethikunterricht in Deutschland. Situation des konfessionellen Religionsunterrichts in Deutschland: Vergleich zwischen 1972 und 1993, in: Österreichisches Religionspädagogisches Forum 3 (1993), 32–35.

Jeremias Gotthelf: Sämtliche Werke in 24 Bänden und 20 Ergänzungsbänden, hrsg. von Rudolf Hunziker, Hans Bloesch, Kurt Guggisberg und Werner Juker. Erlenbach-Zürich 1910.

Hartmut von Hentig: Glaube – Fluchten aus der Aufklärung. Düsseldorf 1992.

Georg Hilger und George Reilly (Hrsg.): Religionsunterricht im Abseits? Das Spannungsfeld Jugend – Schule – Religion. München 1993.

Heinrich Ineichen: Über unsere Volksschule und ihre Gefahren. Luzern 1840.

William James: The Principles of Psychology. 2 Bände. New York 1904.

Marlis Küng: Schlaglicht. Kinder brauchen religiöse Bildung!, in: Schweizer Schule (1997/Nr. 7–8), 38.

Daniel Kummer: Schule und christliche Werte. Christliche Werte und ihr Einfluss auf das deutschsprachige Volksschulsystem des Kantons Bern zwischen 1950 und 1995. Unveröffentlichte Lizentiatsarbeit am Pädagogischen Institut der Universität Bern 1996.

U. Lampert: Die Schul-Artikel im neuen kirchlichen Gesetzbuch. Olten 1919.

Susanne K. Langer: Philosophy in a new Key. A Study in the Symbolism of Reason, Rite, and Art. Cambridge/Mass. 1960 (deutsche Version: Philosophie auf neuem Wege. Das Symbol im Denken, im Ritus und in der Kunst. Frankfurt a. M. 1965).

Hans Mendl: Religionsunterricht als Selbstkonstruktion des Glaubens, in: Religionspädagogische Beiträge 40/1997, 13–23.

Urs W. Meyer: Der reformierte Religionsunterricht in der deutschsprachigen Primarschule des Kantons Bern seit 1831. Dargestellt aufgrund der Schulzweckartikel, der obligatorischen Lehrmittel, der Unterrichtspläne und je ihrer Geschichte. Inaugural-Dissertation. Universität Bern, Münsingen 1973.

Hans Moos: Grosser Rat: Das neue Volksschulbildungsgesetz in der Detailberatung. In: Neue Luzerner Zeitung (1998/Nr. 272; Ausgabe vom 24. November), 18.

Brigitte Mürner: Religion im Schulsystem. Anmerkungen einer Politikerin zum Verhältnis von Schule und religiöser Erziehung. In: Vreni Merz (Hrsg.): Alter Gott für neue Kinder? Freiburg/Üe. 1994, 201–212.

Karl Ernst Nipkow: Bildung in einer pluralen Welt. Band 2: Religionspädagogik im Pluralismus. Gütersloh 1998.

Jürgen Oelkers: Die Frage nach Gott. Über die natürliche Religion von Kindern, in: Vreni Merz (Hrsg.): Alter Gott für neue Kinder? Freiburg/Üe. 1994, 13–22.

Jürgen Oelkers: Religion und Bildungsauftrag im Kontext pädagogischer Vielfalt. Vortrag auf der Tagung «Gesellschaft – Religion – Bildung» im Evangelischen Seminar Muristalden, Bern 1999 (Ms.).

Gert Otto: Religion in der Schule? Zur Diskussionslage zwischen konfessionellem Religionsunterricht und «Lebensgestaltung – Ethik – Religion» in Brandenburg, in: Pädagogik, Nr. 2/1996, 54–57.

Paul Pfenniger: Zweihundert Jahre Luzerner Volksschule 1798–1998. Begleitheft zur Sonderausstellung vom 27. Mai bis 28. November 1998. Luzern 1998 (Katalog).

L. R. Salis: Rechtsgutachten betreffend das Schulgebet in der öffentlichen Schule von Flums erstattet dem Erziehungs-Departement des Kantons St. Gallen. Zürich 1907.

Annette Schavan: Schule der Zukunft. Bildungsperspektiven für das 21. Jahrhundert. Freiburg, Basel, Wien 1998.

Martina Späni: Umstrittene Fächer in der Pädagogik. Zur Geschichte des Religions- und Turnunterrichts, in: Hans Badertscher und Hans-Ulrich Grunder (Hrsg.): Geschichte der Erziehung und Schule in der Schweiz im 19. und 20. Jahrhundert. Bern 1997, 17–55.

SPI (Schweizerisches Pastoralsoziologisches Institut) (Hrsg.): Jenseits der Kirchen – Analyse und Auseinandersetzung mit einem neuen Phänomen in unserer Gesellschaft. Zürich 1998.

Synodalrat des Kantons Bern: Grundkonzept für den Neuaufbau des kirchlichen Unterrichts. Diskussionsgrundlage für den ev.-ref. Synodalverband Bern-Jura. Bern 1986 (Broschüre).

Carl Friedrich von Weizsäcker: Der Garten des Menschlichen. Beiträge zur geschichtlichen Anthropologie. Frankfurt a. M. 1980.

Rainer Winkel: Theorie und Praxis der Schule. Oder: Schulrefom konkret im Haus des Lebens und Lernens. Baltmannsweiler 1997.

Leontiev S. Wygotsky: Mind in Society. The Development of Higher Psychological Processes. Cambridge/Mass./London, 1978. (Herausgegeben von Michael Cole und Sylvia Scribner; russisches Original 1938.)

Religiöse Bildung in der Schule. Reflexionen aus religionspädagogischer Sicht

Helga Kohler-Spiegel

Wenn religiöses Lernen sich verändert ... Gesellschaftliche Bedingungen für religiöses Lernen. Stichworte

Peter König, 22jährig, beschreibt 1993 unter dem Titel «Wir Vodookinder» die gegenwärtige Situation:

«Versucht nicht, uns zu verstehen! ... Wir sind anders als ihr. ... Wir ... haben von euch gelernt, wie man sich durchwindet, durchfrisst, wir sind alle kleine Schmarotzer in euren Häusern, behütet durch dicke Polster aus Wohlstand, die angelegt wurden, weil wir es einmal besser haben sollten. ... Unsere Ansprüche sind gross und selbstverständlich und einer Konsumgesellschaft angemessen. Wir nutzen eure Welt, aber wir verweigern das Nacheifern, wir funktionieren anders. ... Wir sind unfassbar, das ist unser Geheimnis. ... Wir verhalten uns anders, als wir eigentlich müssten oder sollten. Aber wer will Berechenbarkeit, Logik und Konsequenz von uns erwarten, von den Kindern des Pluralismus?»[1]

Soviel zur Verdeutlichung, um realistisch zu bleiben bei den folgenden Überlegungen. Beim Nachdenken über religiöse Bildung in der Schule reden die Erwachsenen über eine Generation, die nicht die eigene ist; wir denken darüber nach, was zu lernen wichtig ist für die nächste Generation, die uns sagt: «Wir sind anders als ihr.»

Wenn von Gott und von Religiösem gesprochen wird, dann tun wir dies in einer Gesellschaft, die als «postmodern» gekennzeichnet wird. «Das postmoderne Bewusstsein ist – so Welsch – sensibilisiert, dass ‹humanes Leben nur im Plural möglich› ist.»[2] Religion erscheint damit relativiert (das heisst, das Christentum ist nicht die einzige und absolute Religion), funktionalisiert (was bringt mir Religion?) und subjektivierend betrachtet (ich hab' meine eigene Religion). Religiöses Suchen fragt nicht mehr primär nach der wahren Tradition, legitimiert durch eine lange Geschichte, begründet durch Gottes Offenbarung. Gefragt ist vielmehr (einer «Erlebnisgesellschaft» nach Gerhard Schulze entsprechend), auf welchem Weg religiöse Erlebnisse möglich oder besser und intensiver möglich sind. Bei aller Mediatisierung ist der Wunsch nach intensivem Erleben vordringlich, auch im religiösen Bereich – mit Hilfe eines ungebundenen, individuellen Aussuchens religiöser Elemente aus den verschiedensten Traditionen: «Ich suche mir zusammen, was mir passt, was zu mir passt.» Die Chance der Auswahl beinhaltet auch den Zwang, sich zu entscheiden; darin wurzelt ein hohes Mass an Freiraum, aber auch ein Rückzug ins Private, in einen Bereich, der nicht der Kommunikation und Auseinandersetzung zugänglich ist. Der Entfall eines sicheren Ortes des einzelnen in seiner Herkunft, seinen beruflichen und sozialen Beziehungen und seinem Wertesystem fordert die einzelne Person heraus, unablässig herauszufinden und zu entscheiden, was zu ihr passt, woran und wie sie sich orientieren will. Dies ist anstrengend, aber dahinter können wir nicht mehr zurück.

Zum Verständnis des Religiösen. Notwendige Klärungen[3]

Von welcher «Religion» geht religiöse Bildung aus?   Im Verständnis von Religion wurzelt ein Kern gegenwärtiger Verunsicherung im Blick auf religiöse Bildung in der Schule. Die Synode der Deutschen Bistümer betonte bereits 1975 die Öffnung des RU für Schülerinnen und Schüler, die glauben, die suchen, die zweifeln und die sich als ungläubig betrachten (2.5.1)[4], und reagierte damit grundlegend auf die Krise des herkömmlichen kirchlich orientierten Unterrichts. Inzwischen hat sich die Frage zugespitzt, die Bindung an die eigene Konfession und Religion ist weder selbstverständlich noch ausschliesslich. Deshalb stellt sich die Frage, inwiefern die religiöse Erziehung in der Schule von einem christlich-theologischen Religionsbegriff ausgehen kann oder welcher Religionsbegriff zugrunde gelegt werden muss, wie überhaupt von «Religion» gesprochen werden kann im öffentlichen Raum.

Religion ist zu verstehen als ein fundamentaler, das Dasein total prägender Akt, ein alles betreffendes, nichts auslassendes Engagement. Religion ist Sein und Leben aus einem als absolut anerkannten Sinngrund. Auch wenn Religion für viele Menschen Privatsache ist, hat sie zugleich ihren Platz in der Öffentlichkeit. Die an Religion geknüpften Erwartungen bestimmen die Bedeutsamkeit von Religion ebenso wie die Prägungen des öffentlichen Lebens durch Religion; zum Beispiel die Einteilung der Zeiten, der Wochenrhythmus von Arbeit und Freizeit/Sonntag. Im christlichen Bereich ist Religion im Anschluss an Thomas von Aquin «Hinordnung des Menschen auf Gott allein» (S.th. II–II q.122 a.2), im differenzierten Sinn wird diese Zuordnung auf Gott hin in dreifacher Weise unterschieden: «* als objektiver Glaube in seiner inhaltlichen überlieferungsbezogenen Gestalt der Glaubens-Botschaft (fides), * als persönlich-subjektive, existentielle Dimension des Glaubens-Aktes (credere), * als äussere Gestalt, durch die sich öffentlich zeigt, was Religion ist (religio).»[5]

Traditionelle Religionen stellen heute keine allgemeinverbindlichen Deutungsschemata und Handlungsanweisungen zur Lebensorientierung mehr bereit. Die eigene Erfahrung wird zum Massstab für die persönliche Auswahl. Es muss auch theologisch reflektiert werden, was im Bewusstsein der Menschen bereits erfasst ist: dass es unter menschlichen Bedingungen kein letztes Wort für die Wahrheit und auch nicht nur einen Weg geben kann, sie zu erfahren.[6] Andererseits will das religiöse Bedürfnis Sinn erfahren und Sinn stiften; die Erfahrung des Unerfülltseins, des Defizits ist mit eingeschlossen. In der eigenen Handlungsfähigkeit kann die Sinnlosigkeitserfahrung aufgehoben und Zukunft erhofft werden: Wer Hoffnung findet, hat eine Perspektive für sein Handeln.

Auf diesem Hintergrund ist der Begriff «Religion» im Rahmen der öffentlichen Schule nicht ausschliesslich auf den christlichen Glauben bezogen, sondern Religion ist stärker auch im religionswissenschaftlichen und religionsphilosophischen Sinn verstanden als Hinordnung, als Begegnung mit Transzendentem, Heiligem und als antwortendes Handeln des Menschen. Es soll auch thematisiert werden, wie sich – so offen verstanden – «Religion» in ihrer Vielfalt öffentlich und privat zeigt, was es an Überlieferungen gibt und welche glaubwürdig sind, um so eine persönliche religiöse Entscheidung nicht vorwegzunehmen oder unausgesprochen von einer christlichen auszugehen, sondern um sie verantwortet zu ermöglichen. Die Entscheidung, welches Verständnis von Religion und Bildung grundgelegt wird, entscheidet mit über die Schwerpunkte religiöser Bildung in der Schule. Durchgängig aber wird betont, dass Religion zum Bildungsauftrag der Schule gehört.[7]

Religiöses Lernen zwischen «religiöser Sozialisation» und «Glaubensweitergabe»

Religiöse Sozialisation meint das Hineinwachsen in die herrschende religiöse Kultur und Tradition und ihre eigenständige Übernahme, das heisst die Umgestaltung im Rahmen der Übernahme inklusive der Entscheidung, was überhaupt übernommen und was vergessen wird. Dies ist gegenüber der religiösen Bildung, überhaupt etwas über Religiöses, über Christliches zu wissen, zu differenzieren. Das Stichwort «Glaubensweitergabe» suggeriert die Weitergabe eines fertigen Inhalts, den wir weitergeben, ein Paket aus früheren Tagen, das nur richtig abgegeben werden muss. Diese Vorstellung herrscht aber erst seit zwei Jahrhunderten, dass Glaubensweitergabe von Begriff zu Begriff geschieht. Die längste Zeit der Kirche war klar, dass Glaube von Person zu Person, von Herz zu Herz geht.

«Der Anblick eines bekehrten Menschen ist das zwingendste und zugleich leiseste und entwaffnendste Argument. Wenn Menschen davon nicht überzeugt werden oder zumindest betroffen, werden Worte es nicht bewirken. Das mag den Weg zu Worten bahnen, Worte mögen hinterher das Passende sein; aber wenn das nicht etwas bewirkt, bewirken Worte noch weniger.»[8] Glaubensweitergabe ist an Menschen geknüpft. Lebendiges Handeln im Glauben, aus der Beziehung mit Gott, ist die Basis für das Reden von Gott. Nicht die Glaubensreflexion, sondern der Glaubensakt («das Evangelium tun») macht uns sprachfähig. Religiöse Sprache ohne eine Anbindung an die Beziehung zu Gott wird leer und verkommt zu Worthülsen, zu Floskeln, deren Inhalt sinnlos zu glauben ist. Die lange Zeit einer religiösen Erziehung, die in erster Linie das Nachsagen von Worten und weniger die Entwicklung einer eigenen Sprache für die Erfahrungen und das Nachdenken über Gott gefördert hat, rächt sich nun – auch – in einem Mangel an Möglichkeiten, sich im Religiösen auszudrücken.

Bildung – was meint dieses «alte» Wort?

«‹Wer nichts als Chemie versteht›,
hat jemand gesagt,
‹versteht auch von Chemie nichts.›
Stimmt das?

‹Wer nichts als Religion versteht,
versteht auch von Religion nichts.›
Stimmt das auch?

Wer von allem etwas versteht,
aber nichts von Religion,
versteht der etwas vom Ganzen?»[9]

Bildung meint in erster Linie «sich bilden» oder wie es der altgriechische Lyriker Pindar formuliert: «Werde lernend du selbst.» Mit Hartmut von Hentig formuliert: «Bildung bezeichnet die Spannung oder Brücke … zwischen tradierten Idealen und aktuellem Kompetenzbedarf, zwischen philosophischer Selbstvergewisserung und praktischer Selbsterhaltung der Gesellschaft.»[10] Bei aller notwendigen Anpassung an Normen und Übereinkünfte betont Bildung das Moment von Mündigkeit und Eigenverantwortung und ist letztlich der Machbarkeit entzogen. Eine kritische In-

fragestellung der Anpassung an gesellschaftliche Erwartungen und Erfordernisse ebenso wie eine Kritik der herrschenden Ideologien sind damit inkludiert. Subjektwerdung ist nicht ohne Wahrnehmungsfähigkeit und Sensibilität für den anderen und das andere möglich. Religiöse Bildung ist zwar immer Selbstbildung, dabei aber auf ein Lernen in Gemeinschaft und somit auf Kommunikation angewiesen. Deshalb ist Bildung – immer – konfliktträchtig und störungsanfällig.

Im Anschluss an Wolfgang Klafki[11] zielt Bildung auf Annahme und Veränderung sowohl des Subjekts als auch seiner Welt und der Gesellschaft unter dem Vorzeichen von Humanisierung. Beides ist notwendig, «die Menschen stärken» und «die Sachen klären». Bildung soll zur Einheit von Wissen und Haltung führen, die sich im Handeln zeigt. Bildung heisst nicht einfach Übernahme von Tradiertem, sondern in erster Linie Gestaltung des Tradierten für die Gegenwart und auf Zukunft hin. Es geht also nicht um Ausbildung, sondern darum, was wir als Erwachsene den jungen Menschen schulden, damit sie zu «sich bildenden Subjekten» werden können. Lernen zielt auf Überraschendes, auf eine Unterbrechung in unserm Denken, Fühlen und Handeln. Lernen hat mit Veränderung zu tun, mit der Freude, in Bewegung zu bleiben, Altes loszulassen und Neues aufzunehmen, Vertrautes in Frage zu stellen und Verunsicherndes und Fremdes in die eigene Person zu integrieren.

Im Zusammenhang seiner Mathetik[12] des christlichen Glaubens schreibt Hartmut von Hentig: «1. Mit dem Glauben lernen ist es wie mit dem Denken lernen: Man glaubt und denkt schon immer, bevor man es zu ‹lernen› beginnt. Wer einem anderen, vor allem einem Jüngeren, dabei helfen will, muss sich viel von diesem erzählen lassen und sorgfältig hinhören, um den Glauben wahrzunehmen, der schon ‹da ist› oder sich gerade zu ‹wenden› anschickt. Was schon ‹da ist›, kann zerfallen, wenn es nicht beansprucht oder bestätigt wird.»[13] Oder: «Die wichtigsten Dinge im Leben lernt der Mensch ungeplant: lieben und vertrauen, aufrecht gehen, streiten und sich versöhnen usw.; alles also, was zu einem sinnvollen Leben gehört und damit auch eine hohe religiöse Bedeutsamkeit hat.»[14] In Bildungsprozessen, wie zum Beispiel der Schule, begegnen die Schülerinnen und Schüler der religiösen Wirklichkeit in symbolisch vermittelter Form, in Bildern und Texten, in Schulbüchern und in der zielgerichteten Interaktion mit dem Lehrer oder der Lehrerin. Für den Unterricht ist entscheidend, in welcher Weise die symbolisch vermittelte (religiöse) Wirklichkeit wieder neu lebendig wird.

Herausforderungen für die religiöse Bildung[15]

Eine provokante Frage   Verwöhnt seien die Kinder, lauter kleine Individualisten, nicht gemeinschaftsfähig, egoistisch und gewaltbereit ... Immer wieder sind solche Klagen zu hören. Ich gehe davon aus, dass die nachwachsende Generation nicht besser und nicht schlechter ist als frühere Generationen, sondern anders; und dass die nachwachsende Generation im Kontext der Erwachsenenwelt zu verstehen ist.

Und damit sind wir bei einer der bedeutsamen Fragen: Brauchen unsere Kinder Religion bzw. religiöse Bildung, um das Leben zu verstehen, um der Gesellschaft ein menschliches Gesicht zu geben, um die Welt von morgen zu gestalten? Oder leben nicht wir Erwachsene den Kindern und Jugendlichen vor, dass sich der Stärkere durchsetzt, der Schnellere, der Anpassungsfähigere, der Inländer, dass, wer Rücksicht nimmt, selbst zu kurz kommt? Wollen wir denn wirklich, dass die nächste Generation zum Beispiel von den nichtchristlichen Religionen so viel versteht, dass sie diese als Bereicherung erlebt, ohne Berührungsängste?

RU – ein Lernort neben anderen

Religiöse Bildung in der Schule ist nicht beliebig. Auf dem Hintergrund des bisher Gesagten sind beide Aspekte zu bedenken und zu konkretisieren: religiöse Grundbildung und das Hineinwachsen in eine bestimmte religiöse Tradition bzw. Konfession. Dies geschieht an verschiedenen Lernorten mit verschiedenen Schwerpunkten, dahinter stehen auch verschiedene Lernbegriffe im Sinne des Lernens von Haltungen und Handlungen oder im Sinne der reflexiven Auseinandersetzung (die nie ausschliesslich kognitiv ist).[16]

Hintergrund dieser Überlegungen ist, dass ein Ort für Lernen nicht alles abdecken kann. Wir lernen zentrale Fähigkeiten für unser Leben in der Familie, zugleich aber kann – so wissen wir – religiöse Entwicklung von Kindern nur schwer gelingen, wenn die Familie nicht ergänzt und erweitert wird durch Schule, Jugendarbeit und Gemeinde, denn jeder Bereich hat spezifische Stärken und Grenzen im Hinblick auf religiöses Lernen. Wenn ein Ort völlig fehlt, erschwert das die Arbeit in den anderen Bereichen. Wenn zum Beispiel die Familie als Lernort für Religiöses fehlt, kann nicht die Schule in ein bis zwei Stunden RU «nachholen», was über Jahre hinweg in der Familie nicht praktiziert wurde. Der RU kann die religiöse Primärsozialisation nicht ersetzen, aber er kann religiöse Interessen wecken und verstärken.

RU – im Blick auf den Staat   Parallel zur Gesellschaft – blitzlichtartig beschrieben – hat sich auch Schule verändert. Schule ist ein Erfahrungsraum von Gesellschaft, in dem Erfahrungen (wie zum Beispiel sich durchsetzen und zu kurz kommen, geschlechtsspezifische Machtverteilung u. a.) gemacht werden. Schule ist nicht Vorbereitung auf Erfahrung, nicht Vorbereitung auf das Leben, sondern Schule wird selbst zum Lebensraum. Dieser Lebensraum Schule ist nicht nur dazu da, gewisse Fertigkeiten und einzelne Kenntnisse zu erwerben, sondern es muss hier auch das «zu lernende Leben» einen realistischen Platz haben. Schönes und Brüchiges, Hoffnungen und Destruktives müssen einen Ausdruck, eine Sprache finden. So sind Stichworte wie Schulkultur nicht Modeworte, sondern grundlegend für jede Schule.

Um ihren Bildungsauftrag zu erfüllen, muss die öffentliche Schule auch bestrebt sein, Orientierung im Religiösen zu geben und Religiöses als Lebens- und Weltdeutung für den einzelnen und für Gruppen von Menschen bereitzuhalten. Einerseits ist Religiosität als menschliche Grundkonstante aufzugreifen, andererseits ist Religion (auch in ihrer säkularisierten Form) als Teil der Kultur weiterzugeben. Lebensbedeutsame Themen (wie Liebe, Hoffnung, Angst, Leid und Glaube) müssen – auch in ihrer religiösen Dimension – im Rahmen der Schule Platz finden, und zwar für alle Schülerinnen und Schüler, besonders wenn die Schule (wie gesagt) Lebens- und Erfahrungsraum ist. Die Dimension des Religiösen fördert die Entwicklung eigener Ich-Identität und gibt in Entwicklungskrisen durch die ausdrückliche Thematisierung im Unterricht erste Unterstützung.

Johannes Lähnemann[17] hebt zwei Aufgaben für religiöse Erziehung in der Schule hervor: die Kinder vertraut machen mit der religiös-kulturellen Tradition des Lebenszusammenhanges, der ihre jeweilige Geschichte besonders beeinflusst hat; diese soll den Kindern eine Lebensorientierung geben, die die Kinder zu verantwortlichem Handeln in unserer pluralen Gemeinschaft befähigen kann. Hierzu gehört notwendig die zweite Aufgabe, die Heranwachsenden für die Begegnung und den Dialog vorzubereiten und darin einzuüben. Die inhomogene religiöse Ausgangssituation der Kinder zwischen den Religionen ebenso wie die Inhomogenität innerhalb einer Konfession fordern verstärkt von der Schule, die Offenheit für Fremdes auch im religiösen Bereich zu fördern und den Dialog untereinander einzuüben. «Kann es sein, dass man den Dialog auch verfehlen kann, weil man nicht mehr weiss, wer man selber ist; weil man sich selber ständig verschwimmt?»[18] Verschiedene religiöse Überzeugungen, unterschiedliche Formen religiösen Feierns usw. müssen ebenso für alle Kinder zum Thema werden wie die philosophisch-theologischen Fragen, um im gemeinsamen Lernen – in aller Unterschiedlichkeit – die eigene Position zu finden. «Zum Dialog gehören Partner, die voneinander verschieden sind, die Eigentümlichkeiten haben und deren Grenzen erkennbar sind. ... Denn das Ziel eines Dialogs ist ja nicht, dass man sich in der Mitte zwischen zwei Lagern trifft. Das Ziel ist, dass jedem zu seiner geläuterten Eigentümlichkeit verholfen wird.»[19]

Demokratieerziehung als Aufgabe aller an der Erziehung und Bildung beteiligten Personen und die demokratische Kontrolle der religiösen Erziehung bzw. ein Schutz vor missbräuchlichen oder gar totalitären Entwicklungen sind nur möglich, wenn die religiöse Bildung integrierter Bestandteil der Schule ist. Nur als staatlich mitgetragene religiöse Bildung kann der Staat bzw. seine Organe auch auf Schulbücher und andere Lernmaterialien auf der Basis der gesetzlichen Möglichkeiten Einfluss nehmen. Die Erziehung zu Toleranz im positiven Sinn sowie interkulturelles Lernen als Chance, die Kultur anderer Menschen und die eigene verstehen zu können, um sie gemeinsam zu gestalten auf Zukunft hin, werden auch durch den Austausch im religiösen Bereich gefördert. Die religiös-ethische Bildung hat eine unverzichtbare Aufgabe in der Werterziehung, in der Begleitung von Kindern in der Gewissensbildung und den Möglichkeiten einer verantworteten Entscheidung. Solidarität zwischen den Generationen, Bewahrung der Schöpfung, gerechte Verteilung der Güter und Beziehungsfähigkeit, aber auch so altmodisch klingende Worte wie Vertrauen und Liebe sind unerlässliche Werte für das Gemeinwesen und den Staat. Jede Demokratie ist gut beraten, in diesen für die Zukunft so zentralen Bereichen der Erziehung ihre Verantwortung ernst zu nehmen.

RU – im Blick auf die Kirche   Die in vielen Lehrplänen einseitige und in der Systematik ausschliessliche Abhängigkeit des gegenwärtigen Religionsunterrichts von der Bezugswissenschaft Theologie muss überwunden werden. «Wir sollten nicht zuerst fragen: Wie kommt unser Gegenstand, nämlich Religion, in der Theologie vor, sondern zunächst einmal: Wo und wie kommt Religion in der Welt heutiger Kinder und Jugendlicher vor? Wo und wie wird Religion für Heranwachsende wichtig?»[20]

Die Beschäftigung mit christlich-konfessionellen Inhalten, das Einüben von Riten und Ausprägungen religiösen Lebens finden vor allem im konfessionellen Unterricht statt. Norbert Mette[21] nennt diese Art von Unterricht «bekenntnis-, nicht konfessionsgebunden». Denn es ist unbestritten, dass das Gespräch nicht Bekenntnis ersetzt, dass Engagement und Sachlichkeit keine Gegensätze sind, dass eine wertneutrale Haltung für Unterricht unangemessen ist.[22] Eine bloss informierende Religionskunde ist – wie in jedem anderen Schulfach auch – didaktisch gesehen ein «Unding», wie es von protestantischer Seite H. Luther nennt. Die Verwurzelung und Beheimatung ist Aufgabe der Erwachsenen, bei den Kindern und Jugendlichen soll ein suchendes Sichverwurzeln gefördert werden. Der RU gibt kein Bekenntnis vor, sondern hilft, zu einem Bekenntnis zu finden.

Die Relevanz jüdisch-christlicher Glaubensgeschichte, christlicher Lebensmodelle, christlicher Theologie, christlicher Spiritualität muss sich an lebensweltlich erfahrbarer Religion erweisen. Hier muss sich zeigen, ob eine zweitausendjährige Christentumsgeschichte religiöse Sinnsichten, theologische Reflexionskategorien, Lebensstile und Formen spiritueller Praxis hervorgebracht hat, die Christinnen und Christen ebenso wie auch Nichtchristen behilflich sein können, religiöse Kompetenz auszubilden. Das diakonische Moment eines von den Kirchen verantworteten religiösen Lernens besteht im uneigennützigen Verfügbarmachen dessen, was sich aus der religiösen Tradition der Christen für humane Existenz heute lernen lässt. Religiöses Lernen in der Schule ist kein verlängerter Arm der Kirche, sondern die Schule stellt einen erfahrungsermöglichenden Raum auch für Religiöses zur Verfügung. Absichtslos auf der Seite der Menschen, verliert die Kirche nicht ihre Identität in der Weitergabe des Glaubens. In dieser Weise ist religiöse Bildung in der Schule «diakonisch» zu verstehen, als Engagement für die nächste Generation, als Angebot. Es ist nicht Aufgabe der jetzt Erwachsenen festzulegen, was die nächste Generation mit den ihnen anvertrauten Überlieferungen machen wird. Es ist Aufgabe der jetzt Erwachsenen, ihre Überzeugungen so überzeugend zu leben, dass sie für die nächste Generation glaubwürdig sind und – neu gestaltet – übernommen werden. Wenn wir dieses Vertrauen in die nächste Generation nicht haben, werden wir ihnen die Welt nicht wirklich anvertrauen können. Da sie aber die Jüngeren sind, wird es ihre Welt werden.

Im Blick auf die Lehrpersonen   Die schulische Situation stellt auch neue Anforderungen an die Ausbildung derer, die diesen Unterricht erteilen. «Lehren heisst zeigen, dass man etwas liebt; zumindest heisst es zeigen, dass man etwas schön und menschenwürdig findet. Lehrer sein heisst also, sich vor jungen Menschen kenntlich machen. Es setzt Stolz auf die eigene Sache voraus.»[23] Für eine solche Art religiöser Erziehung sollen Theologinnen und Theologen, Religionslehrpersonen sowie Katechetinnen und Katecheten nicht nur Theologie vermitteln, sondern vermittelte Theologie leben. Die gelernte Theologie muss «verdaute» Theologie sein; in verstehbare Sprache gefasst. Wissen über Religion und Religionen, Wissen um den Menschen und seine Entwicklung, das Verstehen der eigenen Gegenwart und das Erfassen ebendieser in Sprache sowie dialogische Kompetenz sind Voraussetzung, die Hoffnung wachzuhalten. Da bis heute Religion in vielfältiger Gestalt Teil unserer Lebenswelt ist, erfordert Verstehen unserer Lebenswelt auch eine religiöse Kompetenz. «Aufgabe ist es dabei, einem grassierenden religiösen Analphabetismus zu wehren, der dazu führt, dass für unser kulturelles Erbe wichtige religiöse Zeichensysteme – von einzelnen Symbolen wie Adventskranz oder Kreuz bis zur komplexen Sprache gotischer Architektur – nicht mehr dechiffriert werden können.»[24]

Auswirkungen über den RU hinaus: Glaubensweitergabe ist Aufgabe aller Christinnen und Christen

Die Gemeinde wird verstärkt zum Ort religiöser Erfahrungen, an dem mit im weitesten Sinn Gleichgesinnten religiöse Praxis und ein Dialog über religiöse Fragen stattfinden. Die Gemeinde ist der Ort, an dem Menschen erfahren können und sollen, wie christlich leben heute möglich und sinnvoll ist. In der Gemeinschaft der Christinnen und Christen wird wieder vermehrt davon die Rede sein müssen, was die Mitte des Glaubens ist. Die Frage nach dem eigenen Glauben ist persönlich zu beantworten; es braucht aber andere Menschen, durch deren Begleitung und Hilfe der einzelne zum eigenen Glauben finden kann. Die Familienkatechese ist in meinen Augen ein Weg, der zukunftsträchtig ist.[25]

Konkretionen für die Schule

Untersuchungen belegen, dass Kinder und Jugendliche die Kernfragen nach Gott stellen, nach dem Leid, dem Guten in der Welt, nach Gerechtigkeit, nach dem Tod. Auch der RU hat sich den zentralen Themen zu stellen, nicht aber im Wissen um die fertigen Antworten, sondern im – gemeinsamen – Ringen um Fragen und Antworten. Eine Kultur des Fragens und Nachdenkens muss entwickelt werden.[26]

Eine Sprache finden für unsere Sehnsucht
Religiöses kommt oft unerwartet und uns fremd zur Sprache. Hinhören und Kinder bzw. Jugendliche als Gesprächspartnerin-

nen und Gesprächspartner ernst nehmen verändert auch das eigene Reden von Gott. Eine Sprache lernen für das, was uns bewegt, was uns angst macht und uns hoffen lässt, kann vielfältig sein – in Wort, in Bild und Bewegung, in Musik. Eine Kultur, die keine Sprache dafür hat, woraus und wofür sie lebt, eine Kultur, die keine Geschichten mehr erzählt, kann auf Dauer nicht überleben. Aus den Familien heraus müssen wir – entgegen der Privatisierung von Religion – in einer grösseren Öffentlichkeit gemeinsame Sprache für Religiöses entwickeln, eine «Kompetenz zu religiöser Kommunikation».

Eine Sprache für Religiöses
Wir brauchen eine Sprache, die direkt auszusprechen wagt, was wir erhoffen, was wir erleben, was uns angst und Kummer macht, was uns freut. «Wer ‹Gott› sagt, muss auch ‹alles› meinen: den Raum und seine Atmosphäre, die Gemeinsamkeit des Lebens und Lernens, das Spiel, die Besinnung, die Entwicklung beheimatender Häuslichkeit in der Schule.»[27] Wir brauchen keine religiöse Sprache, sondern eine Sprache für Religiöses, eine erfahrungsoffene, teilnehmende Sprache.

Aufwachen, die Augen öffnen
Reden von Religiösem, von Gott ist Sehschule. Johann Baptist Metzs «Mystik der offenen Augen»[28] ermöglicht in einem weiteren Schritt auch, «... probehalber die Sehvorschläge nachzuvollziehen, die eine religiöse Tradition macht; beispielsweise einmal zu versuchen, die Welt als Schöpfung zu sehen: Welche Folgen hätte das? Die Menschen als Kinder Gottes, als ge-

schwisterliche Gemeinschaft zu sehen: Welche Folgen hätte das?»[29] Probehalber – ein Sehvorschlag.

Religiöse Grundbildung ist Hermeneutik der Lebenswelt
Der RU muss stärker als bisher Religions-Unterricht im genauen Sinne des Wortes sein: «Es geht ... um die Orientierung in einer durch religiöse Impulse verschiedenster Art geprägten Zeitsituation. ... Ausgangspunkt eines solchen RU sind weniger die Hochformen christlicher Glaubensüberlieferung als vielmehr die verschiedensten Formen lebensweltlich erfahrbarer Religion.»[30] Wo also begegnen Kinder und Jugendliche in ihrer Lebenswelt Religiösem? Inwiefern wird es ihnen bedeutsam?

Keine Informationsverweigerung
Zugleich muss im Hinblick auf Religion und Religionen wirklich etwas gelernt werden. «Überblickswissen ist erforderlich, um Zusammenhänge zu erkennen, selbständig Spezialwissen zu erwerben und zu verknüpfen. Denken verhält sich zu Wissen wie die Welle zum Wasser ... – ohne Wissen kein Denken.»[31] Religiöse Bildung, das heisst Wissen um das Christentum und seine Glaubensinhalte, um die christliche Kultur, um Weltkirche und den ökumenischen Rat der Kirchen, Wissen um die jüdische Religion und Kultur, um die nichtchristlichen Religionen, um religiöse Strömungen der Gegenwart (und der Vergangenheit), Wissen um die Ausprägungen von Religion, um die Gefährdungen religiöser Bedürfnisse und die Wege der Menschen, ihre Religiosität auszudrücken, darf Kindern nicht vorenthalten werden. Dies geschieht zusammen mit den Lehrpersonen in der Schule.

Gestaltete Räume – für eine veränderte Umgebung
Auch Schule muss (wieder) zum Ort werden, wo Menschen leben, leben wollen. Ich denke an die Gestaltungen der Gänge und Pausenhöfe, wo Kinder miteinander sein können, ich denke an Pflanzen in Klassen, an Klassen mit Teppichen, auf denen man sitzen darf. Ich denke an Kinder, die auch in der Schule mit dem eigenen Leib (und nicht gegen ihn) leben und ihr Bedürfnis nach Bewegung ernst nehmen dürfen. Ich gehe von einer Durchforstung der Stundenpläne aus, so dass nicht Langeweile und Stress zugleich vorhanden sind, so dass Schülerinnen und Schüler abtauchen, die Schule irgendwie überleben wollen. Eine solche Art des gemeinsamen Lernens «konferenzzimmerfähig»[32] zu machen gehört mit zu den Aufgaben von Menschen, die von Gott reden.

Ein Volk ohne Vision ...
Wolfgang Bittner beschreibt die Gefahr einer reflexionslosen Beschäftigung mit den Dingen im Text «Lernziele» drastisch:

In neun Schuljahren lernten die Kinder

Lesen zum Entziffern der Werbeanzeigen

Schreiben zum Bestellen von Waren

Rechnen zum Kalkulieren der
        Ratenzahlungen

Lesen Schreiben Rechnen
für andere Dinge war keine Zeit

RU ist immer auch ein Stachel für die Schule, weil er die Differenzierung von Kindern und Jugendlichen in «begabt» und «unbegabt», in «ruhig» und «verhaltenskreativ» nicht unterstützen kann. Die prophetisch-sperrige Tradition des jüdisch-christlichen Glaubens erinnert und ruft zum Engagement, der Welt ein menschliches Gesicht zu geben. Der Schule ist es möglich, Kindern und Jugendlichen «das Gerücht von Gott» wachzuhalten und zu fragen, was von der christlichen Überlieferung, was aus anderen religiösen Traditionen den Schülerinnen und Schülern hilft, verantwortet und engagiert zu leben. Dem RU ist es möglich, den Blick über die Welt der Dinge hinaus zu öffnen, darauf dass fächerbezogenes Lernen allein den Kindern nicht hilft, in ihren Beziehungen lebensfähig zu sein, dass kognitive Ausbildungen ihnen ihre Sehnsucht (wie immer diese zum Ausdruck kommt) nicht stillen kann, dass Liebe und Glück, Angst und Sprachlosigkeit zum Menschen gehören.

Dafür bedeutsame Wege religiösen Lernens Religiöses Lernen der Gegenwart und Zukunft ist ganzheitlich, sinnenreich und handlungsorientiert, Erfahrungen ermöglichend und erfahrungsoffen, teilnehmend und kindzentriert, Lebensnähe, Selbsttätigkeit, Spontaneität und die individuelle Unterschiedlichkeit der Kinder berücksichtigend, neue Lehr- und Lernformen einbeziehend. Es ist offen für die verschiedenen Religiositäten und Religionen, es ist symboldidaktisch (weil religiöse Wirklichkeit, symbolisch vermittelt, gegenwärtig ist). Es ist verlangsamend und verinnerlichend, eine Sprache findend für Religiöses und philosophierend/theologisierend mit Kindern. Kinder und Jugendliche werden auf diesem Weg vielleicht nicht jedes Thema umfassend vorgestellt bekommen, aber sie werden einzelne Themen selbst bedenken, diskutieren, erarbeiten und zum Teil integrieren können. Zu dieser Art des Lernens hinzuführen kostet Zeit und Energie, von den Lehrpersonen ist Sicherheit bzgl. des eigenen Weges, Klarheit und Gesprächsbereitschaft mit den Schülerinnen und Schülern gefordert.

Schluss

Erziehung hat mit Menschen und mit Zukunft zu tun. Beides ist uns nicht verfügbar. Wir Erwachsene bieten beim religiösen Lernen von dem an, was wir für tragfähig und bedeutsam halten, um die Welt für morgen zu gestalten. Unsere Kinder und Jugendlichen sind Teil dieser Welt, in die hinein sie geboren werden und die wir ihnen übergeben. Die Sprache und die Vorstellungswelt der Kinder und Jugendlichen sind anders geworden, nicht aber schlechter. Vielleicht sind sie nur weniger bereit zu glauben, was – in ihren Augen – nicht glaub-würdig ist. Ich gehe selbstverständlich davon aus, dass Kinder Orientierung und Begleitung im Religiösen brauchen – an den verschiedenen Lernorten, sowohl unabhängig von der religiösen Zugehörigkeit als auch konfessionsgebunden. Religiöse Fragen sind menschliche Fragen, sie auf Dauer zu ignorieren führt zum Verlust eines Bereiches unseres Menschseins. Wenn religiöse Bildung hilft, das Leben zu bewältigen, den Lebensfragen, Hoffnungen und Ängsten standzuhalten – und sei es noch so verborgen, dann wird sie weiterhin wichtig sein für die Menschen. Dies erfordert aber, sich der Verpflichtung der Bildung – «die Menschen stärken und die Sachen klären» – gewiss zu sein und immer wieder neu auf die Menschen hinzuhören, auf die Kinder und Jugendlichen, sich mit ihnen auseinanderzusetzen (das heisst auch streiten), sie zu fordern und zu fördern. Die Häufigkeit der Verwendung frommer Worte ist dabei kein Massstab. Meister Eckhart hat dies drastisch ausgedrückt: «Der Mensch, der Gott beim Stallmisten nicht hat, hat ihn auch nicht beim Chorgebet.» Deshalb plädiere ich, nicht darauf zu starren, was wir Altes bewahren müssen, sondern sich zu engagieren, dass die Erwachsenen in der Gegenwart und für die Zukunft einen Platz für Religiöses, für das eigene Nachdenken über und das Reden von und auch mit Gott bereithalten können – damit die jetzt Jungen nicht in einigen Jahren sagen müssen:

«Lesen Schreiben Rechnen
für andere Dinge war keine Zeit.»

Anmerkungen

[1] Zit. nach Friedrich Schweitzer: Die Suche nach eigenem Glauben. Einführung in die Religionspädagogik des Jugendalters, München 1996, 9f.
[2] Richard Schlüter: Dem Fremden begegnen – eine (religions-)pädagogische Problemanzeige, in: Richard Schlüter (Hrsg.): Ökumenisches und interkulturelles Lernen. Eine theologische und pädagogische Herausforderung, Paderborn 1994, 27–53, 40. Vgl. Robert Schreiter: Die neue Katholizität. Globalisierung und die Theologie, Frankfurt 1997.
[3] Vgl. grundlegend: Helga Kohler-Spiegel: ABC des Glaubens – Katechetische Perspektiven des Lernens

und Lehrens, in: Joachim Müller (Hrsg.): Das ABC des Glaubens. Den Glauben neu buchstabieren, Freiburg/CH 1999, 80–103.
[4] Gemeinsame Synode der Bistümer in der Bundesrepublik Deutschland. Beschlüsse der Vollversammlung. Offizielle Gesamtausgabe I, Freiburg 1976, 113–152.
[5] Günter Biemer: Religionspraxis oder Religionsbegriff? Zur Grundlegung einer Theorie des Religionsunterrichts in der Schule, in: Eugen Paul/Alex Stock (Hrsg.): Glauben ermöglichen. Zum gegenwärtigen Stand der Religionspädagogik. Festschrift für Günter Stachel, Mainz 1987, 77–93, 86. Vgl. auch: G. Mensching u. a.: Religion, in: Kurt Galling (Hrsg.): Die Religion in Geschichte und Gegenwart, Band 5, Tübingen 3. Aufl. 1986, 961–984; H. Schlette u. a.: Religion, in: Josef Höfer/Karl Rahner (Hrsg.): Lexikon für Theologie und Kirche, Band 8, Freiburg 1986, 1164–1172.
[6] Vgl. exemplarisch: Paul Knitter, Ein Gott – viele Religionen. Gegen den Absolutheitsanspruch des Christentums, München 1988. Raymund Schwager (Hrsg.): Christus allein? Der Streit um die pluralistische Religionstheologie, (QD 160) Freiburg 1996.
[7] Vgl. Karl Ernst Nipkow: Ziele interreligiösen Lernens als mehrdimensionales Problem, in: Johannes van der Ven/Hans-Georg Ziebertz (Hrsg.): Religiöser Pluralismus und Interreligiöses Lernen, Weinheim 1994, 197–232, mit zahlreichen weiteren Literaturhinweisen.
[8] Geschrieben 1846 von J. H. Newman: Letters and Diaries, Bd. 11, 1961, 224.
[9] Hubertus Halbfas: Religionsbuch für das siebte und achte Schuljahr, Düsseldorf 1990, 6.
[10] Hartmut von Hentig: Bildung. Ein Essay, München 1996, 58f.
[11] Auf die gesamte Diskussion um den Bildungsbegriff kann hier nur verwiesen werden.
[12] Mathetik ist verstanden als Kunst, die wirksames Lernen ermöglicht.
[13] Hartmut von Hentig: Glaube – Fluchten aus der Aufklärung, Düsseldorf 1992, 108.
[14] Matthias Scharer: Religionsunterricht planen – (Wie) geht das? Matthias Scharer (Hrsg.): Abschied vom Kinderglauben. Handbuch zu «Miteinander unterwegs», Salzburg 1994, 39–54, 39.

15 Zur Situation in der deutschsprachigen Schweiz vgl. neben den Beiträgen hier im Buch auch: Andréa Belliger/Thomas Glur-Schüpfer/Beat Spitzer: Staatlicher und kirchlicher Religionsunterricht an den öffentlichen Schulen der Deutschschweizer Kantone, Ebikon 1999. Othmar Frei: Der Religionsunterricht im Rahmen der Kinderpastoral nach der Synode 72. Beurteilung und Planung des Religionsunterrichts in der deutschsprachigen Schweiz. Eine praktisch-theologische Untersuchung, Luzern 1982.

16 Vgl. zum folgenden exemplarisch: Albert Biesinger/Christoph Schmitt: Gottesbeziehung. Hoffnungsversuche für Schule und Gemeinde, Handbuch, Freiburg 1998. Wolf-Eckart Frailing/Hans-Günter Heimbrock: Gelebte Religion wahrnehmen. Lebenswelt – Alltagskultur – Religionspraxis, Stuttgart 1998. Helga Müller-Bardorff (Hrsg.): Religiöse Erziehung in der Grundschule – vergessene Dimension? Die pädagogische Bedeutung der religiösen Erziehung für die alltägliche Schulpraxis, München 1993.

17 Vgl. exemplarisch Johannes Lähnemann: Nichtchristlicher Religionsunterricht – Interreligiöser Unterricht, in: Friedrich Schweitzer u. a. (Hrsg.): Religion in der Grundschule. Religiöse und moralische Erziehung, Frankfurt 3. Aufl. 1996, 144–153.

18 Fulbert Steffensky: Die Gewissheit im Eigenen und die Wahrnehmung des Fremden, in: RU 27 (1997) Heft 1, 3–5, 3.

19 Steffensky 1997, 4.

20 Rudolf Englert: Individualisierung und Religionsunterricht. Analysen, Ansatz, Option, in: KBl 121 (1996), 17–21, 19.

21 Vgl. zum folgenden: Norbert Mette: Begegnung mit dem Fremden: Aufgabe des Religionsunterrichts, in: Reinhard Göllner/Bernd Trocholepczy: Religion in der Schule? Projekte – Programme – Perspektiven, Freiburg 1995, 118–132.

22 Wer Biologie wertneutral unterrichten will, wird scheitern, ebenso, wer dies im Sprachenunterricht tun will.

23 Steffensky 1997, 4.

24 Englert 1996, 20.

25 Vgl. Augusta Carrara – Adveniat (Hrsg.): Der Weg der Catequesis Familiar in Peru, Essen 1999; Albert Biesinger u. a.: Gott mit neuen Augen sehen. Wege zur Erstkommunion, 4 Bände, München 1999.

26 Vgl. Karl Ernst Nipkow: Erwachsenwerden ohne Gott? Gotteserfahrung im Lebenslauf, München 1987; vgl. die umfangreiche Literatur zum Philosophieren und Theologisieren mit Kindern.

27 Hubertus Halbfas: Das dritte Auge. Religionsdidaktische Anstöße, Düsseldorf 1982, 166.

28 Johann Baptist Metz: So viele Antlitze, so viele Fragen. Lateinamerika mit den Augen eines europäischen Theologen, in: Johann Baptist Metz/Hans Eckehard Bahr. Augen für die anderen. Lateinamerika. Eine theologische Erfahrung, München 1991, 53.

29 Englert 1996, 21.

30 Englert 1996, 19.

31 Johannes Riedl: Schule als Szenario der Begegnung. Der Beitrag des Religionsunterrichts zu einem Paradigmenwechsel, in: Österreichisches Religionspädagogisches Forum 4 (1994), 16–22, 18.

32 Riedl 1994, 21.

Konkretionen und Kontroversen

Einleitung

Eine grosse Bandbreite an Konkretionen ist in diesem Abschnitt gesammelt, ein differenzierter Einblick in die verschiedenen Modelle von Religionsunterricht wird eröffnet.

In 18 von 21 Kantonen der deutschsprachigen Schweiz gibt es an den Primarschulen konfessionellen Religionsunterricht, der von den christlichen Kirchen getragen, verantwortet und finanziert wird. Wolfgang Broedel versteht diesen RU als «Einladung, einen Weg mitzugehen», er erläutert verschiedene Begründungsfaktoren für den konfessionellen Religionsunterricht in der Primarschule. Im Unterschied und in Ergänzung zum konfessionellen RU ist die «Religiöse Grundbildung in der Primarschule im Kanton Luzern» als Projekt aller drei Landeskirchen für alle Kinder an öffentlichen Schulen entstanden. Religiöse Grundbildung ist ein selbständiger Themenbereich im Unterrichtsbereich Mensch und Umwelt, Brigitte Glur-Schüpfer und Thomas Glur führen diesen Ansatz aus.

Die Vernetzung von Schule, Jugendarbeit und Gemeinde in vielfältigen Formen taucht in zahlreichen Beiträgen auf, Schulpastoral und Schulseelsorge sind wichtige Möglichkeiten, die verschiedenen Lernorte zu verbinden. So beschreibt Urs Zehnder die Schulseelsorge als ausserschulische Begleitung der Jugendlichen in Ergänzung zum Unterricht auf der Mittelstufe im Kanton Zürich. Der RU ist konfessionell-kooperierend, Freiwilligkeit und fehlende Kirchenbindung der Schülerinnen und Schüler stellen hohe Ansprüche an Unterricht und Lehrperson. Im religionskundlichen Unterricht gibt das Luzerner Modell eine Antwort auf die religiös plurale Situation; als Kenntnisfach ist er Teil schulischen Lernens (Benno Bühlmann).

Eine besondere Herausforderung stellt der Religionsunterricht an der Sonderschule dar. Die unterschiedlichen Lernfähigkeiten und Bedürfnisse der Kinder machen deutlich, was in fast allen Schularten notwendig ist: differenzierend und integrierend zu arbeiten. Religiöse Bildung und Begleitung für Kinder an Sonderschulen ist als Beitrag zur ganzheitlichen Förderung zu verstehen. Dass RU mit Schülerinnen und Schülern mit einer geistigen Behinderung auch die Selbstverständlichkeiten religions-pädagogischen Arbeitens ingesamt fraglich sein lässt, kann bereichernd wirken (Annemarie Ehrsam und Wolfgang Brödel).

«Konkretionen und Kontroversen» geben einen Einblick in die vielfältigen Möglichkeiten, die sich für den RU im Blick auf die gegenwärtigen Veränderungen bieten. In dieser bunten Vielfalt kann Neues entwickelt, erprobt und evaluiert werden, so dass sich im Tun zeigen kann, welche Arten von Religionsunterricht bzw. welche Lernwege im Religiösen für die Kinder und Jugendlichen – auf Zukunft hin – hilfreich und fördernd sein werden.

Einladung, einen Weg mitzugehen. Konfessioneller Religionsunterricht in der Primarschule

Wolfgang Brödel

In 18 von 21 Kantonen der deutschsprachigen Schweiz gibt es in den Primarschulen noch konfessionellen Religionsunterricht, also Religionsunterricht, der von einer christlichen Konfession inhaltlich und personell (damit auch finanziell) verantwortet wird und in der Schule während der offiziellen Unterrichtszeit stattfindet. Dieses traditionsreiche Unterrichtsfach gerät in Bewegung – auch in konfessionell noch relativ stark geprägten Regionen. Die Einflussfaktoren für diese Veränderung sind zahlreich, sehr verschieden und unterschiedlich wirksam. In der aktuellen Diskussion überwiegt einmal mehr dieser, einmal mehr jener Aspekt. Wir befinden uns also in einem *Prozess der Klärung und Meinungsbildung*. Vorrangiges Ziel dürfte es im Augenblick sein, möglichst alle relevanten Gesichtspunkte in die Diskussion einzubringen und im offenen, fachlich ausgerichteten und kirchlich wie gesamtgesellschaftlich verantwortlichen Dialog zu klären. Keine einfache Aufgabe angesichts der Komplexität der Fragestellung. Gesucht

werden u. a. überzeugende Antworten auf folgende Fragen:

– Passt der konfessionelle Religionsunterricht in das Bild einer Schule, die sich als Institution einer pluralistischen und weitgehend säkularisierten Gesellschaft versteht?
Und zugleich: Wie stellt sich die Schule der Aufgabe der Wertevermittlung, wenn es keinen konfessionellen Religionsunterricht mehr gibt?

– Ist konfessioneller Religionsunterricht noch sinnvoll, wenn die Schülerinnen und Schüler ausserhalb des Unterrichts keine oder nur noch eine oberflächliche religiöse Sozialisation erfahren?

– Ist der konfessionelle Religionsunterricht noch durchführbar, wenn in einer Klasse zahlreiche Schülerinnen und Schüler keiner christlichen Konfession mehr angehören?

– Wie lässt sich das alleinige Recht der grossen christlichen Kirchen auf konfessionellen Religionsunterricht in der Schule begründen und durchhalten gegenüber den immer grösser werdenden nichtchristlichen Religionsgemeinschaften in unserer Gesellschaft?

– Unterstützt der konfessionelle Religions-

unterricht die Bildungsziele der Schule, oder dient er nur kirchlichen Interessen?
– Was spricht gegen einen von allen christlichen Kirchen gemeinsam verantworteten, ökumenischen Religionsunterricht an der Primarschule?

Für die Diskussion dieser Fragen brauchen wir einen *möglichst präzisen Begriff von konfessionellem Religionsunterricht in der Schule.* Oben wurden bereits äussere Merkmale aufgezählt: Es handelt sich um Religionsunterricht, der von einer christlichen Konfession inhaltlich und personell verantwortet wird und der in der Schule während der offziellen Schulzeit stattfindet. An diesem Unterricht müssen die Schülerinnen und Schüler der entsprechenden Konfession teilnehmen, es sei denn, sie melden sich offiziell vom Religionsunterricht ab. Für eine Klärung der anstehenden Fragen reicht eine solche äussere, schulorganisatorische Definition des konfessionellen Religionsunterrichts nicht. Ziele und Inhalte des konfessionellen Religionsunterrichtes müssen mit bedacht werden.

Unter der Zielrücksicht heisst es oft, der konfessionelle Religionsunterricht diene der Verwurzelung oder Beheimatung der Schülerinnen und Schüler im angestammten Glauben. Ökumenisch gesinnt oder gar interreligiös gesprächsfähig könne man nur sein, wenn man einen eigenen ausgereiften religiösen Standpunkt habe. Der wiederum könne nur entwickelt werden, wenn es, wie im konfessionellen Religionsunterricht, nicht nur um die Vermittlung von religiösem Wissen, sondern auch um die Einübung von religiöser Praxis und um die Begegnung mit lebendigem Glauben gehe.

Bei dieser Charakterisierung des konfessionellen Religionsunterrichtes spielen vier Begründungsfaktoren eine Rolle:
1. Der Sozialisationsaspekt
2. Der Beziehungsaspekt
3. Der Übungsaspekt
4. Der Verbindlichkeitsaspekt

Diese vier Aspekte bilden eine Einheit. Sie seien hier zusammenhängend kurz kommentiert, und zwar zunächst aus kirchlich-theologischer Sicht, damit das Selbstverständnis des konfessionellen Religionsunterrichts an der öffentlichen Schule angemessen und zeitgemäss zum Ausdruck kommt:

Konfessioneller Religionsunterricht beruht auf der Überzeugung, dass der Glaube nur durch die Begegnung mit einer konkreten Ausformung dieses Glaubens «weitergegeben» und «gelernt» werden kann. Hierbei ist nicht zuerst an die Vermittlung äusserer Glaubensinhalte und Glaubenstraditionen gedacht, sondern an die konkrete Erfahrung von lebendigem Glauben. *Konfessioneller Religionsunterricht lebt von der Qualität der Beziehung zu glaubenden Menschen.* Hierbei spielt das Glaubenszeugnis der Religionslehrerin und des Religionslehrers eine herausragende Rolle. Aber konfessioneller Religionsunterricht bringt nicht nur mit individuellem christlichem Glauben in Kontakt, sondern vernetzt das individuelle Glaubenszeugnis mit dem Bekenntnis einer Glaubensgemeinschaft. Auch hierbei geht es nicht in erster Linie um die abstrakte Vermittlung von traditionell gewachsenen Ausdrucksformen des gemeinsamen Glaubens, sondern vor allem um die Erfahrung lebendiger Glaubensgemeinschaft. Letztlich geht es im konfessionellen Religionsunterricht um die Einführung in die kirchliche Dimension des Glaubens, also um die Vermittlung der Erfahrung, dass der Heilige Geist verschiedenste Menschen zusammenführt – was sich dann anschliessend in einem gemeinsamen Glaubensbekenntnis und vielen anderen religiösen Ausdrucksformen niederschlägt.

Als Zwischenergebnis lässt sich also auf die Frage, was denn eigentlich konfessioneller Religionsunterricht sei, formulieren:

Im konfessionellen Religionsunterricht geht es nicht in erster Linie um bestimmte Glaubensinhalte und Glaubenstraditionen, sondern um die Vermittlung lebendiger Glaubenserfahrung. Diese Glaubenserfahrung begegnet den Schülerinnen und Schülern nicht nur im Glaubenszeugnis einzelner Menschen, sondern auch in der Glaubenserfahrung einer Glaubensgemeinschaft, die sich ihren Glauben nicht selbst gibt, sondern letztlich von Gott immer wieder neu empfängt.

Nur wenn wir diese relative Bedeutung der konkreten im konfessionellen Religionsunterricht vermittelten Ausdrucksformen des Glaubens im Auge behalten, wird das Bemühen um Konkretheit und Verbindlichkeit im konfessionellen Religionsunterricht theologisch angemessen interpretiert und richtig praktiziert. Jetzt kann die Bedeutung des Konkreten und des Verbindlichen im konfessionellen Religionsunterricht klar

herausgestellt werden: Dieser Unterricht vermittelt konkrete Ausdrucksformen des christlichen Glaubens, weil *persönliches Glaubenszeugnis und Gemeinschaft im Glauben immer an konkrete Ausdrucksformen des Glaubens gebunden* sind. Die Schülerinnen und Schüler sollen erfahren, dass christliche Glaubensüberzeugung erst dann lebendig, nachvollziehbar und glaubwürdig wird, wenn sie sich ganz konkret an bestimmte Glaubensinhalte, Glaubenstraditionen und Lebensformen aus dem Glauben bindet, sich mit konkreten Glaubenssymbolen und mit der Glaubenspraxis der christlichen Gemeinschaft auseinandersetzt und reibt und so entwickelt. Im konfessionellen Religionsunterricht wiederholt sich also auf vielfache Art und Weise die Fleischwerdung des Wortes Gottes. Auch hier lassen sich Form und Inhalt nicht trennen, sind aber auch nicht einfach dasselbe. Religionspädagogisch gesehen, soll der Kontakt mit konkretem, lebendigem Glauben den Schülerinnen und Schülern helfen, einen eigenen Glaubensstandpunkt zu finden. Ob dieser letztlich christlich ist, kann und muss im konfessionellen Religionsunterricht offen und der persönlichen Entscheidung der Schülerin und des Schülers überlassen bleiben. Entscheidend ist der Prozess der konkreten Glaubenserfahrung, nicht die persönliche Bekehrung auf ein von aussen her gesetztes Glaubensziel.*

* Oft werden konfessioneller Religionsunterricht und Religionsunterricht in der Gemeinde gleichgesetzt. Die Gemeinsame Synode der Bistümer in der Bundesrepublik Deutschland betonte bereits 1974, dass zwischen konfessionellem Religionsunterricht in der Schule und Gemeindekatechese unbedingt zu unterscheiden sei. Konfessioneller Religions-

Als Zwischenergebnis können wir festhalten:

> **Konfessioneller Religionsunterricht ist der Versuch, mit Hilfe eines konkreten Weltanschauungsstandpunktes beim Schüler und bei der Schülerin die freie und bewusste Bildung eines persönlichen Weltanschauungsstandpunktes zu ermöglichen.**

Der Unterschied zu anderen wertbezogenen Unterrichtsfächern besteht darin, dass im konfessionellen Religionsunterricht nicht nur die kognitive Ebene angesprochen wird, sondern auch praktische Erfahrungen gesammelt werden und vor allem ein Wertelernen durch offene und persönliche Begegnung stattfindet. Eine spannungsreiche, herausfordernde Aufgabe, die in ihrer Anlage nicht unbedingt dem Zeitgeist entspricht, die mehr mit Persönlichkeitsbildung der Schülerinnen und Schüler zu tun hat als mit unverbindlicher Informationsabgabe oder gezielter Indoktrination. Konfessioneller Religionsunterricht setzt eine hohe soziale Kompetenz des Religionslehrers, der Religionslehrerin voraus, vor allem ein sicheres Gespür für angemessene Nähe und Distanz. Die erzieherische Dimension ist im konfessionellen Religionsunterricht

---

unterricht erschliesse die religiöse Dimension des Menschseins und zeige das Christentum als eine glaubwürdige Möglichkeit zur Lebensgestaltung auf, während der Religionsunterricht in der Gemeinde auf Glaubensvergewisserung ziele und bewusst die Glaubenspraxis in Gemeinschaft mit Gleichgesinnten fördere.

deutlicher spürbar als in anderen Schulfächern.

Aus den bisherigen Überlegungen ergibt sich:

> **Der konfessionelle Religionsunterricht muss dem freiheitlichen Selbstverständnis einer modernen Schule nicht widersprechen und ist nicht von vorneherein ein Instrument kirchlicher Machtinteressen. Bekenntnisunterricht im ausgeführten Sinn verträgt sich mit der modernen Schule.**

Auch wenn man den Ort des konfessionellen Religionsunterrichts in der Schule als möglich und sinnvoll ausweisen kann, bleibt die Frage, ob der konfessionelle Religionsunterricht unter den heutigen Verhältnissen *in der Schule auf Dauer am richtigen Platz* ist. Diese Frage muss schulischerseits und kirchlicherseits gestellt werden und hat zunächst einmal eine praktische Seite:
– Wie organisiert man den Schulbetrieb, wenn eine grosse Anzahl von Schülerinnen und Schülern keiner christlichen Konfession mehr angehört? Die Palette von Lösungsmöglichkeiten für dieses Problem ist bekanntlich gross: Die anders- oder nichtgläubigen Schülerinnen und Schüler haben während des konfessionellen Religionsunterrichts schulfrei, sie erhalten Unterricht in einem anderen Fach, sie bekommen Religionsunterricht in ihrer eigenen Religion, sie nehmen freiwillig am konfessionellen Religionsunter-

richt teil, es existiert ein Ersatzwahlfach usw. All das ist organisierbar, dürfte aber überall da an Grenzen stossen, wo die Zahl christlicher Schülerinnen und Schüler in einer Klasse oder sogar in einer Schule verschwindend klein wird. Mit anderen Worten: Der konfessionelle Religionsunterricht an der Schule lässt sich durch organisatorische Massnahmen allein auf Dauer nicht sichern (muss allerdings auch nicht an organisatorischen Engpässen scheitern).

– Die eigentlichen Fragen nach dem richtigen Ort für den konfessionellen Religionsunterricht kommen von einer anderen Seite, und zwar nicht nur von ausserkirchlicher Seite. Die Übernahme einer christlichen Glaubensüberzeugung setzt, wie oben ausgeführt, Glaubenszeugnis, lebendige Glaubensgemeinschaft und persönliche Glaubenspraxis voraus. Vorausgesetzt, persönliches Glaubenszeugnis hat in der Schule Raum, so bleibt die Frage nach lebendiger Glaubensgemeinschaft und Glaubenspraxis in der Schule. In der Regel sind die Angebote in dieser Hinsicht schwach und die Möglichkeiten klein. Vielleicht gäbe es noch Entwicklungsmöglichkeiten in Richtung Schulpastoral, und sicherlich könnte man die Verbindung zwischen konfessionellem Religionsunterricht, Heimatpfarrei und Eltern der Schülerinnen und Schüler noch intensivieren. Aber die tatsächlichen Verhältnisse zeigen doch in der Regel: Der konfessionelle Religionsunterricht in der Schule verfügt aufgrund einer gewissen Isolation über wenig Wurzelboden, um eine dauerhafte Einwurzelung und Entwicklung des Glaubens zu erreichen.

Deshalb wird diskutiert, ob es nicht sinnvoller sei, den konfessionellen Religionsunterricht aus der Schule herauszunehmen und an die Orte zu verlagern, wo die wichtige Verbindung von Glaubensinhalt, Glaubenspraxis und Glaubensgemeinschaft einfacher zu erreichen ist als in der pluralistischen Schule. Man fordert den Ausbau von Gemeindekatechese und Familienkatechese.

Dieser Ansatz dürfte durchaus auch im Interesse des konfessionellen Religionsunterrichtes liegen, weil gerade da, wo es noch konfessionellen Religionsunterricht in den Schulen gibt, Gemeinde und Familie ihre katechetische Aufgabe oft zu schnell an die Schule delegieren. Auf der anderen Seite muss man sich fragen, ob eine systematisch dargebotene, offene und pädagogisch verantwortete Katechese von der Mehrzahl christlicher Eltern geleistet werden kann und geleistet werden muss. Sehr viel eher könnte man diskutieren, ob die Pfarreien den konfessionellen Religionsunterricht nicht selbst voll übernehmen und verantworten sollten – wie es in einigen Kantonen ja schon der Fall ist. Dagegen spricht – von Belastungsgründen der Seelsorgeteams einmal abgesehen –, dass im konfessionellen Religionsunterricht in der Schule wenigstens vorläufig noch mehr Kinder relativ problemlos erreichbar sind als ausserhalb der Schule. Diesen Vorteil sollte man, solange er besteht, von seiten der Kirche nicht freiwillig aufgeben, aber mit folgenden Überlegungen ganz gezielt flankieren:

– Der Lernort Schule kann je nach Region und Bevölkerungsentwicklung bald als Lernort für den konfessionell geprägten

Glauben wegfallen. Deshalb muss vorge-dacht werden: Wer übernimmt dann die Verantwortung? Wer hat dann die fach-liche Kompetenz? Woher kommen dann die nötigen finanziellen Mittel? Also: *Nicht nur bewahren und verteidigen, son-dern vorausdenken!*

– Konfessioneller Religionsunterricht wird nur dann in Zukunft kein Fremdkörper in der Schule sein, wenn er einen glaubwür-digen Beitrag zur Erreichung der allge-meinen Bildungsziele der Schule leistet. Dieser «Nutzen» des konfessionellen Reli-gionsunterrichtes für die Schule kommt nur bei intensiver Zusammenarbeit mit anderen Unterrichtsfächern zustande. In besonderer Weise gilt diese Forderung nach Zusammenarbeit für die Koopera-tion mit «verwandten» Unterrichtsfä-chern wie Religiöse Grundbildung/Ethik/ Lebenskunde usw. Grundsätzlich ist eine möglichst umfassende Vernetzung des konfessionellen Religionsunterrichtes mit allen Unterrichtsfächern anzustreben. Sinnvolle Vernetzung setzt ein spezifi-sches Profil der zu vernetzenden Fächer voraus. Unterschiede und Abgrenzungen müssen herausgearbeitet werden, was bei nahen Verwandtschaften nicht immer einfach ist. Die *Einbindung des konfes-sionellen Religionsunterrichts in das Ge-samtprojekt Schule* dürfte mit darüber entscheiden, ob dieser Unterricht an der Schule bleibt oder nicht.

– Das Thema *«ökumenischer Religionsun-terricht an der Schule»* ist eine drängende Frage, die von den zuständigen christli-chen Konfessionen sorgfältig angeschaut werden muss. Von aussen her gesehen, ist es oft nicht mehr verständlich, warum christliche Konfessionen bis in kleinste Schüler(innen)gruppierungen hinein ge-trennt Religionsunterricht erteilen. Von der Sache her müsste man fragen: Gibt es wirklich so wenig gemeinsames Glau-bensgut der christlichen Konfessionen und soviel trennendes, dass jede Konfes-sion begründet die ganze Unterrichtszeit für sich braucht?

– Der Hinweis, es gehe gerade in der Primarschulstufe um die Vermittlung konfessionsspezifischer Traditionen, be-zieht sich katholischerseits meist auf die Hinführung zur Erstkommunion, zur Erst-beichte und zur Firmung. Die Grundfrage, die sich hier stellt, ist: Kann der schu-lische Religionsunterricht die wichtige Nachbetreuung und die Einwurzelung dieser Sakramente in eine angemessene Sakramentenpraxis leisten? Die pastorale Praxis zeigt ein anderes Bild. Hier erreicht man zwar bei der Sakramentenvorberei-tung durch den Klassenunterricht noch recht viele Kinder, verliert aber genau durch diese schulischen Bedingungen die Chance für den Aufbau von Entwick-lungen, die langfristig wirksam sind. Was die Sakramentenkatechese in der Primar-schule betrifft, stecken wir wohl aufs Ganze gesehen noch in wenig fruchtba-ren Ansätzen. Der Grundsatz heisst oft noch: Lieber viele machen ein bisschen mit als wenige intensiv und überzeugt. Neue Wege der Sakramentenkatechese in der Schule versuchen unter den gegebe-nen Verhältnissen bessere Ergebnisse zu erzielen, stossen aber auch hier an die Grenzen des vom schulischen Religions-unterricht Leistbaren. Es müsste gefragt werden: *Ist die Schule überhaupt der angemessene Ort für die Sakramenten-katechese,* oder gehört diese nicht in die Hauptverantwortung der Pfarrei und in die Gemeindekatechese – in Zusammenarbeit mit dem schulischen Religionsunterricht und der religiösen Erwachsenenbildung?

– Zu fragen wäre schliesslich, ob uns das in den letzten 25 Jahren entwickelte differenzierte Katecheseverständnis bei der Weiterentwicklung des konfessionellen Religionsunterrichtes nicht weiterhelfen könnte. Dieses Katecheseverständnis kennt verschiedene Stufen der Katechese, von erster Katechese angefangen bis hinein in spezifischere Formen. Könnte man auf diesem Hintergrund nicht einmal versuchen, das *Profil eines Unterrichts in christlicher Grundbildung* als Variante zum herkömmlichen Konfessionsunterricht zu entwerfen? Hier liessen sich das Anliegen der Ökumene und das eines dem religiösen Entwicklungsstand heutiger Kinder angemessenen religionspädagogischen Vorgehens wahrscheinlich besser realisieren als durch das herkömmliche Muster eines konfessionellen Religionsunterrichts, der zu eng und zugleich zu hoch ansetzt und der deshalb zuviel will oder erreichen muss.

Fassen wir zusammen:

1. Die Zukunft des konfessionellen Religionsunterrichts in der Schule hängt von zahlreichen äusseren Faktoren ab, auf die durch geschickte, vorausschauende Planung und durch intensive Zusammenarbeit unter allen Beteiligten angemessen reagiert werden kann. Ob man die äusseren Veränderungen auf Dauer im Rahmen der bestehenden Vereinbarungen und Organisationsformen bewältigen kann, ist angesichts der schnellen, grossflächigen und mehrstufigen Verschiebungen in unserer Gesellschaft eher unwahrscheinlich. Varianten zum konfessionellen Religionsunterricht in der Schule sind rechtzeitig zu entwickeln.

2. Die Zukunft des konfessionellen Religionsunterrichts in der Schule hängt auch davon ab, ob sich dieses Fach überzeugend in das Bildungsgefüge der öffentlichen Schule als ein für dieses Gefüge sinnvoller, konstruktiver Baustein einbringen kann. Wenn die christlichen Konfessionen die günstigen äusseren Bedingungen der Schule vorwiegend für ihre eigenen Interessen ausnützen, wird der Organismus Schule den konfessionellen Religionsunterricht auf Dauer wie von allein abstossen.

3. Die Vernetzung des konfessionellen Religionsunterrichts in der Schule ist eine Konsequenz seiner schulischen Einbindung. Sie ist unbedingt notwendig und an eine intensive und vielschichtige Zusammenarbeit mit anderen Fächern gebunden. Konkret gelebt wird solche Zusammenarbeit im Schulalltag, wichtig ist sie aber auch bei Konzeptfragen wie bei der Erstellung eines Schulleitbildes.

4. Es muss genauer geprüft werden, was der konfessionelle Religionsunterricht in der Schule unter den heutigen Bedingungen an Glaubensschulung leisten kann. In

der Tendenz wird man die Ziele bescheidener und die Inhalte einfacher gestalten müssen.

5. Konfessioneller Religionsunterricht in der Schule kann das Ziel der Einwurzelung in den Glauben in der Regel heute nicht mehr allein erreichen. Nötig ist die intensive zusätzliche Glaubensschulung der Schülerinnen und Schüler in Pfarrei und Familie, verbunden mit Massnahmen in der religiösen Erwachsenenbildung.

6. Der konfessionelle Religionsunterricht in der Schule wird in Zukunft sehr viel erreicht haben, wenn er die Lebens- und Glaubensart von Christinnen und Christen heutigen Kindern kompetent, glaubwürdig und faszinierend, also einladend vorstellt. Ob er unter den gegebenen Bedingungen noch die Einwurzelung in eine konkrete christliche Glaubensgemeinschaft mit ihren Traditionen erreichen kann, ist, wie gesagt, schon fragwürdiger. Eher unwahrscheinlich ist es, dass er die abstrakten theologischen Unterschiede zwischen den christlichen Konfessionen überzeugend vermitteln kann und will. Von daher wäre über das Projekt einer ökumenisch verantworteten christlichen Grundbildung in der Primarschule («Elementarschule des christlichen Glaubens») als zeitgemässe Weiterentwicklung des konfessionellen Religionsunterrichts in der Schule nachzudenken.

7. Auch diese Gestaltungsidee darf man nicht überschätzen. Elementare Schulung im christlichen Glauben macht für die öffentliche Schule nur so lange Sinn, als die Gesellschaft mehrheitlich christlich orientiert ist. Sollten sich hier die Gewichtungen verschieben, muss nach Möglichkeiten interreligiöser schulischer Bildung gesucht werden. Ob diese dann noch etwas vom Uranliegen des konfessionellen Religionsunterrichts bewahren kann (religiöse Bildung durch freie Begegnung mit konkret gelebtem Glauben), wird davon abhängen, inwieweit die Einwurzelung in eine konkrete Religion erfolgt ist. Diese wichtige Aufgabe wird die Schule dann nicht mehr leisten können, sondern als einigermassen erfüllt voraussetzen müssen – wenn sie den Schülerinnen und Schülern der kommenden Generationen mehr anbieten will als bloss informierende allgemeine Religionskunde.

Nicht die religiöse Theorie und auch nicht der Ort der religiösen Bildung wird über den Zustand der religiösen Kultur unserer Gesellschaft und das Weiterleben des christlichen Glaubens entscheiden, sondern der zum Glaubenszeugnis und zum offenen Glaubensgespräch bereite und fähige Mensch. Gesucht sind Persönlichkeiten, die es wagen, Kinder zu sich einzuladen: «Kommt und seht!»

Religiöse Grundbildung in der Primarschule im Kanton Luzern

Thomas Glur, Brigitte Glur-Schüpfer

Einleitung

In den Schulklassen der öffentlichen Volksschulen des Kantons Luzern leben Kinder mit verschiedenen ethischen und religiösen Werthaltungen zusammen. Sie sind unterschiedlich sozialisiert und gehören verschiedenen Religionsgemeinschaften oder anderen Gruppierungen an. Gemäss dem Erziehungsgesetz von 1953 ist die Erteilung und die Weiterentwicklung des Religionsunterrichtes Sache der drei öffentlichrechtlich anerkannten Landeskirchen (römisch-katholisch, evangelisch-reformiert, christkatholisch). Diese Aufgabenteilung zwischen Staat und öffentlichrechtlich anerkannten Landeskirchen muss neu überdacht werden, weil die öffentlichrechtlich anerkannten Landeskirchen kaum mehr in der Lage sind, allein für alle Kinder die religiöse Bildung an den öffentlichen Volksschulen wahrzunehmen. Die bildungspolitisch verantwortlichen Gremien des Kantons Luzern müssen sich die Frage stellen und beantworten, ob und wie eine religiöse Grundbildung eine staatliche Aufgabe ist.

Im vorliegenden Artikel werden die historische Entwicklung des Projektes Religiöse Grundbildung in der Primarschule im Kanton Luzern aufgezeigt und mögliche zukünftige Schritte skizziert.

Entwicklung des Projektes Religiöse Grundbildung

Im April 1995 initiierten die drei Luzerner Landeskirchen gemeinsam das Projekt Religiöse Grundbildung in der Primarschule. Die Kommission der drei Landeskirchen für Fragen des Religionsunterrichts (KOLARU) wurde mit der Projektleitung beauftragt.

Ursprünglich galt es, Grundlagen zu schaffen, dass der «Bibelunterricht» künftig ökumenisch verantwortet und erteilt wird. Im Auftrag der KOLARU wurde eine Projektgruppe beauftragt, den Lehrplan für den «Bibelunterricht» zu überarbeiten und Empfehlungen für die Auswahl von Lehrmitteln vorzulegen. Bald wurde deutlich, dass dieser Ansatz zu kurz greift, weil der Bibelunterricht nur ein Teil der religiösen Bildung ist. Deshalb entstand die Idee, die religiöse Bildung mit einem eigenen Themenbereich mit dem Namen Religiöse Grundbildung in der Primarschule zu fördern. Der Themenbereich Religiöse Grundbildung muss so gestaltet sein, dass alle Kinder daran teilnehmen können. Die Integration der verschiedenen ethischen und religiösen Werthaltungen ist für die Kinder und für eine ganzheitliche Schulbildung eine Chance. Die Lehrpersonen, die bereit sind, im Rahmen der geltenden Wochenstundentafel (WOST) im Fach Religion den Themenbereich Religiöse Grundbildung zu erteilen, sollen in ihrer Aufgabe durch einen neuen Lehrplan und entsprechende Lehrmittel unterstützt werden.

Neben dem Themenbereich Religiöse Grundbildung gibt es den konfessionellen Religionsunterricht. Im Unterschied zu der Religiösen Grundbildung für alle Kinder an der Volksschule wird der konfessionelle Religionsunterricht der verschiedenen Religionsgemeinschaften seine Aufgabe auch in der Zukunft in der Vertiefung konfessioneller Glaubens- und Lebensformen (Beheimatung, kirchliche Sozialisation) haben.

Eine Projektgruppe erarbeitete ein Fachprofil für die Primarschule. Darin wird die Bedeutung und Begründung des Faches definiert.[1]

[1] Das Konzept der Arbeitsgruppe, die Hansruedi Kilchsperger leitete, wird hier in einer leicht gekürzten Fassung abgedruckt. Der ganze Text ist abgedruckt in: Landeskirchen des Kantons Luzern (Hrsg.), Erprobungsfassung des Teillehrplans Biblische Geschichten erzählen, Luzern 1997.

Bedeutung und Begründung des Faches

Religiöse Bildung dient der menschlichen Identitätsfindung und Entwicklung der Persönlichkeit. Sie fördert die Offenheit des Menschen für Gott. Sie ist Lebenshilfe, auf deren Grundlage die Heranwachsenden ihre Antwort auf die Frage nach Lebenssinn, ihren Standpunkt in der Gesellschaft und in der Welt finden können und darin gestärkt werden, Verantwortung für ihr eigenes Leben und Handeln, für Mitmenschen und die Schöpfung zu übernehmen.

Der religiöse Pluralismus der Gegenwart, die weltanschauliche Vielfalt der Gesellschaft fordert von der Schule in der Zukunft nicht weniger, eher vermehrt und dringender religiöse Bildung. Es besteht ein berechtigtes Interesse, dass die nachkommende Generation mit den religiösen Wurzeln und der religiösen Vielfalt unserer Kultur und Gesellschaft in Kontakt kommt. Damit ist weder einseitige konfessionelle Parteinahme noch weltanschauliche Neutralität in der Schule gefordert. Es geht in der Schule nicht um kirchliche Sozialisation, sondern um das Recht und die Möglichkeit radikaler Fragen, das Offenhalten der Frage nach Gott und letzten Begründungen, die Botschaft von Gott, wie sie Menschen in den Religionen erfahren haben und wie sie in unserer Kultur in der biblischen Tradition bewahrt wird, die Grundlegung ethischer Haltungen und Werte wie Freiheit und Verantwortung, Selbstfindung und Solidarität, Verbindlichkeit und Toleranz, Respekt vor dem Ausdruck religiösen Denkens und Empfindens sowie religiöser Praxis.

Religiöse Grundbildung an der Primarschule umfasst vier Felder und damit vier grundsätzliche Möglichkeiten, die einander ergänzen und teilweise in regelmässigen Unterrichtsstunden, teilweise in fächerübergreifenden oder speziellen Unterrichtsprojekten realisiert werden können:

1. Biblische Geschichten erzählen (Bibelunterricht)
2. Schulleben gestalten: Religion und Religionen im Schulalltag
3. Religiöse Aspekte des Lehrplans Mensch und Umwelt
4. Lernorte Religion: religiöse Heimatkunde

1. Biblische Geschichten erzählen

Biblische Geschichten erschliessen Quellen unserer Kultur. Sie regen an, elementare Fragen zu stellen und ihnen nachzugehen.

Der Bibelunterricht ist nicht nur traditioneller Bestandteil der Primarschule; er ist auch der Grundbestand der abendländischen Schulbildung überhaupt. Ohne die Begegnung mit biblischen Wurzeln und elementare Grundkenntnisse der Bibel ist für die Kinder ein Teil des Verständnisses gesellschaftlicher Wirklichkeit abgeschnitten.

Biblische Geschichten sollen die Kinder anregen, innere Bilder zu entwickeln und eigenen Fragen nachzugehen, Antworten zu finden und in Frage zu stellen. Sie führen nicht zuletzt dazu, die grundlegenden Fragen wie die Frage nach Gott immer wieder aufbrechen zu lassen. Die Tatsache, dass von ihrer Herkunft her nicht alle Kinder gleichermassen von der biblischen Tradition betroffen sind, ist in der Gestaltung des Unterrichts zu berücksichtigen.

2. Schulleben gestalten: Religion und Religionen im Schulalltag

Bewusste Gestaltung des Zusammenlebens kann dem Leben in der Schule Tiefe und Sinn geben. Religionen machen Grenzen und Gemeinsames bewusst. Religion lässt Menschen Eigenes und Fremdes erfahren und schafft so Voraussetzungen für Verständnis und Toleranz.

Wo Schule als Lebensraum begriffen wird, bekommt auch Religion und Religiosität ihren Ort. Leben wird gestaltet, Erfahrungen werden gemacht, geteilt und ausgedrückt: Freude über Geglücktes, Erfahren von Anerkennung, Verarbeiten von Misserfolgen, Aushalten von Konflikten, Versöhnung nach Streit, Einsatz für Gerechtigkeit, Schonung von Bedrohtem, Trauern um Vergehendes, Aufbrechen zu Neuem, Feiern von Erlebtem und Erreichtem, Rückblick und Ausblick. Religiöse Momente spielen eine Rolle und können gestaltet werden im Tages-, Wochen- und Jahresablauf.
Eine Schulklasse ist keine «Monokultur», schon gar nicht in religiöser Hinsicht. Neben der zunehmenden konfessionellen Durchmischung der Bevölkerung leben vor allem, aber nicht nur in Städten und Agglomerationen zahlreiche Menschen, die keiner Kirche oder nichtchristlichen Religionen angehören. Ihre Religion zu leben ist ihnen oft erschwert; ihre Religion ist aber auch ein Merkmal ihrer kulturellen Identität. An einem kirchlichen Unterricht teilzunehmen ist ihnen einerseits nicht zuzumuten, anderseits sind sie gerade darauf angewiesen, Hintergründe und Zusammenhänge kennenzulernen, die im Alltag verdeckt oder schwer zugänglich sind.

3. Religiöse Aspekte von Themen des Lehrplans Mensch und Umwelt

Religion gehört zu den ursprünglichen Momenten der Welt- und Selbsterfahrung. Religiöse Aspekte sind in den Themen von Mensch und Umwelt zu berücksichtigen.

Die Leitideen des Lehrplans Mensch und Umwelt sind offen für einen Einbezug religiöser Aspekte. «Mensch und Umwelt hilft dem Kind seine Erfahrungswelt nach Umfang und Tiefe zu erschliessen» (Lehrplan Mensch und Umwelt S. 3). Die bisherigen Fächer werden «um soziale, wirtschaftliche, technische und gesellschaftliche Aspekte erweitert». (Ebd.) Zusammenhänge und Verknüpfungen im Leben sollen aufgezeigt und ein vernetztes Denken aufgebaut und gefördert werden. (Ebd.) So liegt es nahe, religiöse Aspekte nicht auszuklammern, sondern religiöse Fragen und Gesichtspunkte bei der Erarbeitung von Themen zu berücksichtigen.

4. Lernorte Religion: religiöse Heimatkunde

In der Begegnung mit Menschen und Orten und im Entdecken von religiösen Spuren von Vergangenheit und Gegenwart werden Wertvorstellungen und religiöse Lebensäusserungen erfahrbar.

Der Zugang zu gelebter Religion ist für die Kinder in unserer Gesellschaft höchst unterschiedlich. Keineswegs selbstverständlich ist, dass sie mit der religiösen Sozialisation ihrer Mitschüler vertraut sind, da Religion in unserer Gesellschaft derzeit stark privatisiert wird. Im Rahmen der Schule könnten Erkundungen und Begegnungen mit verschiedenen Kirchen und Religionsgemeinschaften am Ort Vorurteile abbauen, Kenntnis verbreiten und damit die Voraussetzung für Toleranz schaffen.

Eine Erprobungsfassung eines Teillehrplanes für den Bereich «Biblische Geschichten erzählen» für die Primarschule (Stoffverteilung) und Unterrichtshilfen (Leitgedanken und Lebensbezüge für die einzelnen Geschichten) wurden von der Projektgruppe erarbeitet.

In Auftrag gegeben wurde die Erstellung einer Erprobungsfassung eines Teillehrplans für den Bereich «Religiöse Aspekte des Lehrplans Mensch und Umwelt». Bis im Sommer 2000 sollen die Erprobungsfassung und Unterrichtsmaterialien vorliegen.

Die Landeskirchen konnten in Zusammenarbeit mit dem Erziehungs- und Kulturdepartement des Kantons Luzern eine 50%-Stelle «Beauftragte(r) für Religion» schaffen (ab Schuljahr 1997/98), die der Abteilung Schulentwicklung des Amtes für Unterricht des Kantons Luzern zugeordnet ist.

Parallel zum Projekt Religiöse Grundbildung erarbeitete eine Arbeitsgruppe des Kantons Luzern 1997 einen neuen Lehrplan Religionskunde für die kantonalen Lehrerinnen- und Lehrerseminare. Der Lehrplan wurde abgestimmt auf die Themenbereiche des Projektes Religiöse Grundbildung. Der Lehrplan wurde vom Erziehungsrat genehmigt und bildet eine Grundlage der Umsetzung des Projektes.

Der Zentralschweizer Beratungsdienst für Schulfragen (ZBS) als pädagogische Stabsstelle der Innerschweizer Erziehungsdirektoren-Konferenz (IEDK) wurde 1997 auf Antrag der drei öffentlichrechtlich anerkannten Landeskirchen des Kantons Luzern durch die IEDK beauftragt, eine Übersicht über die rechtliche und tatsächliche Situation des Religions- und Bibelunterrichts an der Volksschule in den Kantonen der IEDK zu erstellen (Luzern, Nidwalden, Obwalden, Schwyz, Uri, Wallis und Zug).

Aufgrund der Auswertung der Übersicht über die rechtliche und tatsächliche Situation wurden sieben Thesen formuliert.[2]

---

[2] Beat Spitzer, wissenschaftlicher Mitarbeiter des ZBS, leitete die Erstellung der Übersicht und die Erarbeitung der Thesen.

Grundsätze zur Religiösen Grundbildung in der Primarschule

Vorbemerkung: In den einzelnen Kantonen der IEDK sind die Ausgangssituationen für die religiöse Bildung in der Primarschule verschieden und vielschichtig. Die kantonalen Verschiedenheiten müssen bei den Entwicklungen im Bereich Religion berücksichtigt werden. Die folgenden Grundsätze sind Ausgangspunkt für die Diskussion. Sie sollen dazu beitragen, die Verantwortung des Staates für eine Religiöse Grundbildung in der Primarschule zu klären.

1. Die traditionelle Aufgabenteilung zwischen Staat und Kirche für das Fach Religion an der Volksschule reicht nicht mehr aus. In den Schulklassen leben Kinder mit verschiedenen ethischen und religiösen Werthaltungen zusammen. Sie sind unterschiedlich sozialisiert und gehören verschiedenen Religionsgemeinschaften oder anderen Gruppierungen an. Die Kirchen sind kaum mehr in der Lage, allein die religiöse Bildung an den Schulen wahrzunehmen.
Deshalb soll religiöse Bildung mit einem eigenen Fach mit dem Namen Religiöse Grundbildung gefördert werden. Die Religiöse Grundbildung muss so gestaltet sein, dass alle Kinder daran teilnehmen können.

2. Religionen sind Ausdruck der Suche der Menschen nach Sinn. Sie geben Antworten auf Fragen nach Leben und Tod. Religionen sind fester Bestandteil einer Kultur. Religionen tragen zur Identitätsfindung und Entwicklung der Persönlichkeit der Schülerinnen und Schüler bei. Sie ermöglichen, die religiöse Dimension des menschlichen Lebens zu erfahren, und helfen den Kindern, diese in ihre Lebensgestaltung zu integrieren.
Gesellschaftliche Veränderungen, wie Globalisierung, Multikulturalität, Wertepluralismus, führen dazu, dass Menschen zusätzlich zum christlichen Kulturgut im Verlaufe ihres Lebens mit verschiedenen Religionen und/oder religiösen Weltbildern in Kontakt kommen und konfrontiert werden. Die Schule soll diesem Umstand im Rahmen einer Religiösen Grundbildung Rechnung tragen.

3. Religiöse Grundbildung soll aufzeigen, wie vielfältig die religiösen Hoffnungen der Menschen sind. Die Kinder lernen verbindende Elemente der Religionen kennen und mit eigenen und anderen religiösen Überzeugungen respektvoll und tolerant umzugehen. Religiöse Grundbildung trägt zur Grundlegung ethischer Haltungen und Werte bei. Sie fördert das friedliche Zusammenleben der Kinder verschiedener Religionen und Kulturen in der Schule.
Die Religiöse Grundbildung baut Wissen über die Religionen auf. Sie zeigt auf, wie Religionen Fragen nach der Geburt, dem Leben, dem Tod, Gott und den religiösen Institutionen beantworten.
Religiöse Grundbildung umfasst Ge-

schichten aus der Bibel und dem Christentum, Geschichten aus anderen Religionen und weitere Themen, wie zum Beispiel Symbole, ethische Fragen, Vorbilder oder Feste.

Die bestehenden Fachlehrpläne der IEDK enthalten viele Aspekte, die geeignet sind, Religiöse Grundbildung auch fächerübergreifend zu gestalten. Bei Bedarf könnten entsprechende Unterrichtshilfen geschaffen werden.

4. Religiöse Erziehung ist auch ethische Erziehung. Ethische Grundsätze sind in allen Fächern enthalten. Fragen des Zusammenlebens, der Übernahme von Verantwortung, Werte usw. sind nicht ausschliesslich religiöse Aspekte und können deshalb nicht an die Religiöse Grundbildung allein delegiert werden.

5. Die Religiöse Grundbildung muss die Glaubens- und Gewissensfreiheit der Lehrpersonen und der Kinder gewährleisten.

6. Die Trennung von Religiöser Grundbildung und konfessionellem Religionsunterricht in der Schule ist anzustreben. Der Staat übernimmt den Bildungsauftrag im Rahmen der Religiösen Grundbildung (Lehrplan, Lehrmittel, Anstellung und Bezahlung der Lehrkräfte, Aus- und Fortbildung, Kontrolle usw.). Die Verantwortung für den konfessionellen Religionsunterricht liegt wie bisher bei den Kirchen und Religionsgemeinschaften (Lehrplan, Lehrmittel, Anstellung und Bezahlung der Lehrkräfte, Aus- und Fortbildung, Kontrolle usw.).

7. Die Religiöse Grundbildung soll als eigenes Fach konzipiert werden. Sie erweitert das Fach Bibel (zum Teil wird dieses Fach in den Kantonen anders benannt). Die Stundentafel wird nicht aufgestockt. Für die Religiöse Grundbildung muss ein neues Lehrplandokument geschaffen werden. Bestehende Dokumente (zum Beispiel für den Bibelunterricht) werden dabei berücksichtigt.

In den Kantonen der IEDK wurde mit Hearings für eine gemeinsame Verwirklichung der Religiösen Grundbildung geworben. Die Vertreter und Vertreterinnen der Erziehungsdepartemente und der Landeskirchen begrüssten die Stossrichtung der Thesen mehrheitlich.

Fragen ergaben sich im Zusammenhang mit der Aus- und Fortbildung der Lehrpersonen, einem Obligatorium für Schülerinnen und Schüler und bei der Umsetzung der Thesen in ein schülerinnen- und schüler-orientiertes Grobkonzept für einen zukünftigen Lehrplan.

Die Trennung von Religiöser Grundbildung und konfessionellem Religionsunterricht in der Schule ist dahingehend zu präzisieren, dass klare Abgrenzungen die Zusammenarbeit der Erziehungsdepartemente und der interessierten Religionsgemeinschaften regeln. Der Name und mögliche Inhalte der Religiösen Grundbildung müssen in Zusammenhang mit der Bundesverfassung Artikel 15 Glaubens- und Gewissensfreiheit überprüft werden. Die Einbindung der Religiösen Grundbildung in den Unterrichtsbereich Mensch und Umwelt muss studiert werden. Grundsätzlich waren sich die Teilnehmerinnen und Teilnehmer der Hearings einig, dass die Komplexität der religiösen Bildung an den öffentlichen Volksschulen eine Chance und Herausforderung für die Zukunft bedeutet.

Wie geht es weiter?

Juristische Abklärungen   Die Bundesverfassung zeigt enge Schranken, die der Religiösen Grundbildung gesetzt sind. Der Gesetzestext lautet:

«Artikel 15
1 Die Glaubens- und Gewissensfreiheit ist gewährleistet [...]
4 Niemand darf gezwungen werden, einer Religionsgemeinschaft beizutreten oder anzugehören, eine religiöse Handlung vorzunehmen oder religiösem Unterricht zu folgen.»[3]

Juristische Gutachten müssen in Zukunft klären, ob und wie die Auslegung des Begriffs «religiöser Unterricht» in der Rechtsprechung dem Religionsbegriff bei der Vermittlung von religiösem Sachwissen, Erzählungen und ethischen Haltungen als Bildungsgut in der öffentlichen Volksschule genügt.
Die Religiöse Grundbildung kann persönliche und gemeinschaftliche Kultushand-

lungen nur als Elemente der Religionen im Sinne einer religionsvergleichenden Wissensvermittlung thematisieren. Sie muss zudem Bezug nehmen auf Sätze der Moral, die der westlichen christlichen Tradition entstammen und die im wesentlichen anerkannt werden als Grundlage der Kantone der Bildungsregion. Das Grobkonzept der Religiösen Grundbildung muss aufzeigen, wie die Zweckartikel und die Ziele der Volksschule in den einzelnen Kantonen umgesetzt werden in der Volksschule.
Im Kanton Luzern wird die dauernde, gezielte und systematische Förderung der ethisch und religiös begründeten Werthaltungen ein gesetzlich definiertes Ziel der Bildung durch das neue Bereichsgesetz für die Volksschule, das vom Stimmvolk in einer Abstimmung im Herbst 1999 gutgeheissen wurde.[4]
Der Gesetzestext lautet:

«§ 3 Ziel der Bildung ist die dauernde, gezielte und systematische Förderung [...] der ethisch und religiös begründeten Werthaltungen [....]

§ 4 Die Volksschule [...]

a) trägt durch die Förderung vielseitiger Interessen und Fähigkeiten zur harmonischen Entwicklung der Persönlichkeit bei,

b) richtet sich – ausgehend von der christlichen, abendländischen und demokratischen Überlieferung – nach den Grundsätzen und Werten wie Freiheit, Gerechtigkeit, Toleranz, Solidarität und Chancengleichheit und führt zu ihnen hin,

---

[3] Neue Bundesverfassung, Bern 1999.

c) fördert die Achtung und Verantwortung gegenüber sich selbst, den Mitmenschen und der Mitwelt sowie die Gleichstellung von Frau und Mann und das Verständnis für Religionen und Kulturen und weckt die Bereitschaft und die Fähigkeit, Konflikte gewaltfrei auszutragen und zu lösen, ...»[4]

Diese Grundsätze, Werte und Haltungen sind gesetzlich verankert und werden mit der Annahme des Gesetzes im wesentlichen als Grundlage der Gesellschaft anerkannt. Das Erziehungs- und Kulturdepartement des Kantons Luzern, die einzelnen Schulen und die Lehrpersonen müssen zukünftig aufzeigen können, wie die Umsetzung der genannten Grundsätze, Werte und Haltungen realisiert ist. Die Religiöse Grundbildung versteht sich als ein Teil dieser Umsetzung des gesetzlich gegebenen Auftrages.

Umsetzung in der Primarschule im Kanton Luzern   Voraussichtlich wird die Religiöse Grundbildung mit der nächsten Teilrevision der Wochenstundentafel 2001 in der Primarschule eingeführt werden. Der zeitliche Umfang der Religiösen Grundbildung wird in jeder Klasse eine Jahreslektion (30 bis 35 Lektionen pro Jahr) sein. Die Religiöse Grundbildung wird als selbständiger Themenbereich dem Unterrichtsbereich Mensch und Umwelt zugeordnet werden. Der Name des Unterrichtsbereichs Mensch und Umwelt wird dabei neu zu definieren sein.

[4] Bereichsgesetz für die Volksschule, Luzern 1999.

Religionsunterricht und Schulseelsorge an der Kantonsschule Wiedikon Zürich

Urs Zehnder

Nicht anders als bei Schülerinnen und Schülern fängt auch für mich der Schulalltag mit dem Schulweg an. Er beginnt in der – zumindest aus Zürcher Sicht – noch intakten Innerschweizer Land- und Gesellschaft, führt von Luzern aus am «Friedental» und «Göttersee» entlang, durch das Zuger Steuerparadies, dann kommt in ihrer ganzen Länge die «Goldküste» ins Blickfeld, anschliessend zwängt sich der Weg durch die «Enge», und man gelangt in die unbegrenzte Wirtschaftsmetropole. Wiedikon liegt zwischen Enge und Hauptbahnhof!

Die Spannung zwischen kirchlich-kultureller Prägung und gesellschaftlich-pluralistischem Tätigkeitsfeld spüre ich nicht nur auf meinem Arbeitsweg, sie ist geradezu konstitutiv für mein gesamtes Arbeitsgebiet: Religionsunterricht und Schulseelsorge an einer Kantonsschule mitten in der Stadt Zürich.

Beginnend mit dem Unterrichtsbereich, möchte ich zunächst die Fragen klären: Wie sieht das Konzept für den Religionsunterricht an den Zürcher Mittelschulen aus, und

wie zeigt sich die konkrete Ausgestaltung an der Kantonsschule Wiedikon?

Religionsunterricht als Freifach

Bemerkenswert ist, dass an den Zürcher Mittelschulen bis vor vier Jahren (!) nur der reformierte Religionsunterricht von den Schulen angeboten und vom Staat finanziert wurde. Der katholische Religionsunterricht wurde von der katholischen Kirche organisiert und nach Möglichkeit in den Schulbetrieb eingegliedert. Dank Offenheit und Entgegenkommen des Rektors an unserer Schule wurde der Religionsunterricht beider Konfessionen schulorganisatorisch gleich behandelt (Stundenplan und Zimmerzuteilung). Diese Regelung wurde auch von einigen anderen Kantonsschulen praktiziert.

Neue staatliche Regelung   Mit dem Schuljahr 1995/96 wurde im Kanton Zürich, über dreissig Jahre nach der öffentlichrechtlichen Anerkennung der katholischen Körperschaft, die Gleichstellung des reformierten und des katholischen Religionsunterrichts an den Mittelschulen eingeführt. Obwohl keine bestimmte Organisationsform vorgegeben wurde (im kantonalen Konzept werden drei Möglichkeiten vorgeschlagen: konfessioneller, konfessionell-kooperativer und gemischt-kooperativer Unterricht), erfolgt der Unterricht heute an den meisten Schulen in kooperativen Formen. An der Kantonsschule Wiedikon beispielsweise unterrichtet entweder der reformierte oder der katholische Religionslehrer die Schülerinnen und Schüler beider Konfessionen gemeinsam im Klassenverband. Das Fach Religion wird als Freifach geführt, die Schülerinnen und Schüler müssen sich vor jedem Semester neu anmelden. Wer sich nicht anmeldet, braucht dies nicht zu begründen.

Es gibt auch einzelne Schulen (zum Beispiel die Kantonsschule Wetzikon), welche die neu eintretenden Schülerinnen und Schüler für den Religionsunterricht als angemeldet einstufen. Wer dort das Freifach Religion nicht besuchen will, muss sich abmelden.

Stundenangebot Die Stundendotation beträgt gemäss kantonaler Regelung im 7. und 8. Schuljahr zwei Wochenstunden pro Klasse, im 9. Schuljahr sind es noch 0,5 Semesterstunden (beispielsweise stehen bei 6 Klassen im 9. Schuljahr 3 Semesterstunden zur Verfügung). Ab dem 10. Schuljahr können Kurse und Arbeitsgemeinschaften zu religiösen und ethischen Themen durchgeführt werden.

Gemäss neuem Maturitätsanerkennungs-Reglement (MAR) besteht zudem im Kanton Zürich die Möglichkeit, Religion als sogenanntes Ergänzungsfach anzubieten. Aller Voraussicht nach werden aber nur 3 bis 4 der 20 Mittelschulen im Kanton von dieser Möglichkeit Gebrauch machen. In Wiedikon ist Religion im Ergänzungsfachangebot und kann bei genügender Belegung mit 3 Wochenstunden im letzten Schuljahr vor der Matura geführt werden.

Finanzierung Die Finanzierung des Religionsunterrichts durch den Kanton wird nicht separat ausgewiesen. Sie ist Bestandteil des Globalbudgets der einzelnen Schule, ein Finanzrahmen, der sich nach dem vom Kanton festgelegten Lektionenfaktor (Anzahl Lektionen pro Schüler/Schülerin) bemisst. In den letzten Jahren wurde dieser Lektionenfaktor massiv reduziert, was zur Folge hat, dass an den einzelnen Schulen der Spielraum für Angebote und Unterrichtsformen, die ausserhalb des durch die MAR geforderten Pflichtprogramms liegen, immer enger wird. Die Angebote aus dem Bereich Religionslehre stehen dadurch in einer finanziellen Konkurrenzsituation beispielsweise mit ergänzendem Halbklassenunterricht in den Hauptfächern oder mit anderen Freifächern (Instrumentalunterricht, Chorgesang, Bildnerisches Gestalten, Schulsport u. a.). Nach den Regeln der sogenannten Teilautonomie werden die Verteilungsgrundsätze und der konkrete Finanzmitteleinsatz an jeder einzelnen Schule ausgehandelt.

Unterrichtsinhalte Auf die knappe Formulierung in Punkt 1 des kantonalen Konzepts («Der Religionsunterricht an den Mittelschulen wird vom Bildungsauftrag der Schule her begründet und ist damit von der kirchlichen Katechese abzugrenzen.») stützt sich der gleichzeitig in Kraft gesetzte Lehrplan, der von Vertreterinnen und Vertretern beider Konfessionen ausgearbeitet und vom Erziehungsrat erlassen wurde. Er umfasst vier Themenbereiche (Altes Testament, Neues Testament, nichtchristliche Religionen, weitere Themen), die in Teilthemen aufgegliedert sind (beispielsweise im Alten Testament: Urgeschichten, Vätergeschichten, Exodus, Propheten, Hiob, Geschichte Israels; oder im vierten Themenbereich: religiöse Phänomene und Symbole, Themen und Gestalten der Kirchengeschichte, neue religiöse Bewegungen, individual- und sozialethische Fragen). Neben den differenzierten Unterrichtszielen zu jedem Teilthema sind im Sinne von Beispielen zahlreiche einzelne Unterrichtsinhalte im Lehrplan aufgelistet. Es wird keine Aufteilung der Themenbereiche auf die einzelnen Schuljahre vorgenommen, wodurch für die Unterrichtenden viel Freiraum bei der Themenplanung entsteht. Durch Absprachen unter den Religionslehrerinnen und Religionslehrern der jeweiligen Schule werden Lücken und Wiederholungen vermieden.

Wahl oder Nichtwahl des Freifachs Religion   Von seiten der Kirchen gilt der Besuch des Freifachs Religion zumindest im 7. und 8. Schuljahr als Voraussetzung für die Zulassung zur Konfirmation bzw. zur Firmung. Gegenwärtig melden sich in den fünf bis sieben 1. Klassen in Wiedikon ungefähr 60–70% der Schülerinnen und Schüler für den Religionsunterricht an. Da aber jedes Semester eine Neuanmeldung erfolgen muss, reduziert sich dieser Anteil bis zum 2. Semester der 2. Klasse auf etwa 50% des Klassenbestandes. Im 9.

Schuljahr kann im Normalfall für das Fach Religion noch eine Klasse aus sechs Jahrgangsklassen gebildet werden.

Gründe für die Nichtanmeldung anzugeben ist nicht leicht: Es gibt in jeder Klasse Kinder von Eltern, die einer anderen Religion angehören oder die sich als konfessionslos bezeichnen. Weniger offensichtliche Gründe sind der Gruppendruck in der Klasse, die Konkurrenz zu anderen Freifachangeboten, die konkrete Unterrichtsgestaltung, der Stundenplan (Randstunden), der grösser werdende Pflichtfachkanon, aber auch eine gesellschaftlich feststellbare Abnahme der Bindung zur Kirche.

Erfahrungen als Religionslehrer

Erfahrungen auf struktureller Ebene:
– Im Unterschied zum konfessionellen Unterricht ist für mich das Unterrichten im Klassenverband mit einer markanten Qualitätsverbesserung verbunden. Aus der Konfessionsgruppe von 6 bis 8 Schülerinnen und Schülern ist eine etwa doppelt so grosse Teilklasse geworden. Religion ist ein Schulthema neben anderen, die Teilnehmenden bilden mindestens zu Beginn der Gymnasialzeit (noch) die Klassenmehrheit. Die Verbindlichkeit hat zugenommen, obwohl kein Leistungsdruck in Form von Notengebung und Promotionsbedingung vorhanden ist.
– Wenn die Teilnehmerzahl unter die 50%-Marke sinkt, werden allerdings die Angemeldeten «bestraft», weil aus stundenplantechnischen Gründen oft nur noch Randstunden gesetzt werden können. Das fördert die Motivation nicht, im folgen-

den Semester das Fach Religion wieder zu belegen.

– Die konsequente Teilnahme des Religionslehrers an Klassenveranstaltungen (Klassenkonvent, Klassen-Elternabende u. a.) ermöglicht einen guten Dialog mit Eltern, Kolleginnen und Kollegen. Dadurch verbessert sich auch deutlich die Kommunikation im Unterricht, der «Marginalisierungseffekt» kann aufgefangen werden.

– Eine interessante Erfahrung liegt im Umstand begründet, dass durch die Konkurrenzsituation unter den Kantonsschulen auf Stadtgebiet (freie Schulwahl) Zusatzangebote im Bereich Religion und Ethik zu den Extras gehören, die eine Schule attraktiv machen.

Erfahrungen auf pädagogischer Ebene:

– Erstaunlich ist für mich immer wieder, dass der Informationsstand im Fachgebiet Religion nach sechs Jahren Primarschule sehr mangelhaft ist. Auf einem Grundwissen kann nur selten aufgebaut werden. Umgekehrt ermöglicht diese Situation für viele Schülerinnen und Schüler neue Erkenntnisse und «Aha-Erlebnisse» bei Themen (zum Beispiel Schöpfungs- oder Vätergeschichten), die eigentlich als bekannt vorausgesetzt werden sollten.

– Grundsätzlich stelle ich bei oft vollständig fehlender Bindung der Schülerinnen und Schüler zur Kirche und ihren Institutionen grosse Wissbegier und viel Interesse an religiösen Themen fest.

– Bei sozialethischen Themen, besonders wenn diese für die einzelnen oder für die Kommunikation in der Klasse von Bedeu-

tung sind, fällt die Lust und Freude am Debattieren und am Entwickeln von Lösungsstrategien auf.

– Die Themenauswahl und die Unterrichtsgestaltung werden stark geprägt durch den Umstand, dass das Freifach Religion nach jedem Semester abgewählt werden kann. Obwohl die Gründe für die Abwahl, wie oben bereits erwähnt, vielfältig sind, empfinde ich selber die Anforderung, einen «marktkonformen», attraktiven Unterricht anzubieten, als anspruchsvoll und kräftezehrend.

– In diesem Zusammenhang ist das Fehlen von konfessionell-kooperativ erarbeiteten Lehrmitteln für die Mittelschulen sehr bedauerlich. Sie würden die Kooperation über die Konfessionsgrenzen hinaus erleichtern und dem ohnehin ausgeprägten Individualismus unter Mittelschullehrern entgegenwirken.

Schulseelsorge in Ergänzung zum Religionsunterricht

Konzept der Mittelschulseelsorge Die katholische Mittelschulseelsorge im Kanton Zürich baut auf einer Tradition auf, die in die frühen sechziger Jahre zurückreicht. Sie wurde ursprünglich stark geprägt von den Zürcher Dominikanern. Ein tragendes Element seit den Anfängen war die Verbindung von schulischem Unterricht und ausserschulischer Begleitung der Jugendlichen. Gelebt hatte diese ausserschulische Seelsorgetätigkeit einerseits von engagierten Theologen, die einen grossen Teil ihrer freien Zeit für diese Aufgabe einsetzten, und anderseits von der Bereitstellung von

Räumen und Infrastrukturen ursprünglich durch die Gemeinschaft der Dominikaner, durch die Albertus-Magnus-Stiftung, später durch die katholische Kantonalkirche. Die pädagogische Zielsetzung lag und liegt bis heute darin, den Schülerinnen und Schülern einerseits theologische Erkenntnisse zu vermitteln, sie aber auch an den gelebten Überzeugungen der Religionslehrpersonen teilhaben zu lassen. Die kritische Auseinandersetzung auch mit der Persönlichkeit des Pädagogen sollte es den Jugendlichen erleichtern, ihre eigene Identität in dieser wichtigen Phase des Erwachsenwerdens zu finden.

Vernetzung von Kirche und Staat   Mit dem Übergang zur Gleichstellung des reformierten und katholischen Religionsunterrichts an den Zürcher Mittelschulen konnte dieses Konzept der Schulseelsorge präzisiert und neu verankert werden. In einer bemerkenswerten Verbindung von kirchlichen und staatlichen Aufgabengebieten werden heute Religionsunterricht und Schulseelsorge strukturell abgestützt. Kirchlicherseits sucht der Leiter der Mittelschulseelsorge Theologinnen und Theologen, die qualifiziert sind sowohl zum Unterrichten an Mittelschulen wie auch für die animatorische Zusatztätigkeit. Staatlicherseits erteilt der jeweilige Rektor den Lehrauftrag und legt das Unterrichtspensum fest. Abhängig von den schulseelsorglichen Möglichkeiten an der entsprechenden Schule, ergänzen die kantonalkirchlichen Instanzen (besonders die Kommission für Mittelschulseelsorge) das Anstellungsvolumen bis maximal zur Verdoppelung des reinen Unterrichtspensums.

So werden die katholischen Mittelschulseelsorgerinnen und -seelsorger von der Kirche angestellt und bezahlt, während der Staat die Unterrichtsentschädigung der Kantonalkirche rückvergütet. Dadurch wird wirkungsvoll vermieden, dass die beiden Bereiche Unterricht und Seelsorge personell auseinanderdividiert werden.

Foyerräume   Zusätzlich ergänzt und verstärkt die Kirche ihren Personaleinsatz durch die Bereitstellung von Infrastrukturen für die Mittelschulseelsorge: In der Nähe von einzelnen Schulen konnten Foyerräumlichkeiten gemietet werden, die einerseits als Treffpunkte für Schülerinnen und Schüler dienen, andererseits als Orte, wo kontinuierliche Projekt- und Gruppenveranstaltungen für Interessierte aus oberen Klassen stattfinden. Eine zentrale Bedeutung kommt dabei dem Foyer Kreuzbühl zu, das in unmittelbarer Nähe zum S-Bahnhof Stadelhofen liegt und daher von Schülerinnen und Schülern verschiedener Schulen besucht wird. Hier stehen auch psychologisch und jugendanimatorisch ausgebildete Personen zur Verfügung, als Ansprechpersonen und als Initianten für spezifische Projekte und Angebote. Die Räumlichkeiten dienen als Ort, wo sich die Religionslehrerinnen und -lehrer treffen, hier hat auch der Leiter der Mittelschulseelsorge seinen Arbeitsplatz.

Führungsstruktur   Administrativ und personell sind die Mittelschulseelsorger dem Leiter unterstellt, über die inhaltliche Ausrichtung und den Finanzmitteleinsatz wacht die von Kantonalkirche und Kirchenleitung (Generalvikar) eingesetzte Kommission für Mittelschulseelsorge. Für die Unterrichtstätigkeit sind die Religionslehrer wie alle anderen Lehrpersonen in die Schulstruktur eingebunden; sie unterstehen der Schulleitung und der Aufsichtskommission.

Reformierte Mittelschulseelsorge Auf reformierter Seite gibt es ebenfalls Ansätze, die in Richtung verstärkter Schulseelsorge weisen. So wurde in der Nähe der Kantonsschulen Freudenberg und Enge ein Mittelschulpfarramt eingerichtet, dessen Räumlichkeiten auch vom katholischen Partner benützt werden können. Andernorts geschieht dies in konfessioneller Koordination in der Foyerarbeit (neu in Urdorf, früher in Wetzikon) oder im Rahmen von gemeindenahen Jugendpfarrämtern (zum Beispiel in Wiedikon).

Erfahrungen als Mittelschulseelsorger

– Vielleicht klingt es banal: Ich habe mehr Zeit für die Schülerinnen und Schüler, für die Lehrpersonen, für Eltern und für das Schulpersonal; mehr Zeit zu haben für die Schule, das ist für mich die erste Alltagserfahrung. Die Verbesserung im Vergleich zum früheren Modell, wo ich ausschliesslich für die Schulstunden an die Schule kam und unmittelbar danach wieder wegging, könnte deutlicher nicht ausfallen: Es bleibt Zeit nach der Stunde für ein Gespräch mit einem Schüler, für Kontakte oder für Erfahrungsaustausch im Lehrerzimmer. Zeit haben an der Schule heisst präsent sein.
– Konkrete Möglichkeiten des Tätigwerdens im ausserschulischen Bereich ergeben

sich erst nach einer längeren Phase des Kennenlernens von Personen und Strukturen der jeweiligen Schule. Ich kann nicht als Neuling und Einzelkämpfer aktiv werden, Vertrauen und Verantwortung brauchen eine Wachstumsphase.
– Viele Lehrpersonen erleben im Schulalltag schwierige Situationen, Grenzerfahrungen (Überforderungen im schulischen oder privaten Umfeld). Lehrpersonen, und hier besonders Männer, tun sich oft schwer, ihre Schwierigkeiten, Grenzen und Sorgen anderen gegenüber offenzulegen. Sie nehmen sie nach der Zwischenpause mit in die nächste Schulstunde. Weil es dort aber zwangsläufig wieder um Kommunikationsfähigkeit und Wahrhaftigkeit geht, ist eine Problemeskalation geradezu programmiert. Niederschwellige Gesprächsangebote sind gefragt.
– Ähnlich sieht's bei den Lernenden aus. Sie hetzen im Lektionentakt von Fach zu Fach und von Lehrperson zu Lehrperson. Zeit für Gespräche und Auseinandersetzungen über eigene Fragen (sie sind immerhin damit beschäftigt, Frauen oder Männer zu werden!) steht kaum zur Verfügung. In dieser Situation Räumlichkeiten (Foyers) und Zeit (Mittags-, Feierabendtreffs, Ferienprojekte, Jahrgangstreffen ...) anbieten zu können ist von unschätzbarem Wert.
– Die Zielsetzung bei all diesen Gesprächen und Aktivitäten ist die Förderung der Selbst- und Sozialkompetenz. Die immer noch vorherrschende Ausrichtung der Schule auf die Steigerung der Sachkompetenz kann gerade an Gymnasien zu einem massiven Verkümmern der Iden-

titätsentwicklung führen. Hier setzt die Schulseelsorge an: In Einzelgesprächen und durch Gruppenerlebnisse wird gezielt auf die Stärkung der Persönlichkeit und auf die Förderung der Solidarität geachtet. Dieser Prozess kann nicht wertneutral erfolgen, er bedingt die Offenlegung der eigenen gelebten Überzeugungen.

– Eine Aufgabe, der ich eine zunehmend grösser werdende Bedeutung beimesse, ist die Begleitung Jugendlicher bei ihrem Erwachsenwerden. Dass sich Schülerinnen und Schüler mit einem in ihrem Alter ausgeprägten, feinen Sensorium an der Persönlichkeit der Lehrerin bzw. des Lehrers orientieren, ist ein pädagogischer Allgemeinplatz. Konkret bedeutet dies für mich, dass Schüler als Knaben und junge Männer ganz besonders auf Lehrer, auf das Mann-Sein der Lehrer achten. Ich bin überzeugt, dass Schüler sehr empfänglich und dankbar sind für viele Werte, die sie von Lehrerinnen vermittelt erhalten. Lernen, wie sie Männer werden, können sie aber nur von Männern. Dabei kann es beispielsweise schon befreiend sein, ihnen zu zeigen, dass es authentischere Alternativen zu ihren Rollen als «Platzhirsch» oder als «Klassenclown» gibt und dass dieser Wechsel zu sich selber ohne Gesichtsverlust möglich ist.

Schlussbemerkungen

Voraussetzung für eine solide Vertrauensbasis des Mittelschulseelsorgers im Zürcher Modell ist meines Erachtens seine Qualifizierung als Religionslehrer. Seine primäre Aufgabe ist es, einen qualitativ guten Unterricht anzubieten. Nur so ist es möglich, unter Freifachbedingungen die Schülerinnen und Schüler anzusprechen und sie für das Thema Religion zu begeistern. Um dieser Voraussetzung gerecht zu werden, wäre ein gut ausgebautes religionspädagogisches Institut an einer schweizerischen Hochschule von unschätzbarem Wert.

Die im Zürcher Modell praktizierte Vernetzung von Kirche und Staat im Sinne einer transparenten Kooperation erachte ich als zukunftsweisend. Schulseelsorge kann in diesem Sinne als Dienstleistung der Kirche im staatlichen Bildungswesen betrachtet und als eine mögliche Gegenleistung der Kirche für ihre öffentlichrechtliche Anerkennung und das damit verbundene Steuerrecht verstanden werden. Für das Gelingen einer guten Kooperation ist es aber entscheidend, dass keine latente Vereinnahmung der Schulseelsorge durch den Staat und keine verkappte Missionierung durch die Kirche geschieht.

Bei den einschneidenden Reformen an den Gymnasien richtet sich das Hauptaugenmerk auf strukturelle Fragen (Wie lange soll die Gymnasiumszeit dauern? Welche Maturitätsprofile werden gewählt? Wann ist der richtige Zeitpunkt für die Einführung der dritten Fremdsprache? Wie werden Maturaarbeiten ausgeführt, begleitet und bewertet? ...). Zur Positionierung und Beurteilung des Stellenwertes des Faches Religion an den Mittelschulen findet gegenwärtig keine überkantonale Reflexion statt. Seit der Vernehmlassung zum Maturitätsanerkennungs-Reglement (MAR) ist eine erstaunliche Ruhe eingekehrt. An vielen Mittelschulen der Deutschschweiz nimmt man den stillen Bedeutungsrückgang des Schulfaches Religion als Sachzwang hin, legt die Akzente neu auf die philosophischen, psychologischen und pädagogischen Fächer. Ich bedaure, dass diese Entwicklung, mit Ausnahme einiger direkt betroffener Religionslehrerinnen und Religionslehrer, von kirchlichen Instanzen und Fachgremien nicht wahrgenommen wird.

Notwendige Orientierungshilfe im Dschungel religiöser Weltanschauungen

Religionskundlicher Unterricht in der Mittelschule: das Luzerner Modell

Benno Bühlmann

In einer immer deutlicher durch den religiösen Pluralismus geprägten Gesellschaft ist in den vergangenen Jahren auch in den Mittelschulen der konfessionelle Religionsunterricht zunehmend unter Legitimationsdruck geraten. In den meisten Kantonen der Schweiz ist der herkömmliche Religionsunterricht im Zuge des neuen Maturitätsanerkennungs-Reglementes weitgehend aus dem Lehrplan gestrichen worden. Im Kanton Luzern indessen setzte sich die Überzeugung durch, dass der Bedarf nach religiöser Weltdeutung und Ethik in einer ganzheitlich ausgerichteten Gymnasialbildung keineswegs abgenommen hat: Mit einem neuen Modell, bei dem «Ethik» im Untergymnasium als Alternative zum konfessionellen Unterricht und im Obergymnasium «Religionskunde und Ethik» als bekenntnisneutrales Fach für alle Schülerinnen und Schüler unabhängig von ihrer Konfession eingeführt wurde, haben die Luzerner Kantonsschulen gesamtschweizerisch eine Pionierrolle übernommen. Sogar über die Landesgrenzen hinaus ist

das «Luzerner Modell», das im nachfolgenden Beitrag näher erläutert werden soll, inzwischen auf Interesse gestossen.

Religiöser Pluralismus als Herausforderung für die Mittelschulen

Wer als Religionslehrer bzw. als Religionslehrerin an Mittelschulen unterrichtet, sieht sich heute mit einer grundsätzlich veränderten Situation im Bereich religiöser Bildung und Sozialisation von Jugendlichen konfrontiert: Gerade Gymnasiastinnen und Gymnasiasten zwischen 13 und 19 Jahren leben eine immer weniger kirchlich gebundene Religiosität. Sie ist geprägt durch eine Abwehr gegenüber religiösen Monopolansprüchen, die eine kritische Haltung auch gegenüber kirchlichen Institutionen zur Folge hat. Die Tatsache allerdings, dass die Kirche für viele bedeutungslos geworden ist, heisst noch nicht, dass Jugendliche areligiös geworden wären. Vielmehr wählen sie aus dem modernen Pluralismus verschiedener Religionen, Weltanschauungen und Weltdeutungen aus («Patchwork-Religiosität») und entwickeln ihre eigenen Rituale und Symbole. Die Orientierung und

Identitätsfindung für die Jugendlichen ist damit nicht leichter geworden. Denn der Pluralismus von Wertvorstellungen und die Vervielfältigung von Lebensstilen stellt die Jugendlichen vor die anspruchsvolle Aufgabe, aus einer unübersichtlichen Palette von «Sinnangeboten» auszuwählen und in ethischen wie in religiösen Fragen eigene Verantwortung zu übernehmen.

Diese Situation bringt für die Mittelschulen eine entscheidende Herausforderung – vor allem dann, wenn sie dem Anspruch einer ganzheitlichen Bildung gerecht werden sollen: Immerhin verlangt auch das neue Maturitätsanerkennungs-Reglement (MAR), das seit dem 1. August 1995 in Kraft ist, ausdrücklich eine Verstärkung der Ausbildung gerade im ethischen Bereich. Wie diese ethischen Bildungziele allerdings konkret im Schulalltag umzusetzen sind, bleibt weithin eine offene Frage.

Neukonzeption des Religionsunterrichtes an den Luzerner Kantonsschulen

Die Erkenntnis, dass die Ausrichtung des Religionsunterrichtes an den Mittelschulen an die neue gesellschaftliche Situation anzupassen ist, führte im Kanton Luzern bereits vor zehn Jahren zu einer ersten Offensive der Religionslehrer: Im Dezember 1991 wurde der Verein der Religionslehrer erstmals beim Luzerner Erziehungsdepartement vorstellig, um eine Neukonzeption des Religionsunterrichtes in die Wege zu leiten.

Im Mai 1992 setzte sich eine Arbeitsgruppe unter der Leitung von Hans Hirschi einge-hend mit der Problematik auseinander und stellte einen ersten Konzeptvorschlag für eine Neuorientierung des Religionsunterrichtes zur Diskussion. Eine erweiterte Arbeitsgruppe schliesslich, in der auch Vertreter der Landeskirchen und der Schulleitung beteiligt waren, formulierte im Januar 1994 konkrete Anträge zuhanden des Erziehungsdepartementes: Diese verlangten an der Oberstufe anstelle des konfessionellen Religionsunterrichtes ein neues, bekenntnisneutrales Fach «Religionskunde und Ethik» sowie an der Unterstufe ein Ersatzfach «Ethik» für Schülerinnen und Schüler, die nicht am konfessionellen Unterricht teilnehmen wollen.

Nachdem eine breit abgestützte Vernehmlassung zu diesen Anträgen auf sehr positive Resonanz gestossen war, beschloss der Erziehungsrat des Kantons Luzern im Mai 1994, die beiden neuen Fächer «Ethik» (Unterstufe) sowie «Religionskunde und Ethik» (Oberstufe) auf das Schuljahr 1995/96 offiziell einzuführen. Der Übergang zum neuen Schulfach verlief reibungslos, und auch Umfragen unter Schülerinnen und Schülern zeigten eine überraschend positive Aufnahme des neuen Konzeptes.

Religionskunde und Ethik als obligatorisches Promotionsfach

Der neue Lehrplan der Kantonsschule Luzern, der 1998 aufgrund der Verkürzung der Gymnasialzeit von sieben auf sechs Jahre ein weiteres Mal angepasst werden musste, sieht gegenwärtig ein vielfältig ausdifferenziertes Unterrichtsmodell vor:

- Schülerinnen und Schüler des Untergymnasiums (1. und 2. Klasse) erhalten zum konfessionsbezogenen Religionsunterricht eine Alternative: Wer nicht die katholische bzw. die reformierte Religionslehre besuchen will, belegt das Fach Ethik. Bei beiden Varianten handelt es sich um Promotionsfächer, die zeugnisrelevant sind wie andere Schulfächer. Die Stundendotation liegt in der 1. Klasse bei zwei, in der 2. Klasse bei einer Wochenstunde.
- Schülerinnen und Schüler des Obergymnasiums (3. bis 6. Klasse) besuchen während zwei Jahren das mit einer Wochenstunde dotierte Fach «Religionskunde und Ethik». Dieses ist für alle unabhängig von ihrer Religionszugehörigkeit obligatorisch und scheint im Zeugnis ebenfalls als Promotionsfach auf.
- Eine weitere Jahreslektion wird als integrierter Religionskunde- und Ethikunterricht auf drei Jahre verteilt und findet im Rahmen von interdisziplinären Projekten im «Teamteaching» mit Lehrpersonen aus verschiedenen Fachbereichen (Geschichte, Musik, Deutsch, Geografie, Wirtschaft, Biologie und Philosophie) statt.
- Zudem besteht die Möglichkeit, «Religionskunde und Ethik» in der 5. und 6. Klasse als Ergänzungsfach (je zwei Wochenstunden) zu belegen.

Kein religiöses Bekenntnis vorausgesetzt

Worin unterscheidet sich nun das neue Fach «Religionskunde und Ethik» vom bisherigen konfessionellen Religionsunterricht? – Das neue Konzept umschreibt das Ziel des Faches dahingehend, dass es nicht mehr um die Vermittlung bestimmter Glaubensüberzeugungen und die Einübung religiöser Praktiken gehe, sondern um eine «wissenschaftlich orientierte Reflexion» über religiöse Phänomene und ethische Normen. Ein religiöses Bekenntnis der Schülerinnen und Schüler wird also weder vorausgesetzt noch angestrebt. Die Anforderungen sowohl an die Schülerinnen und Schüler wie auch an die Lehrer sind also die gleichen wie bei jedem anderen Fach an der Schule: Es handelt sich um ein sogenanntes «Kenntnisfach» mit Noten, von dem sich die Schülerinnen und Schüler – wie bereits gesagt – nicht dispensieren können.

Das neue Modell geht also davon aus, dass die Auseinandersetzung mit der Frage nach dem Sinn der menschlichen Existenz, mit religiösen Phänomenen und ethischen Fragen ein unverzichtbares Moment einer ganzheitlichen Bildung darstellt: «In einer pluralistischen Gesellschaft sind die Lernenden mit einer Vielfalt von Selbst- und Weltdeutungen konfrontiert. Um sich in dieser Gesellschaft zu orientieren, müssen sie sich einerseits eine Übersicht über die wichtigsten weltanschaulichen Strömungen verschaffen, andrerseits eine persönliche Urteilskompetenz entwickeln», heisst es in den allgemeinen Bildungszielen des Fachs «Religionskunde und Ethik».

Auch die Notwendigkeit einer ethischen Urteilskompetenz wird in diesem Zusammenhang mit Hinweis auf die aktuelle gesellschaftliche Situation besonders hervorgehoben: «Angesichts der vielen weltanschaulichen Entwürfe, die das gesellschaftliche Leben weltweit prägen, ist eine

Besinnung auf gemeinsame Grundwerte und Grundnormen nötig. Sie bilden die Basis für ein friedliches Zusammenleben der Kulturen und für gewaltfreie Konfliktlösungen.»

Die Themen und Lernziele im Überblick

Ein Blick in den neuen Lehrplan von 1998 zeigt eine differenzierte Aufgliederung der an der Kantonsschule Luzern behandelten religionskundlichen und ethischen Themen: Im katholischen und reformierten Religionsunterricht der 1. Klasse steht die Auseinandersetzung mit den biblischen Schriften des Alten Testamentes, in der 2. Klasse mit jenen des Neuen Testamentes im Vordergrund, während auf der gleichen Stufe im Ersatzfach Ethik die Beschäftigung mit allgemeinen Fragen der Weltinterpretation und der Selbstdeutung sowie der normativen Ethik den thematischen Schwerpunkt bilden: «Mythos und Weltbilder», «Werte und Normen», «Selbstbestimmung und Autorität» lauten die Stichworte im Lehrplan der 1. Klasse, «Vorbilder und Idole», «Konflikte und Konfliktbewältigung», «Freundschaft, Liebe und Sexualität» in jenem der 2. Klasse. Zu beachten ist indessen, dass die religionskundlichen Themen auch im Fach «Ethik» keineswegs weggelassen werden; vielmehr erfolgt hier deren Vermittlung nicht im Sinne einer eigenen, sondern einer fremden Tradition: So ist für die 1. Klasse zusätzlich das Thema «Judentum», für die 2. das Thema «Christentum» vorgesehen. Selbstverständlich wird dabei kein katechetisches Ziel verfolgt. Hingegen wird davon ausgegangen, dass Grundkenntnisse über die jüdisch-christliche Tradition auch für Nichtchristen, die eine höhere Bildung anstreben, unverzichtbar sind – zumal diese die europäische Kultur über Jahrhunderte entscheidend geprägt hat.

Die weiteren grossen Weltreligionen werden sodann am Obergymnasium im Rahmen des konfessionsneutralen Faches «Religionskunde und Ethik» thematisiert: In der 3. bzw. 4. Klasse erwerben die Schülerinnen und Schüler Grundkenntnisse über den Hinduismus, den Buddhismus und den Islam. Ziel ist es, die verschiedenen Weltreligionen in ihrem heutigen Kontext verstehen und einordnen zu können, aber auch Toleranz und Dialogbereitschaft gegenüber anderen Religionen und Kulturen einzuüben. Darüber hinaus lernen die Schülerinnen und Schüler, Merkmale religiöser Sondergruppen und Sekten zu erkennen und Tendenzen zum Fundamentalismus in den Religionen kritisch zu hinterfragen.

Den thematischen Schwerpunkt der 5. Klasse schliesslich bildet die Auseinandersetzung mit Fragen der angewandten Ethik. Nach einer Einführung in die Grundlagen unterschiedlicher Ethikmodelle sollen die Schülerinnen und Schüler zu einem eigenständigen, begründeten Urteil in ethischen Fragen befähigt werden. Im Zentrum stehen wichtige ethische Gegenwartsfragen unter anderem der Bioethik (Schwangerschaftsabbruch, Euthanasie, Suizid, Gentechnologie, ökologische Ethik und Tierethik) und der Sozialethik (Macht und Gewalt, Krieg und Frieden, Todesstrafe, Rassismus), aber auch Probleme der Medienethik sowie Sinnfragen und die Auseinandersetzung mit weltanschaulichen Paradigmen sind Gegenstand des Lehrplans.

Fächerübergreifende Zusammenarbeit als Bereicherung

Als neue Form der fächerübergreifenden Zusammenarbeit wird an der Kantonsschule Luzern seit 1998/99 zusätzlich der sogenannte «integrierte» Religionskunde- und Ethikunterricht erprobt, der in Projekten von jeweils 5 bis 6 Lektionen im gemeinsamen Teamteaching mit Lehrpersonen anderer Fachbereiche erteilt wird. Auf diese Weise wird es möglich, religiöse oder ethische Fragen im jeweiligen thematischen Kontext interdisziplinär aufzugreifen, was eine gegenseitige Bereicherung für alle beteiligten Lehrpersonen mit sich bringt: Entsprechende Lerneinheiten sind im Lehrplan für die Fächer Geschichte (Reformation und christliche Konfessionen), Musik (religiöse Motive in der Musik), Deutsch (religionsgeschichtliche Stoffe in literarischen Texten), Geografie (religiöse Vorstellungswelten typischer Entwicklungs- und Schwellenländer), Wirtschaft (Globalisierung und Weltethos), Biologie (Fragen der Bioethik/Reproduktionstechnologie) und Philosophie (Religionskritik) vorgesehen.

Positive Rückmeldungen von Schülerinnen und Schülern

Die bisherigen Erfahrungen mit dem neuen Modell des religionskundlichen Unterrichts an der Kantonsschule Luzern sind positiv: Durch den Umstand, dass nun auch Schülerinnen und Schüler anderer Religionen das Fach Religionskunde und Ethik besuchen, bieten sich unter anderem neue Möglichkeiten des interreligiösen Dialogs auch innerhalb der Schule, was eine wertvolle Bereicherung bringt und das Einüben gegenseitiger Toleranz fördert. Durch das neue Konzept – so lautet auch das Urteil von Schülerinnen und Schülern – sei der Unterricht im allgemeinen interessanter und vielfältiger geworden. Eine anonym durchgeführte Umfrage bei einzelnen Klassen der Kantonsschule Luzern brachte das überraschende Ergebnis, dass rund 90 Prozent der befragten Schülerinnen und Schüler es bedauern würden, wenn das Fach Religionskunde und Ethik aus dem Lehrplan gestrichen würde. «Gerade an einer Schule, in der Leistung und Noten einen so grossen Stellenwert haben, ist es meiner Meinung nach wichtig, ein solches Fach zu haben», schreibt eine Schülerin im Rahmen der Umfrage. Sie gesteht zwar, dass sie dem Fach gegenüber zu Beginn noch skeptisch eingestellt gewesen sei. Allerdings habe sich ihre Meinung bald geändert, konstatiert die Maturandin: «Mir ist bewusst geworden, dass in diesem Fach auch Themen diskutiert werden können, die sonst keinen Platz an dieser Schule haben.» Im Durchschnitt beurteilten bei der Umfrage lediglich zwei bis drei Schülerinnen und Schüler pro Klasse die Religionskunde und Ethik als überflüssig und plädierten für eine Abschaffung des Faches an der Kantonsschule. Gleichzeitig brachten andere Schülerinnen und Schüler ihren Wunsch zum Ausdruck, dass für das Fach Religionskunde und Ethik im Obergymnasium künftig mehr als eine Wochenstunde eingesetzt werden sollte.

Insgesamt machen die bisherigen Erfahrungen mit dem «Luzerner Modell» des religionskundlichen Unterrichts in der Mittelschule deutlich, dass die Auseinandersetzung mit religiösen und ethischen Fragen wie auch die Beschäftigung mit den Fragen nach dem Sinn der menschlichen Existenz auch und gerade in einer pluralistischen Gesellschaft einem echten Bedürfnis entspricht. In der Unübersichtlichkeit weltanschaulicher Angebote sind heute Jugendliche mehr denn je darauf angewiesen, dass die Schule im Sinne einer ganzheitlichen Bildung einen Ort der kritischen Reflexion und der Orientierungshilfe auch in religiösethischen Fragen anbieten kann.

Literaturhinweise

Alfred Dubach/R. J. Campiche (Hrsg.), Jede(r) ein Sonderfall? Religion in der Schweiz, Zürich-Basel 1993 (vergriffen).

Hans Hirschi, Religionskunde und Ethik: Das Luzerner Modell, in: *Schweizer Schule* 2/98, 11–20.

Jürgen Lott, Wie hast du's mit der Religion? Das neue Schulfach «Lebensgestaltung – Ethik – Religionskunde» (LER) und die Werterziehung in der Schule, 1998.

Benno Bühlmann, Ethik-Unterricht als neue Herausforderung, in: *Religionsunterricht und Lebenskunde* 2/96, 32–33; vgl. auch Artikel in der *Neuen Luzerner Zeitung* vom 28. 6. 96: Fach «Ethik» statt Religionsunterricht – Erste Erfahrungen mit dem bekenntnisneutralen Fach «Religionskunde und Ethik» sind positiv.

Zur Situation an der Sonderschule

Annemarie Ehrsam

Einleitung

Seit 1987 ist der Katechetischen Arbeits- und Medienstelle der römisch-katholischen Landeskirche Aargau ein Teilpensum für den Bereich Sonderschule angegliedert. Das folgende Kapitel informiert über die Aufgaben und Entwicklungen der letzten Jahre und weist auf aktuelle heilpädagogische Fragestellungen hin.

Kirchlicher Religionsunterricht an Sonderschulen und Kleinklassen

Unter die Kategorie «Klassen mit besonderem Lehrplan» fallen gemäss Bundesamt für Statistik zwei Klassentypen:
a) die Klein- bzw. Sonderklassen für Kinder mit Schulschwierigkeiten,
b) die von der Invalidenversicherung subventionierten Sonderschulen für behinderte Kinder.
Im Kanton Aargau werden die Kinder einer Kleinklasse im Religionsunterricht als eigene Klasse geführt bzw. bei kleiner Schülerzahl in die Regelklassen integriert.
An Sonderschulen bieten die Standortpfarreien kirchlichen Religionsunterricht in den Räumen der Schule an. Dieser Unterricht wird teils als katholischer, teils als ökumenischer Unterricht erteilt.

Lehrpläne

Der Grundlagenplan der Deutschen Bischofskonferenz für den katholischen Religionsunterricht an Schulen für Geistigbehinderte, erschienen im Jahr 1999, ist ein religionsdidaktisches Basisinstrumentarium für die Entwicklung von regionalen Lehrplänen. Er definiert den Begriff Behinderung nicht vom Defizit her, sondern orientiert sich an den Möglichkeiten und Bedürfnissen der Kinder und Jugendlichen. Er geht ein auf Schülerinnen und Schüler mit schweren Mehrfachbehinderungen. In einem eigenen Kapitel befasst er sich eingehend mit dem religiösen Lernen geistig behinderter Schülerinnen und Schüler.
Religionspädagogisch interessant ist das Kapitel über das elementare religiöse Lernen.

Im Jahre 1991 erschien der Grundlagen-plan der Deutschen Bischofskonferenz für den katholischen Religionsunterricht an Schulen für Lernbehinderte und Förder-schulen.

In der Schweiz wurde in den achtziger Jahren der Deutschschweizerische Kate-chetische Rahmenplan herausgegeben. Für den kirchlichen Religionsunterricht an Son-derschulen gibt es keinen auf den Schul-typ Sonderschule ausgerichteten Lehrplan. Diese Arbeit wurde von Zeit zu Zeit ansatz-weise in den Regionen wahrgenommen. Die tätigen Katecheten (-innen) orientieren sich an den vorhandenen Plänen und stel-len daraus ihre inhaltlichen Schwerpunkte zusammen.
Seit Ende 1997 haben sich die katholischen Beauftragten für Sonderschulkatechese der Deutschschweiz zu einer Arbeitsgemein-schaft (ArBGB) zusammengeschlossen. Die ArBGB ist mit einem Mitglied in der In-terdiözesanen Katechetischen Kommission vertreten. Zur Zeit arbeitet sie am Thema «Rahmenplan» mit dem Ziel, eine Übersicht über die vorhandenen regionalen Themen-pläne anzubieten. Neu an Sonderschulen tätige Katecheten (-innen) sollen so eine wichtige Orientierungshilfe erhalten.

Aus- und Fortbildung

Im Ressort Heilpädagogik bietet das IFOK (Institut für Fort- und Weiterbildung der Katecheten [-innen] seit 1986 eine Aus-bildung zur Religionslehrerin oder zum Religionslehrer bei geistig behinderten Schülern und Schülerinnen an. 1989 fand einmalig eine Ausbildung statt für Religi-onslehrer(innen) bei lernbehinderten und verhaltensgestörten Schülern und Schüle-rinnen.
Von 1996 bis 1999 wurde erstmals ein Ausbildungskurs ökumenisch durchgeführt. Aus dem Aargau schlossen 2 katholische und 2 reformierte Katecheten (-innen) den Kurs ab.
Als überkantonale Fortbildung gibt es seit bald 20 Jahren die Jahrestagung in Luzern an einem Wochenende im Herbst.
In den Kantonen und Regionen werden Kurse angeboten, die sich vom Auftrag her, punkto Dauer, Adressaten (-innen) und Thematik voneinander unterscheiden.

Das Gespräch zwischen Heilpädagogik und Religionspädagogik

Es ist äusserst hilfreich, dass die deutschen Bischöfe den Begriff der Elementarisierung genau umschreiben (Deutsche Bischofs-konferenz 1999, 14). K. E. Nipkow hat die Elementarisierung schon 1987 als zentrale Aufgabe in der Vorbereitung des Religions-unterrichts dargestellt. Im Elementarisie-rungsprozess müssen Fachwissenschaft und Schüler(innen) in gleicher Weise und gleichberechtigt wahrgenommen werden. Damit sich wechselseitige Erschliessung ereignen kann, soll vom jeweiligen Ent-wicklungsstand ausgegangen werden (Läm-mermann 1998, 184).
Aus dieser Sicht der Religionspädagogik kann die Brücke zur Heilpädagogik gebaut werden. In einer Klasse an einer Sonder-schule sind Kinder mit unterschiedlichen Lernfähigkeiten und -bedürfnissen zusam-

mengeschlossen. Trotz individueller Voraussetzungen wird der Unterricht für eine Gruppe oder Klasse organisiert. Wie lässt sich erreichen, dass das gleiche Thema alle anzusprechen vermag, gerade auch wenn nicht alle dasselbe tun, aber so bezüglich Leistungsfähigkeit optimal gefördert werden? Mit Hilfe der Struktur-Niveau-orientierten Diagnostik (Strasser 1997, 170) wird eine Vorgehensweise entwickelt, die dies erreichen soll. Diese differenzierte Vorgehensweise stellt eine Herausforderung dar an die Religionspädagogik. Sie ermöglicht aber in ihrer Umsetzung im Unterricht ein befriedigendes, dynamisches Geschehen, das Kindern mit einer Behinderung in ihrem Lernvermögen entspricht.

Ist nicht dies die konsequente Ausführung der Elementarisierung, wie sie schon früh als Anliegen in der Religionspädagogik formuliert wurde?

Aktuelle Themen

Ein Blick auf die Themen des Würzburger Religionspädagogischen Symposiums*, das seit 1986 durchgeführt wird, zeigt auf, wie breit die Fragen angegangen werden. Vom bescheidenen Titel «Religionsunterricht mit Sonderschülern» zu den Themen «Integration als Aufgabe religionspädagogischen und pastoraltheologischen Handelns» 1993 und «Das Menschenbild in seiner Bedeutung für religionspädagogisches und sonderpädagogisches Handeln» 1994 lässt sich

* Bisher sind sechs Dokumentationsbände erschienen beim Comenius-Institut, Münster.

ablesen, in welchem Kontext die Einzelfrage im Alltag steht. Wer über längere Zeit Woche für Woche Religionsunterricht an einer Sonderschule erteilt, ist zum Nachdenken über Fragen in grösseren Zusammenhängen herausgefordert.

Entwicklungen

In weiten Kreisen ist das Thema «Integration» zu einem Schwerpunkt der Diskussion um die Sonderschulung geworden. Ein leichter Umbau der Sonderschule hat begonnen. Schulische Heilpädagogen und Heilpädagoginnen werden für integrative neue Modelle angestellt. Ein Heilpädagoge in leitender Stellung äusserte sich kürzlich eher kritisch, als er auf die Auswirkungen der Bemühung um Integration zu sprechen kam. Alle Kinder und Jugendlichen mit Behinderungen lassen sich niemals in die Regelschule integrieren. Wie sieht die Zusammensetzung einer Klasse in Zukunft aus?

Aus christlicher Sicht ist ein Miteinander von Menschen mit Behinderungen und Menschen ohne Behinderungen wünschenswert, sofern keine der Gruppen in ihren Möglichkeiten beeinträchtigt wird. Desintegrierende Tendenzen sind aber in Kirche und Gesellschaft leicht festzustellen. Es braucht den Entscheid, im Kern der Pastoral die Möglichkeit zur Integration nicht auszulassen.

Häufigster Anlass dazu bietet die Vorbereitung auf den Empfang eines Sakramentes. Von Katechetinnen und Katecheten hängt es oft entscheidend ab, wie dieser Weg vorbereitet und begleitet wird.

Bei allen offenen Fragen in bezug auf den Religionsunterricht an Sonderschulen sollen zum Schluss die tätigen Katecheten und Katechetinnen im Mittelpunkt stehen. Sie sind es, die sich mit viel Engagement für Menschen mit einer Behinderung einsetzen und so einem kleinen Gebiet der Pastoral das Ansehen geben, das ihm zusteht.

Literatur

Godwin Lämmermann: Grundriss der Religionsdidaktik (Praktische Theologie heute), Stuttgart, 2. Aufl. 1998.

Urs Strasser: Wahrnehmen, Verstehen, Handeln: Förderdiagnostik für Menschen mit einer geistigen Behinderung (HPS-Reihe; 6), Luzern, 3. erg. Aufl. 1997.

Zentralstelle Bildung der Deutschen Bischofskonferenz (Hrsg.): Grundlagenplan für den katholischen Religionsunterricht an Schulen für Geistigbehinderte, München 1999.

Brauchen Menschen mit einer geistigen Behinderung Religionsunterricht?

Wolfgang Brödel

Vor zehn oder zwanzig Jahren hätte man bei einer solchen Frage wahrscheinlich gestutzt. Die Anliegen einer ganzheitlichen Förderung von Menschen mit einer geistigen Behinderung waren sozial akzeptiert und finanziell abgesichert. Heute wird wieder genauer und kritischer nachgefragt – nicht nur ausserhalb der Kirche. Kein Grund zur Empörung, sondern ein Zeitzeichen, das verstanden und angemessen beantwortet werden will.

Thesen
zum Religionsunterricht bei Menschen mit geistiger Behinderung[1]

1. Schülerinnen und Schüler mit einer geistigen Behinderung haben unabhängig vom Schweregrad ihrer Behinderung ein *Recht auf Religionsunterricht* in der Sonderschule. Dieses Recht lässt sich auf verschiedenen Ebenen begründen (Menschenrecht, Grundrecht, Schulrecht). Der Sache nach geht man davon aus, dass religiöse Bildung

ein konstitutives Element von Bildung überhaupt ist.

2. Der Religionsunterricht für Menschen mit einer geistigen Behinderung (RU-GB) ist *ein ordentliches Unterrichtsfach*, das heisst: RU-GB unterstützt das Globalziel der Sonderschule (Selbstverwirklichung in sozialer Integration) und berücksichtigt die allgemeinen methodisch-didaktischen Prinzipien heilpädagogischer Förderung. RU-GB ist lernzielorientiert und arbeitet mit Unterrichtsmitteln und Medien, die dem Entwicklungsstand der Schülerinnen

---

[1] Die Thesen 1–10 beziehen sich auf die im Augenblick noch häufigste Form des Religionsunterrichts an Sonderschulen für Menschen mit geistiger Behinderung, auf den von einer christlichen Kirche verantworteten Fachunterricht «Religion». Die Thesen 11–13 gehen von einem erweiterten Verständnis von Religionsunterricht aus. Man spricht in diesem Zusammenhang von «Religiöser Grundbildung». Religiöse Grundbildung meint Einführung in die religiöse Dimension des Lebens, in die vielfachen religiösen Ausdrucksformen der Menschen (vor allem im unmittelbaren kulturellen Umfeld) – ohne glaubensmässige Bindung des Unterrichts an ein bestimmtes religiöses Bekenntnis. Genauer: Eine solche Bindung wird in der religiösen Grundbildung weder vorausgesetzt noch angezielt.

und Schüler angemessen sind. Dabei bilden die individuellen Fähigkeiten und die konkrete Situation der Schülerinnen und Schüler das entscheidende Kriterium für die Planung und die Durchführung des Religionsunterrichts (Prinzip der Individualisierung bzw. individuellen Kompetenz).

3. RU-GB ist *ganzheitlich orientiert.* Er bezieht Kopf, Herz und Hand mit ein. Er achtet auf Kooperation und Vernetzung mit anderen Unterrichtsfächern, denn er vermittelt Grundfähigkeiten (zum Beispiel Sinnesschulung oder Sozialerziehung), die auch in anderen Unterrichtsveranstaltungen angezielt und aufgebaut werden.

4. Das eigentliche Ziel des RU-GB besteht darin, dass die Kinder und Jugendlichen hören, spüren und erleben, dass *Gott sie unbedingt annimmt und liebt* – unabhängig von ihren Leistungen – und dass damit ihre *unantastbare Würde* und ihr *Recht auf Leben* gesichert ist. Sie sollen erfahren, dass die vertrauensvolle Beziehung zu Gott in *Gemeinschaft mit anderen Menschen* gelebt wird, dort ihren Ausdruck und ihre Kraft findet. Diese «Kirchlichkeit» des RU-GB zeigt sich vor allem in seiner Bereitschaft und in seinem Engagement, Ausgrenzungen von Menschen zu erkennen und zu beseitigen – auch Ausgrenzungen durch die Kirche.

5. RU-GB bringt in *Kontakt mit konkreten, wirkkräftigen Symbolen des Glaubens.* Das Wort des Evangeliums muss für Menschen mit einer geistigen Behinderung sinnen- und erlebnishaft erfahrbar sein. Deshalb spielen religiöse Symbole, Gebräuche, Rituale, Spiele und Feiern im RU-GB eine wichtige Rolle. Entscheidend aber ist die gute Beziehung zur Religionslehrerin oder zum Religionslehrer als einem vor- und mitglaubenden Menschen.

6. RU-GB ist in der Regel von einer christlichen Kirche inhaltlich, personell und finanziell verantworteter Unterricht in einer Sonderschule innerhalb der offiziellen Unterrichtszeit (= konfessioneller Religionsunterricht). Der Sache nach aber ist RU-GB *ökumenisch*, weil Menschen mit einer geistigen Behinderung die Unterschiede in den Glaubensauffassungen der verschiedenen christlichen Konfessionen in der Regel nicht nachvollziehen können und sich der RU-GB daher auf die allen Konfessionen gemeinsamen Grundüberzeugungen und Grundhaltungen bezieht.

7. Ob sich die ökumenische Grundausrichtung des RU-GB auch auf die *gemeinsame Feier von Eucharistie/Abendmahl und Firmung/Konfirmation* ausweiten lässt, ist eine Frage, die von der systematischen Theologie und von der pastoraltheologischen Seite her angeschaut werden muss. In sich gesehen, ist die Eucharistiefeier kein Abendmahlsgottesdienst und die Firmung keine Konfirmation. Ob unter pastoralen Rücksichten diese Unterscheidungen vernachlässigt werden können, muss im konkreten Einzelfall überprüft werden.

8. RU-GB ist *vor allem Zuspruch* von Angenommensein, Liebe und Gemeinschaft als von Gott gewollte und gewirkte Realitäten für alle Menschen. Besonders bei

Menschen mit einer schweren geistigen Behinderung lässt sich nicht beweisen, ob sie die religiöse Dimension der menschlichen Grunderfahrungen von Angenommensein, Liebe und Gemeinschaft begrifflich nachvollziehen können. Aber existentiell können sie eine Gottesbeziehung aufbauen, weil sie Liebe schenken und empfangen können. Auf diesem Hintergrund ist es wichtig, dass der Zuspruch von Angenommensein, Liebe und Gemeinschaft in einer glaubwürdigen und konkreten Form auch bei Menschen mit einer schweren geistigen Behinderung erfolgt: wichtig für diese Menschen selbst, weil ihnen hier Gerechtigkeit widerfährt, wichtig für die Kirche, weil sie hier die Unverfügbarkeit ihres Heilsauftrags und ihr Angewiesensein auf die schwachen Glieder des Leibes Christi konkret leben kann, wichtig für die Gesellschaft, weil sie in diesem Zuspruch von Angenommensein, Liebe und Gemeinschaft ein Zeichen für unbedingte Menschenliebe bekommt.

9. Ob Religionsunterricht im üblichen Sinn die *einzige und angemessenste Form* ist, Menschen mit einer schweren geistigen Behinderung diesen konkreten, lebendigen Zuspruch der Frohbotschaft zu vermitteln, muss von Fall zu Fall überprüft werden. Speziell vorbereitete Gottesdienste oder in den Schulalltag integrierte religiöse Zeichen und Rituale können für die Erreichung des Ziels ebenso dienlich sein wie herkömmlich durchgeführter Klassenunterricht. Entscheidend ist das Glaubenszeugnis der Bezugspersonen und (wie bei der Säuglingstaufe) die Bereitschaft der Umgebung, vor allem den Menschen mit einer schweren geistigen Behinderung in den eigenen Glauben hineinzunehmen.

10. RU-GB bedeutet aber auch *Anspruch und Herausforderung*, insofern Menschen mit geistiger Behinderung durch ihr Leben Standardeinstellungen nichtbehinderter Menschen in Frage stellen. Sie bilden eine Art Gegenwelt, einen Spiegel, der verunsichert und die wahren Verhältnisse an den Tag bringen kann – auch in religiösen Angelegenheiten. Am deutlichsten wird die kritisch-prophetische Berufung von Menschen mit geistiger Behinderung bei der Frage nach der Bedeutung von Leistung und Macht für Wert und Ansehen eines Menschen. Wichtig ist aber auch ihre herausfordernde Botschaft, vor allem im Hier und Jetzt zu leben, mit kindlicher Unbesorgtheit und dankbarer Empfänglichkeit, auch für kleine Freuden. So können Menschen mit einer geistigen Behinderung unsere Lehrer und Lehrerinnen werden.

11. Kirchlicher Religionsunterricht und religiöse Grundbildung[2] beschäftigen sich beide mit dem Aufbau religiöser Grundhaltungen. Diese wurzeln ihrerseits wiederum in Grundformen emotionalen und sozialen Verhaltens («Kräfteschulung»). So wichtig dieses natürliche Fundament für religiöse Bildung und Erziehung ist, so braucht es doch einen *speziellen, gut reflektierten Rahmen*, damit aus allgemeiner heilpädagogischer Basisförderung religiöse Grundförderung wird.

---

[2] Begriffsbestimmung siehe Anm. 1.

12. Wo kirchlicher RU-GB angeboten wird, macht es in der Regel wenig Sinn, an der Sonderschule für Menschen mit geistiger Behinderung zusätzlich noch *ein eigenes Fach «Religiöse Grundbildung»* einzuführen. Das für die Schülerinnen und Schüler Wichtige und Nachvollziehbare der religiösen Grundbildung wird im kirchlichen RU-GB behandelt – es sei denn, es gibt in einer Klasse verschiedene religiöse Bekenntnisse. In diesem Fall könnte eine zusätzliche religiöse Grundbildung der Schülerinnen und Schüler durch den Klassenlehrer oder die Klassenlehrerin durchaus sinnvoll sein.

13. Wo kein RU-GB im Sinne eines kirchlich verantworteten Fachunterrichts stattfindet, bleibt es Auftrag der Schule, den Schülerinnen und Schülern die zum Leben des Menschen gehörende religiöse Dimension auf angemessene Art und Weise zu eröffnen. Wie in den Normalschulen müsste in diesem Fall über ein *Ersatzfach* diskutiert werden oder der *Auftrag zur religiösen Grundbildung an die Klassenlehrerinnen und Klassenlehrer* eindeutig, glaubwürdig und fachlich qualifiziert erfolgen (siehe These 1).

Spannungen zwischen Ideal und Wirklichkeit

Zum RU-GB – sei er kirchlicher oder allgemeiner Art – gehört das Aushalten und Gestalten von Spannungsfeldern unterschiedlicher Art:

– Was nützt das Recht der Schülerin und des Schülers auf Religionsunterricht in der Sonderschule, wenn es *keine oder nur eingeschränkte finanzielle oder personelle Ressourcen* dafür gibt? Wenn das Bewusstsein herrscht, der Religionsunterricht an der Sonderschule sei eine schöne und wünschenswerte, aber keine unbedingt notwendige Angelegenheit und daher als Zugabefach bei Sparzwängen zu kürzen oder zu streichen? Hier stehen grundsätzliche, fachliche Probleme an (Wer diskutiert sie wo, wie, mit wem, wann?), aber auch die Herausforderung, auf allen Seiten Flexibilität, Kompromissbereitschaft und Phantasie zu zeigen.

– Eine typisch heilpädagogische Grundspannung prägt auch den RU-GB, nämlich die Frage: *Wo ist einfache, annehmende religiöse Betreuung am Platz, und wo heisst es, methodisch geplant religiös zu lernen, um im Rahmen der Möglichkeiten die Selbständigkeit des geistig behinderten Menschen auch im Religiösen zu fördern?* Die diesbezügliche Entscheidung richtet sich nicht nur nach den Fähigkeiten der Schülerin und des Schülers, sondern auch nach dem Selbstkonzept der Religionslehrerin und des Religionslehrers, der Sonderschule und der Gesellschaft: Ist es mehr leistungsorientiert oder mehr personzentriert? Ist es offen für die Fähigkeiten und Bedürfnisse des Schülers oder der Schülerin? Wo läuft dazu bereits eine selbstkritische Reflexion, wo wird sie mehr oder weniger bewusst umgangen, wo und in welchen praxisnahen Formen wäre sie möglich?

– *Koordination und Kooperation* sind in der modernen Schule allgemein anerkannte Leitziele. Die praktische Umsetzung ist an viele Bedingungen geknüpft: Man braucht beidseitige Bereitschaft zur Zusammenarbeit, gegenseitigen Respekt, Transparenz und Information, Kompromissbereitschaft und den Willen, einander zu unterstützen, wo es notwendig und möglich ist. Der RU-GB ist in vielen Sonderschulen in mancher Hinsicht ein Randfach, seine Einbindung in das Ganze der Schule nicht immer einfach und oft gebunden an das Kommunikationsgeschick und die persönliche Ausstrahlung der Religionslehrerin und des Religionslehrers. Wer ermöglicht, unterstützt und verantwortet in einer Sonderschule die bestmögliche Einbindung des RU-GB in das Ganze der Schule?

– Der RU-GB unterscheidet sich bezüglich Lernzielen, Themen, Methoden, Schüler(innen)-Lehrer(innen)-Beziehung usw. in vielen Punkten vom regulären schulischen Religionsunterricht. Deshalb gerät er wie andere Fächer der Sonderschule vor eine Grundfrage: Handelt es sich beim RU-GB um normalen Religionsunterricht auf niedrigem Niveau, oder hat der *RU-GB eine eigene Qualität?* Liegt diese vielleicht mehr im Bereich des Seins als des Könnens und des Tuns? Wäre es

die besondere Chance und Aufgabe von Sonderschulen für Menschen mit einer geistigen Behinderung, ein Ort der Kultivierung einer elementaren Religiosität des Menschen zu werden, fernab von allem religiösen Leistungsdenken? Welche Bedeutung hätte das für das kirchlich-konfessionell geprägte Glaubensleben?

– Gerade Menschen mit einer geistigen Behinderung brauchen, wie oben gesagt, konkrete Erfahrungen, auch im Bereich des Religiösen. Würde das nicht für einen konfessionell geprägten Religionsunterricht an der Sonderschule für Menschen mit einer geistigen Behinderung sprechen? Doch nur unter der Bedingung, dass die Konfessionalität nicht auf bestimmte Punkte (zum Beispiel Erstkommunion, Firmung) beschränkt würde, sondern dass sie umfassend und durchgehend realisiert würde, also durch konfessionelle Intergration in Schule, Pfarrei und Familie (Heimgruppe). Wenn dieses Ziel nur gewünscht wird, aber nicht zu realisieren ist: Wäre dann nicht ein *ökumenischer RU-GB* dem einzelnen Menschen und seinem natürlichen Umfeld angemessener?

– Es macht wenig Sinn, an einer Sonderschule für Menschen mit geistiger Behinderung zusätzlich zum kirchlich verantworteten Religionsunterricht das Fach «Religiöse Grundbildung» einzurichten (siehe oben). Dennoch bleibt die Frage bestehen: Kann eine Sonderschule ihren religiösen Bildungsauftrag an den kirchlichen Religionsunterricht delegieren und sich der Mitverantwortung für eine religiöse Grundbildung der Schülerinnen und

Schüler entziehen? Braucht es nicht für alle Lehrerinnen und Lehrer an einer Sonderschule für Menschen mit geistiger Behinderung eine qualifizierte Fortbildung zum Thema *«Religiöse Grundbildung»*?

Im Bereich der Sonderschulen, vor allem in den Schulen für Menschen mit geistiger Behinderung, zeigten sich schon oft die Grundfragen und auch noch unentdeckte Möglichkeiten von Normalschule und Gesellschaft früher und deutlicher als anderswo. Manche meinen, dass der Religionsunterricht eine ähnliche prophetische Funktion für die Entwicklung der Schule besitzt. Sollte beides zutreffen, dann hätte der RU-GB wirklich eine weitreichende Leaderfunktion, er wäre ein Fach, das man nicht als Zugabefach streichen oder reduzieren, sondern in den angedeuteten Richtungen erhalten, weiterentwickeln und fördern sollte – als Katalysator und Vehikel für vielschichtige, feingliedrige Schulentwicklungsprozesse.

Plädoyer für eine Zukunft des Religionsunterrichts an öffentlichen Schulen

Adrian Loretan

Die zunehmende Individualisierung von Weltanschauungen und Religion führt zu einer Pluralität der Religionen, die zum Teil freischwebend und nicht mehr konfessionell gebunden ist. Der Sand im Getriebe des Religionsunterrichts rührt wesentlich von der Tatsache her, dass das Leitbild religiöser Unterweisung in der öffentlichen Schule sich zunehmend nicht mehr bruchlos mit der religionssoziologischen Situation in Gesellschaft und Schule vereinbaren lässt. Unter den Ursachen neuerer Konflikte ist auch der Trend zur Säkularisierung zu nennen, der seit Jahrzehnten in Europa zu beobachten ist. Rechtlich sind diese Veränderungen nicht ohne Bedeutung: Denn die Kooperation von Staat und Kirche ist abhängig von den zahlenmässigen Verhältnissen der Religionsgemeinschaften in den Kantonen.

Der konfessionelle Religionsunterricht ist auf eine gesellschaftliche Wirklichkeit hin konzipiert worden, in der die Mehrzahl der schulpflichtigen Kinder einer der christlichen Kirchen angehörte und das Minderheitenproblem nur nach der anderen Seite entstand. Mit der veränderten religionssoziologischen Situation stellt sich sowohl den Kirchen[1] als auch der Religionspädagogik[2] und der Rechtswissenschaft[3] die Frage nach dem Platz des Religionsunterrichts in den öffentlichen Schulen. Die Rechtsgestalt des Religionsunterrichts wird in Frage gestellt durch Faktoren, die im wesentlichen ausserrechtlicher Provenienz sind.

Sinkende Mitgliederzahlen und die Bagatellisierung der Kirchenaustritte – nicht zuletzt von kirchlicher Seite[4] – unterwandern zwangsläufig die gesellschaftliche Akzeptanz der überkommen Rechtslage im Blick auf den konfessionellen Religionsunterricht in den öffentlichen Schulen.

Viele Menschen haben eine wachsende Distanz zu den gesellschaftlichen Institutionen.[5] Es ist deshalb falsch, von der Nichtmitgliedschaft in einer Kirche automatisch auf Nichtchristlichkeit oder Nichtreligiosität zu schliessen und davon ein Desinteresse für den Religionsunterricht abzuleiten. Im Kanton Basel-Stadt gehören nur noch 43% der Bevölkerung einer der Kirchen an, es bezeichnen sich aber 73% als Christinnen und Christen.[6] Der Individualisierungsprozess hat auch vor den Kirchentüren nicht haltgemacht.

Umgekehrt zeigt das Basler Beispiel, dass in der Schweiz bei Bildungsfragen nicht so leicht von einem Kanton auf den andern geschlossen werden kann. Der Schweizer Bildungsföderalismus, der in diesem Buch dargestellt wird[7], hat bisher eine einheitliche Lösung verhindert wie zum Beispiel eine verfassungsmässige Garantie des konfessionellen Religionsunterrichts in Deutschland oder eine konkordatäre Regelung. Dieses föderalistische Bild zeigt sich auch im Blick auf das Verhältnis von Kirche (Religion) - Staat.[8] Für die kantonalen Behörden und ihre Schulen bedeutet dies, in Zukunft den Dialog mit den Religionsgemeinschaften aufzunehmen. Für diesen Dialog müssten die Religionsgemeinschaften theologisch und pädagogisch gebildete Personen bestimmen, die die jeweilige kantonale Schulentwicklung kennen und so aktiv an massgeschneiderten, kantonalen Lösungen mitarbeiten können.

Szenarien für den Religionsunterricht sollten neben ihrer *theologischen und pädagogischen* Verträglichkeit jeweils sorgfältig auf ihre *rechtlichen* Konsequenzen hin geprüft werden. Mit letzteren werden wir uns im Folgenden vor allem beschäftigen.

1. Hat der konfessionelle Religionsunterricht Zukunft?

Die Abmeldung vom Religionsunterricht beziehungsweise die Nichtteilnahme konfessionsloser Schülerinnen und Schüler wirft die Frage auf, wie der teilweise in den kantonalen Gesetzen festgeschriebene religiöse Auftrag der Schule weiterhin gewährleistet werden kann.

Die Kirchen reagierten auf den Ideologieverdacht gegenüber dem Religionsunterricht in äusserst konstruktiver Weise. Sie begründeten den Religionsunterricht nicht ausschliesslich theologisch, sondern zunächst von der Aufgabenstellung der Schule her.[9] Auf der Basis eines weiten Religionsverständnisses kann der Religionsunterricht in der öffentlichen Schule kulturgeschichtlich, anthropologisch und gesellschaftlich begründet werden.

Es sollte Religionsunterricht in der Schule geben,
– «weil die Schule den jungen Menschen mit den geistigen Überlieferungen
   vertraut machen soll, die unsere kulturelle Situation geprägt haben,
   und weil das Christentum in seinen Konfessionen zu unseren prägenden
   geistigen Überlieferungen gehört,
– weil die Schule dem jungen Menschen zur Selbstwerdung verhelfen soll
   und weil der Religionsunterricht durch sein Fragen nach dem Sinn-
   Grund dazu hilft, die eigene Rolle und Aufgabe in der Gemeinschaft und
   im Leben angemessen zu sehen, ...
– weil die Schule sich nicht zufriedengeben kann mit der Anpassung
   des Schülers an die verwaltete Welt und weil der Religionsunterricht auf
   die Relativierung unberechtigter Absolutheitsansprüche angelegt ist.»[10]

«Kirchenoffiziell [ist damit] dokumentiert, dass der Religionsunterricht in
der Schule nicht der kirchlichen Nachwuchssicherung dient, sondern einen
möglichst uneigennützigen Dienst der Kirche an den Schülern (-innen) und
an der ganzen Schule darstellt.»[11]

In der Vielgestaltigkeit und Vielfalt von Lebenswerten und Lebensorientie-
rungen, wie sie für die Situation gesellschaftlicher Individualisierung und
Pluralisierung charakteristisch sind, geht es um die Frage: Wo wird religiöse
und weltanschauliche Urteilsfähigkeit gebildet? «Als Konsequenz für den
Religionsunterricht ergibt sich aus der Pluralität von Religion zwangsläufig,
dass alles Lernen in diesem Unterrichtsgegenstand von einer interkulturellen, ökumenischen und interreligiösen Perspektive geprägt sein muss.»[12]

Konfessioneller Religionsunterricht ist nicht als Privileg der Kirchen zu
interpretieren. Die Frage lässt sich auch umkehren: Können religiöse
Menschen in unserer Gesellschaft ihre Religiosität im Rahmen schulischer
Bildung ebenso thematisieren, wie sie ihre Musikalität, ihre naturwissenschaftlichen Fragen, ihre sprachlichen Interessen usw. weiterentwickeln
können?
Die staatliche Schule kann die weltanschaulichen und religiösen Fragen
nicht aus ihren Erziehungsaufgaben ausklammern, wenn sie ihren pädagogischen Auftrag nicht verfehlen will. Die Einbeziehung der religiös
bestimmten Erziehung in die öffentliche Schule bildet somit eine Voraussetzung für das Bestehen der freiheitlich-demokratischen Ordnung.[13]

Jene Kantone, die dem Modell des konfessionellen Religionsunterrichts
folgen, können sich auf das Grundrecht der individuellen Religionsfreiheit

berufen, was es im Folgenden auszuführen gilt. Ein bloss pragmatisches
Reagieren auf die neue soziologische Situation verletzt leicht das Grundrecht der Religionsfreiheit. Bis heute herrscht zum Beispiel in der Bundesrepublik Deutschland im wesentlichen Einvernehmen darüber, dass es sich
bei der staatlichen Einrichtung von Religionsunterricht nicht um eine
Leistung zugunsten der Kirchen handelt, sondern vielmehr um eine Aktivie-
rung des Bildungs- und Erziehungswerts religiöser Unterweisung im
Rahmen der Ausfüllung der *staatlichen Schulhoheit.*

Der Staat «garantiert mit dem Religionsunterricht daher nicht Privilegien
der Kirche, sondern ‹*Grundrechte des Menschen*›. Der Staat als Schulträger
zeigt ein Interesse am ordentlichen Lehrfach Religionsunterricht, damit die
grundgesetzlich garantierten und zu verwirklichenden Freiheiten,
speziell die Freiheit des Glaubens und des Gewissens sowie des religiösen
Bekenntnisses (Art. 4 Abs 1 GG) ... im Rahmen der Schule verwirklicht
werden können.»[14]

Der demokratische Staat nimmt die Bürgerinnen und Bürger in ihrer kon-
stitutiven Rolle für die Gestaltung des Gemeinwesens und in ihrer religiösen und weltanschaulichen Selbstbestimmung ernst. Den Schülerinnen
und Schülern soll durch die Schule nicht autoritativ ein religiöses Korsett
übergestülpt werden. Öffentlicher Religionsunterricht soll sie vielmehr dazu
befähigen, sich angesichts der in der Gesellschaft wirksamen Vielfalt
religiöser und weltanschaulicher Strömungen autonom zu orientieren.[15]
Diese der individuellen Religionsfreiheit verpflichtete Erziehungsaufgabe
schliesst, was die inhaltliche Prägung des Religionsunterrichts anbelangt,
eine Bekenntnisorientierung keineswegs aus. Der von der Verfassung
gebotene Schutz vor individuell unerwünschter religiöser Beeinflussung ist
nicht durch eine wertrelativistische inhaltliche Ausgestaltung des Unterrichts zu gewährleisten, sondern durch die Möglichkeit freier und sank-
tionsloser Abmeldung vom Religionsunterricht.[16]

Neben dem konfessionellen Religionsunterricht ist der konfessionell-
kooperative Religionsunterricht zu erwähnen. In zahlreichen Kantonen der
Deutschschweiz (zum Beispiel Zürich) wurden mit dieser ökumenischen
Zusammenarbeit zwischen den christlichen Kirchen, häufig zwischen der
katholischen und der reformierten Kirche, im Religionsunterricht gute
Erfahrungen gemacht. Der «KokoRu», wie der konfessionell-kooperative
Religionsunterricht kurz genannt wird, ist eine Form konkreter christlicher
Ökumene im Schulalltag, die nicht mehr wegzudenken ist.

2. Hat der Ethikunterricht Zukunft?

Wie kann die öffentliche Schule ihre wertorientierten Ziele erreichen, wenn sich Schülerinnen und Schüler vom Religionsunterricht in grosser Zahl abmelden beziehungsweise dazu nicht verpflichtet sind?

Wer den Religionsunterricht als «Einrichtung zur Entfaltung und Bewährung religiöser und weltanschaulicher Freiheit»[17] sehen kann, und dafür sprechen alle neueren Konzepte des Religionsunterrichts[18], wird nicht die Entideologisierung der Schule durch den Ersatz dieses Unterrichtsgegenstandes im Auge haben. Vielmehr geht es bei der Einführung eines ersatzweisen Ethikunterrichts um die Not der Schule angesichts von Kindern und Jugendlichen, die nicht mehr am Religionsunterricht teilnehmen und daher von einem wesentlichen Teil des Bildungsauftrages ausgeschlossen sind oder sich selbst ausschliessen.

– Der Ethikunterricht als ergänzender Unterricht, wie er zum Beispiel im Kanton Luzern, in den meisten Bundesländern der Bundesrepublik Deutschland und in einigen österreichischen Schulen[19] als Ersatzunterricht vorgesehen ist, bringt für die schulorganisatorische Stellung des Religionsunterrichts so lange keine Probleme mit sich, als er lediglich eine ergänzende Funktion gegenüber dem Religionsunterricht innehat. Wer sich vom konfessionellen Religionsunterricht abmeldet, ist verpflichtet, den Ethikunterricht zu besuchen.
Schülerinnen und Schüler gewinnen durch die Abmeldung keine freien Schulstunden.[20]

– Dieser Ersatzfunktion kann der Ethikunterricht entwachsen. Er entwickelt gegenüber dem Religionsunterricht Eigengewicht.[21] Dagegen ist verfassungsrechtlich nichts einzuwenden, solange die beiden Angebote nach freier Entscheidung der Schülerinnen und Schüler bzw. ihrer Erziehungsberechtigten von Rechts wegen *alternativ* zu besuchen sind.

– Wenn aber ein Kanton den Ethikunterricht für alle verpflichtend machen würde, auch für diejenigen, welche den Religionsunterricht besuchen wollen, müssten letztere den Religionsunterricht zusätzlich zum Ethikunterricht besuchen. Das würde bei realistischer Betrachtung auf längere Sicht die Teilnehmerzahlen des Religionsunterrichts vermutlich nachhaltig reduzieren. Damit ist das Verhältnis zwischen Ethik- und Religionsunterricht angesprochen. Ein Schutz vor Konkurrenz ist dem Religionsunterricht jedoch nicht garantiert.

Die Problematik des Ethikunterrichts liegt eher im inhaltlichen Bereich.
«Sie bricht auf an der unter Verfassungsgesichtspunkten ganz wesentlichen
Frage, wer die Unterrichtsgegenstände verantwortet und ob es gelingt, ein
solches Fach von Staats wegen *neutral* zu erteilen. ... Rechtlich wäre es
jedenfalls nicht tolerabel, wenn sich in Gestalt des Ethikunterrichts eine
mehr oder minder subtile Form staatlich veranstalteter Indoktrination in
den Schulunterricht einschliche.»[22]
Ein neutraler staatlicher Ethikunterricht ohne Abmeldemöglichkeit ist
zulässig. Religiös weltanschauliche Neutralität des Staates bedeutet nicht
Wertneutralität. Religiös-weltanschauliche Neutralität bedeutet, dass der
Staat in religiösen Überzeugungen nicht eingreifen und sie nicht aufdrän-
gen darf. «Ich halte es in diesem Sinne für möglich, einen zwar religiös-
weltanschaulich neutralen, aber nicht wert-indifferenten Ethikunterricht zu
konzipieren.»[23]

3. Hat der konfessionsneutrale Religionskundeunterricht Zukunft?

Bei dieser Frage gilt es ebenfalls zu unterscheiden. Handelt es sich um
einen Religionskundeunterricht als ergänzenden Unterricht für abgemeldete
Schülerinnen und Schüler oder um einen für alle verpflichtenden
Religionskundeunterricht? Mit anderen Worten: Will der Staat mit dem
Religionskundeunterricht mit normativen Mitteln Dominanz gegenüber
dem konfessionellen Unterricht ausüben?[24] Schülerinnen und Schüler
könnten damit konfessionellen Unterricht nur zusätzlich zum konfessionsneutralen Religionskundeunterricht besuchen, was eine Welle von Abmeldungen zur Folge hätte und damit zur Aushöhlung des konfessionellen
Unterrichts strukturell beitragen würde.

In der Schweiz wird man anders als in Deutschland in gewissen Regionen
offenbleiben für das staatliche Schulfach des konfessionsneutralen
Religionskundeunterrichts. Wo die religiöse Vielfalt in der Gesellschaft
offensichtlich präsent ist, sollte sie auch in der Schule ihren Platz finden.
Es geht darin vor allem um das Kennenlernen der Religionen der pluralen
Umwelt. Im Kanton Luzern wird von religiöser Grundbildung gesprochen.[25]
Es gilt, die eigene Position reflektieren zu können. So werden den Schülerinnen und Schülern die Grundlagen gelegt für einen religiösen Dialog. Die
dialogische Religionskunde muss allerdings differenziert betrachtet werden.
Ob ein staatlicher Religionskundeunterricht an den Kirchen und Reli-
gionsgemeinschaften vorbei der richtige Weg ist, wage ich zu bezweifeln.[26]

Der Kanton Luzern hat von allem Anfang an die Zusammenarbeit mit den Kirchen gesucht.

4. Wie kann der Religionsunterricht der Kirchen und Religionsgemeinschaften an der öffentlichen Schule in einer pluralistischen Gesellschaft gerechtfertigt werden?

Der Dienst von Theologinnen und Theologen an der Sinn- und Wertorientierung von Schule und Gesellschaft impliziert den kritischen Umgang mit der Pluralität von Religion. Deutungshilfen für das Verstehen und die Unterscheidung konstruktiver und destruktiver Formen von Religion werden immer dringlicher. Deswegen ist auch der Beitrag von theologisch ausgebildeten Personen im Kontext der öffentlichen Schule immer unverzichtbarer.

1. Der demokratische Rechtsstaat ist ganz wesentlich verpflichtet auf den Schutz und die Förderung der Freiheit seiner Bürgerinnen und Bürger und der in ihm lebenden Gruppen und Institutionen. Zu den massgebenden Freiheiten gehört auch die *Religionsfreiheit*. Sie muss sich gerade auch dort entfalten können, wo der Staat die Bürgerinnen und Bürger in Anspruch nimmt (Schule, Armee, Gefängnis). Das berechtigt zu der Feststellung, dass der Staat nicht gleichzeitig Schulzwang verordnen und den Bereich der Religion ausblenden kann. Insofern besitzt der Religionsunterricht eine grundrechtliche Legitimation in der Religionsfreiheit, auf die sich Schülerinnen und Schüler, Erziehungsberechtigte, aber auch Kirchen und Religionsgemeinschaften berufen können.
«Entgegen verbreiteter Vermutung ist der Religionsunterricht kein Vorrecht der grossen Kirchen und auch nicht daran gebunden, dass eine Religionsgemeinschaft den Status einer Körperschaft des öffentlichen Rechts geniesst.»[27] Religionsunterricht für Kinder muslimischen Glaubens wurde bisher nicht eingerichtet.[28] Der Staat kann aber im Zeitalter der religiösen Pluralisierung nicht jede Vereinigung, die sich als Religionsgemeinschaft bezeichnet, als solche anerkennen[29], und er kann nicht jedes Handeln solcher Gemeinschaften als Religionsausübung hinnehmen. Das Auftreten neuer Religionsgemeinschaften zwingt aber zu einer Überprüfung bisheriger Positionen.

2. Zum Grundrecht der Religionsfreiheit gehört die staatliche Neutralität in religiöser, konfessioneller und weltanschaulicher Hinsicht.
Neutralität verbietet zwar Identifikation, etwa im Sinne von Staatsreligion,

aber sie bedeutet auf der Grundlage der Nichtidentifikation Offenheit für die in dem politischen Gemeinwesen vorhandenen freien Kräfte, zu denen auch die Kirchen und Religionsgemeinschaften gehören. Der Staat baut auf seinen Bürgerinnen und Bürgern und seinen in ihm wirkenden Gruppen und Institutionen auf. Es ist deshalb durchaus legitim, dem Christentum in der öffentlichen Schule durch den Religionsunterricht Raum zu geben.[30]

3. Der demokratische Rechtsstaat ist auf die sittlich verantwortlichen, solidarischen Bürgerinnen und Bürger angewiesen. Deshalb muss es ihm möglich sein, Erziehung zu sittlicher Verantwortlichkeit zumindest zu fördern. Dazu kann der Religionsunterricht einen spezifischen Beitrag leisten. Wenn die berühmte These Böckenfördes[31] richtig ist, dass der freiheitliche Rechtsstaat von Voraussetzungen lebt, die er selbst mit den Mitteln des Rechtszwangs nicht garantieren kann, von Voraussetzungen, die u. a. aus Religion und Ethos kommen, dann wird deutlich, warum der Religionsunterricht der Kirchen und Religionsgemeinschaften in der öffentlichen Schule ihren Platz haben muss. So gesehen, wäre ein Laizismus, der den Religionsunterricht aus der Schule als einem bedeutenden Ort der Sozialisation der jungen Generation ausschliesst, geradezu rückständig. Ein solcher Schritt würde an jene totalitären Systeme erinnern, die wir glaubten mit dem Rechtsstaat hinter uns gelassen zu haben.

5. Ecksteine: Religionsfreiheit und Aus- und Weiterbildung

Die hier vorgetragene Argumentation steht und fällt mit dem Grundrechtsverständnis der Religionsfreiheit in der Schweiz.[32] «Mit der Gewährleistung der Religionsfreiheit und der Selbstverpflichtung zu Neutralität anerkennt der Bund einen autonomen Bereich des Glaubens einzelner und des Wirkens kirchlicher Gemeinschaften und damit einen Raum der Selbstbestimmung. Obwohl das Bundesrecht im Gegensatz zur Bundesrepublik Deutschland kein explizites Selbstbestimmungsrecht gewährleistet, ist dieser Grundsatz damit auch in der Schweiz geltendes Recht. Tatsächlich gehen alle kantonalen Ordnungen ... davon aus, dass Kirchen und Glaubensgemeinschaften *zumindest für einen inneren Bereich ein Recht auf Selbstbestimmung* zusteht.»[33]

Selbst wenn die Kirchen als Grundrechtsträger nicht grundrechtsgebunden wären, ist ein politischer Druck von seiten der Gesellschaft und vor allem von seiten der Kirchenmitglieder, die zugleich Mitglieder der demokratisch verfassten Gesellschaft sind, zu beobachten. Dies gilt zum Beispiel für die Rolle der Frau in der Kirche. Gelegentlich ist hier ein gewisser politischer Druck zu spüren, wenn gefordert wird: «Zusammenarbeit mit der katholischen Kirche und Finanzierung ihrer Arbeit solle davon abhängig gemacht werden, dass sie die volle Gleichberechtigung der Frau einführe.»[34]

Mit rechtlichen Erwägungen allein ist die Frage nach der Zukunft des Religionsunterrichts als Lehrfach an den öffentlichen Schulen letztlich nicht zu beantworten. Die künftige Rechtsform hängt von der inhaltlichen Lebensfähigkeit dieses Unterrichts ab, nicht umgekehrt. Deshalb wird eine Konsolidierung letztlich nur von denjenigen bewirkt werden können, welche den Religionsunterricht inhaltlich zu verantworten haben – von den Kirchen oder Religionsgemeinschaften und von den Religionslehrerinnen und Katecheten. Dies beinhaltet den Aufruf zu entsprechender Ausbildung, Weiterbildung und Motivation der Lehrkräfte für ihre wahrlich schwierige Aufgabe. Es bedeutet aber auch den Aufruf an die Kirchen und Religionsgemeinschaften, sich zu ihrem Bildungsauftrag aktiv zu bekennen und sich für eine angemessene Gestaltung des Religionsunterrichts in die Pflicht nehmen zu lassen.

Die grosse Vielfalt an Formen von Religionsunterricht, wie sie die Schweiz seit langem kennt, beinhaltet die Chance, in einer der jeweiligen kantonalen und lokalen Situation angemessenen Form des Religionsunterrichts arbeiten zu können. Konfessioneller Religionsunterricht, konfessionell-kooperativer Religionsunterricht, allgemein-religiöser Unterricht im Sinne von religiöser Grundbildung und Religionskunde sind gleichzeitig vorhanden und nebeneinander geführt. Dies ermöglicht, dass nicht Modelle religiösen Lernens einander konkurrieren oder widersprechen müssen, sondern dass in der Vielfalt der Modelle von Religionsunterricht auch eine Vielfalt an inhaltlichen Schwerpunkten und an Lernwegen offenbleiben – entsprechend den regionalen und soziokulturellen Bedingungen sowie der Altersstufe der Schülerinnen und Schüler. Diese schweizerische Vielfalt religiösen Lernens ist im Blick auf die nächste Generation auch auf Zukunft hin ein unverzichtbares Anliegen.
In Anbetracht seiner rechtlichen und tatsächlichen Rahmenbedingungen bedarf der Religionsunterricht weiterhin der Bereitschaft aller Beteiligten – des Staates wie der Kirchen oder Religionsgemeinschaften – zur Kooperation.

Anmerkungen

[1] Vgl. Die Evangelischen Kirchen Deutschlands, Identität und Verständigung. Standort und Perspektiven des Religionsunterrichts in der Pluralität, Gütersloh 1994; Erklärung der deutschen Bischöfe, Die bildende Kraft des Religionsunterrichts – zur Konfessionalität des katholischen Religionsunterrichts (1996).
[2] Religionsunterricht in der Schule. Plädoyer des Deutschen Katechetenvereins, in: KaBl 117 (1992), 611–627.
[3] Der Themenkreis Bildung, Erziehung, Schule, Religionsunterricht beschäftigte die «Essener Gespräche zum Thema Staat und Kirche» in den Jahren 1970, 1974, 1976, 1977, 1979, 1997.
[4] Vgl. Adrian Loretan, Die Konzilserklärung über die Religionsfreiheit – oder ist der Kirchenaustritt Privatsache? in: Schweizerisches Pastoralsoziologisches Institut (Hrsg.), Jenseits der Kirchen. Analyse und Auseinandersetzung mit einem neuen Phänomen in unserer Gesellschaft, Zürich 1998, 113–145, 125.
[5] Ulrich Beck, Kinder der Freiheit: Wider das Lamento über den Werteverfall, in: Ders. (Hrsg.), Kinder der Freiheit, Frankfurt a. M. 1997, 9–33, 19: «Die Menschen sind zukunftsfähiger als die gesellschaftlichen Institutionen und ihre Repräsentanten.»
[6] Ökumenische Basler Kirchenstudie, Ergebnisse der Bevölkerungs- und Mitarbeitendenbefragung, Basel 1999. Kurzfassung in: Annex. Beilage zur Reformierten Presse 1/99, 13.
[7] Ausführlicher vgl. die vom Lehrstuhl für Kirchenrecht und Staatskirchenrecht mit veranlasste Studie: Andréa Belliger, Thomas Glur-Schüpfer, Beat Spitzer, Die rechtliche und tatsächliche Situation des Religionsunterrichts in den öffentlichen Schulen der Deutschschweizer Kantone, Ebikon 1999.
[8] Vgl. Dieter Kraus, Schweizerisches Kirchenrecht, Tübingen 1993; Adrian Loretan (Hrsg.), Kirche - Staat im Umbruch. Neuere Entwicklungen im Verhältnis von Kirchen und anderen Religionsgemeinschaften zum Staat, Zürich 1995; ders. (Ed.), Rapports Église - État en mutation. La situation en Suisse romande et au Tessin, Fribourg 1997 (Freiburger Veröffentlichungen aus dem Gebiete von Kirche und Staat, Band 49).
[9] Zum Beispiel Gemeinsame Synode der Bistümer in der Bundesrepublik Deutschland, Beschlüsse der Vollversammlung. Offizielle Gesamtausgabe 1, Freiburg i. Br. 1976, 131.
[10] A. a. O. 135.
[11] Matthias Scharer, Wieviel Religion braucht die Schule? Zur gesellschaftlichen Plausibilität von Religions- und Ethikunterricht, in: ThPQ 145 (1997), 376–383, 379.
[12] A. a. O. 381.
[13] Für Deutschland gilt sogar: «Der Religionsunterricht hat nur als konfessioneller Unterricht Zukunft, da er in überkonfessioneller Gestaltung der bestehenden Verfassungsgarantie nicht entspricht.» Karl-Hermann Kästner, Religiöse Bildung und Erziehung in der öffentlichen Schule – Grundlagen und Tragweite der Verfassungsgarantie staatlichen Religionsunterrichts, in: Heiner Marré u. a., Der Beitrag der Kirchen zur Erfüllung des staatlichen Erziehungsauftrags, Münster 1998 (Essener Gespräche zum Thema Staat und Kirche, Band 32), 61–91, 81.
[14] Wilhelm Rees, Der Religionsunterricht und die katechetische Unterweisung in der kirchlichen und staatlichen Rechtsordnung, Regensburg 1986, 46. Unter dem deutschen Grundgesetz (GG) erwächst der Verfassungsgarantie staatlichen Religionsunterrichts gleichermassen ihre Begrenzung wie auch ihre Legitimation.
[15] Vgl. Markus Büker und Josef Sayer, Zur gesellschaftlichen Relevanz diakonisch verstandenen Religionsunterrichts im Kontext struktureller Individualisierung und Pluralisierung, in: Alois Schifferle (Hrsg.), Pfarrei in der Postmoderne? Gemeindebildung in nachchristlicher Zeit (FS Leo Karrer), Freiburg i. Br. 1997, 275–296.
[16] «Nur soweit ein ordentliches Lehrfach einen unmittelbaren Bezug zum Schutzbereich des Art. 4 Abs.1 und 2 GG – in ‹positiver› und ‹negativer› Ausprägung – aufweist, passt ein prinzipielles und vorausset-

zungsloses Recht der Erziehungsberechtigten (bzw. der religionsmündigen Schülerinnen und Schüler) zur Abmeldung oder eine Befugnis der Lehrkräfte, ohne weiteres ihre Mitwirkung zu versagen, in das System des öffentlichen Schulrechts bzw. Dienstrechts. Dies wäre hingegen nicht der Fall beim Vorliegen blosser religiös und weltanschaulich neutraler *Religionskunde*; denn ein solcher Unterricht könnte bereits im Ansatz nicht geeignet sein, das Grundrecht der Beteiligten aus Art. 4 Abs.1 und 2 GG rechtsrelevant zu tangieren. Ein individuelles Begehren, vor der schlichten – nicht offensiven – Konfrontation mit religiösen oder weltanschaulichen Phänomenen bewahrt zu bleiben bzw. keinen diesbezüglichen Unterricht halten zu müssen, unterfällt im pluralistischen Gemeinwesen von vornherein nicht dem Schutzbereich des Grundrechts auf Religionsfreiheit.» Karl-Hermann Kästner, Verfassungsgarantie staatlichen Religionsunterrichts, 78.

Die gegenteilige Meinung vertritt Ulrich Häfelin in: Jean-François Aubert u. a. (Hrsg.), Kommentar zur Bundesverfassung der Schweizerischen Eidgenossenschaft vom 29. Mai 1874, Basel, Bern, Zürich, zu Art. 49, Rz 60: «Mit dem Ausdruck ‹religiöser Unterricht› [in Art. 49 Abs. 2] ist jeder Unterricht gemeint, der die Beziehung des Menschen zum Göttlichen, zum Transzendenten betrifft. Der Begriff ist ebenso weit zu umschreiben wie der Schutzbereich der Religionsfreiheit. In der Praxis ist das Fach ‹Biblische Geschichte und Sittenlehre› eindeutig als Religionsunterricht qualifiziert worden. Auch ein ‹neutraler› Unterricht in diesem Bereich oder ein Religionsunterricht, der sich nicht an einer bestimmten Konfession orientiert, fällt darunter.»

[17] Vgl. Brigitte Schinkele, Staatskirchenrechtliche Überlegungen zur aktuellen Diskussion um Religions- und Ethikunterricht, in: Österreichisches Archiv für Kirchenrecht 43 (1993), 220–255.

[18] Vgl. die Artikel der Religionspädagogin Prof. Dr. Helga Kohler-Spiegel in diesem Buch.

[19] Seit dem Schuljahr 1997/98 wird in einigen österreichischen Schulen ein ersatzweiser Unterricht erprobt.

[20] Damit kann verhindert werden, dass eine Abmeldung von einem konfessionellen Unterricht aus stundenplanmässigen Gründen erfolgt.

[21] Auch in einigen Bundesländern Deutschlands hat sich dies normativ niedergeschlagen: In den Verfassungen von Sachsen, Sachsen-Anhalt und Thüringen wurde der Ethikunterricht neben dem Religionsunterricht als ordentliches Lehrfach etabliert, in Baden-Württemberg und Niedersachsen wurde diesem Fach einfachgesetzlich der Charakter als ordentliches Lehrfach zuerkannt.

In den neuen Bundesländern, in denen etwa 20% der Bevölkerung Mitglieder der grossen Religionsgemeinschaften sind und 80% keiner Religionsgemeinschaft angehören, ist es Aufgabe des Staates, selbst die Verantwortung für eine wertgebundene Erziehung zumindest dieser Bürger zu übernehmen. Ein solcher Unterricht ist verbindlich für alle.

[22] Karl-Hermann Kästner, Verfassungsgarantie staatlichen Religionsunterrichts, 82.

[23] Ernst-Wolfgang Böckenförde, Diskussionsbeitrag, in: Heiner Marré u. a., Der Beitrag der Kirchen zur Erfüllung des staatlichen Erziehungsauftags, 117–118, 117.

[24] Im Bundesland Brandenburg ist seit dem Schuljahr 1996/97 der Besuch des Unterrichts in «Lebensgestaltung – Ethik – Religionskunde» (LER) an den Schulen der Sekundarstufe I prinzipiell zwingend vorgeschrieben. Das Schulgesetz räumt jedoch vorläufig die Möglichkeit ein, dass die staatlichen Schulämter einer Schülerin oder einem Schüler auf Antrag der Eltern oder im Falle der Religionsmündigkeit auf eigenen Antrag Befreiung erteilen, wenn ein wichtiger Grund dies rechtfertigt. Nach Massgabe einer ministeriellen Verwaltungsvorschrift gilt als wichtiger Grund für die Befreiung «der Wunsch der Eltern, dass ihr Kind wertorientierten Unterricht zu den Gegenstandsbereichen des Faches LER nur in Form eines bekenntnisgebundenen Unterrichts erhalten soll. Bei Vollendung des 14. Lebensjahres tritt der eigene Wunsch an die Stelle des Wunsches der Eltern.» Zitiert nach: Karl-Hermann Kästner, Verfassungsgarantie staatlichen Religionsunterrichts, 84. Gegen dieses brandenburgische Schulgesetz wurden Verfassungsbeschwerden von der evangelischen Kir-

che, von mehreren Bistümern sowie von Eltern und Schülern beider Konfessionen eingebracht. Bundestagsabgeordnete haben eine Normenkontrollklage angestrengt.

Die deutsche Diskussion ist für die Weiterentwicklung des Religionsunterrichts in der Schweiz insofern interessant, weil hier auch grundlegende rechtliche Fragen zur Sprache kommen. «Die Verdrängung des verfassungsrechtlich [in Deutschland] gebotenen Religionsunterrichts durch das Land Brandenburg und seine Ersetzung durch einen staatlichen religiös-ethischen Ertüchtigungsunterricht ist das grösste Problem im [deutschen] Staatskirchenrecht.» Axel Freiherr von Campenhausen, Offene Fragen im Verhältnis von Staat und Kirche, 94.

Die Brandenburger Rechtslage verstösst bereits im Ansatz gegen die dem deutschen Grundgesetz aufgegebene *religiöse und weltanschauliche Neutralität.* Denn das brandenburgische Schulgesetz scheidet den konfessionellen Religionsunterricht aus dem staatlichen Unterricht aus und verweist ihn in eine private Aussenseiterrolle gegenüber dem regulären Unterricht in LER (Lebensgestaltung, Ethik und Religionskunde). Damit werden religiöse Bekenntnisse gegenüber nichtreligiöser Weltsicht diskriminiert. Denn eine inhaltliche Beteiligung der Kirchen und Religionsgemeinschaften am Fach LER ist nicht vorgesehen. Anfänglich haben sich die evangelische Kirche, die jüdische Religionsgemeinschaft und andere kleinere Religionsgemeinschaften an diesem Schulversuch beteiligt. Vgl. Richard Puza, Das in Brandenburg eingeführte Unterrichtsfach Lebengestaltung – Ethik – Religionskunde und der konfessionelle Religionsunterricht, in: Albert Biesinger, Gott – mehr als Ethik. Der Streit um LER und Religionsunterricht, Freiburg i. Br. 1997 (QD 167), 147–163, 147.

Das individuelle Bedürfnis nach religiöser statt säkularer Unterweisung wird nachhaltig erschwert, weil die Befreiung vom Unterricht LER in das Ermessen der staatlichen Schulämter gestellt ist und der Rechtfertigung eines wichtigen Grundes bedarf.

[25] Vgl. den Beitrag von Thomas Glur und Brigitte Glur-Schüpfer in diesem Buch.

[26] «Die Schulen sind ganz klar aufgefordert, die gesellschaftspolitische und ethisch-moralische Erziehung nicht Institutionen und Gruppen zu überlassen, die lediglich ihre besonderen Interessen und Anliegen propagieren. ... Darum darf sich auch eine sogenannte säkulare Gesellschaft der Aufgabe eines ‹nicht-vereinnahmenden Religionsunterrichts› nicht entziehen. ... Eine dialogische Religionskunde basiert auf Religionstheologie oder interreligiösem Dialog und nicht ausschliesslich auf der üblichen Konfessionstheologie.» David J. Krieger, Christian J. Jäggi, Dialogische Religionskunde – ein neues Modell für den Religionsunterricht?, in: SKZ 161 (1993), 341–342, 341.

[27] Axel Freiherr von Campenhausen, Offene Fragen im Verhältnis von Staat und Kirche am Ende des 20. Jahrhunderts, in: Kirche und Recht, Zeitschrift für die kirchliche Praxis, (Leitzahl) 110, S. 93–97, 95 [KuR-Heft 2 /1999].

[28] Zur Situation der Muslime in der Schweiz: Christian Jäggi, Die Muslime und ihr Verhältnis zum westlich-säkularen Staat, in: Adrian Loretan (Hrsg.), Kirche - Staat im Umbruch, 156–160, 158–160. Vgl. Islamischer Religionsunterricht an öffentlichen Schulen. Anmerkungen zum Urteil des Oberverwaltungsgerichts Berlin vom 4. November 1998 – OVG 7B 4.98, in: Kirche und Recht, (Leitzahl) 730, S. 31–36 [KuR-Heft 2/1999].

[29] Liz Fischli-Giesser, Die öffentlich-rechtliche Stellung «anderer» Religionsgemeinschaften, in: Adrian Loretan (Hrsg.), Kirche - Staat im Umbruch, 160–168.

[30] Dies wurde in Deutschland vom Bundesverfassungsgericht anerkannt: Bd. 41, 19, 65 und 88.

[31] Ernst-Wolfgang Böckenförde, Die Entstehung des Staates als Vorgang der Säkularisation, in: Ders., Staat, Gesellschaft, Freiheit. Studien zur Staatstheorie und zum Verfassungsrecht, Frankfurt a. M. 1976, 60.

[32] Vgl. das Kapitel «Das Grundrecht der Religionsfreiheit» im Artikel «Gesamtschweizerische Rahmenbedingungen des Religionsunterrichts» von Felix Hafner, Adrian Loretan und Alexandra Schwank in diesem Buch. Vgl. auch Ueli Friederich, Kirchen und Glaubensgemeinschaften im pluralistischen Staat. Zur Bedeutung der Religionsfreiheit im schweizerischen Staatskirchenrecht, Bern 1993. Felix Hafner, Kirchen

im Kontext der Grund- und Menschenrechte, Freiburg Schweiz 1992. Peter Karlen, Das Grundrecht der Religionsfreiheit in der Schweiz, Zürich 1988.

[33] Vgl. Ueli Friederich, Einführung in das Schweizerische Staatskirchenrecht, in: Adrian Loretan, Kirche - Staat im Umbruch, 19–32, 25–26.

[34] Wolfgang Rüfner, Staatskirchenrecht und gesellschaftlicher Wandel – Aktuelle Konfliktfelder zwischen Staat und Kirche, in: Kirche und Recht, Zeitschrift für die kirchliche Praxis, (Leitzahl) 110, S. 99–105, 105 [KuR-Heft 2/1999]. Vgl. Denise Buser und Adrian Loretan (Hrsg.), Gleichstellung der Geschlechter und die Kirchen. Ein Beitrag zur menschenrechtlichen und ökumenischen Diskussion (Freiburger Veröffentlichungen zum Religionsrecht, Band 3), Freiburg Schweiz 1999.

Autorinnen und Autoren

Irene Becci, geb. 1973, Soziologin, zur Zeit Forscherin für die Nationalfonds-Studie «Religion et lien social» am Institut für Sozialethik des Schweizerischen Evangelischen Kirchenbunds (Prof. Dr. R. Campiche).

Benedetg Beeli, geb. 1944, dipl. theol., langjähriger Leiter der Katechetischen Arbeitsstelle Zürich, seit 1994 Leiter von Katecheten- und Kachetinnenkursen bei der Katechetischen Arbeitsstelle Aargau.

Andréa Belliger, geb. 1970, Dr. theol., wissenschaftliche Assistentin für Kirchenrecht/Staatskirchenrecht und Religionswissenschaft an der Universität Luzern, Mitarbeiterin am Institut für Kommunikationsforschung (IKF) Meggen.

Wolfgang Broedel, geb. 1952, Dipl.-Theologe und Dipl.-Heilpädagoge, Theologischer Leiter der Arbeitsstelle für Religions- und Bibelunterricht, Leiter der Arbeitsstelle für Religions- und Bibelunterricht an Sonderschulen der röm.-kath. Landeskirche Luzern.

Benno Bühlmann, geb. 1966, Studium der Theologie und Journalistik, seit 1993 Fachlehrer für Religionskunde und Ethik an der Kantonsschule Luzern und Redaktor für Religion und Gesellschaft bei der «Neuen Luzerner Zeitung».

Joachim Caluori, geb. 1931, eidg. dipl. Berufsschullehrer, Rektor der Gewerbeschule Chur, 1987–1998 Erziehungsdirektor des Kantons Graubünden.

Marlies Dellagiacoma, geb. 1946, Wirtschaftsmatura, Hausfrau und Mutter, Kirchenrätin der Christkatholischen Kirchgemeinde Luzern, Synodalrätin der Christkatholischen Kirche der Schweiz, Laienkatechetin, Theologiekurs für Laien, tätig in Luzern.

Annemarie Ehrsam Wettstein, geb. 1953, dipl. Katechetin und Heilpädagogin, seit 1987 Beauftragte für Sonderschulkatechese bei der Katechetischen Arbeitsstelle Aargau.

Guido Estermann, geb. 1967,
Primarlehrer und Theologe, Religionslehrer
und Mitarbeiter der Katechetischen
Arbeitsstelle Solothurn,
Redaktor bei der Zeitschrift «RL».

Michael Fuchs-Hug, geb. 1955, Dr. phil.,
Erziehungswissenschaftler,
seit 1999 Leiter der Abteilung Berufs-
bildung am Pädagogischen Ausbildungszentrum Musegg (Kant. Lehrerinnen- und
Lehrerseminar) in Luzern.

Brigitte Glur-Schüpfer, geb. 1964,
Theologin und Primarlehrerin,
Dozentin für Religionspädagogik am
Katechetischen Institut Luzern und
am Pädagogischen Ausbildungszentrum
Musegg.

Thomas Glur-Schüpfer, geb. 1963,
Theologe und Primarlehrer,
Beauftragter Religion in der Abteilung
Schulentwicklung des Amtes für Unterricht
des Kantons Luzern und Lehrer am
Pädagogischen Ausbildungszentrum
Musegg in Luzern.

Rosa Grädel, geb. 1955,
Lektorin für Religionspädagogik an der
Evangelisch-theologischen Fakultät der
Universität Bern mit Schwerpunkt
Lehrer(innen)bildung für die Stufe Sek 1
und die Gymnasialstufe.

Felix Hafner, geb.1956, Prof. Dr. iur. utr.,
Dozent an der Universität Basel für öffentliches Recht, insbesondere Kirchenrecht;
Lehrstuhlvertreter im öffentlichen Recht:
wissenschaftlicher Mitarbeiter an der

Universität Luzern (Theologische Fakultät,
Lehrstuhl für Kirchenrecht und Staatskirchenrecht).

Philipp Hautle-Stillhart, geb. 1946,
Mag. Theol., seit 1988 Diözesankatechet
des Bistums St. Gallen, vorher
Pastoralassistent in Eschenbach und
Wattwil, Religionslehrer an der Kantons-
schule Wattwil im Teilamt.

Kurt Koch, geb. 1950, Dr. theol.,
1989–1995 Professor für Dogmatik und
Liturgiewissenschaft an der Theologischen
Fakultät Luzern, Bischof von Basel
seit 1996, Honorar-Professor
der Theologischen Fakultät Luzern.

Helga Kohler-Spiegel, geb. 1962,
Prof. Dr. theol., Professorin an der
Pädagogischen Akademie des Bundes in
Feldkirch/Österreich im Fachbereich
Religionspädagogik,
Lehraufträge an diversen Universitäten,
freiberufliche Tätigkeit in der Fortbildung
von Religionslehrpersonen und in der
Erwachsenenbildung,
Supervisorin und Lehrsupervisorin (ÖVS),
dipl. TZI-Gruppenleiterin (WILL).

Adrian Loretan, geb. 1959,
Dr. iur. can. et lic. theol.,
ordentl. Professor für Kirchenrecht und
Staatskirchenrecht an der Theologischen
Fakultät der Universität Luzern,
Dekan der Theologischen Fakultät.

Toni Schmid, geb. 1953, dipl. Katechet,
seit 1988 Leiter der Katechetischen
Arbeitsstelle Aargau.

Kurt Schori, geb. 1954,
PD Dr. theol., Privatdozent für Praktische
Theologie/Religionspädagogik an der
Evangelisch-theologischen Fakultät
der Universität Bern,
arbeitet als Gemeindepfarrer in Bern.

Alexander Schroeter-Reinhard, geb. 1964,
Dr. theol., Katechetische Arbeitsstelle
Deutschfreiburg.

Alexandra Schwank, geb. 1969, lic. iur.,
juristische Mitarbeiterin in der Rechts-
abteilung des Justizdepartements
Basel-Stadt, freie Assistentin bei
Prof. Dr. Felix Hafner, zur Zeit an einer
Dissertation im Bereich des Verwaltungsrechts.

Barbara Wälty, geb. 1960,
Primarlehrerin und Religionslehrerin,
seit 1987 Rektorin für Religionsunterricht
der katholischen Kirche in Basel-Stadt.

Urs Zehnder, geb. 1950, lic. theol.,
Religions- und Philosophielehrer,
Mittelschulseelsorger, seit 1982 an der
Kantonsschule Wiedikon Zürich.